亲子家教艺术全集

# 正面管教

Zheng Mian Guan Jiao

周礼
著

文汇出版社

**图书在版编目 (CIP) 数据**

正面管教 / 周礼著 . — 上海 : 文汇出版社，
2020.6
（亲子家教艺术全集）
ISBN 978-7-5496-3181-0

Ⅰ . ①正… Ⅱ . ①周… Ⅲ . ①儿童教育 - 家庭教育
Ⅳ . ① G782

中国版本图书馆 CIP 数据核字 (2020) 第 063473 号

## 正面管教

著　　者 / 周　礼
责任编辑 / 戴　铮
装帧设计 / 天之赋工作室

出版发行 / **文匯**出版社
　　　　　上海市威海路 755 号
　　　　　（邮政编码：200041）

经　　销 / 全国新华书店
印　　制 / 三河市龙林印务有限公司
版　　次 / 2020 年 6 月第 1 版
印　　次 / 2020 年 6 月第 1 次印刷
开　　本 / 880×1230　1/32
字　　数 / 100 千字
印　　张 / 6

书　　号 / ISBN 978-7-5496-3181-0
定　　价 / 180 元（全五册）

# 自序：石头与石像

一块石头，在建筑工人眼里只是一块普通的石头，而在雕刻家眼里则是一件精美的艺术品。为什么同样的一块石头，在不同人的手里会显示出不同的价值呢？这就是细心雕琢的结果。

教育孩子也是如此。

以石头来比喻孩子，如果你使用的工具是铁锤，那么，你打造出来的只能是粗糙的碎石；如果你使用的工具是刻刀，那么，你雕琢出来的就是精美的石像。

众所周知，爱迪生小时候不是一个聪明的孩子，常常被老师视为"低能儿"，因此他仅仅上了三个多月的学就被老师撵出了学校。但爱迪生的母亲并不认为自己的儿子是"低能儿"，并且在她耐心辅导和教育之下，爱迪生成了举世瞩目的大发明家。

由此可见，家庭教育对一个人的成长有多么重要。

有人说，推动摇篮的手，就是推动世界的手。

孩子将来成为一个什么样的人，有多大出息，在很大程度上取决于父母的教育。父母是孩子的第一任老师，是指引孩子走向成功的领路人。可以说，父母能成就孩子，也能毁掉孩子。

每个孩子都是一块璞玉，只要父母用心去雕琢，都能使其成为温润的美玉。但在日常生活中，许多父母都忽略了对孩子的家庭教育，或者采取了错误的教育方式，结果致使一些本该成为美玉的孩子成了碎石，这多么让人痛心啊！

的确，教育孩子很难，但再难我们也不能放弃，因为生养孩子不像买东西，不管是不是"次品"，你都无法"退货"。我们只能想尽一切办法，将"次品"转化为"合格品"，将"合格品"转化为"上品"。

# 目 录
## *Contents*

## 第四章　让孩子成为一个受欢迎的人

## 第五章　学会倾听花开的声音

# 第一章

## 好习惯让孩子受用终生

　　父母是孩子的监护人，也是孩子的第一任老师，孩子的行为习惯很大程度上取决于父母的教育。所以，对于孩子的教育没有大小事之分，只有对错之分，家长一定要给予足够的重视。

# 1. 引导并非管教，关注并非伤害

身为人父之后，我才感到自己的责任重大。

《三字经》中说："养不教，父之过。教不严，师之惰。"孩子将来会成为一个什么样的人，在很大程度上取决于父母的教育，可以说，孩子成长的每一步都凝聚着父母关注的目光。

然而，要教育好孩子并非一件容易的事，因为孩子常常不受我们的管制，不按我们的意愿出牌。

先前，我一直认为自己是一个脾气很不错的人，可是当接管了孩子的教育后，我才发现自己的耐心远远不够。孩子总是不长记性，总是不断地犯错，并且在同一个问题上会重复犯错。

尽管我极力克制，告诉自己一定要冷静，要想办法改变孩子的现状，可是，情绪的暴发总是令人猝不及防——

当孩子离自己的期望越来越远时，我终于忍不住对女儿大呼小叫，并用武断的方式来管教她，比如指责、体罚。结果，这些过激行为不但没能让她迈上阳光大道，反而滞碍了她的成长。

无可否认，每一位家长都在孩子身上倾注了不少时间和心血，无论他们采取什么样的教育方式，出发点都是好的，都希望把自己的孩子教育成人中龙凤，使其拥有美好的前途。可是，无形之中，有些家长的爱变成了一把伤害孩子的利剑。

本来关注孩子的学习与生活是一件好事，但很多家长不知道关注也分为两种，一种是积极的关注，比如关心、爱抚、交流、微笑等；一种是消极的关注，比如咆哮、挖苦、训斥、责骂等。

积极的关注有利于孩子的成长，而消极的关注则会滞碍孩子的成长。遗憾的是，不少家长选择了后者。

每个孩子内心都渴望得到父母积极的关注，如果他的愿望得不到满足，就会采取消极的方式来引起父母的注意，这就是为什么有的孩子在学校故意调皮捣蛋的原因。

其实，孩子的要求很简单，他只是希望得到老师和父母更多的肯定和表扬。

英国育儿专家佩内洛普·利奇曾说："与孩子们一同

成长是一段漫长的旅程，我们要用头脑和心去教导他们，而非用手和皮带。"教育孩子是一项伟大的工程，不是一朝一夕就能收到成效的，它需要足够的耐心、长期的努力、科学的管理。

当孩子遇到困难时，他希望得到的是父母的帮助，而不是惩罚。

惩罚孩子只是一种短视行为，父母要有长远的目光，不与他人争一时之长短。所谓"严师出高徒，棍棒出孝子"的方式早已不适合今天的教育，我们不能将老一辈施加在我们身上的方法，再生硬地用到自己的孩子身上，那样只会造成伤害。

引导并非管教，关注并非伤害。

每一位家长都应该清醒地认识到：教育的日的，首先是让孩子成为一个人，其次才是让孩子成为一个有作为的人。消极的关注只会背离教育的目的，让孩子在成长的路上越走越远。

## 2. 每个孩子都有隐形的翅膀

周末，女儿坐在沙发上看彩图版图书《白雪公主》，猛一抬头间，她发现鱼缸中的金鱼正望着她手中的书。于是，她突发奇想地说："爸爸，快来瞧，金鱼也喜欢看书。"

当时我正忙着准备一篇发言稿，没时间搭理她，便随口答道："鱼怎么会看书呢？不会是你眼花了吧？"

"爸爸，不信你来看呀，金鱼盯着我的书一动不动，它肯定也想看童话故事。"女儿有些焦急地说。

没办法，我只好放下手中的工作来到鱼缸边，只见那条金鱼浮在水中，眼睛正对着女儿，一副专心看书的模样。

我知道这仅仅是一个巧合，并不是鱼喜欢看书。我本来想把真实情况告诉女儿，但看到她那双充满幻想的眼睛，我赶紧止住了到嘴边的话。

或许，在女儿幼小的心灵里，这是一个美好的场景，

我怎能残忍地将它打破呢？于是，我点点头说："金鱼的确喜欢看书，而且还想和你成为好朋友呢！"

"是吗？金鱼想和我做朋友？"女儿听后非常高兴。

"是的，但你得天天陪金鱼读书。你想，你喜欢看书，金鱼也喜欢看书，天长日久，你们不就成为好朋友了吗？"

女儿似懂非懂地点点头。

从引导女儿多看书的这个小插曲中，我一下子明白了：为什么孩子年龄越大，想象力越差，看来原因就出在这里。其实，每个孩子小时候都是天才，都具有特别丰富的想象力，只是在后来的成长过程中被家长在无形中扼杀了。

记得，曾经有一位母亲给孩子出了一道题：1＋1＝？

母亲满以为孩子会写上"2"，哪知孩子竟在等号后面写了一个"王"字。母亲非常生气，冷着脸给孩子抛下一句话："你比猪还笨。"

有一个孩子看到一片树叶从空中飘下来，他高兴地说："树叶回家睡觉了。"而在一旁的妈妈则说："不对，树叶不会睡觉，而是枯萎了。"

还有一所学校出了一道考题，题目是：雪化了是什么？有一个学生回答：是春天。而这个充满创意的回答，却被老师打了一个叉。

这不禁让我想起美国著名宇航员阿姆斯特朗小时候的

一个故事：有一次，阿姆斯特朗在院子里玩耍，他弄出的声音很大而惊动了屋子里的妈妈。妈妈走出来问道："你在干什么呀，又蹦又跳的。"

阿姆斯特朗激动地说："我要跳到月球上去。"

面对一脸天真的孩子，妈妈没有责备他，而是颇具幽默地说："好啊，但你千万不要忘了回来。"

爱因斯坦说："想象力远比知识更重要。因为知识是有限的，而想象力概括着世界上的一切，推动着进步，并且是知识进化的源泉。"

人类梦想拥有翅膀，于是发明了飞机；人们渴望拥有千里眼、顺风耳，于是发明了望远镜和电话；人们幻想能像鱼儿一样在水里自由游弋，于是发明了潜水装备和潜艇……

无数的事实证明，科学的发明和社会的进步都离不开人们的奇思妙想。因此，对于孩子奇特的想象，家长千万不要泼冷水，更不要横加指责，而要像阿姆斯特朗的母亲那样支持孩子、鼓励孩子，让孩子用实际行动去追逐自己心中的梦想。

## 3. 奇迹就在身边

周末，我用电脑下载了一款人机对战的五子棋游戏，闲来无事便玩了几局，结果如料想的一样，每一局都输给了电脑。

当然，我并没有将输赢放在心上，毕竟电脑里的棋局带着程序，对于我这样一个业余棋手来说要取胜太难了。

我在玩游戏的时候，女儿一直站在旁边观看，她见我连连惨败，不禁跃跃欲试，讨好似的对我说："爸爸，让我来试一试，我有办法破解它的招数。"

虽然我不相信女儿能打败电脑，但我们家一向民主，大人能玩的东西，小孩同样可以玩。再说五子棋是一项益智游戏，我没有什么理由去拒绝孩子。于是，我对女儿鼓励地说："行！如果你赢了电脑，这周末爸爸就带你去游乐场。"

女儿高兴地拍着手说："一言为定。"

我点点头说："当然，咱们可以拉钩，不讲信用的是小狗。"

其实，我只是嘴上说说，根本不相信女儿有什么好的招数，因为她的棋艺我是知道的——她连我都无法打败，又怎么可能打败电脑呢？我不过是不想打击她的信心罢了。

过了十几分钟，我在客厅听到书房里女儿的欢呼声，接着，她跑到我面前，兴奋地说："爸爸，快看，我赢了！"

我来到书房，瞥了一眼电脑屏幕，果然看见上面显示女儿获胜了。

尽管事实摆在眼前，但我还是觉得难以置信，就淡淡地对女儿说："你是瞎猫碰着死耗子，运气好，如果你能再赢一局，我就相信你了。"

为了让我信服，女儿重新开始下一局。

让我大跌眼镜的是，这一次女儿居然又胜了。接着，我又让她下了几盘，结局依然如此。

我百思不得其解，为什么强大的电脑在女儿面前会变得如此不堪一击呢？于是，我惊奇地问道："女儿，你是如何做到的？"

女儿自豪地跟我解释说："很简单，电脑的棋路是死

的，有规律可循。你只要顺着它的思路给它设置一个陷阱，它每次都会往坑里跳，并且屡试不爽。"

随后，我按照女儿的方法布局，果然轻轻松松就打败了电脑。

事后，我不禁对女儿刮目相看。原来，每个孩子都是天才，只是我们在有意无意间扼杀了他的天赋。

从那以后，我放开了紧握的双手，只要不涉及女儿的安全问题，我都鼓励她大胆尝试。虽然有些事情她做得并不好，但我从中还是看到了她的进步。

其实，每个孩子都有很强的想象力、观察力和创造力，只是，我们有时过分迷恋自己的生活经验，会对孩子横加劝阻，结果管得越多、限制得越多，孩子的能力反而越低下。

如果家长都能尊重孩子的天性，合理引导孩子的兴趣，并给孩子预留一定的空间，我不敢保证每个孩子都能成为像牛顿和爱因斯坦那样伟大的人，但至少他会成为一个独一无二的人，一个能适应社会、创造奇迹的人。

# 4. 比较带来的伤害

许多家长都有一个不好的习惯，喜欢拿自己的孩子与别人的孩子比较。比如，你看王叔叔家的小亮多优秀啊，每次都考年级第一名，你要是有他一半的努力，我就心满意足了；你瞧陈阿姨家的燕燕多乖呀，这么小就能帮妈妈分担家务了；再瞧瞧你，除了贪玩好耍什么也不会做……

为什么家长喜欢拿自己的孩子与别人的孩子比较呢？原因很简单，家长希望通过比较让孩子认识到自身的不足，从而奋发向上、奋起直追，成为与别人的孩子一样优秀的人。

家长这样做的出发点是好的，但对孩子的伤害却是巨大的。因为你总是在孩子面前夸赞别人，会让孩子误认为爸爸妈妈喜欢别人家的孩子，而不喜欢自己。

由于孩子的心智尚不成熟，无法理解父母内心的真实

想法，只会通过父母外在的语言和表情来判断父母是否爱自己、关心自己。当孩子觉得父母不爱自己时，内心就会十分惶恐，长此以往，必然会造成孩子缺乏安全感，让他变得越来越焦虑、越来越无助，甚至产生被遗弃感。

另外，与别人比较还容易伤孩子的自尊心。

通常情况下，家长总拿孩子的缺点与别人的孩子的优点比，这样比下来，别人的孩子完美到了极点，而自己的孩子差到了极点。所以，家长难免会出现失望的情绪，甚至会批评和指责孩子。

所谓"人活一张脸，树活一层皮"，每个人都是好面子的，每个人都是有自尊心的，孩子也不例外。

家长贬低孩子、夸赞别人，无异于拿别人的优点来羞辱孩子。结果，家长不但没有激起孩子的上进心，反而让孩子愈加自卑了——家长是孩子最亲的人，也是最信任的人，如果家长都觉得孩子不行，孩子会认为自己真的不行。

鉴于此，家长应该这样做：

### 首先，父母要摆正自己的心态

所谓"金无足赤，人无完人"，所以，我们既要能看到孩子的不足，也要能看到他的长处。每个人都有自己的优点，但也无一例外地都有缺点。家长不能忽略孩子的优点，更不能将孩子的缺点扩大化。

其实，家长完全可以这样告诉孩子：虽然现在你很棒，但有些方面仍需要向别人学习。我们学习别人的优点，是为了让自己变得更优秀、更强大，因为一个优点加一个优点，不就等于两个优点了吗？

**其次，父母要接受孩子的个体差异**

的确，人与人之间是有差别的，有的孩子发育快，而有的发育慢；有的孩子学习能力强，而有的孩子学习能力弱；有的孩子顽皮好动，而有的孩子乖巧文静；有的孩子能说会道，而有的孩子沉默寡言；有的孩子有较强的乐感，而有的孩子天生五音不全……

家长要尊重孩子的这种差异，并结合孩子自身的特点，给予合理的引导，千万别拔苗助长或在孩子的伤口上撒盐。

**再次，家长要有足够的信心和耐心**

每个孩子都像一朵花，有的花开得早，有的开得晚；有的花呈红色，有的呈黄色，有的呈白色……

但只要是一朵花，它就会有开放的时候，只是时间的早晚而已。因此，家长要做的就是适当地修枝和施肥，然后静等花开。

## 5. 过度保护给孩子带来的伤害

你不要靠近那只小狗，它会咬你的；你不能去洗碗，你还小没准把碗摔破了；你不要跨过那条水沟，太危险了；你不要跟陌生人说话，没准他会把你拐卖的；你不要……

如果还原家长对孩子说过的话，你会惊讶地发现，"你不要""你不行"所占的比例远远超过了"你要""你能行"。

为什么会出现这种情况呢？

我想，主要是家长的护犊心理在作祟。在大人的眼里，孩子十分弱小，方方面面都让人担心，出于对孩子的保护，他们总是会不由自主地替孩子完成一些事情，或是阻止孩子做一些"危险"的事情。

其实，爱孩子和保护孩子的最好方法不是将他包裹起来，而是教给他常用的知识，使他具备独立应对现实生活的能力，所谓"授人以鱼，不如授人以渔"就是这个道理。

阻止孩子去尝试，只会关闭孩子成长的大门，而引导和鼓励才是正道。

有这样一个寓意深刻的故事：一群候鸟要从北方飞到南方去过冬，途中，一对好心的夫妇见它们挺辛苦的，便将家中剩余的粮食拿来喂它们。吃饱喝足后，一些候鸟没有选择继续南飞，而是留下来想在此过冬。

好心的夫妇又害怕候鸟冻着，就腾出一间空屋，并在屋里堆了厚厚的一层枯草。

就这样，这群候鸟安全地度过了冬天，并从中尝到了甜头。从那以后，每年冬天，这群候鸟都会来到这对好心夫妇的家里过冬，而夫妇俩也异常热心，供吃、供喝、供住，从不间断。

多年后，这对夫妇去世了。

这群候鸟失去了食物供给，也失去了基本的过冬能力，于是那个冬天成了候鸟的噩梦——它们不是被冻死了，就是被饿死了。

教育孩子也是这样，当爱泛滥，或失去为人处世的原则时，它就会变成一把扼杀孩子的利剑。因为你越是努力地保护孩子，反而越是会让孩子失去锻炼的机会，丧失独立生存的能力，最终家长只会培养出什么也不会做、不敢

做的依赖型孩子。

家长都应该清楚地认识到，自己能够保护孩子一时，但不能保护他一世——父母终有一天会老去，到那时，孩子的一切都只能靠他自己。

因此，在家庭教育中，我们最好少说"你不要""你不行""让我来"这样的话，而要多鼓励孩子直面人生，大胆尝试，因为每个孩子都蕴藏着巨大的潜能。

家长千万不要小看孩子，要相信他能做好每一件事，并将这种积极的心态传递给他，让他从中受到鼓舞，从而建立起战胜任何困难的自信。

## 6. "鼓励教育"也要适可而止

前不久，女儿参加了一场知识竞答比赛。由于准备得不够充分，加上有些紧张发挥得不是很好，结果第一轮就被淘汰了。

回到家里，女儿的情绪低落到了极点，提不起一点儿精神。

我知道女儿的心里一定很难受，因为她没有经受过丝毫挫折，向来心高气傲。在参加比赛前，她还对我豪言壮语："即便不拿一等奖，也至少能捧一个三等奖回来。"现在连初选都没通过，这叫她如何不伤心呢？

我安慰女儿："宝贝，没什么大不了的，比赛本来就是重在参与的事，有没有拿到名次无关紧要，关键是要享受过程。再说，竞答比赛你失败了，这并不代表你不优秀，也不能说明你在其他方面也很差。毕竟尺有所短、寸有所长，每个人都有自己的长处和短处，只要你尽了自己最大的努力就没有什么可遗憾的了。"

我的宽慰不但没有让女儿高兴起来，反而让她更加难过。她望着我，几乎是喊道："我就是想得第一名，我就是想拿大奖！你不是经常夸赞我，说我是最棒的、最优秀的吗？可为什么跟别人比起来我那么差劲呢？我是不是很笨啊？"

那一瞬间，女儿先前建立起来的自信完全坍塌了，她甚至还怀疑自己的智商有问题。

我没想到女儿把分数和名次看得这么重要，更没想到女儿的承受能力会如此之差。这时，我也才恍然意识到自

己滥用夸奖带来的不良后果——正是因为我的那些言过其实的夸奖，才致使女儿变得如此脆弱，如此害怕失败。

对于孩子的教育，多年来我一直奉行"多夸奖，少批评或不批评"的原则——"孩子，你真棒""孩子，你真行""孩子，你做得太好了"，这些都是我时常挂在嘴边的话。

我片面地认为，只有常常夸奖才会让孩子获得成就感，找到自信，从而激发起向上的动力。哪曾料到，夸奖也会有副作用——月盈则亏，水满则溢，凡事都应该有个度。

虽然"鼓励教育"现在被视为最佳教育方式，但过度地夸奖却不利于孩子的成长。它不仅会助长孩子的骄傲情绪，还会在无形中给孩子施加压力，使孩子"高处不胜寒"，一旦遭遇挫折就会变得自暴自弃，不敢面对现实，也不敢接受挑战。

正如一位育儿专家所说："与其夸孩子聪明，不如夸孩子上进；与其夸孩子全部，不如夸孩子具体；与其夸孩子人格，不如夸孩子事实。"

从那以后，我总是就事论事，从不夸大孩子的能力，还把口头禅从"孩子，你真棒"换成了"孩子，你做得很好，但你还可以做得更好"。

## 7. 远离家庭"软暴力"

在现代家庭教育中，许多家长已经摒弃了早期"棍棒底下出孝子"的育儿理念，纷纷采取了比较科学、温和的教育方式，这是社会的一大进步，值得肯定。

然而，体罚孩子的现象少了，但使用"软暴力"的现象却多了。据有关专家统计，"软暴力"普遍存在于家庭教育中，并且已经影响到了孩子的成长和生活。

所谓"软暴力"，就是一切区别于肢体暴力而伤害他人的行为，可以是口无遮拦的讽刺和挖苦，也可以是面无表情的漠视。这种暴力有一个显著的特点，那就是它潜在的危害常常会被人们忽视，甚至有时候会被界定为一种"习惯"。

"软暴力"的杀伤力并不亚于"硬暴力"，很多时候，精神上的伤害比身体上的伤害对人造成的影响更加难以

愈合。

那么，"软暴力"对孩子成长和学习的危害主要体现在哪些方面，又该如何避免呢？

**一、辱骂孩子**

这是最常见、最典型的一种语言暴力。

当孩子在某些方面做得不好时，家长总是喜欢用一些带羞辱性的词语责骂孩子，比如"你这个不争气的东西，真是无药可救""你简直比猪还笨，我怎么生了你这样一个没出息的孩子"……

家长辱骂孩子，大多是出于恨铁不成钢的心理，或是想通过偏激的方式让孩子进行反省，从而奋发进取。实际上，这种方式不但起不到教育孩子的作用，反而会让孩子的自尊心严重受挫。

常言说："良言一句三冬暖，恶语伤人六月寒。"教育孩子应该尽量杜绝不文明的语言，多使用关切、温暖的词汇。

**二、不尊重孩子**

不尊重孩子的行为，在家庭教育中比比皆是。比如，揭孩子的短，当着别人的面批评孩子，强迫孩子做他不愿意做的事等，只是许多家长没有意识到这是一种"软暴力"罢了。

美国著名社会心理学家马斯洛曾把人类的需求进行归类，概括出五种最基本的需求：生理需求、安全需求、社会交往需要、尊重需求、自我实现需求。他把人的尊重需求和其他需求一起看成是与生俱来的、本能的需要。

你千万别以为孩子小就没有尊重需求，事实上，无论什么人都渴望得到别人的尊重，小孩子也不例外。

因此，家长应该尽可能地尊重孩子的人格，接受孩子的不同意见。

### 三、数落孩子

一些家长喜欢当着孩子的面数落他的不是，比如胆小怕事、自私懒惰、学习成绩不佳、做事拖沓等。在家长看来，这都是一些无意识的行为，对孩子来说却是一种巨大的伤害。

所谓"说者无心，听者有意"，如果家长天天将这些数落话挂在嘴边，孩子的心里就会强化这种意识，从而降低自我评价，认为自己一无是处，进而变得自卑、厌学。

### 四、不搭理孩子

当孩子犯了错时，有些家长既不指出孩子犯错的原因，也不责怪孩子，就是不搭理孩子。

短暂地冷落孩子，或许会收到不错的教育效果，但长时间不搭理孩子，它就会变成一种"软暴力"。因为家长

的不搭理，会让孩子感到特别孤独无助，甚至产生一种被遗弃的感觉。这种惩罚比打骂孩子更可怕。

**五、限制孩子应有的权利**

一些家长打着"一切都是为你好"的旗号处处限制孩子，不给孩子应有的权利，比如不准孩子出去玩、不准孩子看电视、不允许孩子有隐私等。

事实上，孩子不是父母的私有财产，而是有思想的独立个体，父母应该给他的心灵留下一片蓝天，让他自由自在地飞翔。

# 8. 亲子共处不能要"低头族"

有人说，世界上最遥远的距离不是天涯海角，也不是生离死别，而是我坐在你面前，你却在低头玩手机。

我曾亲眼见过一对父子，两人并肩而坐，各自拿着一部智能手机，眼睛死死地盯着屏幕。在长达半个多小时的时间里，他们彼此没有说一句话，也没有相互看对方一眼，就像两个互不相识的陌生人。

我不禁感慨：难道父子之间就没有什么好交流的，只能靠这种方式打发时间吗？

还有一次，在一辆长途汽车上，一位母亲正津津有味地玩着手机，她身边的孩子很无聊，便拉着她的衣角大吵大闹。

你猜这位母亲是如何处理的？她赶紧从包里掏出一台平板电脑，还有些生气地说："烦死了，真后悔把你带出来，拿去玩吧！"

我看了一眼，那孩子顶多只有三四岁。

如今，"低头族"不仅遍布大街小巷，也广泛存在于家庭中。一些家长一回到家里，便忙着刷屏、聊天、玩游戏等，对一旁的孩子不闻不问。要是孩子打扰了他的兴致，他还会冲孩子发脾气。

据一项研究表明，家长长时间玩手机，会让孩子感到焦虑且没有安全感，甚至产生一种被忽视的感觉。

可以说，90%以上的孩子都十分反感父母在他们面前玩手机，为了表达心中的不满，他们常常会以哭闹、摔东西等方式引起父母的注意。

在孩子小的时候，他最渴望的就是得到父母的关爱，

比如能够与父母一起做游戏、听父母讲故事等，但许多年轻的父母只顾着玩，完全忽略了孩子的感受和需要。

另外，家长的不良行为还会潜移默化地影响孩子，对他的人格和学习造成极大的伤害。所谓"上梁不正下梁歪"，家长整天捧着手机玩，你能指望孩子"好好学习，天天向上"吗？

孩子的模仿力非常强，如此下去，用不了多久他就会成为家庭中的另一个"低头族"成员，甚至对手机的沉溺程度会超过父母。到那时，你只能站在一旁干着急，后悔自己当初的错误行为。

其实，细细算来，我们与孩子相处的时间并不长，一般十多年。等孩子长大了，到那时，他有了自己的生活空间和圈子，你想坐下来和他交谈，他都不一定有时间，也不一定愿意。

因此，我们要趁孩子还依赖大人时，每天抽出一定的时间陪他玩耍、陪他运动、陪他读书等。

值得一提的是，与孩子共处的时间里，家长最好不要看手机，也不要长时间地打电话，要一心一意地陪着他，让他感受到来自父母的爱和温暖。

如果家长错过了这个陪伴和教育孩子的黄金时期，那么，将来你就只有摇头和叹息的份儿。因为，孩子的习惯一旦养成就很难改变。

与其花 10 年时间去重塑孩子，不如花 10 年时间去培养孩子。

# 9. 分享中的快乐

有天下午，女儿从幼儿园放学回家后就一副闷闷不乐的样子，一问之下才知道：原来，老师给同学们安排了一个任务，要求大家将自己最心爱的玩具拿出来与别人一起分享。

女儿为此显得有些为难。

说实在的，她一点儿也不向往别人的东西，只希望自己的玩具不要被同学弄坏就好了。是的，她的自我意识向来很强，喜欢独来独往，不愿与别人分享。

之前，我一直想通过自己的言传身教去影响孩子，但收到的效果甚微，那么，何不利用这次机会，让孩子学习

与人分享的乐趣呢?

打定主意后,我来到女儿跟前,轻轻地拉着她的手,说:"孩子,我曾经也遇到过和你一样的难题,当时我很害怕与别人分享自己的东西,担心一不留神就被别人抢走了。可是,有一次,我大着胆子将自己最珍爱的玩具给了伙伴玩,结果,我惊奇地发现,自己不但没有失去什么,反而得到了许多快乐。从此以后,我经常与同伴分享自己的东西,身边的朋友也越来越多。要不你也试试看?说不定还能交到一些好朋友呢!"

虽然女儿还不能完全理解我所说的话,但她半信半疑地接受了我的意见,将自己最喜欢的玩具放进书包里。

第二天,女儿从同学那里交换来一个玩具,那是一个会哭、会笑、会闹的仿真娃娃,十分好玩。女儿对它爱不释手,脸上始终洋溢着开心的欢笑。

我问女儿:"怎么样,你觉得与别人分享感到快乐吗?"

女儿点点头说:"是的,起初我还不敢确定,但当我看到同学拿着我的玩具后那副欢喜的样子时,我的心里有着说不出的激动,既为同学喜欢我的玩具而高兴,也为自己做了一件有意义的事而高兴。以前,我对别人的东西不屑一顾,而事实上,别人的玩具也挺好玩的,就像这个可爱的娃娃。"

我不失时机地夸赞道："真是一个好孩子！以后要多与别人分享，不光是好的东西，还有不如意的事情也可以分享。那样，一份快乐就变成了两份快乐，一份烦恼就变成了半份烦恼。这对自己和别人都有益处，何乐而不为呢？"

女儿也开心地说："是啊！我一直错误地认为，与别人分享就是让别人掠夺，从来没有想到分享原来是一件十分快乐的事。早知如此，我会把自己所有的好东西都拿出来与别人分享，我再也不做以前的小气鬼了。"

经历了这件事后，女儿一下子打开了心结，她不再拒绝别人好意的邀请，不再事事以自我为中心，无论是苦还是乐，她都愿意与大家一起分享。

不仅如此，女儿还学会了与同学交流，懂得关心他人、谦让他人了。

看到女儿的进步，我会心地笑了。

## 10.好习惯让孩子受用终生

　　柏拉图说："人是习惯的奴隶。"英国诗人德莱顿也说："首先，我们培养习惯；然后，习惯塑造我们。"一个坏习惯的养成，往往是从一件微不足道的小事开始。

　　我们经常会看到这样的场景：

　　孩子不小心摔倒在地，家长不但不指出问题所在，还会用脚跺着地面说："让你绊倒我的宝宝。"

　　孩子主动给老人让座，家长不但没有表扬孩子，还撇着嘴说："你还是个孩子，不让座也没有人说你。"

　　孩子吃苹果时专挑大个的，家长不但没有制止这种行为，还笑着说："别着急，都是你的。"

　　孩子做作业时粗心大意错了很多题，家长不但没有指导孩子改错题，还指责说是老师没有教好。

　　孩子与同学发生了矛盾，家长不分青红皂白拉着孩子说："走，我们找他家长去……"

家长很少意识到，这些不以为意的行为，会影响孩子习惯的形成和性格的塑造。

有这样一个案例：一个男孩在玩耍时，看到一个小女孩手里拿着一个面包，于是他大摇大摆地走过去，一把夺过小女孩手中的面包，然后津津有味地吃了起来。

当时，男孩的母亲就在身边，但她并没有将这当成一回事，只是给那个小女孩重新买了一个面包。然而，就是这样一个小小的细节却毁掉了男孩的前程，葬送了孩子一生的幸福——长大后，他成了一个抢劫犯。

这样的结果令人十分痛心，可是回过头想一想，要是当初孩子的母亲能够正确地对待这件事，或许就不会发生后面的悲剧了。

孩子小的时候，是非观念非常淡薄，他分不清哪些行为是好的，哪些行为不好；哪些事情可以做，哪些事情不能做。这就需要家长正确引导，对孩子不当的行为加以制止和教育。

如果孩子做错了事而未受到批评和教育，那么，在他的心里就会形成一种认知：我的做法是正确的，以后还可以继续这样干。

据调查，许多青少年之所以会犯罪，大多都是因为儿

时养成的一些不良习惯造成的。

父母是孩子的监护人，也是孩子的第一任老师，孩子的行为习惯很大程度上取决于父母的教育。所以，对于孩子的教育没有大小事之分，只有对错之分，家长一定要给予足够的重视。

播下什么样的种子，将来就会收获什么样的果实。儿童期是一个人性格形成的重要阶段，也是会慢慢养成很多不良习惯的阶段。可以说，推动摇篮的手，就是推动世界的手。

如果一个陶罐出现了瑕疵，我们可以随手抛弃，然后再重新生产一个；如果一幅画作出现了败笔，我们可以重新画，直到自己满意为止——可是，孩子的成长仅有一次，如果出现错误就没办法弥补了，这不仅会影响孩子的一生，也会让父母后悔、痛苦一辈子。

因此，家长一定要履行好自己的职责，不忽略孩子成长中的任何一件小事，认真地打造这件特殊的"艺术品"。

# 第二章

## 好的亲子关系胜过硬性教育

教育专家认为，对孩子影响最大的不是学校，而是父母。因为一个人的性格、习惯、品行、兴趣爱好等主要源于家庭，而这些比老师传授的知识更能决定孩子将来成功与否。

# 1. 噪声给孩子带来的不良影响

有一天，朋友大 M 向我倾诉，说她的孩子学习不好，作业老是出错，计算结果明明是 28，偏偏就写成了 18。

为了提高孩子的学习成绩，她想了许多办法，鼓励过孩子，给孩子买过资料，还送孩子去辅导班学习过，但这些都无济于事，孩子照样出错，成绩照样低下。

听了大 M 的诉说，我估计问题主要出在家庭环境方面，于是问她："你家住在几楼？平常家里有人看电视的音量过大吗？"

大 M 听后没有立即回答我，而是一脸疑惑地望着我，问道："这与孩子学习成绩低下有关系吗？"

我点点头说："当然有，而且可能是直接原因。"

据大 M 介绍，她家住在二楼，因为临街，喇叭声、吆喝声、吵闹声此起彼伏，很少有安静的时候，但他们都习以为常了。此外，她家还有看电视和打麻将的习惯，周一至周五主要待在家中看电视，周末时常约朋友来家里打牌。

了解完情况后，我微笑着对大 M 说："这就对了，原因就出在这儿。喧闹的环境会让孩子变得烦躁，没办法静心思考和学习，这就会造成孩子做作业频频出错。要是家长再不分青红皂白一顿责骂，那绝对会让孩子的心灵雪上加霜，甚至出现厌学情绪。"

大 M 听后，不以为然地说："这怎么可能呢？也许电视的声音会对孩子的学习造成一定的影响，但我们家有单独的书房，孩子平常都在书房里读书和写作业。况且，我们看电视时都关着门，对孩子应该不会有多大的影响。"

见大 M 还没有认识到噪声对孩子的影响，我只好继续给她上"政治课"："虽然你关着门看电视，但孩子还是能够听到一些清晰或模糊的声音，这些声音或多或少会打断孩子的注意力，干扰她的思考。更重要的是，孩子觉得这极不公平，因为全家人都在看电视，唯独她一个人在写作业。带着这种不满的情绪，她很难认真地完成学习任务。"

不少育儿专家认为，长期生活在安静、柔和环境中的孩子，智商往往比较高；而长期生活在充满噪声的环境中，

孩子的智力发育则会受到不同程度的影响。

为了验证这一点，美国的一家研究机构专门用小鸡做了一次实验。结果发现，高强度的噪声可以在数小时内损害小鸡的脑细胞，所以仅仅过了几天，小鸡的神经细胞便开始萎缩甚至死亡。

法国的一项实验也表明，噪声在 55 分贝时，孩子的理解错误率为 4.3%；而噪声在 60 分贝以上时，孩子的理解错误率则上升至 15%。

由此可见，噪声不仅不利于孩子的智力发育，也不利于孩子学习成绩的提高。

最后，我奉劝大 M，尽量改装一下家里临街一面的玻璃和门窗，给孩子营造一个安静的环境。特别是在孩子学习时，家长最好关掉电视机，坐在一旁默默地陪着她。

半年后，我再次遇到大 M。她惊喜地告诉我，按照我说的方法，她女儿的学习成绩果然提高了不少。

## 2. 冒险精神不可丢

生活中，一些父母出于安全考虑，常常限制孩子的诸多行为。比如，孩子想单独上街买东西，家长会说大街上汽车太多了，不安全；孩子拿起水果刀想自己削苹果，家长赶紧制止说水果刀会伤着你的手；孩子洗完头拿起吹风机想吹干头发，家长一把夺过来说这东西有电……

其实，孩子需要一点儿冒险精神，我们应该鼓励他去冒险，或者带领他去冒险。

周末，我带女儿去公园坐海盗船。

刚开始，女儿兴致勃勃，一路上有说有笑。可是到了游乐场，女儿却退缩了，她紧紧地拉着我的手说："爸爸，我们能不能换一种游戏，我不想坐海盗船。"

我不解地问："为什么呀？咱们不是说好了这次专门来坐海盗船的吗？"

女儿怯怯地说："我害怕，你看那船荡得多高呀，要是从上面摔下来该怎么办呢？"

我笑着对女儿说："傻孩子，怎么会呢，座位前有护栏，身上还有安全带，非常安全的，你不用担心。再说，有爸爸在一旁陪着你不会有事的，你看别人玩得多开心啊！"

女儿有些犹豫不决，一方面，她很想体验一番海盗船的新鲜与刺激；另一方面，她又顾虑重重，害怕冒险。

见此，我语重心长地对女儿说："孩子，如果你选择放弃，或许你一整天都不会开心。如果你选择面对，或许结果并没有你想象的那么可怕，要不咱们试一试？"

女儿听后有些心动，但她还没有完全战胜自己，依然站在原地，不敢向前。我继续鼓励她说："孩子，来吧，让我们一起去迎接海盗船的挑战吧！"

在我的再三鼓励下，女儿终于登上了海盗船。随着船体缓缓上升，她的情绪也开始一点一点地紧张起来。

我坐在一旁安慰她说："孩子，第一次坐海盗船都会有一点儿紧张，你放松一些，抓紧护栏，尽量不要看周围的景色，那样就不会这么害怕了。"

女儿按照我说的做了后，果然平静了许多。但当海盗船荡到最高处时，她还是吓得哭了起来，并哀求道："爸爸，我害怕，你让他们立刻停下来。"

我对她说："你害怕，就大声地喊出来吧，这样能够缓解你内心的恐惧。"女儿听了就大声"啊啊啊"喊了几声，过了一会儿，女儿终于适应了船上的环境，不再那么害怕了。

从海盗船上下来，我亲切地问女儿："现在感觉怎么样？"她说："有一点儿害怕，但也觉得很快乐，因为我开始变得勇敢了。"

经历了这件事后，我经常带女儿一起去冒险，比如游泳、爬山、骑自行车等。一段时间下来，我发现女儿比以前更加勇敢了，还具有了一定的探索意识和创新精神。

与其武断地拒绝孩子，不如教孩子掌握一定的安全知识和防护措施，为他提供一定的安全保障。

## 3. 巧用激将法

激将法是我们非常熟悉的一个计谋,即:用刺激性的话或反话鼓动别人去做某事的一种手段。

在《三国演义》中,诸葛亮为说服孙权和周瑜联合抗击曹操,就曾使用过一次激将法。

诸葛亮对孙权说:"曹操取得了官渡之战的胜利,又新破荆州,威震天下,即使现在有英雄豪杰要与他抗衡也没有用武之地,所以刘备才逃到这里。希望将军您量力而行;如果能以吴、越之众与曹操抗衡,就不如早一点儿和曹操断绝来往;如果不能,为什么不依众谋士的主张向他投降呢?"

孙权听后勃然大怒,最终决定与刘备一起抗曹。试想,如果诸葛亮只是一味地哀求孙权,那他的要求很可能会被孙权拒绝,从而丧失破曹的时机。

教育孩子也是这样。有时你苦口婆心地劝孩子要努力、要上进，但孩子往往听不进你的这些大道理，或是左耳进右耳出，根本不把你的话当回事。

　　俗话说，请将不如激将。对于好胜心强的孩子，或是处于青春叛逆期的孩子，"激"远比"劝"更有效果。

　　女儿准备参加市里举办的作文比赛，但她担心最后榜上无名，就显得犹豫不决。

　　见此情景，我计上心来，淡淡地对女儿说："虽然你在学校的作文水平一直比较突出，但这次是全市的公开赛，其中肯定有不少高手。如果你实在对自己没有信心，那就放弃吧，反正除了你和我以外没有第三个人知道。"

　　女儿听后，不高兴地说："谁说我不参加了？明天我就去报名。"

　　我见女儿有了反应，继续激将道："你行吗？到时铩羽而归可不许哭啊！"

　　女儿不满地说："爸爸，凭什么认为你的女儿比别人差呢？好歹我也是学校里的尖子生，就算不能成功，那也要与他们拼个高低才行。"

　　在我的激将下，女儿果断地参加了比赛。

　　当女儿将获得第二名的奖杯递到我手上时，我故意装作诧异的样子说："没想到我们家还出了一个小才女，以

前我怎么没看出来呢？"

女儿听后一脸的自豪，从此更加热爱阅读和写作了。

还有一次周末，我让女儿打扫房间，她嘴上答应说"好"，但一直没有行动。

我明白，如果强迫孩子做她不愿意做的事，她内心肯定会特别抗拒，要么会敷衍了事，要么会坚决不从，而这都是我不愿看到的。

怎么办呢？我立刻想到了激将法，于是笑着对女儿说："宝贝，咱们来玩一个比赛游戏，你打扫自己的卧室，我也打扫自己的卧室，看谁打扫得又快又干净，输了的要请客吃爆米花。"

女儿一下子来了兴趣，高兴地说："比就比，谁怕谁！"说完，她拿起扫帚和抹布就跑了。

有过育儿经历的人都知道，每个孩子或多或少都有好胜心，只要家长把握好时机、掌握好分寸，就会取得意想不到的效果。

当然，激将法要因人而异，尤其不能滥用，否则将伤到孩子的自尊，达不到教育的目的。

# 4. 化解孩子的"电视瘾"有巧招

　　周末，与朋友聚会，大家不约而同都提到了孩子对电视上瘾的问题。

　　一位朋友说，孩子回到家的第一件事就是看电视，哪怕对动画片里的那些人物和情节都能倒背如流了，他还是看得津津有味。

　　另一位朋友说，孩子整天就知道看电视，一点儿也不爱学习，真为他的学习成绩感到担忧。

　　还有一位朋友说，我的孩子像着了魔似的，你不让他看电视，他就大哭大闹，有时我真想把电视机给砸了……

　　听了朋友们的倾诉，我不禁陷入了沉思。

　　其实，孩子沉溺于看电视是有原因的，且大多与家长的教育有关。一个坏习惯的养成并非一朝一夕，而是长期被忽视、被纵容的结果。

孩子小的时候，一些家长为了省心常把电视当保姆，孩子想看多久就让他看多久。入学后，孩子的角色发生了转变，家长这才开始限制孩子看电视，可孩子已经习惯了以前的生活方式，一时半会儿很难改变，于是他抗拒、叛逆，与家长玩"躲猫猫"。

还有的家长自己本身就是电视迷，肥皂剧看了一部又一部，受家长的影响，孩子也成了电视迷。

对于孩子喜欢看电视这一现象，家长不要过于忧虑，要理性对待。

在当今时代，限制或禁止孩子看电视都是不合理的。家长不要把看电视当作洪水猛兽，实际上它并没有那么可怕，只要引导得当，孩子同样能够茁壮成长。

**一、为孩子选择适宜的电视节目**

现在有很多娱乐节目远离人们的实际生活，这些节目并不适合儿童观看，家长多让孩子看一些充满想象力、智慧和乐趣的节目。比如《动物世界》《走近科学》《地理中国》等科普、探险节目，这些节目不但能够丰富孩子的生活，还能激发孩子的求知欲和探索欲。

**二、与孩子约定看电视的时间**

孩子一遇到自己喜欢的节目就沉迷其中，如果家长不加以限制，他往往停不下来，一看就是半天，这对孩子的身心健康极为不利。

众所周知，长时间盯着屏幕，不仅会伤害孩子的视力，还会造成孩子精神涣散、注意力不集中，影响日后的学习和生活。

所以，家长最好一开始就跟孩子商量好看电视的时间，原则上一次不能超过半小时、一天不能超过两小时。

### 三、转移孩子的注意力

家长不要让孩子整天"宅"在家里，要尽量鼓励他出去走走，比如找同伴玩耍、到户外踢球、到图书馆看书等。家长也可以时常带孩子去公园或游乐场玩，让孩子多接触外面的世界，培养孩子其他方面的爱好。

孩子发现有比看电视更有意义的事，他自然就会远离电视。

### 四、常与孩子讨论剧中人物

家长可以选择一些孩子感兴趣的影视故事，就事论事或加以引申，让孩子从中受到鼓舞，明白一些为人处世的道理，以便从小在他的心里播下真、善、美的种子。

## 5. 孩子顶嘴不是他变坏了

入冬以后，天冷了起来。

女儿上学前，我再次嘱咐她一定要多穿一件衣服。没想到女儿并没有听话，而是朝我喊道："我不穿，我不冷！"

女儿的性情突然转变，让我感到有些诧异。以前，女儿一向乖巧，对我言听计从，从不顶嘴，而今天她竟然学会跟我顶嘴了。

尽管我很生气，但怕女儿在学校受凉感冒，我还是强压住心中的火气，亲切地对她说："听话，快穿上衣服！"

对于我的关心，女儿非但不领情，还将头扭到一边，说："烦不烦呀，都说了我不冷，难道我自己不知道冷吗？"说完，她就气冲冲地走了。

生活中，许多家长十分反感自己的孩子顶嘴。他们认为大人的尊严是不可侵犯的，所以为了维护自己的尊严，哪怕选择伤害孩子自尊心的言行也无所谓。

一旦孩子不执行自己的命令，或是为错误而进行申辩，家长就会很恼怒，就像孩子犯了冒天下之大不韪的事似的，要么会揍孩子一顿，要么会严厉地把他训斥一番，以强硬的态度阻止他辩解。

其实，孩子顶嘴并没什么大不了，家长不必介意，也不必大惊小怪。

孩子不是一台执行程序的机器，而是一个有思想、有情感的独立个体，他有自己的想法和意见，这很正常。我们不但不应该为此懊恼，还应该为此高兴，因为孩子学会顶嘴从侧面说明他长大了，有了自己独立的意识和思想。

面对孩子顶嘴，家长应该保持冷静的态度，放下所谓的面子，摒弃"家道尊严"的传统，不向孩子强行灌输自己的想法并让他无条件地遵从。

硬碰硬只会伤害彼此的感情，并在孩子的心里埋下认为家长强权的种子。

我们应该给孩子自由发言权，让他把想说的话说完。

如果孩子是无理取闹，那么我们就对症下药，因势利导，帮助他认识自己的错误；如果孩子是正确的，那么我们不妨心平气和地听取孩子的意见，尊重孩子的选择，并

勇于承认自己的错误。

家庭教育的目的是为了让孩子健康、快乐地成长，和谐的亲子关系也是建立在平等和相互尊重的基础之上的。因此，无论孩子对错与否，我们都应该允许孩子顶嘴。

## 6. 补偿心理不可有

溺爱孩子是许多家长的通病，但很少有人会意识到，这实际上是补偿心理在作祟。

有的家长因为小时候受到过父母的忽视、拒绝、惩罚，或是吃不饱、穿不暖、没学上，这种痛苦的经历深深地镌刻在他们的脑海里，以致有了自己的孩子后，他们会拼命地给予孩子自己曾经没得到的东西。

补偿心理在家庭教育中十分常见，具体来说主要表现在以下几个方面：

### 一、怕孩子受委屈

有的家长在小时候受到过虐待，或是家里特别穷，从来没有过上好日子，于是平时就会尽量满足孩子，处处迁就孩子，给孩子创造最好的条件，以此补偿自己儿时受过的苦难。

### 二、把自己未实现的理想转嫁到孩子身上

有的家长因为某种原因未能实现自己的人生理想，于是把希望寄托在孩子身上——不管孩子愿不愿意，也不管孩子有没有这方面的特长，他们总是强迫孩子按照自己的意志行事。

比如，有一位妈妈十分喜欢舞蹈，但由于年少时腿受了伤，不得不放弃自己的梦想。有了孩子后，她仿佛又看到了希望，于是从小就将孩子送到舞蹈班学习。而实际上，孩子喜欢的是画画。

### 三、没时间陪孩子，想用物质来补偿以达到内心的平衡

有的家长工作特别忙，经常早出晚归的没时间陪孩子。家长自知亏欠孩子，便想从其他方面进行补偿，以减轻内心的愧疚。

### 四、怜悯孩子

有的家长因为孩子有某方面的缺陷，于是给予孩子特

别的照顾，从不让他干家务活，学习上也是过得去就行，即便孩子犯了错也不批评他。

补偿心理很微妙，很多时候，即使家长这样那样做了补偿，也不会意识到这没有什么不对的。

事实上，补偿心理不利于孩子的成长，尤其是过度补偿，对孩子有百害而无一利。下面三点建议，家长千万要注意：

### 首先，补偿心理容易造成孩子任性、低能

家长因为小时候受过苦，就不让孩子插手任何事，这无异于剥夺了孩子的学习机会，长此以往，孩子就会养成好逸恶劳的恶习。这样做造成的结果是，孩子什么也不会做，也不懂得承担责任，更不会考虑他人的感受。

### 其次，物质补偿无法代替精神需求

即便家长把世界上最好的东西全给了孩子，也无法满足孩子对父母的爱的渴望。与其拿东西补偿孩子，不如多抽时间陪伴孩子，让他的回忆里多留下些爸爸妈妈参与的痕迹。

### 再次，替孩子规划人生，容易埋没孩子的真正才能

家长感兴趣的，孩子不一定感兴趣。所以，家长把自己曾经的梦想强加在孩子身上，往往会事与愿违——不但不会取得什么成果，反而会激起孩子的不满，令亲子关系

不可调和。更重要的是，它可能会压抑孩子的个性，阻碍孩子的发展。

因此，家长千万不要把补偿心理运用到家庭教育中，否则将会得不偿失。

# 7. "无为而教"其实更有效

一天，我在催促女儿学习时，女儿生气地对我说："爸爸，我讨厌读书，还讨厌做作业，您不要再管我了，行吗？"

听了女儿的话，我十分震惊，没想到她小小年纪就如此厌学。我本想给她讲一番学习和做人的大道理，但话到嘴边又停住了。我知道，此刻无论我说什么，她都无法听进去。

回到自己的房间，我的思绪情不自禁地回到了从前。

当初，我像其他年轻的父母一样，十分注重孩子的早

教。女儿不到一岁时，我就开始不厌其烦地教她学习拼音和汉字，女儿咿呀学语看似很感兴趣，实则只是好奇。

女儿还不到两岁时，我又忙活着教她背诗、写字、学英语，不管她乐不乐意，我照教不误，还时常威迫利诱。

女儿三岁时，我专门找了一个老师教她学习画画。虽然她对画画没有多少兴趣，但她无从选择。

女儿四岁时，我给她报了钢琴班，还特意给她买了一架钢琴。可是她学了一年，只会弹一些简单的曲子。

女儿五岁时，我开始正式教她文化知识。

为了打好女儿的学习基础，也为了她能多掌握几项技能，我几乎剥夺了她所有的玩耍时间。我始终坚信，优秀的孩子是教育出来的，成功需要付出比别人更多的努力。

我满以为，在我的苦心教育之下孩子会变得很优秀。

谁知事与愿违，女儿上学后成绩平平，总是居于中游水平。为此，我十分着急，于是更加严格地要求她，恨不得能在她的脑子里插上电源，把所有的知识都传授给她。

然而，我越是施压，女儿越是抗拒，以致她后来故意跟我唱反调，经常拿不及格的卷子来气我。

这时，我才深刻理解了卢梭说过的话：对学龄前的孩子，"我们不仅不应当争取时间，而且还必须把时间放过去""在童年时期牺牲的一些时间，到长大的时候就会加倍地收回来"。

归根结底，学习是孩子自己的事，家长再着急也帮不上任何忙。当孩子对学习有了兴趣时，他就会自己去探索、去发现、去总结，从而掌握一套行之有效的学习方法。

有一年，记者采访一位高考状元的家长时，家长淡淡地说："其实，我们什么也没做，都是孩子自己努力的结果。"

老子主张"无为而治"，同样，对孩子也应该"无为而教"。当然，这里所说的"无为"，不是指放任自流、不管不问，而是指不横加干涉、不过分强求、不拔苗助长，让一切顺其自然。

知识性的东西很容易弥补，而受伤的心灵却很难修复。或许，家长选择了"无为"，孩子反而更"有为"。

## 8. 不要忽略短板效应

　　我经常听到很多家长这样说：孩子只要有一技之长，就不用为将来的前途担心。事实上，这些家长也是这样做的。

　　君不见，各种特长班如雨后春笋般涌现了出来，为了培养孩子某一方面的能力，家长可谓煞费苦心、挥金如土。可是，孩子拥有了一技之长，真的能纵横天下吗？

　　一些学者和专家调查后说，未必如此！

　　美国管理学家彼得提出了一个理论叫"短板理论"，说的是一只水桶由许多块木板组成，但决定水位的不是最长的木板，而是最短的木板——要想增加盛水量，只有将短板加长。

　　根据这个理论，如果我们把一个孩子比作这样的木桶，那么，最长的木板代表的是孩子的优点，最短的木板代表的是孩子的缺点，最后不难发现，最短的木板决定了孩子的未来。

如果家长只注重孩子最长的木板，而忽略了最短的木板，那么，无论最长的木板如何延伸，孩子注定成不了大器。

前些天，我外出办事时遇到朋友阿正，就问起他儿子考上了什么大学。

阿正摇了摇头，叹息地说："唉！别提了，就五分之差，结果与重点大学擦肩而过。"

原来，阿正的儿子偏科，除语文差一点儿外，其他学科都十分优秀。

本来阿正也意识到了这个问题，可孩子对语文就是不感兴趣，于是他只能通过提高其他学科的成绩来弥补语文的不足。但他万万没有料到，语文最终还是拖了孩子的后腿，导致这次考试直接失利。

阿正后悔不迭地说："要是当初我让孩子对语文给予足够的重视，并多花一些时间在上面的话，成绩提高几分肯定没问题。"

阿正儿子的遭遇正好印证了短板理论：即便其他学科成绩再好，只要有一科不行就会影响到整体的分数。

当然，从一个孩子未来的发展来看，学习成绩也只是

组成整个水桶的一块木板而已，并且不是最关键的那块，其他方面还包括思想品质、为人处世、生活能力和交际能力等。

可是，在现实生活中，人们往往只看到了最长的木板，却忽略了最短的木板。

记得曾看到过这样一个报道：一所名牌大学毕业的学生竟然不知道如何煮茶叶蛋、如何乘坐公交车、如何辨别回家的路……可以说，除了学习成绩优秀外，他几乎一无是处。

试想，这样一个人进入社会后，他能在竞争激烈的职场中独当一面，幸福地生活吗？

俗话说，一粒老鼠屎能糟蹋一锅粥。在孩子成就梦想的路上，往往可能因为某一方面的缺陷或某一个环节薄弱，而最终导致自己失败。

所谓"尺有所短，寸有所长""金无足赤，人无完人"，它不是让我们忽略短处，而是让我们正视自己的优缺点，最终扬长避短。

因此，我们一定要将孩子最短的木板找出来，并让它与最长的木板一同延伸，那样才能使木桶装的水更多。

## 9. 家庭与学校教育要相结合

近日，朋友杜超向我诉苦，说不知怎么回事，他的孩子在学校表现良好，在家里却一塌糊涂，完全像两个人。比如，孩子在学校懂得尊敬师长，但在家里没有一点儿礼貌；孩子在学校热爱劳动，但在家里从来不扫地、不擦桌子；孩子在学校遵守纪律，但在家里一点儿规矩都没有……

我笑问杜超："那你平常在家里是怎么教育孩子的？"

杜超听后，一脸愕然地说："教育孩子不是学校的事吗？我只管供他吃和穿就行了。再说，我工作那么忙，哪有时间管孩子呀！"

杜超的回答令我十分吃惊，怪不得现在的孩子身上有那么多毛病，原来很大一部分原因都出在家庭教育的缺失上。

俗话说，养不教，父之过；教不严，师之惰。一个孩

子学习和习惯的失败，大部分是家长和老师共同造成的结果。

现在，许多家长往往重视孩子的学校教育，而轻视或忽略家庭教育，他们觉得只有正规的学校教育才会对孩子的成长起作用，而在家里即使不管不问也不会对孩子有多少影响。

殊不知，学校教育重要，家庭教育同样重要。

要是我们把学校教育和家庭教育用一个算式列出来，那就是5+2，结果是：家长在学校教育的基础上进一步延伸、点拨，那么5+2可能等于7，甚至大于7；如果家长忽视家庭教育，对孩子放任自流，那么5+2肯定会小于7；如果家长在家庭教育中给予孩子错误的教育和不良的影响，那么5+2可能等于0。

也就是说，错误的教育和不良的影响可能会毁掉一个孩子。

比如，老师教育孩子要有爱心，可家长偏偏对弱势群体视而不见，还讽刺孩子的"爱心"为傻气；老师教育孩子要尊敬老人，可家长在公交车上却偏偏不给老人让座；老师教育孩子不要沉溺于网络游戏，可家长偏偏一回到家就玩游戏；老师教育孩子要诚实，可家长偏偏喜欢说谎……

在这样的家庭环境下，孩子如何能成为一个优秀的人才呢？

因为年龄和阅历的关系，孩子尚未建立起正确的人生观、价值观，他分不清到底是家长说得对，还是老师说得对。于是，老师用了五天的努力，好不容易才在孩子心中形成正确的认知，一下子就被家长用两天截然相反的教育削弱了，甚至扭曲了。

本来，学校教育和家庭教育就是一个不可分割的整体，如果出现家庭教育缺失或家庭教育与学校教育相违背，那么，带来的教育结果就只能是 5+2 < 7，甚至5+2=0。

因此，为了孩子健康成长，家长一定要注意自己的一言一行，以身作则，言传身教，做好孩子的表率。

只有将家庭教育与学校教育有机地结合在一起，尽量使自己的观点与老师的观点保持一致（如果老师的某一说法有失偏颇，家长可予以纠正，但绝不能贬低老师），那样才能使孩子朝着 5+2 > 7 的方向发展。

## 10. 好的亲子关系胜过硬性教育

如今，不少家长热衷于名校、培训班，以为只要找到了好的教育资源、好的老师，孩子就能出类拔萃。

可教育专家认为，对孩子影响最大的不是学校，而是父母。因为一个人的性格、习惯、品行、兴趣爱好等主要源于家庭，而这些比老师传授的知识更能决定孩子将来成功与否。

既然和谐的亲子关系对孩子的成长如此重要，那么，我们应该如何走近孩子，与孩子建立亲密的关系呢？

**首先，要学会接纳孩子**

当孩子遇到困难或受到委屈时，最需要的不是一位能说会道的教育家，而是一位能够理解、包容和认同他的人。如果此时父母能认真倾听孩子的心声，给予他关怀和安慰，亲子关系便会瞬间升温。

事实上，许多孩子不愿亲近父母，不愿把学习和生活中的苦恼告诉父母，其根本原因就是孩子之前向家长倾诉时，家长没能站在他的立场接纳他，致使他感受不到父母的尊重和理解。

比如，孩子犯错或闯祸后，他们的内心其实很惶恐，特别需要父母的安慰和呵护。此时父母再在孩子的伤口上撒盐，孩子会更加受伤。

父母要学会接纳孩子，无论现在的他是优秀还是平庸，是乖巧还是顽皮。当然，父母一般都无法接受孩子特别顽皮、撒泼，尤其是无理取闹、乱发脾气。

实际上，每个孩子身上都有一些缺点和毛病，家长只有无条件地接纳孩子，才能真正了解孩子，与孩子成为知心朋友。

**其次，要与孩子加强交流与沟通**

沟通是化解矛盾、增进感情最有效的方式，所以，无论平常工作多忙，家长都要抽时间去陪孩子。

比如，利用送孩子上学的时间，与孩子边走边聊，了解孩子各方面的状况；睡前给孩子讲一些轻松愉悦的故事，并与孩子一起探讨故事中的人物和情节，引导孩子做一个积极向上、乐观勇敢的人。

此外，沟通的方式也可以多种多样，比如，写信、打

电话、QQ 留言等。当然，要想营造轻松愉悦的谈话氛围，家长还得多了解孩子的兴趣爱好，善于敏锐地抓住时机引起孩子的谈话兴趣。

### 再次，时常亲吻、拥抱孩子

李嘉诚在回忆自己儿时所受的教育时，曾意味深长地说："最难忘记的是父亲的拥抱。我至今还清楚地记得，稳健而富有涵养的父亲与我亲密接触时，常常会紧紧拥抱我，并把我举得很高……"

肢体的接触是一种无声的语言，父亲宽厚的肩膀就是孩子力量的源泉，母亲温暖的怀抱便是孩子心灵的港湾。

心理学家研究发现，人都有一定程度的"皮肤饥饿感"——在父母与孩子的各种接触中，父母拥抱和搂着孩子的肩膀，最能使孩子产生强烈的幸福感和安全感。

日常生活中，家长不要放过任何一个与孩子亲密接触的机会。比如，拍拍他的肩，摸摸他的头，拉拉他的手。

可以说，好的亲子关系胜过好的教育，建立了良好的亲子关系，家庭教育就等于成功了一半。

# 第三章

## 把话说到孩子心里去

教育孩子是一项长期工程，无论孩子现在多么"差劲"，你都不能对他失去信心，因为你的信心正是孩子前进的动力、力量的源泉和成功的保证。

# 1. 饭桌教育不可取

可能不少家长都有这样的习惯：喜欢在就餐时问长问短，对孩子评头论足。比如问，今天上的体育课有没有摔跤？作业完成没有？有没有考试，考了多少分？有没有和同学闹矛盾……

本来这是家长的一番好意，但听到孩子的耳朵里却完全变了味，有的觉得父母啰唆，有的认为父母对自己不放心。

若是孩子的回答让家长不满意，家长则会唠唠叨叨，不停地给孩子讲道理。

对此，脾气好一点儿的孩子可能会保持沉默，然后迅速吃完碗里的饭，逃离父母没完没了的追问；而脾气急躁一点儿的孩子，可能会直接与父母顶嘴，甚至放下碗筷赌气回到自己的房间。

结果，一家人的就餐变得索然无味，不欢而散，孩子不开心，家长也不满意。

在当今这个快节奏的时代，家长大多忙于工作，亲子时间越来越少，于是，许多家长便利用吃饭时间来"关心"孩子，以期达到理想的教育效果。

事实上，无论出于什么原因，"饭桌教子"都是不可取的。

**首先，"饭桌教子"不利于和谐的亲子关系**

吃饭本来是一件愉快的事情，家长应该尽量营造良好的气氛，让孩子心情放松，开心进食。

如果家长像审犯人一样逼问孩子，像对待敌人一样批评孩子，势必会破坏这种美好的氛围，使饭桌上充满浓烈的火药味，有时甚至会升级为矛盾冲突，致使双方的关系越来越僵。

所以，饭桌上家长的"关心"不但起不到沟通、交流、教育的作用，还会伤害彼此间的感情。

**其次，"饭桌教子"不利于孩子的身心健康**

有的孩子生性胆小，稍微被家长责备几句便会心情抑郁，泪流满面。在这种情况下，孩子已经憋了一肚子的委屈，哪还有心情享用美食呢？于是，大多数孩子会选择放弃进食，饿着肚子去上学或者进屋写作业，至于学习效

果肯定会大打折扣。

更重要的是，如果孩子一直处于不良的就餐环境中，就会渐渐对食物失去兴趣，产生厌食或偏食，从而导致食欲下降，造成营养不良，甚至落下胃病等症状。

据一项调查研究表明，如果家长长期在吃饭时指责和批评孩子，会让孩子感到十分紧张，进而产生恐惧、叛逆等心理。还有，如果孩子边抽泣边吃饭，容易将食物吸进气管里引起呛咳，严重时甚至会阻塞呼吸道造成休克或死亡。

因此，对于孩子的教育，家长一定要慎重对待，尽量错开吃饭时间，并保持足够的耐心和信心，切勿采取生硬的方式——要做到尊重而不放纵、关怀而不干涉、邀请而不要求。

所谓"寓教于乐"，无形的教育或许更有利于孩子的健康成长。这一点，每位家长要切记。

## 2. 别把听话作为教育孩子的指挥棒

小时候，我们经常会听到爸爸妈妈说："孩子，你要听爸爸妈妈的话，要听爷爷奶奶的话，要听叔叔阿姨的话，要听老师的话……"

长大后，我们对孩子说得最多的话是："孩子，你要好好学习，不要辜负了爸爸妈妈的一番期望。"

学校里，老师也会时常叮嘱孩子："你们要听话，争取做一个'五讲四美'的好学生。"

在父母和老师的眼中，"听话"似乎是评价一个孩子优劣的首要条件——听话的孩子就是好孩子，不听话的孩子就是"坏孩子"。

为什么父母和老师这么注重孩子听不听话呢？

一则，父母出于对孩子的关心和爱护，担心孩子不求上进、惹是生非；二则，父母认为自己的生活经验丰富，

能够指引孩子走上正确的道路，使他更容易去获得成功。

诚然，在孩子产生独立的自我意识之前，在建立正确的判断能力之前，父母的话无疑能帮助孩子避免危险或伤害。

但是，随着孩子一天天长大，他的自我意识会开始增强。如果这时父母还一味地强调孩子要听话，那就不再是一种正确的做法了。

一味地要求孩子听话，容易产生一些不良后果：

**首先，容易让孩子失去自我意识**

如果父母总是要求孩子遵照自己的意志行事，不准辩解、不准违抗、不准顶撞，那么父母就成了独裁者，这势必会造成孩子没有主见，唯唯诺诺。

家庭教育应该是民主的、平等的，不能因为孩子年龄小就要求他绝对服从。每个人都有话语权、选择权和决定权，孩子也不例外，他的意见应该受到尊重。

如果父母过于唯我独尊，就会在孩子的心里播下强权的种子，将来他要么会成为跟父母一样的家庭独裁者，要么会成为任人摆布的玩偶。

有人说，日本教育培养的是野性的狼，而中国教育培养的是温顺的羊。虽然这话有些言过其实，但从中我们可以看出，一味地教育孩子听话是不对的。

**其次，容易对孩子造成误导**

所谓"人非圣贤，孰能无过"，父母不是百事通，说的话、做的事并不一定完全正确，而听话的孩子会错误地认为父母总是对的。

这样，孩子就可能会重复父母犯的错误，甚至在错误的路上越走越远。况且，万事万物都在不断地向前发展，没有人能够预知未来，也没有人能够帮助孩子解决所有的问题。

**再次，容易影响孩子独立思考的能力**

如果父母把一切事情都给孩子计划好了、安排好了，孩子就没了独立思考和自主发展的空间，于是，他只会事事听从别人的安排，犹如一台没有思想的机器。

我想，这绝对不是父母所期望的结果。

因此，父母不能简单地将听话作为教育孩子的指挥棒，而是应该鼓励孩子独立思考、大胆创新。

## 3. 爱的教育

周末，我带女儿去同事超子家做客，超子拿出他从香港带回来的零食招待女儿。出乎意料的是，女儿拿到零食后没有直接放进自己的嘴里，而是递到了我的手上。

超子见状，感到十分惊讶。他说，现在的孩子都非常自私，有什么好的东西只会想到自己，很少见到像我女儿这样懂事的孩子。

超子问我："你是怎么教育孩子的，有没有什么特别的方法？"

我笑着说："其实，我也没有怎么刻意地教育孩子，只是每次孩子给我东西时，我不是婉言拒绝，而是欣然接受，并极力夸赞孩子的行为。长此以往，孩子有什么好的东西总是乐于与我分享。"

许多家长责备自己的孩子自私，没有爱心，整天就知道要这要那，并把主要责任归咎在孩子的身上。殊不知，造成这一结果的罪魁祸首正是家长自己。

比如，当孩子将一个剥好的鸡蛋递到妈妈嘴边时，我们经常听到妈妈这样说："孩子，你吃吧，妈妈感冒了，没有胃口。"

当孩子看到妈妈工作太辛苦，打算帮妈妈分担一些家务时，我们经常听到妈妈这样说："赶紧写作业去，学习好了比什么都重要。"

当母亲节到来时，孩子用自己的零花钱给妈妈买了一束鲜花时，我们经常听到妈妈这样说："你的钱多得用不完吗？这么贵的花你也敢买，赶紧给我退回去。"

其实，孩子的这些行为都是在向父母表达他心中的爱。可是，父母总是忽视孩子这种爱的行为，会有意无意地拒绝孩子的爱。

《三字经》里说："人之初，性本善。"孩子在小的时候，通常都有一颗赤子之心，尤其是对待自己的父母。

细心的家长一定会发现，孩子在生活中时常会向父母表达他的爱，比如，孩子喂父母吃东西、把他喜欢的玩具给大人玩等。

不过，很少有家长能意识到这是一种爱的表现。

此时此刻，家长要做的不是拒绝，而是开心地接受，

让孩子体会到爱带给他的快乐。

如果孩子在给予父母爱时长期遭到拒绝，他就会放弃施爱，只习惯被爱，从而变得自私自利。

很多父母总是喜欢将自己对孩子的关心和爱藏着掖着，其实这种做法极为不妥，因为这不仅不能让孩子感受到父母的爱，还会在无意中扼杀孩子刚刚萌发的爱。

曾看过一幅漫画，讲的是一对母子的故事：由于家庭贫困，每次吃鱼时母亲都将鱼身夹给孩子，而将鱼头留给自己。

有一次，孩子懂事地将鱼身夹给母亲，结果母亲又将鱼身夹回了孩子的碗里，并说："孩子，妈妈不喜欢吃鱼身，只喜欢吃鱼头。"

母亲的意图很明显，因为鱼身肉多，可以给孩子增加营养，于是就编出了喜欢吃鱼头的理由。但孩子并不明白母亲的用心，还以为母亲真的喜欢吃鱼头。

多年后，孩子长大成人了，每次吃鱼时他还是习惯性地将鱼头夹给母亲。

雨果说："人间如果没有爱，太阳也会灭。"作为家长，请你大胆地表达你的爱吧！请你心安理得地接受孩子的爱吧！因为只有当爱遇到爱，爱才会开花结果，才会欣欣向荣。

## 4. 把时间分一半给孩子

一个周末的下午，我刚要出门，女儿叫住了我，她怯生生地对我说："爸爸，你能给我 10 元钱吗？"

我听后不高兴地说："昨天不是给了你 10 元钱吗？怎么才过了一天就用完了呀！"

从女儿上幼儿园开始，我就主动给她发零花钱，每周 10 元，虽然不多，但也能解决她的基本需求。女儿从小就比较懂事，不管我们在不在身边，她都从不乱花钱，也从未出现过超支的现象。这次的情况有些反常，我不禁警惕起来。

我问女儿："是不是在学校损坏了别人的东西？"女儿摇着头说："不是！"我又问："是不是同学过生日，你准备送同学一份礼物？"女儿还是摇头。

我有些不耐烦起来，朝女儿吼道："你到底要钱干什

么呀？如果你说不出一个正当的理由，我今天绝不拿钱给你。"

可是，无论我怎么追问，女儿就是不愿说出要钱的原因，于是，我愈加怀疑她了。

本来我还想追问下去，谁知女儿"哇"的一声哭了起来。

我赶紧调整好自己的情绪，轻声对女儿说："宝贝，对不起！爸爸不该朝你发火，你有什么需要就直接跟我说吧，爸爸一定支持你的。"

在我的多次鼓励下，女儿终于抬起头说："我准备买一样东西，但是钱不够。"

我没有再逼问女儿要买什么，而是直接给了她10元钱。

不一会儿，女儿从她的储蓄罐里取出30元钱，连同刚才那10元钱一起递到我的手里，然后高兴地说："爸爸，这是40元钱，我向你买一个小时的时间，你现在可以陪我玩了吧？"

那一瞬间，我完全愣住了。

记得几周前，女儿要我陪她玩，我说没时间让她自己玩。女儿十分失望，她不理解大人为什么要拼命挣钱，为什么不愿陪她。

女儿天真地问我："爸爸，你不挣钱行吗？"我说："当然不行，不挣钱你吃什么、喝什么、用什么呀？"女儿又问："那你一小时能赚多少钱呢？"我想了想说："大概40元吧！"

女儿听后没有再说什么，我也很快将这件事淡忘了。现在，我完全没有料到，女儿存钱竟然是为了向我买时间。望着女儿一脸期待的神情，我险些落下泪来。

这时，我才恍然意识到，孩子需要的不是精美的玩具，也不是无所不能的电子产品，而是父母的陪伴。之前，我每天忙于工作，忙于应酬，几乎没有时间陪孩子，现在想想自己是多么不称职啊！

育儿专家曾说，如果父母长时间不陪伴孩子，或是与孩子缺乏有效的沟通和互动，就会造成孩子对亲情的淡漠，从而喜欢虚拟的网络游戏，甚至形成逆反心理。反之，有父母陪伴的孩子往往更自信、更有安全感，也更加热爱学习。

看来，我是该抽时间多陪陪孩子了，不然，一转眼她就长大了。

## 5. 找对方法就赢了

不少朋友向我吐苦水，说现在的孩子越来越难管，尤其是到了叛逆期，你说东，他偏要往西；你好心好意地教导他，他非但不听还嫌你啰唆，真是吃力不讨好。

的确，教育孩子是一件苦差事，它考验着家长的耐心和智慧。但家长也不要过于悲观，只要掌握了一定的方式方法，一定能够轻轻松松地教育孩子。

可能很多人都有这样的感受：喜欢和支持自己的人在一起，并会对亲近自己的人萌生好感。如果家长能将这种理念运用到家庭教育中，孩子就不会排斥你，也不会与你产生隔阂。我们称这种方法叫"顺杆儿爬"。

所谓"顺杆儿爬"，就是暂时顺着孩子的话去说，让他自己去反省错误、承担责任，这比正面说教往往更有效果。

通常情况下，孩子一般喜欢与自己观点相近的人，而讨厌与自己观点相左的人。

当孩子认为他所做的事是正确的时，如果父母提出相反的意见，还对他横加指责——即便父母说得再对、再有理，他为了维护自尊也会发起反击。

与其彼此伤害，不如先顺着孩子的话去说，那样，孩子便没了戒心，认为你和他是"好朋友"。有了这种意识后，接下来的事情就好办多了。

也许这样说有些人不好理解，那我就举几个具体的例子：

有一次，见女儿做家庭作业时拖拖沓沓一副很不认真的样子，我本来想教训她几句，但转念一想，那样做未必有效果，说不定还会引发一场家庭冲突，弄得大家都不开心。

何不试试"顺杆儿爬"的方法呢？于是，我笑着对女儿说："这么多作业，一定很辛苦吧？"

女儿点点头说："是啊，手都写酸了，真想把这些作业丢进垃圾桶里。"

我打趣地说："这真是一个不错的主意，要不咱们就这么干。如果你担心老师问起，我可以为你写张纸条。"

我的理解赢得了女儿的信任，她对我充满了感激。

当然，她并没有真将作业丢进垃圾桶里，而是将这当作调侃老师的一个笑话。随后，她开始聚精会神地写作业，站在一旁的我不禁暗自窃喜：这招真管用啊！

还有一次，女儿准备参加班干部竞选，但她担心自己会失败，所以一直犹豫不决。见此，我故意打击女儿说："孩子，我看还是算了吧，要是竞选失败了那多没面子啊！"

我知道女儿好胜心很强，你越是贬低她、打击她，她越是不服气，越是有斗志。果然不出我所料，女儿听后有些生气地对我说："爸爸，你就对我这么没有信心吗？"

我见激将法发挥了作用，赶紧顺着女儿的话说："那你决定参加竞选吗？"

女儿立刻斗志昂扬起来："不试试，怎么知道不行呢？"我听后，高兴地拍着手说："真是一个了不起的孩子，爸爸为你感到骄傲。"

其实，很多时候不是孩子任性，也不是孩子不行，而是我们没有找对方法。

## 6. "示弱"也是一种策略

常言道，虎父无犬子。意思是说，出色的父亲不会生出平庸的孩子。然而，现实却恰恰相反，许多优秀的父母教育出了平庸的孩子。

可能有人觉得纳闷，通常情况下，优秀的父母都是有文化、有见识的人，他们拥有优越的教育资源，为什么偏偏教育不出出色的孩子呢？

究其原因，是父母过于强势了。

在工作中，大人保持强势是一件好事。但在家庭教育中，父母对孩子强势却是一种不幸。

首先，强势父母往往脾气很大，动不动就指责孩子，让孩子没有一点儿自尊心。

其次，强势父母的支配意识很强，他们要求孩子绝对服从自己，不允许孩子有独立的想法。长此以往，这势必

会限制孩子个性的发展，甚至影响到孩子健康人格的形成，使孩子变得唯唯诺诺、没有主见。

再次，强势父母对孩子的要求往往十分苛刻。

由于强势父母比较优秀，他们对孩子的要求常常会按照自己的意愿来提出，这就使得孩子常常达不到他们的要求。结果，父母失望，孩子灰心。

找不到成就感的孩子，注定会成为一个缺乏自信的人。而一个没有自信的人，做任何事都很难成功。

此外，强势父母还喜欢用命令、指使的口吻与孩子对话，使得亲子地位极不平等，无法展开真正的交流。

其实，在家庭教育中，父母不妨向孩子多"示弱"。

记得有一次，我和女儿在外面散步，路经一座桥时我故意犹豫不前，装作一副害怕的样子。然后，我试探着对女儿说："桥好高啊，爸爸不敢过去。"

女儿看了看说："爸爸，不要怕，有我呢，我牵着你过去。"没想到女儿听了我的话信以为真，小心翼翼地拉着我的手将我带过了桥。

我不失时机地夸道："女儿真棒，比爸爸勇敢多了！"

散步结束时，我又故意装作找不到回家的路，着急地对女儿说："爸爸不认得回去的路了，怎么办呢？"

女儿信心十足地说："爸爸，不要担心，我认得路，你跟在我后面就行了！"

回到家里，女儿自豪地向妈妈说起她带爸爸过桥和回家的事，妈妈美美地夸奖了她一番，她愈加高兴了。从那以后，我时常在孩子面前表现得"无能"，让孩子为我"办事"。

如今，女儿在很多方面都优于同龄人，这都是我向孩子"示弱"的结果。

然而，许多父母并不明白这个道理，他们为了树立所谓的"家长威严"，常常板着一副脸孔，对孩子呼来唤去。还有的父母喜欢在孩子面前表现得聪明能干，以此想激励孩子上进。

实际上，父母越是把自己衬托得高大威猛，孩子就会越显得渺小无能，从而更加依赖大人。

作为父母，千万不要把强势带入家庭教育，因为爱就像一个口袋——往里装产生的是满足感，而往外掏产生的是成就感。

在父母一次次"示弱"中，孩子渐渐品尝到了帮助别人的快乐和成功的乐趣，最终会成为一个"强者"。

## 7. 让探索无处不在

一天下午，女儿神神秘秘地指着屋角的一张纸对我说："爸爸，你看那是什么？"

我瞧了一眼说："是一张餐巾纸，没什么特别的呀！"

女儿摇摇头说："不对，你再仔细瞧瞧。"

我俯下身子认真地看了看，发现那张餐巾纸上正趴着一只小蜗牛。我故作惊奇地问："宝贝，这是一只小蜗牛，你从哪里弄来的？"

女儿有几分得意地说："我在学校的草丛里抓到的，当时费了很大的劲才找到这么一只。"

"嗯，小蜗牛非常可爱，你要用心照顾它，可别让它饿着、渴着了。"

女儿高兴地点点头，但随后她又犯难了，因为她不知道小蜗牛喜欢吃什么。女儿先是试着给蜗牛丢了几粒米饭，但蜗牛对此毫无反应。接着，女儿又在蜗牛面前放了一块饼干，可蜗牛仍然没有什么动静。

最后，女儿把她喜欢的零食全给了小蜗牛，可它还是一动不动。女儿着急地问我："爸爸，蜗牛到底喜欢吃什么呀？我把自己最喜欢吃的零食都给了它，可它还是不满意。"

我轻轻地抚摸着女儿的脑袋，笑着说："宝贝，蜗牛是一种小动物，它跟人的生活习惯不一样，我们喜欢的食物，它可是一点儿也不感兴趣。但是很抱歉，爸爸也不知道蜗牛喜欢吃什么。如果你真的喜欢蜗牛，那么你可以查查字典，看上面有没有答案。"

刚开始，女儿不太会使用字典，翻了半天也没查到，后来在我的耐心指导下，她终于找到了"蜗牛"这个词。字典上面解释说，蜗牛喜欢吃草本植物的表皮。可是，女儿不明白植物的表皮是什么。

于是，我又引导女儿上网查询。查到的结果是，植物的表皮就是植物最外面的一层细胞，如茎、叶、花等。同时，女儿还查到蜗牛喜欢吃的食物有很多，如面包树、蔬菜、蘑菇、瓜果、树叶等。

不一会儿，女儿从冰箱里找来一张嫩生生的莴苣叶，将它分成一小段一小段的，然后放在小蜗牛的旁边。果然，

没过多久，小蜗牛就爬到莴苣叶上小心翼翼地吃了起来。

见此，女儿开心地说："小蜗牛一定饿坏了，它整整一下午都没吃东西了。"

在女儿的精心照料下，小蜗牛一天天地成长着，女儿每天也快乐地成长着。

可是有一天，女儿放学回来，发现她心爱的小蜗牛不见了。她找遍了所有的房间和角落都没有找到，于是坐在地板上伤心地哭起来。

我安慰女儿说："你不要难过，蜗牛一定是想它的妈妈了。你想，你把它从学校里捉回来，它的妈妈该有多着急呀！就像有一天你不见了，爸爸妈妈会着急一样。现在它去找它的妈妈了，你应该感到高兴才对。"

听我这么一讲，女儿好像明白了，然后她后悔地说："早知道这样，当初我应该把它的妈妈也找来放在一起，那样它们就没有什么好牵挂的了。"

养过一只蜗牛后，女儿学到了很多知识，也明白了许多道理。看来，我们应该让孩子多接触大自然，让他在探索与发现中成长、进步。

## 8. 把孩子的成长当作一辈子的事业

每次孩子考试结束，家长问得最多的问题就是："考了多少分？排在第几名？"要是孩子说考了 100 分，家长立即眉开眼笑，给孩子买这买那；如果孩子说考了 80 分或者更低，那迎接他的将是家长的一张冷脸。

现在，分数成了一些家长衡量孩子是否优秀的唯一标准，并且随时影响着一家人的情绪。能有一个成绩优异的孩子固然可喜，但有一个差一些的孩子也不要泄气，因为他还有继续努力的时间。

做家长不容易，做差生的家长更不容易。但再不容易你也得坚持下去，因为你没有选择的余地，只能坦然地面对一切，把孩子的成长当作一辈子的事业。所以，家长一定要明白这几个道理很关键：

### 首先，家长必须接受孩子的个体特点

我们不得不承认，孩子与孩子之间是有差异的，有的孩子十分聪明，不管学什么都能举一反三，很快就能弄明白；而有的孩子则比较愚钝，一道题反复为其讲解还不一定能理解全面。

单说考试，就一个班级的孩子来说，有的孩子老是考前几名，有的孩子老是考倒数几名，而有的孩子无论怎么努力总是处于中间位置。

这便是个体差异，家长一定要区别对待，为孩子制定合理的学习目标。

其实，每个孩子都是独一无二的，他在学习方面不好，并不代表在其他方面不行。比如，有的孩子学习成绩一般，但他的交际能力很强，或者很有艺术天赋。

人有所长，必有所短；相反，人有所短，也必有所长。所谓"骏马能历险，犁田不如牛；坚车能载重，渡河不如舟"，家长要看到孩子的长处，不要总是将目光放在孩子的短处，否则你会越来越失望，并最终将孩子推向叛逆的深渊。

### 其次，分数决定不了孩子的未来

家长必须清醒地认识到，孩子的学习成绩不好并不意味着他没有前途，历史上很多有作为的人就证明了这一点。比如，大家所熟知的爱因斯坦就是出了名的差生，教他希腊文和拉丁文的老师曾当着全班同学的面侮辱他说："爱因斯坦，你长大后肯定不会有任何作为。"事实上，爱因斯坦取得的成就超过了班上其他任何一个同学。

由此可见，一个人的学习成绩代表不了什么，也说明不了什么问题，家长不要以分数论英雄，而应该看到孩子点点滴滴的进步，并给予他理解和支持。

**再次，家长要摆正心态，不要盲目地与他人攀比**

要是孩子考了 70 分，你就鼓励他下次考 80 分；要是孩子考了倒数第一名，你就鼓励他下次考倒数第二名。

有的家长总是不切实际地要求孩子考第一名，或每一门学科都考 100 分。孩子疲于拼命学习，却怎么也不能遂家长的愿，久而久之，他就会弃厌学。平心而论，孩子也希望能考 100 分、考第一名，如果考差了，他比谁都难受。

教育孩子是一项长期工程，无论孩子现在多么"差劲"，你都不能对他失去信心，因为你的信心正是孩子前进的动力、力量的源泉和成功的保证。

## 9. 把话反着说更有作用

很多时候，我们在教育孩子时总是喜欢从正面进行说教，比如告诉孩子哪些事不能做、哪些事应该积极主动地去做。虽然这种做法十分符合传统的教育理念，但效果却并不理想——孩子要么左耳进右耳出，要么根本不把大人说的话当回事。

其实，我们完全可以换一种方式，以便让孩子欣然接受我们的要求。

以前，为了培养女儿的阅读习惯，我买了许多文学类的书让她读，并郑重其事地告诉她："读书会带来许多好处，比如能够积累词汇、提高写作水平、增长知识等。"

我满以为，女儿听了我这番慷慨激昂的陈述后一定能够爱上阅读、爱上学习。但想象是美好的，现实是残酷的，女儿非但对那些书不感兴趣，还嫌我啰唆，爱管闲事。

后来，我想了一个办法，将那些书收藏起来，并严肃地告诫女儿："这些书是爸爸的，你千万不能动。"

为什么这些书不能动呢？里面的内容肯定特别精彩吧？渐渐地，女儿对这些书籍产生了兴趣。

但这时，我并没有立即让女儿去阅读，而是吊足了她的胃口。我故意在她面前饶有兴致地朗读，时而哈哈大笑，时而拍手称快。她觉得十分好奇，来到我的身边，要求与我一起分享。

我见女儿的兴趣完全被激发了出来，心中暗自欢喜，但脸上仍装出一副不情愿的样子，说："不行，这属于爸爸的书，只能爸爸一个人看。"

女儿充分发挥了她死缠烂打的精神，缠住我不放，非要我将书拿给她看。我假装纠缠不过，无奈地说："拿去看吧，但你不能把我的书弄皱或弄脏了。"

女儿如获至宝，一把夺过我手中的书，津津有味地读了起来。就这样，我不费吹灰之力就让女儿从被动阅读走向主动阅读。有了这次成功的经验，我开始将自己的战果扩大化。

先前，女儿有偏食的习惯，我曾费尽心思想要改变这一现状，比如，告诉她偏食有什么危害、蔬菜水果有什么营养、为什么我们吃饭要营养均衡等。

　　可是，无论我怎么讲道理，女儿就是听不进去。我苦恼不已，但孩子正在长身体，如果继续这样下去的话，一定会造成不良后果。

　　现在，我开始使用自己独创的妙招——在女儿饥饿时，我故意做一些她不喜欢吃的食物，并且只做一份。做好后，我将饭菜放在自己的身边，并对女儿说："这是爸爸喜欢吃的，你不许跟我抢。"

　　女儿一听没有她的份儿，立刻着急了，拿起筷子就要分食。

　　这次，我没有拒绝女儿的动作，但我尽量表现出想要多吃的样子。

　　女儿唯恐吃亏，使劲地往自己嘴里扒拉。就这样，你一口，我一口，我们很快就将那碟菜吃光了。

　　通过这两件事，我意外地发现，小孩子一般都有很强的好奇心和占有欲，你越是不让他做某事，他越是要去做；你越是不给他某样东西，他越是渴望得到这样东西。

　　家长能够巧妙地利用孩子的这种心理，就会取得事半功倍的效果。

## 10. 对孩子要帮助而不是代替

　　可能很多家长都有这样的体会：孩子的生活习惯越来越不着调，自主能力越来越差，创新意识越来越弱，似乎离开父母就很难生存了。

　　到底是什么原因造成这一结果呢？我想，这主要是因为家长的教育方法不够恰当，抑或是管得太多了。

　　那天，当我接到单位的调令时，一下子蒙住了，虽然只是到离家 30 公里远的分校工作，但我还是感到不知所措。

　　如果我去分校上班，那女儿的生活起居怎么办？谁来照顾她呢？我每天一大早就得出门，根本无法接送孩子，中午也无法赶回家为孩子做饭。

　　本来，我想让女儿寄宿在亲戚家里，或让她在外面吃饭，这样问题就解决了。可转念一想，长期麻烦别人也不

是办法，何不借此机会锻炼一下孩子的独立生活能力呢？

女儿从出生以来，就一直笼罩在爱的光环之下，过着"衣来伸手，饭来张口"的优越生活，什么家务活都不用干，什么事都不用操心，只管无忧无虑地上学、玩。如今，她已经10岁了，到了要独自面对一些事情的时候。

正好此时是暑假，我有足够的时间训练她。

为了让女儿尽快地成长起来，我决定让她学会自己上下学。

首先，我给女儿讲解了一些基本的安全知识和需要特别注意的事项，然后让她试着独自去学校，再从学校走回来。

刚开始，我有些不放心，悄悄地尾随其后，观察孩子过马路时的一举一动。如此反复数次，见女儿没有什么大的问题，我就慢慢地放开了手。

接着，我开始教女儿如何给闹钟定时，如何梳头，如何开门、锁门，如何使用电饭煲、天然气灶，如何温奶，如何淘米、洗菜、切菜，如何做饭及该放多少油、多少盐等。

我原以为孩子学这些生活常识很困难，没想到女儿的领悟力特别高，没过多久基本上都学会了。

上班第一天，是我最担心的一天。我如同热锅上的蚂蚁一样坐立不安，不停地给老师打电话询问女儿的情况。

事实上，我的担心完全是多余的，那天什么状况也没有发生——女儿按时上学，按时回家，中午也没有饿着。

晚上回到家里，我将女儿搂在怀里亲了又亲，还说了许多贴心的话。

一段时间下来，女儿渐渐适应了新的生活，偶尔还会主动帮我做一些事情。

记得有一天我回家晚了，女儿竟亲手给我煮了一碗面条。尽管汤有些咸、面有些软，但我还是感动得热泪盈眶，毕竟孩子懂得心疼人了。

吃着女儿煮的面，我觉得孩子仿佛一夜之间长大了。

一年后，我又调回了城里工作。此时，我惊奇地发现，女儿在各方面都取得了巨大的进步。

经历了这件事，我突然发现，很多时候大人低估了孩子的能力，总是认为他这也不行那也不行。事实上，只要家长止步，孩子就会进步——过多地包办或干预，只会滞碍孩子的成长。

教育是引导而不是约束，是帮助而不是代替，是鼓励而不是强求。

# 第四章

## 让孩子成为一个受欢迎的人

荀子说："人之生也，不能无群。"从中我们可以看出，人需要与他人交往，并建立起和谐的人际关系。从小培养孩子的交际能力，这不仅有利于孩子的成长，更有利于他将来事业的成功。

# 1. 沟通的另一种方式

许多家长都有这样的体会：孩子越大越不好沟通，尤其是进入青春期后，他常常会将大人的话当作耳边风，一回到家就把自己关在屋子里，有时一整天都不与父母说一句话。

家长主动关心孩子，孩子不但不领情，还会嫌父母啰唆。有此遭遇的家长不禁摇头叹息：现在的孩子到底怎么了？

从小到大，我一直陪伴着女儿成长，对于一般孩子身上会出现的毛病，我都见识过。其实，与孩子沟通并不难，关键是要掌握方式方法，然后再对症下药。

一些家长最见不得孩子顶嘴，孩子稍有不从便火冒三丈，横加指责。这样的沟通方式注定是失败的，所以，家长教育孩子一定要有耐心，要允许孩子发表不同的意见。

当孩子到了一定的年龄阶段，他有了自己独立的意识和主张后，不会再把父母的话当作圣旨，还可能会开始逃避沟通，甚至对抗父母。

在这种情况下，家长最好换一种方式，用纸条或书信与孩子沟通。因为面对面地交流很容易造成情绪失控，一旦发生意见分歧，双方往往会剑拔弩张，争吵得脸红脖子粗。这样不但解决不了问题，反而会伤害孩子。

有一段时间，因为学习方面的问题，我与女儿闹得很僵，我不找她说话，她也不找我说话。

刚开始，我在气头上，对女儿不闻不问。但气消后冷静一想，孩子毕竟是孩子，我怎能跟她斗气呢？然而，碍于大人的尊严和面子，我又不愿当面向孩子道歉。

左右为难之际，我突然想到了写信。

以前有什么心事，我都喜欢记在日记里或告诉自己的好朋友，写信虽然有些落伍，但它往往能够避免冲突、化解矛盾，不失为一种有效的沟通方式。

打定主意后，我花半天时间写了一封声情并茂的长信。信中，我对女儿动之以情、晓之以理，不仅向她表达了自己的歉意，还向她陈述了自己的理由和想法。

我本以为女儿看到信后会置之不理，没想到的是，她很快就做出了回应。

回信中，女儿向我述说了许多她从未提及的苦恼及她对我的看法。这时我才明白，我对她的要求太高了，她快要到崩溃的边缘了。

从那以后，但凡遇到什么难以启齿或是不好当面沟通的问题，我都采用写信的方式。

还别说，这种简单的方式产生了神奇的效果。我与女儿之间的关系越来越亲密，我很少再对她发脾气，她也很少再跟我闹意见。妈妈笑着对女儿说："你真是你爸爸的贴心小棉袄。"

为了扩大战果，我索性在家里做了三个纸糊的信箱，分别在上面写上"爸爸信箱""妈妈信箱"和"女儿信箱"，只要大家有什么心里话都可以写在纸上，投到对方的信箱里。

书信交流不仅改善了我与女儿之间的关系，还训练了孩子的表达能力、写作能力，真是一举多得。

因此，当面对面地交流难以奏效时，家长不妨采用这种迂回的谈心方式。

## 2. 榜样的力量

周末，同事小周带着他的孩子琦琦来我家里玩。琦琦长得很可爱，活泼伶俐，惹人喜爱，他一进门，我就摸着他圆圆的小脑袋问："小朋友，你几岁了？"

琦琦一点儿也不惧生，睁着一双漂亮的大眼睛说："我三岁了。"

"哟！好乖。"我表扬了一句，接着又问，"小朋友，你能数一下数给叔叔听吗？"

"好！"琦琦随即高兴地数了起来："1、2、3……10……"

"嗯！真不错，继续数下去。"我鼓励道。

琦琦又大声说道："J，Q，K，A。"

听了琦琦后面数的几个"数"，我和小周都吃惊不小。

小周抡起巴掌想教训孩子，我一把拦住了他，说："这不能怪孩子，得怪你自己，谁让你打牌时老是将孩子带在身边。"

小周平常没有什么特别的嗜好，唯独爱玩扑克牌"斗地主"。由于他老婆的工作比较忙，琦琦时常跟在他的身边，耳濡目染下就将扑克牌的顺序当成了数字的顺序。

其实，这种情况的发生对孩子来说并没有什么奇怪的。小时候，他对外界的任何事物都充满了好奇，总是想模仿和尝试。并且，在这一阶段，他们的模仿力极强，很多我们认为不可思议的事，他们一学就会。

著名教育家特娜夫人说："孩子是父母的影子，为了培养孩子的品德，父母的行为要自慎，应处处做孩子的表率。孩子好的行为或坏的行为，都是父母教育和影响的结果。"

还有教育专家也指出：儿童的一般发展、记忆在很大程度上取决于家庭氛围如何，成年人在读些什么、做些什么，以及他们对儿童留下了哪些影响。

由此可见，孩子是家长的一面镜子，他会一滴不漏地把你的一言一行克隆出来，成为你的一个翻版或再版。

孩子就像一张白纸，家长的一言一行就像一支画笔，所以教育孩子就像画画一样，至于画出的图案美不美，关键看大人怎样去描绘：画得好会让孩子受用一生；出现了

败笔，轻则影响孩子一时，重则伴随孩子一世。

儿童的是非观念十分淡薄，很多时候就是以大人为榜样——他们认为大人能做的，他们也能做。因此，有些大人喜欢却不适宜孩子学的东西，一定不要当着孩子的面做。

作为孩子的第一任老师，家长在做人和处事上一定要严格地要求自己，约束自己的言行，加强自身的修养，创造一个良好的家庭环境，给予孩子正面的影响。

# 3. 构建良好的人际关系

这一天是周六，林女士带着儿子去参加一个聚会，但让她感到尴尬的是，她让儿子叫叔叔阿姨，儿子不叫；她让儿子和其他小朋友玩，儿子也不去。自始至终，儿子都像跟屁虫一样紧紧地跟在她的身后。

林女士生气地拉着儿子来到僻静处，朝儿子吼道："你是不是男子汉啊，一点儿出息都没有，连一个小姑娘都不如。"无奈之下，她跟朋友简单地聊了几句后就带着儿子早早地离开了。

林女士的烦恼，其实也是许多家长的烦恼。

大多数家长都喜欢活泼开朗、能说会道的孩子，而讨厌沉默内向、胆小的孩子。实际上，孩子害羞是有原因的，家长千万不要戴着有色眼镜看人，更不要武断行事而对孩子横加指责。

首先，害羞是一种正常的情感，它跟人的其他情感一样，需要得到家长的尊重和理解。

可以说，每个人都曾有过胆怯、害羞的经历，如果孩子不善交往，家长又不断地要求他做到自然大方，孩子就会觉得自己在这方面不行，从而更加强化了羞怯心理。

其次，害羞是对陌生人或陌生环境的一种正常反应。

由于孩子担心自己表现不好，或是害怕把自己的缺点暴露在别人面前，出于一种自我保护心理，他往往不愿表达或羞于表达。

面对害羞的孩子，家长不妨这样做：

**一、帮孩子建立自信**

美国心理学家坎贝尔说："要使孩子心理健康，父母和长辈要做出相应的'精神投资'。"

所谓精神投资，就是要发现孩子的闪光点并给予及时的赞扬，让孩子在同龄人面前时时充满自信。家长要明确地告诉孩子："你是一个可爱的、受人欢迎的人。"等孩子消除心理障碍后，他就会乐意展现自己，并且积极主动地与人交往了。

### 二、时常带孩子出去"见世面"

许多孩子之所以胆小害羞，是因为他们经常待在家里，很少出入社交场合。

人的胆量大都是练出来的，如果孩子经常与人接触、与人交往，就会适应各种环境。而且接触的人越多，孩子积累的经验也会越多，口才也会越好。

### 三、为孩子创造与人交往的机会

家长可以带孩子去亲戚朋友家做客，也可以邀请邻居或同事的孩子到家里来玩。当然，人不必过多，一两个就行，那样孩子既不会有压力，也会有更多的表现机会。

在家里，家长可以让孩子接听电话、为客人开门、洗水果等，这些都能有效地锻炼孩子的交际能力。另外，外出旅行时，家长可以让孩子去问路，还可以让孩子和其他的小朋友结伴游玩。

### 四、鼓励孩子多说话、多表达

如果孩子特别害羞，家长可以让孩子对着镜子微笑、说话，一段时间后，再让孩子与他熟悉的、亲近的人交谈。其间，家长要多给孩子打气，让孩子意识到，与人交往并没有想象的那么困难，只要你投之以桃，别人就会报之以李。

值得一提的是，对于害羞的孩子，家长切不可操之过急，要懂得循序渐进，多鼓励、少批评。慢慢地，孩子就会克服社交困难，找到属于自己的交际圈。

## 4. 自卑是条毛毛虫

不知从何时开始，女儿变得自卑了起来：上课不敢举手提问，下课不敢与同学交流；一遇到困难就退缩，不愿参加竞技活动，也不敢在别人面前表现自己；做事总是缺乏主见，人云亦云，从不愿轻易去实践……

面对孩子出现的诸多问题，我感到既困惑又焦急。

我知道，自卑不是一种健康心理，如果继续发展下去，

势必会影响孩子的学习和生活，甚至会影响孩子未来的人生。我必须寻找一个行之有效的方法，来帮助孩子走出自卑的阴影。

那天，我和女儿在院子里玩皮球，玩得正高兴时，一不小心将皮球踢到附近的草丛里。女儿跑了过去，刚想抱起皮球，突然发现皮球旁边的一片草叶上伏着一条毛毛虫，她吓得赶紧收回手并发出一声惊恐的尖叫。

我告诉女儿，不用害怕，毛毛虫不会咬人的，因为它没有牙齿，如果你愿意还可以和它成为朋友呢。

在我的鼓励下，女儿重新靠近毛毛虫，认真地观察了一会儿，然后用蔑视的语气说："毛毛虫真丑啊，我从来没见过这么丑的昆虫。如果我是一条毛毛虫，我一定会躲在那些别人看不见的角落，一辈子都不出来。"

女儿的话令我感到十分震惊，我没想到她竟然会有这么奇怪的想法，看来我要好好引导她一下了。

对，毛毛虫就是一个很好的例子！

我眼前一亮，接过女儿的话茬说："是的，毛毛虫很丑，但它并不自卑，而且一直在追求自己的生活。你别看它现在的样子挺吓人，但用不了多久就会变成一只美丽的蝴蝶。"

"丑陋的毛毛虫怎么可能变成美丽的蝴蝶呢？它们可

是两种完全不同的昆虫啊！"女儿一副难以置信的样子。

　　我想了一下，跟女儿解释说："不，你看到的毛毛虫和蝴蝶其实只是一种生命的两种不同形态。毛毛虫起初也为自己的丑陋感到自卑，从来不敢与其他动物一起玩耍，甚至不敢正视自己的身体。但当它的妈妈告诉它是一只蝴蝶后，它终于明白了，现在的状况只是暂时的，只要自己不放弃，勇敢地生活下去，终有一天就会变得跟妈妈一样漂亮。"

　　为了让女儿明白毛毛虫变成蝴蝶的全过程，我将那条毛毛虫捉住，然后放进了一个透明的玻璃瓶里，并让女儿每天折些嫩枝和青草放在瓶中。

　　过了一段时间，毛毛虫的身体发生了明显的变化，它的表面出现了棕色的硬壳，不再吃东西，也不再爬来爬去。

　　我告诉女儿，此时的毛毛虫已经变成了一只蛹，用不了多久它就会蜕变成一只美丽的蝴蝶。

　　女儿对此充满了期待。

　　终于在一个午后，一只蝴蝶从蛹壳里爬了出来。没多久，翅膀变硬后，那只蝴蝶便展开美丽的双翅翩翩起舞。望着飞向窗外的蝴蝶，女儿高兴得手舞足蹈，啧啧赞叹："真是太神奇了，太美丽了，我也要变成蝴蝶。"

　　我站在一旁，仿佛自言自语地说："孩子，虽然现在

你只是一条不起眼的毛毛虫，但那是成为一只蝴蝶的必经历程。如果你肯努力，克服内心的自卑，大胆地追求，我相信，用不了多久你也会化蛹成蝶，自由自在地穿梭于万花丛中。"

女儿听后，若有所悟地点了点头。

## 5. 小游戏大智慧

每逢周末，只要女儿在家中，屋里准会被她弄得天翻地覆、一塌糊涂。

女儿正处于对任何事物都充满好奇的年龄段，喜欢玩玩具、拆东西、看小人书。这本来很正常，也是一件好事，然而女儿把东西摆满一地后却不能将其归位，致使房间很乱。

为此，我十分恼火，曾三番五次地教育女儿，让她玩完玩具后一定要将玩具放到指定的位置。但无论我怎么说，女儿总是记不住，下次还是如此。

为了让女儿养成良好的习惯，也为了减轻大人的家务负担，我强烈要求女儿自己收拾好她弄乱的房间。

刚开始，女儿在我的威迫下还能勉强遵从，但渐渐地就有了逆反情绪——你让她收拾，她噘着嘴一动不动；你大声吼她几句，她还是不动，只是哭。这样闹得大人小孩都不愉快，最后还得我帮她收拾残局。

这天，我无意中读到一本书，上面讲道：孩子都喜欢在游戏中接受教育，在玩耍中获得成就感。于是，我决定换一种方式来教育孩子。

又到了周末，女儿像往常一样将玩具和书本丢得满地都是，然后置之不管。见此，我先做了一个深呼吸，待心态平和后笑着对女儿说："宝贝，我们一起来做个游戏，好吗？"

"什么游戏？"女儿一下子来了兴趣，好奇地问。

我说："我们来比赛收拾东西，看谁收拾得最快、收拾得最干净。"

"好啊！"女儿高兴地拍着手说。

我在屋子的中央画了一条线，将这些杂乱的东西一分为二，并让女儿选择其中之一。女儿选择了右边那一半，并开始认真地收拾起来，她边收拾还边对我说："爸爸，

你慢点儿。"

我充分利用孩子的好胜心，时而动作麻利，略超前于女儿；时而动作缓慢，略落后于女儿——这让孩子既有了继续做下去的动力，又看到了赢的希望。

快到结束时，我故意放慢动作留下几张纸片，让女儿先完成了任务。

果然，体会到成功的乐趣后，女儿自豪地朝我喊道："爸爸输了，爸爸输了，我赢了！"

我不失时机地夸赞道："宝贝真能干，真了不起，快来帮帮爸爸。"女儿听后，马上高兴地过来帮忙。不一会儿，家中就被我们收拾得整整齐齐、干干净净了。

以后，只要遇到类似的问题，我都会采用易于被孩子接受的迂回方式。一段时间下来，竟收到了意想不到的效果，女儿在各方面都有了进步。

## 6. 家庭作业知多少

　　如今，不少孩子一回到家里就唉声叹气，究其原因，是由于作业太多没有休息和玩耍的时间。尤其当家长在一旁不停地催促时，孩子更会烦不胜烦。

　　有一位学者曾采访、调查了上千名儿童，他惊奇地发现，竟然有将近七成的孩子讨厌做家庭作业。这是一个让人震惊的数据，为什么有如此多的孩子对家庭作业不喜欢呢？是老师布置的作业太多、太难了吗？

　　其实不然。

　　我检查过一些小学生的家庭作业，数量并不算多，只要认真去做，一般在一个小时内就能完成。所以，造成孩子讨厌家庭作业的真正原因，不在学校而在家庭。

　　先看电视，还是先做作业？孩子说先看电视，家长说先做作业。

在家长的权威面前，孩子往往没有选择的权利，他只能默默地接受。不过，孩子心里并不服气，所以导致他完成作业的效率非常低下，通常10分钟能完成的往往需要20分钟，甚至更长时间，并且会错误百出。

这就造成了一个恶性循环：家长越是不让孩子看电视，孩子就越是惦记看电视；孩子越是惦记着看电视，作业就完成得越差；作业完成得越差，家长就越是不让孩子看电视，越给孩子安排更多的学习任务。

其实，正确的做法应该是：家长给孩子制定规矩，双方约定什么时候该看电视、什么时候该写作业。

完成老师布置的作业，还要完成家长安排的作业，孩子当然不堪重负。一些家长喜欢搞题海战术，以为只要让孩子多看书、多练习就能提高学习成绩。事实上，学习成绩不是简单的时间叠加、多做几套习题就能提高的。

孩子的成绩不好，不喜欢写家庭作业，归根结底，还是孩子对学习不感兴趣。

家长要结合孩子的实际情况，因地制宜，对症下药。强行给孩子添加学习任务，不仅对孩子的学习没有帮助，反而会让孩子产生厌学情绪。

俗话说，兴趣是最好的老师。要让孩子爱上学习、爱上写作业，最好的办法就是激发他的兴趣，让他在学习中找到成就感，找到实现自我价值的归属感。

对孩子期望过高，不允许孩子出错，这是一些家长常有的心态。所以，他们一看到孩子的作业出了错就火冒三丈，不分青红皂白对孩子就一顿责骂。

粗心马虎是孩子常有的事，家长不必大惊小怪，随着孩子的年龄增长、学习经验的丰富，这种现象会逐渐消失。一味地斥责孩子，不但收不到良好的效果，还会打击孩子的积极性，挫伤孩子的自信心。

通常情况下，孩子的注意力只能维持半个小时左右，超出这个时间，他就会感到疲劳，精神涣散，致使学习效率低下。所以，家长不应搞疲劳战术，而是合理安排作息时间。

细心的家长一定还会发现，孩子喜欢一边写作业一边玩耍。实际上，这不是孩子不专心，而是调节状态的一种方式。

因此，家长要充分考虑孩子的这个特点，一旦学习时间超过半个小时，就要提醒他休息一会儿，最好将作业分成几个时间段去完成。

## 7. 孩子不喜欢老师怎么办

当孩子满怀委屈地对你说，他不喜欢某位老师并希望转学时，你会做出怎样的回答呢？是推波助澜地斥责老师，还是语重心长地规劝孩子？抑或一气之下答应孩子为其转班或转学？

老师对孩子的影响很大，甚至是终生的。如果一个孩子喜欢他的老师，就会对这位老师所教的学科产生浓厚的兴趣，学起来也就得心应手，充满了信心和欢乐。

反之，如果一个孩子讨厌他的老师，就会对这位老师所教的学科有所排斥，表现为上课时精力不集中、做作业时草草了事、有不懂的问题也从来不问老师。

抱着应付或被动的心态很难取得好成绩，长此以往，孩子就会陷入一个可怕的恶性循环中——成绩越差，就越不想学；越不想学，成绩就越差。

然而，许多家长并不明白这个道理，所以当他们听到孩子不喜欢自己的老师时，往往会火冒三丈，觉得孩子受到了不公平待遇。

出于护犊心理，家长会不由自主地将矛头指向老师，认为一切都是老师的错。于是，有的家长仅凭孩子的一面之词，就草率地为孩子办了转学手续。

我们姑且不去追究谁对谁错，单就转学来说，这不是一个正确的选择。

首先，孩子需要用很长一段时间去适应新的环境、适应新的老师和同学，这会对孩子的心理和学习造成一定的影响。

其次，如果问题出在孩子身上，转学就会成为一种对孩子的纵容，不仅孩子的问题没有得到解决，孩子反而会变本加厉，最后达到无法挽回的地步。

再次，即便你给了孩子转学的机会，也无法保证他会遇到喜欢的老师。要是孩子仍然不满意，那该怎么办呢？不可能继续转学吧？

当听到孩子说不喜欢他的老师时，家长最好认真地听他把话讲完，了解事情的前因后果。

原则上来说，老师一般不会歧视某个学生。

有的孩子说不喜欢他的老师，也许是老师过于严厉，

或者是作业布置得过多，孩子只是抱怨一下，并没有家长想象的那么复杂、那么严重。等过了一段时间，可能孩子自己都不会记得曾说过这样的话了。

有的孩子可能是因为老师平常不够关注他，很少叫他回答问题，或者很少当众表扬他，于是会误认为老师不喜欢他，从而心生怨恨。

遇到这种情况，家长不妨从以下几个方面入手：

**一、经常在孩子面前夸赞他的老师**

如果家长经常表现出对老师的尊重，孩子也会对老师产生好感和亲近感，这有利于和谐师生关系的形成。

**二、告诉孩子，老师很喜欢他，还在开家长会时表扬了他**

老师的夸奖胜过蜜糖，会让孩子信心倍增，从而改变对老师的看法。

**三、指导孩子如何与人相处**

大千世界，人的性格各不相同，不可能每个人自己都喜欢，也不可能每个人只和自己喜欢的人打交道——与其拒绝他人，不如接受他人。

每个人身上都有缺陷，老师也不例外，即使你不喜欢他，也要学会尊重他。

# 8. 让孩子成为一个受欢迎的人

"你们老师怎么回事？这道题明明是对的却打了错号，他也太不负责任了吧？"

"为什么你们老师总是把你的座位安排在最后面？他这样做太势利眼了吧，总把学习好的安排到前面。"

"你们老师是不是没事找事，隔三岔五让我去学校。他没事，我还忙着呢！"

……

生活中，一些家长认为孩子受到了不公平待遇，总喜欢在孩子面前评论老师，尤其是老师出现了一点失误时，便对老师横加指责，甚至诋毁、贬损。

其实，许多家长这样做并没有什么特别的用意，只是过过嘴瘾，发泄一下心中的不满罢了。但家长不知，自己一时的痛快很可能会给孩子的学习和成长带来极大

的影响。

### 首先，会影响孩子的人际交往

俗话说，人前多夸别人好，背后莫论他人非。

背后说人坏话，这本身就是一种不道德的行为，即使家长对老师有什么看法也不要在孩子面前表露出来。在人际交往中，人们讲究诚恳待人、表里如一，即便对方有什么过错也应该当面沟通，消除误解，而不是在背后说三道四。

要让孩子成为一个受欢迎的人，就应当从小在他心里播下友善、真诚的种子，而不是向他传递负面的信息。

家长好似孩子的一面镜子，如果家长喜欢背后论人长短，孩子也会受到影响成为一个喜欢嚼舌根的人。

### 其次，会影响孩子和老师之间的关系

尊师重道是我国的传统美德，也是文化能够得以传承的重要原因。如果家长时常在孩子面前贬损老师，就会破坏老师在孩子心目中的美好形象，降低老师的威信。

所谓"说者无心，听者有意"，家长的话往往会潜移默化地影响孩子，让孩子在心里轻视老师、怨恨老师。他心里会想，爸爸妈妈都不把老师放在眼里，我又凭什么尊敬老师呢？

从某种意义上来说，良好的师生关系也是孩子成功的

保证。只有"亲其师，信其言"，在心底尊敬老师，孩子才会更好地接受老师的教育。

### 再次，会影响孩子的学习成绩

要是孩子已经向家长表达了他对老师的不满，而家长进一步火上浇油，孩子就会从讨厌老师发展到讨厌他所教的学科，进而造成偏科现象，这对孩子的平衡发展极为不利。

俗话说，人非圣贤，孰能无过。老师也是平常人，也有这样那样的缺点和不足，家长应该持理解和宽容的态度，毕竟一个班上有几十个学生，老师不可能照顾好每一个，偶尔出现偏差也在所难免。

因此，在处理家庭与学校的关系时，聪明的家长不会给老师减分，而会给老师加分，努力为老师塑造一个良好的形象，促进孩子与老师之间的感情，让孩子越来越喜欢老师，从而对老师所教的学科也越来越有兴趣。

## 9. 检查作业有方法

如今，为孩子检查作业、讲解作业，几乎是每一位家长的必修课。一则，不少学校都要求学生家长督促孩子完成家庭作业，并签字确认。二则，一些家长望子成龙心切，希望通过给孩子"加餐"，达到提高孩子学习成绩的目的。

无可否认，老师让家长关注孩子的学习，出发点是好的，因为家庭教育本来就是孩子成长的一部分。

通过检查作业，既可以了解孩子的学习情况，及时纠正孩子的不良习惯，也可以与孩子有效沟通，帮助孩子巩固学过的知识。

然而，一些家长的做法对孩子的学习和成长却极为不利，主要表现在以下几方面：

**一、孩子一边做作业，家长一边指正，每道题都要替孩子把关。**

**二、发现作业中的错误，不管孩子有没有弄明白，立刻告诉他正确答案。**

**三、一味地责备孩子粗心大意，甚至威胁要克扣孩子的零花钱。**

第一类家长很容易让孩子形成依赖心理，造成孩子没有主见，缺乏独立性。

家长的包办，往往会让孩子认为，不管自己认不认真做、做得对不对都无所谓，反正有爸爸妈妈帮忙，不用担心被老师批评。同时，次次都得优，还会让孩子滋生骄傲自满的情绪。

第二类家长会让孩子失去动脑的机会，掩盖了孩子学习中的不足，更重要的是，这会滞碍孩子责任感的形成。

从一定程度上讲，家庭作业的优劣是老师教学效果的真实体现。如果家长让孩子把错误答案都改了过来，老师批阅后还以为学生都掌握了。而事实上，很多学生都是不懂装懂，一旦考试就会暴露出很多问题。

记得以前我教过一个学生，平时的家庭作业完成得非常好，几乎找不到一丁点儿错误，但每次考试总是不及格。当我问及其中缘由，那个学生回答，每天的家庭作业都是爸爸妈妈订正过的。

第三类家长往往会让孩子失去学习兴趣，变得消极自

卑、畏首畏尾。

对于小学生来说，由于他们的智力发育还不成熟，做作业时偶然性和随意性很大，出错是很正常的事。即便是成年人，在工作中也无法做到万无一失。

家长应该理性地看待孩子的错误，不要动不动就对孩子大动肝火。因此，我建议家长要正确对待孩子的家庭作业。

**首先，不检查孩子作业的对与错，只检查孩子有没有按要求完成作业，有没有遗漏，书写工不工整。**

**其次，鼓励孩子自己检查作业，毕竟孩子才是学习的主体，而家长只是一个监督者。**

如果孩子检查出了作业中的错误，家长可以给他记上一朵小红花，或给予适当的奖励；如果孩子实在发现不了，那也没关系，等老师批阅后多了一个叉号，这会让孩子更加记忆深刻。

**再次，家长要教会孩子学习方法。**

比如，做作业时速度不要过快，要认真仔细；做完一道题后习惯性地检查一遍，看有没有错误。当孩子体验到检查作业的好处后，自然就会乐意去做这件事，家长也可以省心不少。

## 10. 培养孩子的交际能力

荀子说："人之生也，不能无群。"从中我们可以看出，人需要与他人交往，并建立起和谐的人际关系。

从小培养孩子的交际能力，这不仅有利于孩子的成长，更有利于他将来事业的成功。

不少学者认为，孩子成年后的人际状况，往往与儿童期的交际能力密切相关。换句话说，儿童期的交际能力越强，长大后他的人际关系越好。

既然交际能力对一个人的生活和发展如此重要，那么，该从哪些方面着力培养孩子的交际能力呢？

### 一、带孩子走出家门

现在，许多孩子都是独生子女，并且很多家庭都深居高楼中缺少与人接触的机会。在这种情况下，家长要尽量创造机会，了解周围的邻居有无小孩，若有的话，可邀

请他们来家里玩。

另外，还应该经常带孩子到户外游玩。公园、小区花园和休闲广场都是不错的去处，那里通常会有孩子在玩耍，家长可鼓励孩子与他们交朋友。

如果孩子缺乏自信，家长可以适当帮助孩子。比如，给孩子买一些玩具，让他与别人分享；或是营造氛围，让孩子表现他擅长的方面，从而引起同伴的关注。

### 二、让孩子养成懂礼貌的好习惯

无论是大人还是孩子，"嘴甜"的人都特别受人欢迎。待人接物有礼貌，是一个人在日常交往中最基本的行为准则，也是交际的必备条件。

这看似是小事，实际上对孩子的成长有着重要的影响。

说话有礼貌，一般都会给人留下好印象，也更容易被人接纳。家长要从小教会孩子使用礼貌用语，比如见面时说"您好"，需要别人帮助时说"请""麻烦"，接受别人馈赠时说"谢谢"等。

### 三、鼓励孩子参与购物

购物也是一个让孩子了解社会、融入社会的窗口，像购买文具、零食和生活用品之类的事情，家长可以交给孩子去做，让他自己去挑物品、询问价格、支付账单。

孩子购买自己需要的物品，会让他有一种成就感，从而更加乐意参与社会活动。

**四、不要代替和限制孩子与人交往**

在日常生活中，有的家长担心孩子无法正确表达想法，常常替孩子说话，充当他的"代言人"。久而久之，孩子就会完全依赖大人，或是懒得搭理他人。

这也是一些孩子为什么在家里很活泼，而在外面沉默寡言的原因。

因此，当别人问孩子问题时，家长最好不要帮孩子说话，尽量让孩子自己去回答。除非他人提问的问题令人极其尴尬，否则家长不要轻易介入。

还有一些家长因为担心孩子在外面学坏、闯祸或是受到伤害，常常限制孩子与人交往。实际上，这样做是错误的，要想提高孩子的交际能力，就必须让孩子多与人接触、多与人交往。

**五、理解孩子的"不好意思"**

害怕陌生的环境，遇到不认识的人会害羞、胆怯，这是孩子的正常反应，就像人天生就怕黑一样。

拒绝陌生，是孩子的一种本能反应，也是一种自我保护。家长千万不要因此而指责孩子，那样只会加深孩子的恐惧，使孩子更加自闭。

# 第五章

## 学会倾听花开的声音

一位育儿专家曾说，学会倾听花开的声音，方能走进孩子的世界。关注孩子说话，既是对孩子的一种尊重，也是对孩子的一种关爱，更是了解孩子的一个窗口。

# 1. 孩子，请闭眼

生活中，当家长正津津有味地欣赏着电视节目时，突然出现了男女亲热的画面，而孩子正好坐在身边，并且也专注地盯着电视屏幕。

面对这种情况，不少家长会觉得十分尴尬，要么立即换频道，要么让孩子闭眼。至于小孩子为什么不能看，家长则避而不谈。

通常情况下，只要牵扯到男女情爱或性方面的问题，家长总是会遮遮掩掩或转移话题，极力回避。

家长这样做，并不难理解。

要知道，中国受传统思想的影响很深，特别是人们对性缺乏正确的认知，所以对下一代也就缺乏正确的指导。

当孩子问妈妈"我是从哪里来的"时，有些妈妈会说："你是我从垃圾堆旁捡来的。""你是妈妈充话费送的。"

不仅仅是家长，有些老师也同样如此。比如，当生理老师谈到男女生殖结构的内容时，总会说："这一节大家自己看。"

尽管一些专家呼吁要从小对孩子进行性教育，但人们固有的保守观念，常常会对此羞于启齿。因而，家长很少与孩子谈性，更别说正确的性教育了。

事实上，刻意回避和消极对待这个问题都是不正确的。相反，当影视中出现亲热的镜头时，正是对孩子进行性教育的最佳契机。

有关研究表明，性教育不仅不会导致孩子提前性行为或者增加性行为，相反，它会让孩子正确地认识性、对待性，从而更好地保护自己。

潘多拉的故事很多人都听过，在这里再简述一下：

众神之王宙斯想要惩罚造人和盗火的普罗米修斯，于是造出美貌的潘多拉，并命令赫尔墨斯把潘多拉带给普罗米修斯的弟弟埃庇米修斯，让潘多拉去实现报复普罗米修斯的目的。

潘多拉与埃庇米修斯结婚后，出于好奇心，她一直想打开宙斯送给她的小盒子。而埃庇米修斯一直提醒她，盒子里的礼物未必都是好的。

越是不让潘多拉打开盒子，她越是好奇，结果趁埃庇米修斯外出之际，她悄悄地打开了盒子。盒子里面是无数的灾祸、病毒，自此，人类受尽了痛苦和折磨。

教育孩子也是这样，你越是不让他看、不给他讲，他越是好奇，越是想要揭开其中的秘密，于是就会做出一些让大人瞠目结舌的事情来。

其实，许多事情是你想藏都藏不住的，尤其在互联网日益发达的今天，孩子可以通过上网了解到他想要知道的一切。但由于缺乏大人的监管和引导，结果往往会适得其反。

因此，对于性方面的问题，家长一定要坦然告知，切不可讳莫如深，毕竟父母是对孩子进行性教育的最佳人选，应该主动承担起这份责任和义务。

所以，当影视作品中出现"儿童不宜"的画面时，我们完全可以这样告诉孩子：每个人到了一定的年龄阶段都会对异性产生好感，进而与其相爱。有时为了表达自己的感情，他们常常会采用一种特别的方式，比如拥抱、亲吻等肢体接触，让相爱的人感到更加幸福和快乐，就像你喜欢妈妈牵着你的手和拥抱你一样。

当孩子明白了大人之间的亲密接触只是一件寻常事，他也就不会再好奇了。

## 2. 要培养孩子的情商

在当今这个快速发展的时代，作为家长，当然不能让自己的孩子起步慢，于是就想尽一切办法来提高孩子的智力水平，以致各种各样的益智书籍、培训机构、健脑补品等大行其道。

家长一厢情愿地认为，只要孩子的智商提高了，将来就不愁找不到好工作，不愁没有光明的前途。

事实上，决定一个人成功与否的因素很多，智商只占了其中很小的一部分。然而遗憾的是，不少家长只看到了孩子的智商，而忽略了情商。

有一项调查研究表明，一个人的成功，80%以上取决于人际关系；而人际关系的好坏，90%取决于一个人的情商。

这样的例子举不胜举。比如，唐代"诗仙"李白是世人公认的大才子，由于他情商不高，为人清高孤傲，结果一身才华无处发挥，只能纵酒放歌而郁郁终了。

由此可见，情商比智商更重要。我们在培养孩子智商的同时，也一定要注意培养孩子的情商。

说了半天，也许还有家长闹不明白情商到底为何物。

所谓情商，就是指一个人在情绪、情感、意志、耐受挫折等方面的品质，属于非智力因素。

如果说知识、能力和学识是教会我们如何做事，那么，情商则是教会我们如何做人。

从根本上讲，不管做什么事终究离不开做人，可以说，高情商是一个人成功的保证。当然，高情商不是与生俱来的，而是靠后天培养出来的。0～5岁是孩子情商形成的重要阶段，家长千万不要错过这一大好时机。

既然情商如此重要，那么，我们应该从哪些方面入手培养孩子呢？

**第一，让孩子学会认识自我**

有人说，人生最大的敌人不是别人，而是自己。只有充分认识自己、了解自己，才能适应各种环境，成为生活的主宰者。

**第二，让孩子学会控制自己的情绪**

人有喜怒哀乐等七情六欲，但不是什么时候都可以肆

意而为。我们要引导孩子控制好自己的情绪，不要随意对人发火，也不要一味委曲求全，而要适时适度地表现自我。

### 第三，让孩子学会自我激励

人的一生会遇到许多磨难和打击，如果不善于调节自己的情绪，很可能会自暴自弃而陷入绝望的深渊。只有懂得自我激励，才会走出困境或失败的阴影，从而一步步迈向成功。

### 第四，让孩子学会识别他人的情绪

人属于群居动物，只要你活在这个世上，无论你从事什么职业都离不开与人打交道。要想与人友好相处并建立起感情，就得从他人细微的表现中，获知他人的兴趣爱好、需求和欲望。

### 第五，让孩子学会处理各种人际关系

世上没有两片一模一样的树叶，同样，世上也没有两个一模一样的人。每个人都有自己的脾气和性格，这就需要掌握与各类人群相处的技巧。

## 3. 让孩子树立团队意识

俗话说，三个臭皮匠顶一个诸葛亮。说的是集体智慧远高于个人智慧，即便你有诸葛亮那样的经天纬地之才，也抵不过个体实力都比你弱的一个团队组合。

著名哲学家叔本华也说："单个的人是软弱无力的，就像漂流的鲁滨孙一样，只有同别人在一起，他才能完成许多事业。"

团队精神，是一个人在生活中所必备的基本素养，也是一个人走向成功的重要条件。其具体表现为：有大局意识，善于与人沟通，能处理好个人与集体的关系，懂得与人合作，有向心力和凝聚力，等等。

缺乏团队精神的人，纵然有过人的智慧、超凡的本领也不会有大作为，毕竟个人的智慧和力量是有限的，孤军作战只会以失败而告终。

然而，现在的孩子大多缺乏团队精神，这是因为他们在家里受尽了爷爷奶奶和爸爸妈妈的宠爱，想要什么就能得到什么，遇到什么困难也都有大人帮忙解决。

无论大小事情，家长总是以孩子为中心，这就造成了孩子自我意识的膨胀，没有团队精神，只知道强调自己的感受而忽略别人，不懂得尊重别人，不能与人愉快地合作。

这样发展下去，对孩子的成长极为不利。那么，该如何培养孩子的团队精神呢？

### 首先，让孩子树立团队意识

家长可以给孩子安排一件靠个人完成很困难的事，并在适当的时候给予孩子帮助，让孩子明白"并不是世上所有的事都能靠一个人的能力来完成"，同时也要让孩子体会到团队的力量。

有了这些深刻的经历，在孩子的潜意识里就会慢慢树立起团队意识。当他遇到不可逾越的障碍时，就会主动与人合作，并最终战胜困难。

### 其次，让孩子融入集体

家长要鼓励孩子多与他人交往，多帮助他人，有了快乐的事要懂得与人分享，有了不愉快的心事要知道找人倾诉。

要是孩子比较内向、胆小，家长不要急于求成，要循序渐进，先让他与亲人交往，再让他与熟悉的、兴趣相投的同龄人一起玩耍，然后进一步鼓励他结交新朋友。

家长还可以经常带孩子走亲访友，为孩子制造与他人交往的机会。只有当孩子真正融入了集体，才会热爱集体，才会生发出责任感和荣誉感，才会在集体中发挥自己的光和热。

### 再次，让孩子多参加一些集体活动

集体活动，尤其是带有竞技性质的集体活动，无疑能更好地提升孩子的团队精神，也会使孩子体验到与人合作的快乐。

可能有家长认为，集体活动会影响个体的发挥。其实不然，团队协作与展示个人才华两者之间并不矛盾，而且集体往往更能成就个人。

即使在团队合作中孩子充当了绿叶，他也能体现出自身的价值，同样会获得很大的成就感。

## 4. 打造我家的"汉字英雄"

女儿一直不太喜欢语文，尤其是作文，书写也很差，写错字、漏字是常有的事。

为了激发女儿对语文的兴趣，我曾做过多方面的努力。比如，给孩子讲故事，鼓励孩子阅读课外书，引领孩子背诵唐诗宋词，督促孩子听写生字、生词等，但效果均不理想，女儿身上存在的问题仍然没有得到解决。

那天，我看了某卫视举办的《汉字英雄》，眼前突然一亮：孩子都有很强的好奇心和好胜心，我何不在家中也搞一个"汉字PK"大赛呢？

于是，我对女儿说："宝贝，咱们来玩一个游戏怎么样？"

女儿听到"游戏"一词，立刻来了精神，高兴地拍着手说："好啊！爸爸，我们玩什么游戏？"我回答说："像电视里那些哥哥姐姐一样，玩'汉字英雄'。"

女儿本来就喜欢这个节目，现在我提出要玩这个游戏，她自然十分乐意。

我立即准备了一个题板，几张白纸。

比赛开始了，第一轮由女儿选题，抽到了"提手旁"。女儿首先写了"打"字，我写了"扛"。随后，女儿写了"找"，我写了"把"……

为了不打击孩子的积极性，当女儿写到"攒"时，我故意装作写不出来的样子。女儿见状，得意扬扬地开始倒计时报数：10，9，8……1，时间到。

接着，女儿宣布了结果。

第一轮比赛失败后，我赶紧找来一本字典，翻看还有哪些"提手旁"的字。

女儿也跟着凑过来，她大致数了一下，竟然有六七百个之多，而我们只写出了四十多个。女儿不禁感叹道："我们掌握的汉字实在太少了！"

第二轮由我选题，抽到了"拼音 yi"。我首先写了"衣"，女儿写了"一"。随后，我写了"怡"，女儿写了"已"……

经过一番激烈的"拼杀"，我们各写了 12 个汉字。最后，当我写下"疫"时，女儿卡住了，结果第二局我获胜了。

女儿很不服气，立刻拉开了第三局的序幕。

这一次女儿抽到了"三点水"。她遇事喜欢哭，于是，她写下了第一个字"泪"，我写了"汉"。女儿取巧，随即写了"汗"，我回应"汽"。

随后，女儿一口气写了河、汁、池、泛、沫、泊、沿、泡、泣、泊等二十余字，我小心翼翼地应对着，既不让女儿落败，也不让她轻易获胜。

这轮比赛进行了很长时间，因为"三点水"的字实在太多了。当然，最后我还是巧妙地让女儿赢了。

接下来的日子，我几乎天天与女儿PK汉字。

为了打败我，女儿不得不事先准备，默记了许多汉字。过了一段时间，我惊讶地发现，女儿的词汇量突飞猛进，有时不用我让，她也能掌握主动权。

为了进一步扩大战果，我还与女儿开展了"汉字听写比赛""诗歌朗诵比赛""讲故事比赛""作文大赛""书法大赛"等丰富多彩的活动。

在一次次比赛中，女儿渐渐克服了以往的毛病，爱上了语文。

## 5. 别让孩子把快餐当正餐

作为一名教育工作者，我发现一个奇怪的现象：学校图书馆里的经典名著鲜有人问津，或是学生借出去一两天就还回来了，根本不会细读。而像什么漫画、笑话、星座之类的书籍却十分受同学欢迎，几乎供不应求。

这不禁让人有些担忧。想当年，我们都是比谁的名著读得多、谁的理解能力强，而现在的孩子只在乎什么书好看、什么书有趣，长此以往，真不知道他们能从这些书中学到什么东西。

随着生活节奏的加快，快餐走进了人们的生活，而快餐文化也随之落地生根，不少粗制滥造的作品大行其道，成为人们阅读的主流书籍。

受此影响，孩子的阅读范围越来越狭窄，口味越来越单一，内容越来越通俗。

对于快餐文化，人们是这样定义的：在体验过程中只追求速成、短期、通俗、流行，不注重深厚积累和内在价值的文化思潮和文化现象。

可能有些家长要问："是什么原因导致孩子喜欢上快餐式阅读呢？"我认为主要有以下几个方面的因素：

### 一、追求速成，想要在短期内取得成效

这也许跟家长"望子成龙"的迫切心理有一定的关系，因为有的家长总是不切实际地要求孩子在规定的时间内读完多少本书，而孩子为了完成数量上的任务，只好走马观花、囫囵吞枣。

### 二、孩子在阅读时，缺乏必要的引导

由于年龄和阅历的关系，孩子不知道选择什么书来读，也不知道怎么去读，于是就跟着时代走、跟着感觉走、跟着别人走。

### 三、纯文学类作品属于严肃文学

纯文学作品由于语言过于复杂、思想过于深刻，往往让孩子难以理解；而快餐类读物往往浅显易懂，充满趣味性，所以更容易让孩子接受。

大家都知道，快餐不利于人的身体健康，同样，快餐文化也不利于孩子的精神成长。对于正餐而言，快餐只是一种点缀或调剂，而不少孩子却本末倒置，将快餐当作正

餐，这是非常不理性的选择。

一方面，快餐式阅读占据了孩子大量宝贵的时间，却不能给孩子的成长带来益处。因为，只求速度和趣味的快餐阅读，只能填饱孩子的肚子，却不能给他提供太多的营养，并且吃多了还会出问题。

另一方面，快餐类读物一般都没有多少文化内涵，通常用来消遣、娱乐、减压。所以，它不会给孩子的心灵带来震动，也不会帮助孩子提高语言表达能力和运用能力，只会造成孩子越来越浮躁、越来越浅薄，心胸越来越狭窄，精神世界越来越空虚。

可以说，快餐食物会导致孩子的身体出现亚健康，而快餐文化则会让孩子的精神出现亚健康。对此，家长不能不注意和深思。

因此，家长必须让孩子明白一点，那就是快餐只能填饱肚子，正餐才有营养，不能让快餐将正餐取而代之。

## 6. 宽容是一种美好的情感

有天中午，女儿放学回家，我打开门，只见她浑身是泥土。那是早上才给她换的新衣服，半天不到就弄成这样了。顿时，一股莫名的怒火在我心中升腾起来，就打算好好地教训她一通，让她记住以后要爱干净。

但看着女儿可怜巴巴的样子，我的心有些软了，强压着心中的怒火，轻声地问："这是怎么回事？"

女儿说："出校门时不小心摔在了地上。"

"那有没有摔着？痛不痛？"我关切地问。

女儿摇摇头说："刚刚摔在地上的时候有一点儿痛，但现在不痛了。"

"那你当时有没有哭？"我接着问。

女儿说："我当时想哭，但我忍着没哭。"

"女儿真勇敢！"我竖起大拇指夸赞道。

"那你摔在地上的时候，有没有同学过来扶你呢？"我继续问女儿。

女儿说："有同学来拉我，但我怕弄脏了她的衣服，所以我是自己爬起来的。"

"哇！女儿真棒，跌倒了自己能爬起来。"我有些夸张地大声说。

事情的起因，经过基本上弄清楚了，于是我笑着对女儿说："那你下次小心点别再摔着，不然爸爸会担心的。"

女儿见我不但没有责备她，反而夸奖她，紧张的情绪顿时松弛下来，露出了开心的笑容。

刚吃完饭，住另一个单元的女儿的两个同学来了。一见面，她们就关切地问我："叔叔，你有没有打她？"

我好奇地反问："我为什么要打她呀？"

其中一个孩子说："因为她弄脏了衣服呀。昨天我也摔了一跤，把衣服弄脏了，被妈妈狠狠地揍了一顿，到现在我的屁股还疼呢！"

"呵呵！"我笑着说，"那有什么呀，你们又不是故意的，衣服脏了洗干净就行了。记得以后小心点，别伤着自己。"

听了我的回答，两个孩子都投来羡慕的目光。可以想象，只要她们犯了什么错误，家长一定是不问青红皂白先责罚了再说。

我很庆幸刚才没有对女儿发火，不然女儿不知道会有多委屈、多难过。本来她摔了一跤心里就很难受，需要我的安慰，如果我再责备她或打她，那无异于让她幼小的心灵雪上加霜。

通过这件小事，我发现孩子的自尊心很容易被家长粗暴的、不信任的态度所伤害。

教育孩子，我们应该像陶行知先生说的那样：多一些宽容，少一些责骂。

宽容是一种美好的情感，教育需要宽容，更需要给宽容一个生存的空间，让宽容"复活"。

俗语说，过犹不及。家长对孩子制约得越多，往往束缚就会越紧，这样反而不利于孩子的成长。

## 7. 教育孩子重在体验

在我们高呼"知识就是力量"的今天，不少家长把孩子的考试成绩当作家庭教育的"指挥棒"。

君不见，孩子尚在襁褓之中，家长就忙着给他灌输各种知识；孩子刚上幼儿园，家长就开始给他报各类辅导班。

家长一厢情愿地认为，知识能让孩子变得强大、能改变孩子的未来，于是逼着孩子死读书、读死书。

诚然，知识是人类进步的阶梯，但并不意味一个人掌握了知识就能拥有一切。况且，违背了孩子的意愿，违反了孩子成长的自然规律，其结果往往会适得其反。

实际上，对于儿童来说，学到什么东西并不重要，重要的是体验。比如，从玩耍中体验快乐，从音乐、舞蹈和绘画中体验艺术的魅力，从交流中体验爱的温暖……

通过对外界的体验，常常能激发孩子丰富的想象力，使他固有的灵性得以升华、原始的诗情得以生长、潜在的悟性得以唤醒，从而找到学习和思考的最好方法。

体验是用自己的生命来验证事实、感悟生命，以此来留下印象。在生命历程中，我们能体验到大自然的博大、家人的关怀、成功的快乐、离别的痛苦、拥有的幸福、失去的懊恼……

随着时光的流逝，我们亲身体验的东西会越来越多、越来越丰富，这对一个人的成长十分重要。正如著名家庭教育专家卢勤所说："生活的空间越来越大，生长的空间

越来越小；住房的面积越来越大，心灵的容积越来越小；学习的压力越来越大，学习的动力越来越小。"

没错，是家长过多地干预剥夺了孩子体验的机会，压抑了孩子的个性自由，使孩子的成长空间越来越狭小。

俗话说，听不如看，看不如干。许多生活经验都是通过体验获得的，如果你让城市的孩子描述农作物的生长，他们肯定模棱两可，说不出个所以然；如果你让农村的孩子描述游乐场的游玩项目，他们肯定瞠目结舌，无从说起。

这并不奇怪，他们只是对于暂时还没有体验过的生活不熟悉罢了。

古人说，读万卷书，行万里路。一个人的体验越多，心胸越开阔；知识越丰富，才干越出众。

对于孩子来说，许多事情都需要他亲自去体验，就像品尝美食一样，别人说了不算，只有亲自吃过之后才会知道自己喜不喜欢。

同样，孩子的成长也是不可替代的。大人的生活经验也许并不适合孩子，有些路只有孩子自己走过才会明白。

俗话说，吃一堑，长一智。即便孩子在体验过程中出现磕磕碰碰，甚至撞得头破血流，那也是成长必须付出的代价。

家长不要忙着一直给孩子灌输知识，而应先培养他的习惯和兴趣，多给他锻炼的机会。比如，常带孩子去乡间漫步，去森林探险，聆听花开的声音，共赏落日的静美……

# 8. 学会倾听花开的声音

不少家长抱怨孩子在家里说话越来越少，有什么事都憋在心里，不愿与大人交流。然后，他们把这归咎于孩子的原因，认为孩子不爱说话是性格使然，或是不愿亲近父母的表现。

事实上，这与家长不认真倾听孩子说话息息相关。

在家庭教育中，家长往往讲得比较多，听得比较少；敷衍的时候多，专注的时候少。这具体表现在以下几个方面：

### 一、随意打断孩子的话

当孩子饶有兴趣地向爸爸诉说他在幼儿园的经历时，爸爸不耐烦地说："去，去，去，没看我正忙着呢，等空

闲了再说吧。"

见此情景，孩子只好失望地把已经到嘴边的话咽回去。

### 二、漫不经心，敷衍孩子

孩子拿着他刚完成的画作来到妈妈身边，兴高采烈地说："妈妈，你看我画得漂亮吗？"妈妈瞥了一眼，轻描淡写地说："嗯，还不错，继续努力。"

见妈妈没了下文，孩子只好无奈地走开。

### 三、不把孩子说的话当回事

有的家长跟孩子交流时心不在焉，常常走神，不知道孩子说了什么、要表达什么，等回过神来时才惊讶地问孩子："你刚才说什么？"

### 四、不给孩子申辩的机会

家长发现孩子的铅笔刀不见了，不分青红皂白就一顿训斥，说刚买了两天就弄丢了。孩子刚想解释，家长便怒吼道："犯了错还敢顶嘴，看我不收拾你！"

一位育儿专家曾说，学会倾听花开的声音，方能走进孩子的世界。关注孩子说话，既是对孩子的一种尊重，也是对孩子的一种关爱，更是了解孩子的一个窗口。

家长不但不能阻止孩子说话，还应该鼓励他主动表达出自己的喜怒哀乐。希望下面几点方法能帮助到家长：

**首先，当孩子向你倾诉他的心里话时，家长千万不要打断他，让他尽量把话说完**

与孩子交流时，家长一定要有耐心，不要觉得孩子说的话过于天真幼稚，没有什么价值和意义便不想去听。如果家长不考虑孩子的感受，总是打断他的话，或是无故转移话题，他就会失去交谈的兴趣，久而久之，他就会变得沉默寡言。

**其次，与孩子交流时，家长一定要放下手头工作，最好看着孩子的眼睛，让他知道你对他说的话非常重视**

有的家长喜欢一边玩手机，一边与孩子说话；或是一边看电视，一边与孩子交流。这样的谈话方式注定是失败的，它会让孩子觉得他没有受到足够重视，甚至觉得父母不够爱自己。

你别以为孩子什么都不懂、什么都不在乎，其实他心里明白得很。要是家长老是不把他说的话当回事，以后他有什么心里话就不会再向你说了。

**再次，夸奖孩子不能过于简单、笼统，要说到点子上**

什么"不错""很好""还行"，这些都不是真诚的表扬，与这些敷衍的话比起来，孩子更愿听到家长实实在在的评价。比如，你夸孩子画的画好看，一定要指出哪里画得好，是构图比较好还是色彩搭配比较好。

只有听到父母发自内心的夸赞，孩子才会拥有自豪感和成就感，才会激发他的上进心。

## 9. 输得起，放得下

许多细心的家长一定会发现，孩子争强好胜的心理特别严重，如果赢了就会呵呵大笑，如果输了就会又哭又闹。

争强好胜本是一种正常的心理、一种积极的行为，但如果引导不当，很可能会带来负面影响。

有一天，女儿缠着我，让我陪她下五子棋。

我知道女儿是那种赢得起、输不起的个性，于是与她事先约定，各走各的棋，各使各的招，赢了可以笑，输了不许闹。女儿点头应诺，还与我拉钩保证。

第一局刚开始，女儿的求胜心理就暴露无遗，进攻非常猛烈，几乎步步相逼。我则淡定自如，一边小心翼翼地应对，一边悄无声息地布局。等到女儿失去进攻的机会时，我抓住机会，一个出其不意的反攻让女儿败下阵来。

见自己输了，女儿气急败坏地大声道："这局不算，是我注意力没有集中，重来！"

我提醒女儿："难道你忘了我们刚才的约定吗？赢了可以笑，输了不许闹。如果你输不起，干脆就不要下棋了。"

女儿意识到是自己不对，情绪有所缓和。

我又接着说："孩子，胜负乃兵家常事，任何竞技活动都会有输有赢，没有谁能够永远胜利，当然也没有谁会永远失败。加油，说不定下一局你就会旗开得胜。"

女儿听后，紧蹙的眉头慢慢舒展开来，然后很不服气地说："再来一盘，我不相信这次赢不了你。"

考虑到孩子的感受，第二局我没怎么用力，所以将棋走得很乱，尽量让女儿占据优势。

经过一番"激烈厮杀"，女儿获得了胜利。她高兴地拍着手说："耶！我赢了，爸爸输了。再来，再来！"

这时，我故意装作难过的样子说："不行！我输了，我不玩了。"

女儿见状，学着我刚才的语气说道："爸爸，难道你忘了我们的约定吗？耍赖是没有用的，要想赢就赶紧出棋吧。"

接着，我与女儿又下了一局。

　　这次，我全力以赴，很少让她，棋局立刻发生了变化。眼见自己就要输了，她的老毛病又犯了——她用手挡住我要落子的地方，并让我将棋子放在她指定的位置上。

　　记得一位教育专家曾说："让孩子'输得起，放得下'，将来才能在激烈的竞争中站稳脚跟，才能取得最终的胜利。如果孩子连这点挫折都接受不了，将来又如何面对人生中的坎坷呢？"

　　我深知，棋局是小，成长是大。于是，我断然拒绝了孩子的要求，严肃地对她说："尽管这只是一场游戏，但游戏有游戏的规则，如果破坏了就失去它的乐趣了。输赢并不重要，重要的是参与，只要你尽了自己最大的努力，享受到了其中的快乐，又何必在乎输赢呢？"

　　从那以后，每次与女儿做游戏时，我总是与她约法三章，让她做到"输得起，放得下"，并能够做到真诚地祝贺最后的胜利者。

　　在这种正能量的熏陶下，女儿渐渐明白了：哭闹不能改变任何事情，要想获胜，就得不断努力学习。

## 10. "做"比"说"重要

讲道理，是许多家长惯用的教育方式。

当孩子不听话或犯了错时，家长总会给孩子讲一通大道理，直到孩子说知道了、明白了，方才罢休。

家长讲道理，对孩子真的有用吗？

现实生活往往是这样的：家长越是不厌其烦地给孩子讲道理，孩子越会不听，甚至会以哭闹来对抗。于是，讲道理变成了批评和斥责，甚至演变成家长动手，让场面失控。

法国著名教育家卢梭说："三种对孩子无益反而有害的教育方法是：讲道理，发脾气，刻意感动。"

把讲道理作为教育方法，是许多家长易犯的通病。事实上，跟孩子讲道理不但没有什么效果，还会让孩子十分厌烦。

以前，女儿非常喜欢剪纸，空闲时就拿一把小剪刀剪来剪去，家中用过的书和本子都成了牺牲品。

我欣赏女儿的动手能力，但有一点让我很气愤：女儿所谓的剪纸，并不是将纸剪成某种图案，而是将纸直接剪成碎屑，很小、很小的那种，常常弄得满屋子都是。

我烦不胜烦，开始给女儿讲道理：书和本子都是用纸做的，而纸则是由树木化浆得来的，浪费纸张就是不爱护森林；你整天剪这些东西有什么用，干吗不做些有意义的事呢？看书、写字、唱歌、运动都可以。

我满以为这些道理能说服女儿，可她根本不听。于是，我警告了她一次又一次，甚至没收了剪刀。但她照剪不误，只不过从明处转移到了暗处。

我郁闷不已，可又拿女儿没办法。

后来，我换了一种方式，不但不再禁止女儿剪纸，还主动给她买回一些好看的彩纸及相关书籍，并陪着她一起剪，教她如何将一张普通的纸剪成一幅栩栩如生的图案。

在我的耐心指导下，女儿不仅不再乱剪书和本子，而且每完成一幅作品，都会将剩下的纸屑丢到垃圾桶里。

从这个育儿小插曲中，我深刻体会到，教育孩子，"做"远比"说"重要。与其苦口婆心地跟孩子讲道理，不如理解孩子的童趣，引导孩子朝着积极、正确的方向前进。

对于儿童来说，尤其是幼儿，他听不懂大人所谓的大道理，往往更容易接受大人的行为示范。简而言之，要让孩子懂道理，家长就要做得有道理。

美国教育家杜威认为，教育孩子并不是一件"告知"与"被告知"的事情，而是一个主动的、建设性的过程。要使孩子明白道理，告诉孩子道理只是一个方面，更重要的是要让孩子有机会在实践中获得经验。

有时我不禁想，家长为了不让孩子受到伤害，甚至可以牺牲生命，可为什么就不能接受孩子不同的意见呢？

作为家长，也许我们应该多些宽容与理解，并站在孩子的角度去思考他的感受和意愿，切实将"说"转化为"做"。

# 第六章

## 孩子，你可以慢慢来

俗话说，饭要一口一口地吃，路要一步一步地走。对于暂时不优秀的孩子，家长不要着急，要耐心地等待，合理地引导，适时地激励，给孩子成长的时间和空间。

# 1. 暗示教育也很有效果

通常情况下，家长在教育孩子时多采用简单直白的方式，直接告诉孩子哪些事情不能做、哪些事情做得不对或不好，即：批评和说教。

事实上，这种教育效果并不理想，批评太多、说教太多，不仅对孩子的成长无益，还会产生许多副作用——会激起孩子本能的反抗，甚至造成孩子叛逆、厌学。

其实，暗示不失为一种良好的家庭教育。换句话说，越让孩子不感受到教育者的意图，教育效果就越好。

这便是所谓的"暗示教育"。暗示教育是相对直接教育而言的，即：通过语言、动作、表情和眼神等方式，启发、鼓励或制止孩子的某些行为，让孩子从中受到教育。

暗示教育主要有以下几种方式：

### 一、语言暗示

语言暗示不同于说教，它是通过迂回的办法，使孩子在不知不觉中向家长的意愿靠拢的一种方式。

以前，女儿不太喜欢招呼人。有一次，家里来了客人，我故意对女儿说："有礼貌的孩子才是好孩子，阿姨最喜欢这样的孩子了，说不定还会给你糖吃哟！"

我话音刚落，女儿便凑上前，亲热地喊了一声"阿姨好"，还主动倒了一杯温水给客人。

### 二、动作暗示

有一天，我带女儿去医院看望一位住院的同事，女儿在病房里大声喧哗，严重影响了病人的休息。碍于旁人在场不便呵斥孩子，我只得竖起一根手指，对女儿做了一个"嘘"的动作。

果然，女儿心领神会，一下子安静了下来。

### 三、行为暗示

女儿从小就喜欢剪纸，但她有一个不好的习惯，就是将纸屑弄得满地都是。

有一次，女儿剪完纸后，地上又是一片狼藉。

见此，我没有直接批评她，而是一声不吭地收拾那些纸屑，然后扔到垃圾桶里。女儿见状，也红着脸过来帮忙。等全部收拾完毕，我不由得感叹道："地上没有垃圾真干净啊！"

### 四、眼神暗示

女儿趴在茶几上写作业，写着写着就停了下来，开始摆弄起身边的玩具。我没有吱声，而是用严厉的眼神盯着她。她发现后赶紧放下玩具，认真地做起作业来。

眼神是一种无声语言，它能表达各种各样的情感，对规范孩子的行为有着不可估量的作用。此外，还可以用眼神向孩子表达赞赏、关爱、理解等内容。

### 五、表情暗示

人的表情丰富多彩，同样可以传达出多种信息，比如喜怒哀乐、肯定否定等。值得一提的是，家长要多向孩子传达积极的暗示，不向孩子传达负面的暗示，即：常对孩子微笑，少用冷淡的表情。

家长请记住，教育需要做到"雁过无痕""润物无声"，让孩子在无形中接受教育，那样才能无声胜有声，达到最理想的教育效果。

## 2. 给孩子送"汤"

可能许多家长都有这样的体会：出于对孩子成长的关心，或是对孩子未来的忧虑，会苦口婆心地给孩子讲学习的重要性，并牺牲自己娱乐和休息的时间辅导孩子去学习，告诉他哪些事应该做、哪些事情不能做。

可是，孩子对此却一点儿也不领情，总是将家长拒之门外，找各种各样的理由应付、逃避。

也有很多家长想不明白，为什么明明是营养的食物，一旦到孩子那里就变成了难以下咽的糟糠呢？

其实，这一点儿也不奇怪。如果有人问你，盐重要吗？答案当然不言而喻。盐是我们身体所必需的物质，可是，如果有人舀一勺盐让你吃，你一定会皱起眉头不接受，甚至会骂对方神经病。如果换一种方式，将盐加入汤里或菜里，你一定会欣然接受，还会夸赞别人几句。

这时，你可能会觉得奇怪，同样是盐，为什么会产生如此巨大的反差呢？

这便是方法带来的神奇效果！

教育孩子也是这样。如果你直接向他灌输知识，或是强加给他某种意愿，他一定会觉得特别难受，甚至产生抵触心理。即便有些家长利用自己的权威逼迫孩子就范，但往往收效甚微。

许多孩子之所以出现厌学情绪，就是因为这种方式造成的。可以说，盲目教育会使教育的效果大打折扣，甚至会适得其反。

如果你懂得变通，将教孩子的知识和做人的道理融入生活、游戏和故事中，孩子则会饶有兴趣地接受，并期待你教给他更多的东西。

遗憾的是，在生活中，不少家长几乎都是直接将"盐"拿给孩子吃，所以，他们遭到孩子的拒绝也是情理之中的事。

既然如此，我们为什么不将"盐"放进"汤"里呢？那样，不仅孩子会在不知不觉中将"盐"吸收，还会爱上"汤"的鲜美。

当然，要将"盐"放进"汤"里，这就需要家长转变自己的教育方式，深入了解孩子的需求及个性特点，让孩

子从被动学习中解放出来。

家长始终要记住，孩子不是一台学习机，而是一个有血有肉、有思想感情的人，对他进行填鸭式、命令式的教育，只会远离教育的目的。

家长要充分考虑孩子的接受能力、认知能力和兴趣爱好，那样才能将"汤"做得美味可口，达到润物细无声的效果。

同时，家长还应该形成这样一种认知：生活是由许多部分组成的，学习只是其中的一个方面，切不可因为"盐"重要，就将它剥离出来单独拿给孩子吃，要知道，"盐"重要，其他东西同样重要。

尼采说，真正的哲学不是救世，而是救人。而我要说，真正的教育，不是为了传授知识，而是为了育人——聪明的家长不仅会给孩子吃"盐"，还会给孩子送"汤"。

## 3. 合理引导孩子的攀比之心

朋友大强跟我说，他的孩子特别喜欢与同伴比较，什么别人的彩笔比她的多、裙子比她的漂亮、发卡比她的精致……总之，无论什么东西，孩子总要与别人一较高下、一比好坏。要是不如别人的，她就会十分气恼，甚至产生愤恨的情绪。

大强十分担忧，害怕孩子养成爱攀比的不良习惯，从而影响学习和生活。

大强的困惑也是许多家长的困惑。我时常听到很多家长叹息：现在的孩子不知怎么了，才上幼儿园就知道拼爹拼妈、跟人炫富了，长大后真不知道会成为什么样子……

其实，家长口中所谓的攀比，与我们成人理解的攀比有很大的区别。大致来说，孩子的"攀比"行为主要出于以下几种心理：

**一、强调自我存在。**在三岁左右，孩子便有了很强的自我意识，他会通过观察比较来确立自己的位置。

**二、好胜心理作祟。**每个人都有好胜心，这是天性使然。孩子也不例外，尤其是男孩子，他们天生就喜欢与人"较劲"，任何事非得分个你强我弱。

**三、爱表现。**孩子希望通过比较突出自己的能力和优点，以此博得老师和父母的关注。可以说，每个孩子都期望自己是一块洁白无瑕的美玉，能成为父母、老师甚至他人手心里的宝。

既然孩子爱"攀比"是一种常见的现象，那么，我们该如何引导孩子使其转化为积极的、健康的，有利于孩子全面发展的助力呢？

**首先，家长要引导孩子正确认识自我，正确对待别人的优缺点**

所谓尺有所短、寸有所长。每个人都有长处，也毫不例外地都有短处。

家长要教育孩子学会欣赏别人的优点，学习别人的长处，同时正视自己的短处，接纳自己的不足。千万不要拿自己的短处与别人的长处比，也不要拿自己的长处与别人的短处比。

**其次，家长要合理引导孩子的竞争意识**

拥有好胜心本是一件好事，这说明孩子喜欢奋发向上，不愿落后于人。家长正好可以利用这种心理，调动孩子的热情和积极性，引导孩子与他人合理竞争。

　　值得一提的是，家长在培养孩子的好胜心时，一定要引导孩子远离负面情绪，不嫉妒他人，不以打败别人为乐，不为取胜而不择手段——笑对挫折，笑对失败，保持乐观的心态，胜不骄，败不馁。

　　对于能力比较弱的孩子，家长要有耐心，教育时要鼓励他勤加学习，并肯定他取得的点滴进步，让他体会到成功的喜悦。

　　此外，家长还要注意自己的言行，不要随便拿自己的孩子与别人比较。

　　有些家长，只要孩子的表现没有达到自己的预期，便对孩子大加贬损，并以别的孩子为标杆，一口一个"你瞧别人家的孩子"怎样……

　　这种比较是毫无意义的教育方式，它不但不会刺激孩子上进，还会让孩子活在"别人家孩子"的阴影里，从而变得自卑怯懦，破罐子破摔。

## 4. 外面的世界很精彩

　　有一位爸爸带孩子去动物园玩，刚进大门，他就滔滔不绝地向孩子介绍道："宝贝，这是长颈鹿，它们有着长长的脖子，能够轻而易举地吃到树叶，是世界上最高的陆生动物；这是东北虎，你别看它们和猫长得很像，但异常凶猛，你瞧，它们的额头上都有一个醒目的'王'字，所以东北虎也是兽中之王……"

　　爸爸的目的显而易见，他是为了给孩子灌输知识，让孩子认识动物、了解动物，从而激发起孩子保护动物的意识。

　　然而遗憾的是，爸爸的做法恰恰适得其反——本来孩子之前对动物园充满了好奇与期待，但经大人这么一解释，孩子顿时觉得索然无味。半天下来，孩子只是被动地跟在爸爸身后，完全体会不到其中的乐趣，一副没精打采的样子。

在日常生活中，家长出于对孩子的关心和保护，总是有意无意地替孩子做主，替孩子看世界，以为这样就能让孩子少走弯路，克服前进路上遇到的障碍。

其实，这只是家长一厢情愿的行为，不仅对孩子的成长没有多大帮助，还会在无形中扼杀孩子的自主意识、探索精神。

让孩子自己去发现、自己去探索，往往比家长直接传授、反复强调效果要好得多。因为在孩子的思维模式里，他有自己的想法，家长传授的知识也许并非他所关注的，而对自己发现的东西往往会涌现出很大的兴趣。

当孩子对外界的事物有了探索的欲望时，家长要做的不是急着告诉孩子这是什么，而是要通过引导和鼓励，让孩子自己动手、自己动眼、自己动脑。

比如，在上面的案例中，家长完全可以在孩子注意到长颈鹿时问孩子："宝贝，你猜这是什么动物，它们有什么特点？"

只要激发起孩子对某件事物的兴趣，他就会十分乐意地去关注它。谁又能说在他主动认知事物的过程中，不会迸发出创造的火花呢？

教育是一个磁场，而不是一根绳子，所以，吸引永远

比束缚更有效。束缚，只会让孩子产生出一种挣脱感，而引导则会让孩子建立起一种归属感。

学习不应该是家长或老师强迫孩子去进行的，而应该是孩子自发的、本能的行为选择。聪明的家长总会在孩子面前装"傻"，把机会留给孩子，并想方设法地创造条件，让孩子自己去观察、去思考、去发现、去解决。

## 5. 善待孩子的每一个"为什么"

不知从什么时候起，女儿开始不断地向我提出一个又一个的"为什么"。

比如，有一天傍晚，我带女儿出去散步，看见天上的月亮，她突然好奇地问道："爸爸，为什么我走，月亮也跟着我走呢？为什么有的树长得很直，而有的树长得很弯？"

还有一次，女儿摸着我下巴上的胡须，不解地问："爸爸，为什么你的下巴上有胡须，而我的下巴上没有呢？为什么我可以穿裙子，而你不能穿呢？"

甚至，有一回女儿看见一只飞翔的小鸟，充满幻想般地问："爸爸，为什么小鸟身上有翅膀，我的身上没有呢？为什么我们不造一个长梯子爬到月亮上去呢？"

对于女儿这些稀奇古怪、没完没了的问题，刚开始我还能耐心地回答，但渐渐地就有些烦了，因为有不少问题连我自己也不知道该如何跟孩子解释。

于是，女儿再提问题问我时，我要么会胡编乱造，敷衍了事；要么会转移话题，置之不理；要么会说"爸爸现在有事，待会儿再给你讲"；要么会厉声斥责，加以阻止。

在我一次又一次的拒绝下，女儿明显减少提问题了。我不禁暗自庆幸，耳根终于可以清净一下了。

一个周末的晚上，我无意中读到俄国著名教育家苏霍姆林斯基的一本著作，其中有一段这样说：随着儿童语言和智力的发展，孩子的思维活动会日趋活跃。在孩子的眼里，身边一切不熟悉的事物都是神秘的、奇怪的、新鲜的，为了弄明白这些事物，孩子就会不断地问"为什么"，并把希望寄托在"无所不知""无所不能"的父母身上。

孩子喜欢问"为什么"，正是求知欲和探索欲的表现，他的任何一个问题都闪耀着智慧的光芒。因此，家长应

该认真对待孩子提出的每一个问题，并设法给予正确的回答。

原来，女儿喜欢问为什么并非无理取闹，而是求知欲和探索欲的表现。从那以后，我调整好自己的心态，不再厌烦孩子的提问，也不再随意应付孩子提出的问题。

比如，有一次，女儿问道："我是从哪儿来的？"我很认真地告诉她："你是妈妈经过十月怀胎生下来的。"孩子听后又不解地问："那我是怎么钻进妈妈肚子里的呢？"

为了让孩子弄明白这个问题，我特意从网上下载了一段小生命形成到分娩的视频给她看。

对于有些我也不知道的问题，我会老老实实地告诉女儿："这个问题爸爸暂时回答不了，等查阅一些书籍后才能告诉你。"

我常常鼓励女儿和我一起寻找答案，体验那种小小的成就带给我们的快乐。有时，孩子没有问题可提时，我还会主动制造一些机会，吸引孩子发问。

就这样，女儿成了一个"问题"儿童，整天追着我问东问西。因为与女儿一同成长，虽然很累，但我十分开心。

## 6.孩子，你可以慢慢来

我有一个邻居老黄，他对孩子的要求非常严格，几乎达到了苛刻的地步。

为了让孩子考上重点高中，老黄不仅给孩子买了许多学习资料，还不惜重金专门给孩子请了一位家庭教师，让孩子把所有的业余时间都用在了学习上。

可是，由于孩子的学业基础不太好，努力了半年，成绩还是没有提高多少。老黄十分愤怒，认为是孩子不够用心，一气之下就打了孩子一顿。从那以后，只要孩子达不到家长的要求，老黄就会发动一场暴风骤雨。

在这种粗暴的教育之下，老黄的孩子最终连初中都没毕业就被迫辍学了。

这个孩子的遭遇，也许值得很多家长反思。

起初，可能每一位家长都对自己的孩子充满了信心和

期望，可是随着孩子每年升入新学期后，优势与劣势就会一下子凸显出来——有的孩子很优秀，几乎每一科成绩都出类拔萃；而一部分孩子却归于平凡，甚至平庸了。

面对不太优秀的孩子，一些家长按捺不住焦急的心情，开始给孩子"开小灶""念紧箍咒"，期望孩子在短期内赶上别人，或是有较大的改观。结果，心急的家长越是给孩子下猛药，孩子越是不给力。

于是，一些家长由期望到失望，从愤怒再到放弃，要么变本加厉用惩罚的方式折磨孩子，要么放任自流让孩子自生自灭。

其实，这些家长都在不经意间犯了一个严重的错误，那就是过于急功近利。殊不知，孩子的成长需要慢慢来。

每个孩子都有自己的个性特点，他的学习成绩不优秀，并不代表在其他方面也不优秀。而家长往往只看到了孩子的短处，却忽略了孩子的闪光点，这就造成家长恨铁不成钢，孩子则有苦说不出。

拿自己孩子的短处去跟别人的长处相比，换来的只有家长的失望和孩子的自卑。聪明的家长常常会放大孩子的优点，缩小孩子的缺陷，让孩子在点点滴滴积累起的成就感中找到自信，继而影响到他的其他方面，使其逐渐成为一个优秀的人。

孩子不优秀，有时并非他不努力，而是有着其他方面的原因，比如智力的因素、生活环境的因素。

虽然大部分孩子的智力发育水平相差不大，但还是存在着较为明显的个体差异。有些孩子智力发育比较早，属于早慧型，他们前期非常优秀，其他孩子很难与之相比；而有的孩子智力发育比较缓慢，属于大器晚成型，他们在后期比较突出。

通常情况下，女孩的智力发育水平又要比同龄的男孩早，也就是说，一些男生在小学可能不如女生，这是很正常的现象，但随着智力发育的成熟，那些男生会在初中或高中赶上女生，甚至超越女生。

因此，家长要充分了解自己孩子的智力水平及现状，给予孩子合理的期待，千万不要盲目攀比，拔苗助长。

孩子的成长是一个漫长的过程，就像一棵树需要数十年才能成材。家长要懂得因材施教、循序渐进。如果不顾孩子自身的素质和条件，想要一锄头挖个金娃娃，那么只会在无形中给孩子增加压力，甚至造成巨大的伤害。

俗话说，饭要一口一口地吃，路要一步一步地走。对于暂时不优秀的孩子，家长不要着急，要耐心地等待，合理地引导，适时地激励，给孩子成长的时间和空间。

# 7. 我家有个"小马虎"

不知从何时开始，女儿养成了粗心大意的习惯，尤其在数学方面最为突出，漏题、看错题、忘了进位等是常有的事，有时把一道题只做了一半而忘了后面一半。比如，明明是 6×9，她得出的答案却是 15；明明草稿本上的计算结果是 78，她写到作业本上却变成了 70……

起初，我将孩子的马虎单纯地归咎于不专心，对她妄加指责。后来通过观察我发现，其实，她的粗心另有原因。

## 第一，女儿没有养成检查作业的习惯

无论是考试还是平常的作业，女儿总是做完题就了事，从不再次检查一遍。事实上，低年级的学生由于心智发育还不成熟、注意力不太集中，出错的偶然性和随意性很大，如果能用心地检查一遍，可以杜绝 90% 以上的错误。

为此，我教给女儿一个方法：每做完一道题就迅速地检查一遍，确认无误后再做下一道题。

　　为了让女儿养成检查作业的良好习惯，我还特地制定了一项奖励措施：只是她检查出一处错误，就给一颗红五星。当红五星达到一定数量时，就给她买一份她喜欢的小礼物。

**第二，女儿做作业时常常惦记着动画片**

　　以前，我给女儿做了一个规定，要先完成家庭作业，然后才能看电视。而她喜欢的电视节目恰好在放学后播出，虽然迫于家长的权威她对此不敢有什么异议，但她心不甘情不愿，要么心不在焉，要么急着在短时间内完成作业，结果错误连篇。

　　为此，我调整了一下女儿的作息时间，允许她先看电视后做作业。没想到，这种先乐后苦的方式大大提高了孩子的学习积极性，她的作业出错频率明显降低了不少。

**第三，女儿几乎是在疲劳状态下进行学习**

　　以前，我一直没有考虑到，在学校学习了一天，女儿的精神已经很疲惫，放学回家后就让她做作业，效率自然会低下。

　　意识到这一点，女儿每次放学回家，我都让她先休息一会儿，放松放松，而后再去完成家庭作业。同时，在时

间上我也做了进一步调整，让女儿每次做作业的时间不超过半小时。

因为孩子的注意力不能长时间地集中，一般只能持续一二十分钟，这就是为什么许多孩子喜欢一边做作业一边玩耍的原因。

**第四，女儿做事缺乏耐心**

通常情况下，作业越少，女儿完成得越好；只要时间稍长一点儿，她就变得焦躁不安，总想尽快完成任务，结果欲速则不达，错误百出。于是，在日常生活中，我会刻意制造一些机会来培养她的耐心。

**第五，女儿缺乏责任心**

一直以来，女儿的主人翁意识都不强，总觉得学习是为了哄老师和家长开心。于是，我决意从培养孩子的学习兴趣入手，并让她在学习过程中获得成就感，体验成功的快乐，进而增强自主意识和责任感。

**第六，女儿对基础知识掌握得不牢**

从根本上讲，女儿做作业时常出错的主要原因，还是因为基础不牢。要彻底改掉她粗心马虎的毛病，唯有加强基本功练习，掌握一定的学习方法。

经过我这一系列"组合拳"的出击，女儿粗心的毛病得到了很大改观。如今，我们家的"小马虎"再也不见了。

## 8. 注意家庭教育中的小细节

有一句俗语说，细节决定成败。意思是说，成功与失败往往取决于生活细节，注重细节则会成功，忽略细节则会失败。

家庭教育同样如此。在一个小区的花园里，几个孩子正在一起玩，玩着玩着，一个大点儿的孩子一把抢过另一个小点儿的孩子的玩具，还霸道地推了那个孩子两下。

失去玩具的孩子伤心地哭了起来，边哭边说："还给我，还给我。"

听到孩子的哭声，两位家长不约而同地走了过来。

我以为抢玩具的孩子家长会郑重其事地教育孩子，并要求他向同伴道歉。谁知，这位家长一把从孩子手里夺过玩具，嘴里还不耐烦地说："这破玩具有什么好玩的，妈妈给你买新的去。"

抢夺别人的东西，这在孩子中比较常见，但许多家长并未给予重视，认为这只是孩子之间的玩闹，没有必要认真对待。

事实上，这绝不是一件小事。

常言说，小时偷针，大时偷金。很多看似平常的犯罪行为，其实都有其发生的根源。如果家长对孩子的抢夺行为不加以制止和教育，孩子就会把这种不劳而获的行为当作一种常用的手段，长大后甚至走上违法犯罪的道路。

同事家住四楼，每天晚上总要承受楼上天翻地覆的吵闹声，那都是楼上孩子的"杰作"。

有一次，同事忍无可忍去找楼上的家长理论，但对方很不友好，冷冰冰地说："孩子天生就爱玩爱闹，我不可能将他的手脚绑住吧？"

同事听后，被呛得半天说不出话来。

爱玩爱闹是孩子的天性，但我们不能一味地护着孩子，得考虑左邻右舍的感受。如果家长放任不管，就会助长孩子的这种行为，以后他即便不会制造噪声打扰别人，也会干出其他不受人欢迎的事。

面对这种情况，一方面，家长要教育孩子在玩的时候，尽量不要影响他人，不能将自己的快乐建立在别人的痛苦之上。另一方面，家长可以跟孩子约定一个时间，最好错开晚上的休息时间，或者在孩子经常玩的地方铺上一层软垫子，以便尽可能地减小噪音。

在一家长途汽车站的候车厅，一个孩子爬在座椅上玩耍，好几个座位上都留下了他脏兮兮的脚印。但他的家长坐在一旁视而不见，一直自顾自地玩着手机。

一位乘客好心提醒那位家长，让她管管孩子，可她不但不听，还骂别人多管闲事。

生活中，我们十分讨厌那些随意插队、随便乱扔垃圾的人，可你有没有想过，那些人的行为可能正是家长从小放纵的结果。

遵守交通规则、遵守公共秩序、爱护环境和公物等，是每个人应尽的义务和责任，我们应该从小教育孩子遵守社会规则，养成良好的生活习惯。

所谓"千里之堤，毁于蚁穴"，对于育儿中的一些小问题、小习惯、小细节，我们不能听之任之，否则，会给孩子的人生带来不良后果。

## 9. 改变孩子行为的两句话

从女儿呱呱坠地到长大入学，她一直是我们手心里的宝，受尽了家人的宠爱和娇惯。无论大小事情，我们一概不让她沾手，以致她现在养成了懒惰的习惯。有时我们累了，或是实在忙不过来的时候，就吩咐女儿做点力所能及的事情，可是她却噘着嘴说："不，我才不干呢。"

每当这时，我的心里就有一种难言的疼痛。我深深地意识到，曾经的溺爱不是真正爱孩子，而是害孩子。

一位儿童专家曾说："孩子的习惯在完全成型之前，还能够想办法去改变。"所以，亡羊补牢，为时不晚。接下来，我就开始思量如何改变孩子的现状。

一天，学校传达室的老张打来电话，说有我的几封信和几张汇票，让我赶快去取。当时我正在宿舍做饭走不开，看女儿在一旁闲着，于是就亲切地对她说："宝贝，请你帮爸爸一个忙，好吗？"

"爸爸，帮什么忙？"女儿扭过头来问。我见孩子的神色中有几分愿意的表情，就接着说："爸爸现在没空，想请你去传达室张爷爷那儿帮爸爸拿几封信。"

"好，我这就去。"女儿毫不犹豫地答应了。

这很出乎我的预料，我原以为她又会说："不，我才不干呢。"没想到今天她竟如此爽快。

一会儿，女儿拿着几封信回来，是杂志社给我寄的样刊。我高兴地对女儿说："宝贝，谢谢你，这些东西对爸爸很重要。"

"没事，小事一桩。"女儿学着大人的口吻说。

说来也怪，经历了这件事后，只要我对女儿说"宝贝，请你帮个忙"，女儿通常都不会拒绝我，并且还能出色地完成我交办的任务。

当然，我也会不失时机地夸奖女儿几句。得到我的感谢和表扬，女儿十分高兴，更加乐意接受我的求助。

这种方法屡试不爽，即便我要女儿帮的忙她暂时做不到，但她也会很乐意地去尝试。一段时间下来，我发现女儿的懒惰得到了很大的改变，她很少再对我说不了。

看到女儿步入了健康成长的大道，我心里有说不出的欣慰。

为什么同样的事，直接让孩子去做，他却不会干，而绕个弯子让他帮忙，他却十分乐意呢？

原来，这两种行为的目的一样，但给孩子的感受完全不同，所以结果也会不同。

直接命令孩子做某事，成全了家长的威严，却伤害了孩子的自尊，时间久了自然会使孩子产生抵触情绪，比如逃避或对抗。

而帮忙则不一样，话一出口就拉近了家长与孩子之间的距离。因为帮忙彼此是平等的，并且帮忙的人会带着优越感——一旦事情做成了，还会有一种成就感。所以，无论是成人还是孩子，帮助了别人，受到了别人的感谢，那就是一件十分愉快的事情。

从那以后，我总是对女儿说："请你帮个忙！""谢谢你的帮忙。"

## 10. 有一种爱叫放手

有一天，女儿郑重其事地告诉我："爸爸，以后没有我的允许，请不要动我房间里的东西。如果您有什么事找我，请一定记得敲门！"

那一刻，我突然意识到孩子长大了，想要逃离大人的视线，想要有独立的生活空间。

女儿就是这样，常常将我的好心当作驴肝肺：你越是关心她，她越是躲得远远的，身上就像长满了刺，生怕你靠近她。

当女儿背上书包、戴上红领巾准备出门时，我像往常一样打算送她去学校。可是，她拒绝了，并坚定地说："爸爸，我长大了，不需要您送了，我和同学一起走，您就放心吧！"

自女儿上幼儿园，我就一直陪着她去学校，现在她不

让我送了，我的心里竟有一种难以言说的滋味——孩子长大了，真的决定要脱离父母呢？

从孩子呱呱坠地的那一刻开始，我就成了她生命中的保护神：无论大小事情，我总是替她完成，不让她受到一点儿伤害；无论她有什么要求，我总是尽量满足她，不让她有一分的不开心；无论她遇到什么困难，我总是站在前面为她遮风挡雨，不让她受到一丝的委屈。

哪怕自己挨饿，我也会把仅有的食物让给女儿；哪怕自己受冻，我也会把仅有的一件衣服穿在她身上；有什么好东西，我总是先想着她再想到自己。女儿的一举一动、一言一行、一颦一笑，都深深地牵动着我的心。

我常常对女儿说："你是父母甜蜜的负担。虽然你让我们牵肠挂肚、担惊受怕，但我们愿意为你付出，愿意为你撑起一片明净的天空。"

据说老鹰是这个世界上最无情的妈妈，也是这个世界上最伟大的妈妈。

当小鹰成长到一定程度时，老鹰就会停止给小鹰供食，并想办法将小鹰从自己身边"赶走"。如果小鹰不愿离开妈妈，老鹰就用嘴狠狠地啄小鹰的身体，迫使它离开巢穴。

老鹰将小鹰带到悬崖边，望着深不见底的悬崖，小鹰害怕地退了回来，用可怜巴巴的眼神望着妈妈。

可是，老鹰并没有因为小鹰可怜的眼神而心软，它毫不留情地将小鹰一脚"踢"了出去。绝望无助的小鹰在空中拼命地拍打着翅膀，就在它快要触到谷底时，它终于学会了飞翔。

在妈妈的教导下，小鹰还学会了捕食，每天像妈妈一样翱翔于蓝天。

原来，有一种爱叫放手。

教育孩子，或许我们应该向老鹰学习，该放手时就放手，尽量把舞台留给孩子去表演。

没有大人的庇护，也许孩子会跌倒、会受伤、会犯错误，但他注定要成长，要独立面对一切。而我们只能站在一旁，远远地望着他，用目光跟随着他。

亲子家教艺术全集

# 好妈妈
# 胜过好老师

Hao ma ma
Sheng Guo
Hao LaoShi

李雪

著

文汇出版社

**图书在版编目 (CIP) 数据**

好妈妈胜过好老师 / 李雪著 . — 上海 ：文汇出版
社 , 2020.6
（亲子家教艺术全集）
ISBN 978-7-5496-3181-0

Ⅰ . ①好… Ⅱ . ①李… Ⅲ . ①儿童教育 - 家庭教育
Ⅳ . ① G782

中国版本图书馆 CIP 数据核字（2020）第 063474 号

## 好妈妈胜过好老师

著　　者 / 李　雪
责任编辑 / 戴　铮
装帧设计 / 天之赋工作室

出版发行 / 文匯出版社
　　　　　　上海市威海路 755 号
　　　　　　（邮政编码：200041）
经　　销 / 全国新华书店
印　　制 / 三河市龙林印务有限公司
版　　次 / 2020 年 6 月第 1 版
印　　次 / 2020 年 6 月第 1 次印刷
开　　本 / 880×1230　1/32
字　　数 / 100 千字
印　　张 / 6

书　　号 / ISBN 978-7-5496-3181-0
定　　价 / 180 元（全五册）

# 前　言

## 亲子教育，重在怎样听和如何说

在这个时刻都充满未知的世界里，社会发展日新月异，生活环境也瞬息万变，我们的身体、心理还有情绪也随之发生着各种改变。

世间万物都在变，只有父母"望子成龙、望女成凤"的心理永恒不变。每一位父母都希望自己的孩子能够按照自己所期待的那样成长、发展，可是绝大多数孩子并不会太"听话"，这就需要父母细心教导，用心哺育。

其实，亲子教育就是一种"博弈"，一个说服和反叛的过程。父母有父母的策略，孩子有孩子的博弈武器，比如用发脾气来表达自己的不满，用哭泣来表达自己的委屈，用过激的行为和言语来挑战父母的权威等。

这些在父母看来，实在幼稚，可是又不得不正视，不得不采取有效措施及时制止，并对其进行有针对性的教育。

在孩子的成长过程中，父母在兼职做孩子人生导师的过程中，任何一个微小的疏忽，任何一种不恰当的行为，任何一句过激的言语，都有可能刺中孩子的心，造成不可挽回的伤害。

良好的亲子教育是孩子一生中最宝贵的一笔财富，是促使孩子拥有健全人格、成熟心智最关键的因素之一。

合理有效的亲子教育方法，对孩子的成长所带来的益处是无法估量的。

希望每一位父母都能够与时俱进，摒弃落后的教育观念，及时更新先进的教育思想和理念，在亲子教育之路上不断探索，不断实践——尽量对孩子少一些责备，多一些赞美；少一些责骂，多一些关爱；少一些责罚，多一些鼓励。

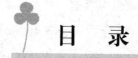

# 目　录

## 第三章
### 父母的行为能影响孩子的性格

## 第四章
### 亲子教育，重在怎样听和如何说

## 第五章

### 好妈妈不打不骂教育好孩子

## 第六章

### 没有教不好的孩子，只有不会教的父母

# 第 一 章

## 别让潜意识左右了孩子的情绪

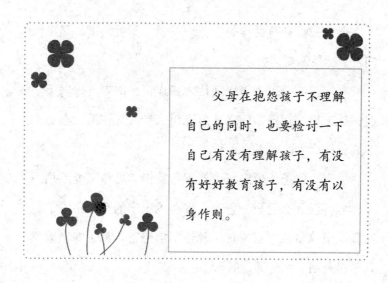

　　父母在抱怨孩子不理解自己的同时，也要检讨一下自己有没有理解孩子，有没有好好教育孩子，有没有以身作则。

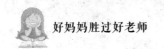 

# 1. 捕捉儿童叛逆期

很多父母都有这样的抱怨：孩子太不听话了，父母说向左，他就偏要向右。

其实，这是孩子的叛逆行为在作怪。比如，近来宁宁变得让人很难捉摸。他之前总说想去参观科技馆，感受一下高科技给生活带来的便利。

周末，爸爸要带宁宁去参观科技馆，可他又说不想去了，觉得没什么意思。爸爸只好尊重宁宁的意见不去了，可他又嘟囔着说爸爸说话不算数，搞得爸爸都不知道他哪句话是真话，哪句话是假话了。

爱说反话，是孩子叛逆的一种表现。

20 岁前的青少年都会经历三个叛逆期，分别是：2~3岁时的"宝宝叛逆期"，7~9 岁时的"儿童叛逆期"，

12~18岁是我们最常见熟知的"青春叛逆期"。因此，当孩子出现任性、不听话等表现时，父母不必太过忧心，因为这说明孩子进入了成长叛逆期。

孩子之所以会有这些叛逆表现，除了想引起父母的注意，更重要的是在表达一种讯息：我已经长大了，我有自己的思想了，我已经具备对很多事做出独立判断和决定的能力了。

父母遇到这种情况时要多跟孩子进行沟通，多询问孩子对某事的看法或决定，明确告诉他：爸爸妈妈会尊重他的决定，如果他不能正确地表达自己的内心所想，爸爸妈妈根据他所提供的"假信息"执行了，他要负全责，可不能怨爸爸妈妈。

叛逆是孩子成长的必然阶段。

孩子从单纯学知识到逐渐对知识产生判断能力，然后会形成独立的思想。但由于孩子的认知能力和判断能力有限，所以他形成的独立思想还不成熟，难免会产生一些偏见，故而做出了叛逆行为。


静静原本是一个很听话的孩子，可是最近不知道怎么回事，她老是跟爸爸妈妈顶嘴，爸爸妈妈不管叫她做什么，她都说"不"。

妈妈带静静去逛书店，看到了她一直想要的童话书准备买时，她却摇摇头说："不要！"；爸爸带她去游乐场玩，让她玩最喜欢的旋转木马，她竟然也摇头拒绝了。

爸爸妈妈感到非常疑惑，问静静原因，她也不回答。

为什么静静会突然变得不听话了呢？其实，静静对爸爸妈妈提出的建议都说"不"，是儿童进入叛逆期的表现，这种现象会持续半年到一年。

因为进入叛逆期的孩子好奇心很重，且自我意识也开始发展，有了自己的想法，所以就不喜欢别人来干涉他的行动了。那么，怎样才能表现出自己的自主心理呢？那当然就是直接说"不"了！

父母应该为孩子形成了独立思考能力、独立行为能力而高兴，并充分利用这个好时机来培养孩子正确的判断力，而不是要求孩子一如既往地服从。比如，静静口是心非地说不想要那本童话书，妈妈可以明确地告诉她："如果今天不买的话，下次不一定能买到了。"

不要小看孩子的叛逆期，这是孩子个性形成的关键时期，父母的教育态度和引导方式会直接影响孩子的性格变化。

对处于"宝宝叛逆期"的孩子，父母要多一些耐心，少一些忧心；多一些谅解，少一些生气。同样，对处于"儿童叛逆期"的孩子，父母也要做到"两多两少"，给予孩子更多的宽容和理解。

身为孩子最亲密和最信任的人，父母切不可因为孩子一时叛逆而生气、责罚，而应多抽些时间陪孩子，多跟孩子进行沟通，多加理解孩子，指导和帮助孩子平稳地度过每一段叛逆期。

## 2. 你在为谁读书

有人说，孩子讨厌学习就像大人讨厌上班一样。

确实，现在越来越多的人讨厌上班，为什么呢？原因有很多，比如工作模式固定，工作内容变得越来越枯燥；工作时间久了，惰性来了；工作压力太大，心理承受不住，等等。

孩子厌学的心态跟大人厌班的心态还真有点像，不过也有其自身的特点。

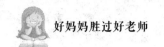 

总结一下，孩子厌学的原因大致有三大类：

**一、自身的因素**

有些孩子从小的学习成绩就不优异，他们觉得读书是一件吃力不讨好的事，所以就对学习失去了兴趣。

**二、社会的因素**

有些孩子受到"读书无用论"等社会不良风气的影响，觉得好好学习考上了名校又能怎样？毕业之后还不是人人都在应聘找工作，不如早早步入社会赚钱得了。

**三、家庭的因素**

有些孩子的父母离异，没有了家这个温暖的港湾，没有了父母细心的关爱，使他们慢慢滋生了偏激心理，于是开始自我放纵，经常出入网吧、游戏厅等娱乐场所，将学习之事抛诸脑后。

曲玥从小就爱挑食，由于妈妈没有太在意，所以导致曲玥出现了厌食症。妈妈看着曲玥每顿饭都吃得很少，想给她好好补一补身体，周五晚上就做了一大桌子好吃的菜，有红烧肉、水煮鱼、爆炒腰花等。

曲玥放学回到家，看着一大桌子荤菜顿时没了胃口，说："妈妈，我不想吃了。"

妈妈很是生气，对曲玥说："你顿顿不吃饭想干吗呀？

营养跟不上，将来你要是得了贫血，妈妈可不管你！"

原本妈妈只是想吓唬曲玥一下，可她冰冷的态度让曲玥觉得妈妈不爱自己了，眼泪扑簌簌地往下掉。

试想一下，如果妈妈能压住自己的怒火，问清女儿想吃什么，给她做一些合胃口的饭菜，相信母女俩就不会发生这场冲突了。

对待厌学的孩子，就要像对待厌食的孩子一样，不能过度批评和指责。如果父母这样做了，反而会让孩子更加讨厌学习。

那么，父母到底该怎么帮助孩子解决厌学的问题呢？

**一、要帮助孩子建立自信心**

很多学习成绩不好的学生都缺乏自信，他们觉得不管自己多么努力，成绩也不会有所提高。在这种心态的影响下，孩子就会变得厌学。

对于这样的孩子，父母务必要先帮助他建立自信，才能够将他厌学的心理慢慢地改变过来。

每一个孩子都有自己的长处和短处，父母要多注意观察，找到孩子的长处加以表扬和鼓励，让其树立起自信，然后再将他往好学的方向引导。

希希的成绩不怎么好，但是他的记忆力很好。语文课

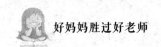

上，老师给同学们十分钟的时间阅读一篇文章，之后回答老师的提问。

希希第一个举手，他不仅把老师提的问题都答对了，而且还流利地把该篇课文给背了下来。老师当即给他封了一个"背诵大王"的称号，并且鼓励他将自己的"好记性"用在各个科目上，这样成绩一定会有所进步。

结果真的如老师所愿，希希的成绩提升很快——因为在老师的鼓励下，在同学们羡慕的目光下，他找到了自信，学习起来不再那么吃力了。

### 二、要耐心引导

如果发现孩子不太喜欢学习课本知识，父母可以让孩子多参加一些课外活动，多创造一些让孩子展示自我的机会，对孩子做得好的地方要大力表扬和鼓励，让他品尝到成功的喜悦，然后再适时地教育他。

比如，如果科学文化知识学得好的话，会得到更多的表扬。通过感受成功的喜悦，慢慢地培养孩子的学习兴趣，让孩子从课外活动回到课堂活动上来。

当然，引导孩子一定要根据他的兴趣来引导，千万不可以强迫他。

### 三、给孩子定一个小目标

成绩不好的孩子，因为基础差，学习信心不足，常常会把学习中遇到的困难放大，所以心情会比较烦躁。

父母切不可急于求成，不能要求孩子立马补回落下的所有课程，不要让孩子产生焦虑感。而要给孩子一些时间，尽量帮助孩子放松心情，减轻压力。

可以先帮孩子设定好分阶段的小目标，让孩子一点一点慢慢地赶，一步一个脚印慢慢地追。

### 四、和孩子一起学习

由于孩子的自我约束能力较差，有时间的父母可以在晚上和周末陪着孩子一起读书、写作业。这除了能让孩子感受到父母浓浓的爱之外，对他自己也会起到一定的榜样作用。

### 五、目标倾斜法

专家提出，通过"目标倾斜法"可以治疗孩子的厌学症，提高孩子的学习效率。

目标倾斜法，即：不管课业有多难攻克，只要前方有孩子所期待的东西，他就不会觉得难受或痛苦。换句话说，就是给孩子建立一个激励制度。

孩子只要按时完成一定的课业任务，就会得到一些奖励。但是，这些奖励必须是孩子所期待的、喜欢的，不然也只是徒劳。

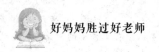 

## 3. 不要让情绪当家作主

古语有云："不登高山，不知天之高也；不临深溪，不知地之厚也；不闻先生之遗言，不知学问之大也。"

这句话的意思是：没有站在高山的顶端，就不知道天空的高远；没有俯瞰深深的溪谷，就不知道大地的厚重；没有聆听先生的教诲，就不知道学问的广博。

生活中，有很多事你没有经历过就不会有切身的体会，只有经历过才能真正体会到个中滋味。孩子不理解父母，并不是他不爱父母，而是由于他自身的体会，导致他无法设身处地地站在父母的角度和立场去思考问题。

所以，有些家长会这样安慰自己：等到孩子成家有了自己的孩子，就会理解父母的苦心了。然而，等到那时自己已经白发苍苍，孩子纵有再多的理解，也追不回你曾经失去的亲子关系。

周末，莎莎跟几个同学约好一起去游泳。出发前，莎莎想让妈妈送自己和同学会合。妈妈说今天要加班，没有时间接送她，让她乘坐公交车去。

下午两点，莎莎来到游泳馆。杨洋妈妈见莎莎一个人来，笑着说："莎莎，你真勇敢，这么小的年纪就敢自己坐公交车了。杨洋，要向莎莎多学习呀！"

不过，莎莎听了杨洋妈妈的话，心里很难过，她多希望自己能和杨洋一样得到妈妈的关心。

半个多小时后，莎莎游累了想上岸，可就在爬上岸的一瞬间，她脚底一滑掉进了水池中。幸好杨洋妈妈及时拉住了她，她只是呛了几口水。

此时，莎莎既害怕又难过，哭着想找妈妈。

杨洋妈妈只好给莎莎妈妈打电话，把莎莎的情况告诉了她，请她尽快过来安慰一下孩子。无奈，莎莎妈妈只好放下手头的工作去往游泳馆。

一见到莎莎，妈妈并没有关心、安慰她，反而责备说："莎莎，你今年都是五年级的大孩子了，怎么还那么不懂事？你不知道妈妈近期的工作有多忙啊，还总是有事没事地找我过来。唉，你这孩子真是不让人省心。"

莎莎听了这话十分委屈，眼泪在眼眶里打转。

回家的路上，妈妈还在对莎莎说教，说别人家的孩子多么懂事，并责备莎莎打扰了她今天的加班。莎莎低着头，嘟囔着说："为什么杨洋妈妈那么关心她，你一点儿都不关心我？"

"我不关心你？我一天忙到晚为了谁，还不是想多挣钱，让你过上好的生活！"妈妈生气地说道。她也很伤心，觉得女儿一点儿都不理解自己。

孩子不理解父母，最让父母伤心了。

其实，孩子出现这种情况，父母有很大的责任。

如果孩子比较幼稚，思想狭隘，往往是因为父母读书少，知识贫瘠。

如果孩子的情绪暴躁，易受刺激、易冲动，往往是因为父母在遇到问题时也常常想到用武力去解决。

如果孩子不讲卫生很邋遢，做事也拖拖拉拉，往往是因为父母懒惰没有上进心。

如果孩子自制力差，没礼貌、没教养，往往是因为父母行为不检点，有不良嗜好。

如果孩子很自私，总是只顾自己不顾父母的感受，往往是因为父母没有教会孩子如何去理解他人，没有给孩子做出一个好榜样。

所以，父母在抱怨孩子不理解自己的同时，也要检讨一下自己有没有理解孩子，有没有好好教育孩子，有没有以身作则。

在教养孩子的过程中，父母扮演着物质提供者、命令发布者、理论灌输者和生活照顾者这四个角色。这些角色，是带着双向箭头的。

当父母到了一定的年龄，孩子长大了，那么，到时扮演这四个角色的人就变成了孩子。也就是说，父母和孩子之间谁照顾谁、谁理解谁，是双向的互动。父母要想孩子管理好自己的情绪，理解自己的行为，那么自己要先理解孩子、照顾孩子的情绪。

如果一切都是父母做主，没有孩子的参与，也没有考虑到孩子的感受，更没有征求孩子的意见，即使孩子照做了，结果也会不如意。

当然，还有另外一种情况——很多孩子正是因为得到了父母无微不至的关怀，凡事按照自己的意愿让父母承担、帮忙完成，才使之养成了自私自利的个性，不会理解他人的行为习惯。

孩子的这种个性，在让父母感到失望和心寒的同时，还会感到担忧——孩子如此成长下去，会变成什么样子？能经受得起挫折的考验吗？能在社会上很好的立足吗？

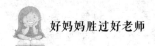

这就需要家长及早地进行指导和教育，尽早弥补孩子的缺点。

## 4. 如何说，孩子才会听

相信大多数人都看到过这样的场景：在玩具专卖场，小朋友或坐在地上撒泼打滚，或拽着爸爸妈妈哇哇大哭。

有的父母会"冷处理"，站在一旁看着孩子默不作声；有的父母会采取"强硬态度"，生拉硬拽地把孩子带走；有的父母则会"快速处理"，直接掏钱买下孩子中意的玩具来制止孩子的哭闹。

哭，对孩子来说真的是一种完美"武器"。

爸爸出差回来时，送给小兰一个会说话的洋娃娃。

周末，倩倩找小兰玩的时候，两个人一起玩着这个有趣的洋娃娃。倩倩觉得这个玩具太棒了，如果自己能有这样一个洋娃娃，她睡觉都会笑醒的。

倩倩回家后，希望妈妈也能给自己买一个，可妈妈听完当即拒绝了。一方面，她们生活的城市没有这个品牌玩具的专卖店；另一方面，这款洋娃娃价格太贵了，妈妈觉得没必要乱花钱，况且倩倩对什么都是三分钟热度，买这个玩具实在不值得。

可倩倩哪里会想这么多呢？她见妈妈不同意，立马号啕大哭，一边哭还一边给奶奶打电话，诉说自己的委屈。奶奶接到倩倩的电话心疼坏了，立刻打电话给倩倩妈妈，责备她不给倩倩买新玩具。

当妈妈说出不买的原因时，奶奶生气地说："哼，你当妈的不给买，奶奶给买！"

妈妈见拗不过奶奶，只好妥协答应了。倩倩知道自己很快就能拥有新玩具了，立马破涕为笑。

倩倩是"所求不遂"，便以哭闹来要挟爸爸妈妈的典型。

"一哭、二闹、三上访"，是孩子要挟父母的"三部曲"。"哭"和"闹"，相信好多父母都很清楚了，"上访"指的是"向上一级机关或领导反映问题以求得到解决"。

在孩子的眼中，父母的上级就是爷爷奶奶或者姥姥姥爷。于是，他在所求不得之后，就会第一时间"上访"父母的"上级"。因为很多爸爸妈妈即使能理性地拒绝孩子的无理请求，可是一旦"上级"干涉就会妥协。

但是，父母没有意识到一点，如果让孩子一次次得逞，将会后患无穷啊！

很多父母都有这样的烦恼：教育孩子时常常会受到"隔代爱"的阻挠，也就是孩子的保护伞——爷爷奶奶或姥姥姥爷。

朋友赵颖前几天也遇到了和倩倩妈妈一样的情况。

赵颖没给儿子凡凡买电动玩具车，凡凡将她"一纸诉状"告到了奶奶那里。奶奶一向宝贝孙子，当即对赵颖下达命令：给凡凡买一辆他一直想要的电动玩具车。

不过，赵颖并没有轻易让步，而是跟奶奶进行了一次深刻沟通，耐心地跟老人解释自己为什么拒绝儿子的要求。原来，凡凡已经有三辆电动玩具车了，最近商场里摆出一款紫色的，但除了颜色不同，其他配置都一样，凡凡还是吵着闹着要买这辆新车。

赵颖对婆婆说："凡凡这么大的孩子正是难管的时候，如果我们总是纵容孩子，就会给他灌输错误的价值观、金钱观，让他觉得只要跟奶奶告状、哭闹就能得到想要的东西，这会在无形中增长他的欲望。"

奶奶听后，觉得赵颖说的有道理，只有给孩子好的教育才能引导孩子健康成长，确实不能惯坏孩子。于是，奶奶决定不再给赵颖施压，而且和赵颖站在了同一条战线上。

凡凡一看奶奶不支持自己，顿时像泄了气的皮球，连午饭也不肯吃。赵颖见状，对凡凡说："电动玩具车你已经有了呀，为什么还要买新的？"

凡凡噘着嘴说："那辆紫色的车比我的玩具车好看多了。"

赵颖得知凡凡想买新车的原因仅仅是因为它的颜色好看，顿时来了主意，对儿子说："下午妈妈、奶奶和你一起改造一辆更好看的车，怎么样？"

凡凡听到这话，两眼顿时绽放出光芒，这才拿起筷子大口吃起饭。

吃完饭，赵颖去超市买了一盒水彩和笔刷，回到家里和凡凡、奶奶一起动手，给凡凡改造了一辆新车。半个小时后，一辆炫酷的玩具车改造出来了——车身紫色、银色相间，比商场里的那辆车更漂亮。

凡凡高兴极了，把要买新车的事抛到脑后，还夸妈妈和奶奶真棒。

在教育孩子的问题上，父母和长辈很可能有不同的看法。

以前的生活条件艰苦，大多老人都经历过苦日子，所以他们心中想着一定不能让孩子再受苦。在经济条件允许的今天，很多老人都会尽可能答应孩子的要求。

但是，父母会综合考虑问题，什么玩具值得花钱去买，什么玩具不值得买；什么玩具会有益孩子的智力开发，什么玩具只不过是陪伴孩子打发一些时间而已。所以，他们会理性地看待孩子用哭闹要买某样玩具的事情。

不管怎样，大家的目的都是一致的：希望孩子健康快乐地成长。所以，只要父母跟孩子的"上级"能够在"爱孩子"的问题上提前沟通好，"隔代爱"也能成为父母教育好孩子的助力。

孩子明确表达出"我想要"某样东西时，父母基于各种因素的考虑，可以果断地说"不"。可是，有些孩子想要什么东西却不开口，只是哭，父母该怎么办呢？

首先要了解孩子为什么想要这样东西。比如，凡凡想买新的玩具车只是因为那辆车的颜色更好看，如果满足了这一点，孩子自然不会再吵闹。

当然，由于孩子的分辨能力较弱，有时候他想要某样东西的理由很简单，可能是看到别的小朋友有，也可能是样式更漂亮。不同的原因要有不同的处理方法，如果是出于攀比等负面心理，父母要及时进行引导，避免孩子树立错误的价值观。

父母要在心中立一把标尺，对孩子提出的每一个要求进行度量。

对孩子有益且价格能接受的要求，父母可尽量满足，反之，要坚定地拒绝。即使面对孩子用哭闹或寻求爷爷奶奶的帮助等，父母都要坚持自己的原则，不能让孩子养成用眼泪"要挟"的坏毛病。否则，你的关爱将会成为对孩子的溺爱，反而会影响孩子的身心健康。

# 5. 正面培养学习兴趣

经常听到周围的朋友抱怨自己的孩子不爱学习，有的孩子甚至还出现了厌学情绪。

如果把学习当成一种"兴趣"培养，那是不是就可以避免这类事情的发生了？

兴趣可以推动孩子去探索新的知识，发展新的能力，是打开孩子心灵和智力的一把钥匙。学习要是成为孩子的"兴趣"，能使孩子产生积极的心态，使他学习起来会更主动。反之，则会成为他沉重的负担。

我们要怎样做，才能用好这把钥匙呢？


在同学眼中，丽莎是一个"学习狂"——自由活动课，同学们在操场上玩的时候，她去图书馆看书；课间十分钟，同学们都在走廊上嬉闹，她去老师办公室问问题；放学后，同学们相约一起玩游戏，她不是去书店看书，就是赶紧回家做作业。

大家都很好奇，为什么丽莎这么爱学习？原因是，她受到了爸爸的影响。

丽莎的爸爸是位大学老师，自打她记事开始，她总是看到爸爸在书房里看书和写字。即使一家三口出去旅游，爸爸也会随身带着书，不管是在飞机上或是火车上还是汽车上，爸爸都会把书拿出来翻看。

爸爸时刻读书的情景深深地烙印在丽莎的脑海里，所以，她才会成为一个超级爱读书的好孩子，学习才会成为她最主要的兴趣。

父母是孩子最好的榜样，要想孩子把学习当成兴趣，父母先要自己做到。像丽莎的爸爸那样，用自己的行动告诉孩子，读书和学习是一件多么快乐的事！

除此之外，父母爱问为什么，爱跟孩子一起去寻找"为什么"的答案，也能带动孩子乐于去徜徉学习的海洋。

荣荣爸爸的老家在郊区农村，房子前面有一小块地，种植了一些蔬菜。

每逢假期，爸爸就会带荣荣到这块小菜地去拔杂草、施肥、浇水。后来，爸爸还在菜地旁边搭了个棚子，让荣荣邀请一些同学来玩乐、烧烤。

有时爸爸还会带着荣荣去附近的山村里转，看那些农民伯伯是怎么劳作、生活的，也看山村里的如画美景。

每年暑假，爸爸还会带着荣荣去外省的名山大川游玩，让荣荣近距离接触大自然，引起他对大自然的好奇，再引导他将这些好奇心用于学习上。

这些不仅开阔了荣荣的视野，也提高了他的学习兴趣。

每次爸爸让利利认真看书或是做作业，他都会说："家里太吵了，我静不下心！"

利利的家之所以吵，是因为有点耳背的爷爷每天从早到晚都在看电视，把声音开得很大。而奶奶则喜欢练太极，每天不定时在家里放音乐练习。

起初爸爸不以为意，觉得利利是在为自己不爱学习找借口。后来因为利利常常不交作业，爸爸被老师叫到了学校，这才得知他不做作业的原因——家里实在太吵了，他无法静下心来好好学习。

要想培养孩子学习的"兴趣"，给孩子营造一个舒适、安静的环境进行学习是非常必要的。


松松妈妈也是松松的数学老师，近来，她发现松松越来越不喜欢学习了，上课总是走神，有时还打瞌睡。

妈妈就问松松为什么上课的时候不专心听讲？松松说，妈妈讲课太枯燥了，听着听着思绪就飞走了。因为注意力不集中，时常觉得头脑发胀，昏昏欲睡。

松松的话让妈妈有些难受，不过很快她便调整了情绪，马上从自己讲课的方式和内容找原因。后来，她在网上看到一个有关"创设问题情境"的教学方法。

比如，在"三角形的面积计算"这一节课上，老师可以设计两个图形，一个是平行四边形，另一个是三角形，让同学们比较一下它们的面积，观察一下它们的大小并分组讨论，让大家各抒己见，使整个课堂的气氛变得活跃起来。

同学们都争着讨论，急着找答案，激发了他们的好奇心及学习新知识的强烈兴趣——他们哪里还有时间和精力去想别的，更不会当瞌睡虫了。

好奇是上天赋予孩子最好的礼物，而兴趣是孩子最好的老师。"创设问题情境"教学法可以调动孩子的思维能动性和积极主动性，使孩子学在其中，也乐在其中。

为了更好地培养孩子的学习兴趣，父母可以跟学校的老师进行沟通，实现"家校合作"，让老师仿效"创设问题情境"教学方法来调动孩子的学习积极性。

## 6. 把孩子当朋友要注意分寸

小仲马的著作《茶花女》在法国上演之后，引起了巨大的反响。小仲马得意地对父亲大仲马说："爸爸，瞧我的《茶花女》引起了多大的轰动，您的任何一部作品都比不上吧？"

大仲马沉默了一会儿，问小仲马："那你说我最好的作品是什么？"小仲马想了很久也没想到，大仲马笑笑说："孩子，你就是我最好的作品。"

没错，孩子就是父母最好的作品。

父母和孩子之间的联系，除了内在的血缘关系之外，还有很多外在的关系。最为明显的两种关系，就是朋友间的平等、信任关系及亲子间的引导关系。

朋友之间，贵在地位平等和互相信任。


钟湘和妈妈是无话不谈的好朋友，不管在生活上还是学习上遇到了问题，她都会主动跟妈妈说，有时拿不定主意还会请妈妈帮助做出决定。

有一次，班主任让钟湘代表班级去参加学校举办的友谊辩论赛。钟湘心里直打鼓，当时没有答应老师，回家后她先问妈妈的意见。

妈妈问她："想不想展示自我？"

钟湘点点头。妈妈又问："老师为什么选你去参加辩论赛？"

"老师说我的思辨能力很强。"

"那就是了！老师既然选你，肯定就是认为你行，那你怎么还对自己没信心呢？"

"我还是怕输！要知道，我代表整个班级去参加啊，肩上的责任太重大了。"钟湘担心自己怯场或者临场发挥不好，影响辩论赛的结果。

"那还是说明你没自信。如果你想在更大的舞台上展示自己，就要克服缺乏自信这个缺点。"

"妈妈，要怎么克服呢？"

"很简单啊，告诉自己，我一定能行！"妈妈拍拍钟湘的肩膀，"其实，你没必要想那么多，只要好好去比赛就是了，输与赢根本不是最重要的，友谊第一，比赛第二呀！"

妈妈的话，顿时让钟湘浑身上下充满了信心和活力。

把孩子当成朋友来看待，放下家长的架子，与孩子站在同一水平线上进行交流，才能真正走进孩子的内心。这样，孩子才会信任你，凡事会跟你商量、跟你沟通，接受你的意见或是建议，走好人生的每一步。


徐斌把考了80分的试卷递给爸爸，还用一副满不在乎的样子说："老爸，这次考砸了，下次咱再努力努力，争取考90分。"

爸爸低头看了看试卷，然后抬头望了徐斌一眼，黑沉着脸问："你这是什么态度？"

"什么什么态度啊？"徐斌不太明白，平时跟自己"称兄道弟"的爸爸怎么突然变了个人似的，居然黑着脸跟自己说话。

"没考好，还一副大大咧咧的样子！"爸爸狠狠地瞪着徐斌吼道，"有没有反思一下没考好的原因啊？做错的题目有没有重新做一遍啊？"

"老爸，用得着发那么大火吗？我……"

没等徐斌说完，爸爸就把试卷用力摔到徐斌身上："住口！虽然平日里咱们父子俩是无话不谈的好朋友，但你别忘了，我是你家长，不要挑战你老爸的权威！"

看到爸爸一副认真的表情，徐斌这才意识到，能跟自己通宵打游戏、看球赛的老爸，在一定环境和条件下不再是自己的"哥们儿"了，而是"高高在上"的长辈——务必要听家长的话，不能挑战他作为家长的权威。

"给我回房间好好检讨自己这次没考好的原因，晚饭后给我汇报！"爸爸一声令下，徐斌立马乖乖地回到房间。

父母和孩子可以做朋友，但是父母要提醒孩子，和谐的亲子关系不等于僭越。就像大仲马所说，小仲马就是他最好的作品——小仲马能有如此大的成就，离不开大仲马的教养和引导。

　　所以，家长跟孩子可以做好朋友，但是又不能只做好朋友，还要在孩子面前树立一定的权威，要对孩子具有一定的威慑力，这样才能做好孩子的引路人。

## 7. 挖走孩子心底的抵触心理

　　绘画课上，老师让同学们交上节课留下的美术作业。

　　莎莎高兴地把自己的美术作业交给老师。老师接过作业看了一眼，说了声"好"，然后就放在桌子上。

　　当迪迪交给老师作业本时，老师很认真地看了看，然后摸着迪迪的头，笑眯眯地说："迪迪的画很有特色哦，是否可以告诉老师，你为什么要画这样一幅画吗？画里讲了什么故事呢？"

　　迪迪点了点头，手舞足蹈地开始讲起来。老师一边听，一边微笑着点头。

莎莎看到这一幕，心里很不是滋味。她心想："为什么我花了那么多心思做的作业，老师只看了一眼？而迪迪的作业，老师就看得那么认真，还让他讲画里面的故事呢？"

莎莎越想越气。

在快下课的时候，老师走到迪迪的课桌旁，看到迪迪新画的画又是一番夸奖。莎莎生气极了，下课之后竟然走到迪迪的课桌旁，拿出一支红色的水彩笔在迪迪的绘画本上胡乱涂鸦。

这是一场无声的较量。

由于莎莎的画没能引起老师的注意，而迪迪的画得到了老师的赞扬，这让莎莎心生妒忌。而下课前迪迪画的画再次受到老师的表扬，激化了莎莎潜意识里的抵触情绪，使她产生了"报复"心理，所以才恶意破坏迪迪的画，以发泄自己的不满情绪。

很多家长都不理解，孩子年龄小怎么会有抵触情绪呢？

其实，每一个孩子心中都藏着小秘密，任何人、任何事都可能引发他的情绪变动，从而使他产生抵触心理，做出一些令人意想不到的事。

由于性格迥异，有的孩子性格内向，不善表达、不乐于交流，有什么想法总是藏在心里不愿说出来，情绪积压得太久无处发泄就会形成抵触心理。

上面所说的莎莎，就是因为难以顺畅地表达出自己的真实想法，当她遇到自己认为不公的事情时，就用抵触情绪来表示反抗。

隆隆妈妈又一次被王老师请到学校来开家长会。

王老师告诉隆隆妈妈，隆隆经常在语文课上走神、打瞌睡，语文成绩一路下滑，让隆隆妈妈回家和隆隆好好沟通一下。

回到家后，妈妈问隆隆为什么不认真上语文课。隆隆说，因为他不喜欢王老师。

妈妈又问隆隆讨厌王老师的原因，隆隆噘着嘴说："王老师的语文课实在太沉闷了，就像是照着教案念一样，他也不跟我们互动，所以一上语文课我就犯困。而且王老师很偏心，他只夸那些上课积极回答问题的同学，对其他同学都不闻不问。这也是我讨厌他的原因。"

像隆隆这样对老师产生抵触心理的孩子，不在少数。

当孩子对老师或同学产生抵触心理时，父母首先要做的不是批评、责罚，而应先了解孩子产生抵触心理的原因。父母要针对不同情况因势利导，并对孩子的这种抵触心理

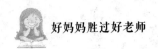

进行正确地引导。

那么，当父母发现孩子存在抵触情绪时，应该怎么做呢？

首先，要跟孩子进行交流，让他在一个舒适、自由的环境下发泄心中的不满，平衡其心态。父母要做一个好听众，等孩子平复情绪后，再帮助孩子分析事情的利与弊，让孩子客观地看待自己的抵触心理。

如果抵触心理形成的主要原因在孩子身上，父母要帮助孩子认识到自己的错误，鼓励孩子尽快去改正。

如果是外在原因引起了孩子的抵触心理，比如老师的教学方式不当，父母可以充当孩子的"代言人"，跟老师交流意见，请老师适当地改善一下教学方式，使孩子更喜欢听课，让孩子在课堂上学到更多的知识。

另外，父母还要注意一点，别忘了同时要培养孩子的共情心，即换位思考——让孩子学会站在他人的角度思考问题，学会体谅他人、为他人着想。

如此做，不仅可以减轻孩子的抵触情绪，也能改善孩子的人际关系。

# 第 二 章

## 正面管理儿童行为心理学

家长批评、教育孩子，一定要通过讲道理、剖析问题的方式，绝不能给孩子脸色看，更不能用讽刺性的语言辱骂他，否则后果真的不堪设想。

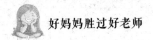

## 1. 别让你的标准害了孩子

当小宝宝呱呱坠地来到这个世界时，父母对他的爱完全是无条件的。因为那时的宝宝生活无法自理，小脑袋里也没有思维意识。

可是一旦孩子学会走路、学会讲话，有了自己一定的思考能力、行为能力后，父母对他的爱就开始变得有"条件"了。

这里所说的条件，指的是：父母以自己的社会价值观来为孩子的未来做规划。比如，有的父母认为，孩子从小要学习钢琴、舞蹈、声乐、绘画等技能，长大后成为一位艺术家才是人生的成功；有的父母认为，孩子从小要多读书，学习成绩一定要优异，要考进重点学校，这样才能成大器……

父母精心为孩子设计未来，是疼爱孩子的表现，但也是控制孩子的表现。

如果孩子缺乏舞蹈、声乐、绘画的天赋，却要被迫学习这些，每天做着不喜欢做的事，那是一种怎样的悲哀啊！

不喜欢读书，学习成绩也不够优异，但是喜欢户外运动，具有其他特长，却被父母要求"两耳不闻窗外事，一心只读圣贤书"，那是一种怎样的无奈啊！

孩子的童年，孩子想要的生活，跟父母所想的完全不一样。父母强行将自己的意愿叠加给孩子，使他的心灵蒙上一层阴影，那是一种怎样的伤害啊！

前段时间，楼上的邻居袁莉来家里做客，邀请我去观看她女儿朵朵的市级钢琴比赛。

袁莉骄傲地说："我们家朵朵去年就拿了区比赛的第一名，这几天我让她在家好好练习，争取拿个市级前十名，没准发挥得好还能拿个前三名呢！"

可就在比赛的前一天，朵朵却突然发高烧住了三天医院，钢琴比赛也没能参加。

那天我去病房看望朵朵，还没进门就听见袁莉在嘟囔："好好的怎么就发烧了，真是可惜。朵朵，下次你可要争气……"

我推门进来后，只见朵朵神情淡然，似乎对此次错过了比赛并不在乎。

过了一会儿，袁莉去护士站结算。见妈妈出去了，朵朵立马拉起我的手说："阿姨，其实我一点儿也不喜欢参加这种比赛。"

我看出朵朵有心事，就问她："那你怎么不跟妈妈说呀？"

朵朵有些委屈地说："妈妈觉得能在比赛中得到名次是件好事，她总是强迫我参加各种比赛。其实，我只是有点儿喜欢弹钢琴，不爱参加这种比赛。为了躲避这次比赛，我特意在比赛前冲了一个凉水澡，我不敢跟妈妈说实话。"

原来如此，难怪朵朵会突然发烧。我答应朵朵，事后会跟她妈妈好好沟通一下。

朵朵病好以后，我特意跟袁莉说起这件事，将朵朵的真实想法告诉了她。袁莉大为吃惊，她从来没想到，在朵朵心里参加钢琴比赛已经成了一种负担。

下午，袁莉把朵朵以前获得的比赛奖状、证书都收了起来。朵朵放学回家后，看了一眼墙壁，惊讶地问道："妈妈，之前挂在墙上的奖状呢？"

袁莉笑着说："妈妈以后再也不会逼迫你练钢琴、参加比赛了。钢琴本来是你的兴趣爱好，之前妈妈以为你愿意参加比赛，没想到你会为了躲避比赛故意去洗冷水澡。朵朵，妈妈以后不会逼迫你了，但是你也不能再用这种极端的办法来逃避。"

朵朵高兴地点了点头。自从妈妈不再强迫朵朵练琴、比赛以后，朵朵练习钢琴反而更认真了。

其实，每个人心中都有一张不断完善的"标准床"，或许一开始你在设计的时候，并没有意识到自己有一天会长高、长胖，所以床的尺寸有些小。等长高、长胖以后，你就会发现这张床已经睡不下了。

而对于慢慢长大的孩子，他也会发出这样的疑问：爸爸妈妈为什么要给我设计一张不实用的"标准床"呢？

或许真的如一些父母所担心的，孩子如果不从小培养，将来很难成才。由于孩子心智尚未发育成熟，他对未来没有概念，对自己将来要选什么专业、做什么职业根本一无所知。所以，父母需要为孩子早做筹谋，不惜重金为孩子打造一张"标准床"。

这未尝不是一件好事，只是这张床不能成为完全控制孩子的工具。相反，它要"与时俱进"，适时地做出调整。

如果床的尺寸做得太高，孩子爬不上去，那么，就要将支起床的四条床腿削掉一截；如果床做得太长，孩子躺着不舒服就锯短一截；反之，就加高或者加宽。

总之，父母的目的就是让孩子睡得舒服。当然，在做这些决定之前，一定要跟孩子沟通，看看孩子是否愿意，一切要以孩子的意愿为主。

也就是说，父母刚开始为孩子设计的未来，很可能不对孩子的"胃口"，孩子未必喜欢。父母要根据孩子的喜好做出调整，绝不能将自己的想法和意愿强加给孩子，以致委屈了孩子，限制了孩子的发展。

当然，最好是让孩子自己来做那张"床"，按照他的想法、意愿去设计他最想要的未来。

## 2."放养"与"圈养"的有机结合

所谓"圈养"，指的是将孩子局限在一定的范围内进行养育，这个范围主要是指家庭。而"放养"，指的是让孩子离开父母的掌控，脱离家庭范围内的养护，回归到大自然中，深入到社会当中，让孩子具有更本质的生存状态。

圈养累的是父母，什么事都要替孩子想好、帮孩子做好，孩子只要按照父母计划好的做就行了，完全不用费心思去筹谋。

而放养累的是孩子自己，他要经受各种艰难考验，要为自己的生存状态负责。这就增加了孩子的压力，前面的路让他自己去开辟，没有人会帮他披荆斩棘，一切得靠自己。

这两种教养方式在孩子的成长过程中缺一不可，且要有的放矢，互相融合。

总体来说，圈养适合学龄前的孩子。

学龄前的孩子辨别是非的能力较弱，自控能力也比较差，注意力不够集中，这就需要家长帮助他做好学习和生活规划，让他在父母精心规划的生存模式中进行成长，让他逐渐养成良好的生活习惯和学习能力。

然而，当孩子到了一定的年龄，已然具备辨别是非的能力，自控能力也就有了很大提高，对自己的未来就有了一定的认知和规划。这个时候，要是对孩子还是采取圈养的方式，必然会扼杀他的积极性，违背他的成长规律。

故此，要对孩子采取放养的方式，让他自由发挥，自由选择，不能再一味地按照家长的意愿为他制定人生目标，要让他自己对未来进行规划，按照自己的想法去实现理想。

我有位熟识的编辑朋友，大家一直叫他韩老师。他的孩子13岁就发表了百余篇优秀作文，这不知让多少家长羡慕着。

大家问韩老师怎么把孩子教育成一个小作家的，他表情轻松地说："放养呗！"

韩老师说，可能是职业使然吧，每次孩子的语文试卷发下来，他都会格外关注孩子的作文成绩。他看过儿子写的作文，觉得内容写得不错，只是深度和广度不够。于是，他仔细分析得出，孩子的作文水平不算太高，是因为孩子的阅读量有限，视野不够宽。

为此，他买了很多科普类的书放到书架上，吃饭的时候经常跟爱人聊新书的内容，有时为了某一个论点，两人还争得脸红，以此引起孩子的兴趣。孩子不知是"计"，见爸爸妈妈说某本书怎么怎么好看，自然就对这本书感兴趣了。

韩老师就是在用这种方法不断"激励"孩子读更多的书。

当孩子真正爱上阅读时，也就不再局限于看爸爸买回来的书了，要求自己去书店选书。刚开始的时候，韩老师会带儿子去，不过去了几次之后，他就每个月给儿子100元的"图书资金"，让孩子自己去买想看的书。

"你不怕孩子乱花钱吗？如果他不是去买书，而是买其他东西呢？"

"这就是放养的精髓所在，要是怕，就干脆圈养算了。孩子大了，总跟在自己屁股后面去买东西，你愿意，孩子也不愿意啊！"

"你的孩子应该是自控力比较强吧？"

"其实，刚给他零用钱时，我还真有点儿担心他会乱花钱。记得有个周末，他说去书店买书，我悄悄地跟了去，发现他真的是去书店呢，而且还约了几个同学一起去，他们一路走还一路讨论书的内容呢。从那以后，我就真的放心了。"

"那你都关注孩子看些什么书吗？"

"他什么书都看。散文集会看，辅导书也看，励志书也看，名著类的更爱看。我偶尔会瞄瞄他书架上都放了些什么新书，不会直接去问他买了什么书，看了什么书。"

书读得多了，见识广博了，文章自然也就越写越好。

虽然韩老师口口声声说自己对儿子采取的是"放养"

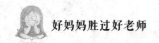

方式，但其实他是将"圈养"和"放养"融合在了一起，是在"圈养"的平台上让"放养"得以有效地延伸。

比如，韩老师和爱人故意在饭桌上聊新书多么有意思，就是用"圈养"的方式来引导孩子往某个方向发展。当然，这个方向必然是孩子喜欢的、感兴趣的。

至于"放养"，韩老师在对孩子写作兴趣的培养上，从始至终没有正面提出过任何建议，完全任由孩子自己支配积攒的零用钱。

韩老师的做法，可谓是用心良苦啊！

单纯的圈养或是放养方式，已经不再适应当今社会的人才培养了。家庭教育是学校教育的一个补充，贯穿着孩子成长的每一个过程。

对于孩子成长的不同时期，要调整教养的方式——如果婴幼儿时期就"放养"的话，只会让孩子变得没规矩；孩子长大了还要"圈养"的话，只会让孩子产生强烈的逆反心理。

所以，家长要因势利导，将"圈"和"放"有机结合起来，既不放任自流，疏于管教，也不严加管教，逼其逆反。

## 3. 要注意批评的尺度

爸爸教莎莎背一首古诗，莎莎背到一半不记得了，妈妈指着莎莎的额头就训道："你怎么那么笨啊？一首古诗都背不下来！"

妈妈让绒绒做一道应用题，绒绒做了两次都做错了。爸爸生气地将作业本扔在地上，张嘴就说："你这脑袋瓜子都想些什么呢？这么简单的题都会做错，我怎么生了个这么笨的女儿啊！"

莉莉放学回到家，才发现自己的数学作业本忘带了。这可怎么办呀，明天还要交作业呢，她只好央求妈妈带她出去买一本新的。虽然妈妈接受了莉莉的请求，但是一路上都在说她记性差，不带脑袋去学校。

莉莉委屈地哭了。

以前，家长奉行的是"棍棒底下出孝子"的家教方式，但是在反对家庭暴力的呼声中，家长知道打孩子是不对的，渐渐纠正了这种教育方式。但同时，一种新的家教方式又出现了——语言暴力！

家长不再拿棍棒打孩子了，而是挖苦孩子，对孩子冷嘲热讽。一句句冷言冷语，像针一样深深地刺痛了孩子的心灵——要知道，语言的伤害有时比一顿打还要让孩子难受。

有关专家指出，长期生活在语言暴力环境下的孩子，不仅生长发育会受到一定的阻碍，心理和精神上也都会受到严重的影响。

经常对孩子实施语言暴力，会摧残孩子幼小的心灵，造成孩子情绪不稳定，内心缺乏安全感，严重者可能会产生说谎、偷窃、自闭、精神抑郁等极端行为及精神障碍，长大后还可能会形成攻击性人格。

批评不仅是一种教育手段，也是一种微妙的家教艺术。批评的目的并不是责骂和惩罚，而是促进孩子改正缺点和错误。由于孩子具有一定的叛逆性，批评的方式和方法要是不得当的话，不仅收不到预期的效果，还可能造成更加严重的后果。

这天，张老师带着幼儿园"阳光班"的小朋友到公园进行课外活动。黎黎爸爸正巧经过公园门口看到小朋友们要上户外课，就跟着进入公园，然后偷偷地站到一旁观察黎黎上课的情况。

张老师看到公园里到处是生机勃勃的柳树，决定教小朋友背唐诗《咏柳》。她教了大家几遍，小朋友都能在老师的提示下背出，只有黎黎支支吾吾背不好，大家都在笑话她。

其实，妈妈早已在家教过黎黎读这首古诗了，爸爸认为黎黎不该出现这种失误，顿时对她有些失望。

下午妈妈接黎黎回到家，爸爸故意问她："宝贝，今天在幼儿园学什么了？"

黎黎掰着手指一一举例说："算数、画画、做游戏、背唐诗。"爸爸轻哼一声，冷言冷语道："我看你就会做游戏，别的都学不会。"

黎黎小声地说："我会。"

爸爸将在公园里看到的一幕说了出来，还质问黎黎平时是不是老捣蛋，说她比其他小朋友都笨。

爸爸的话深深地伤害了黎黎弱小的心灵，只见她含着泪望着爸爸，用颤抖的声音一字一顿地把《咏柳》背了出来。

从那以后，黎黎对朗读产生了抵触心理，每次老师让她朗读，她都念得不流利。她甚至厌恶朗读，觉得是朗读害她被爸爸责骂，是朗读让她在其他小朋友面前出丑。

如果站在爸爸的角度来看，黎黎明明可以获得老师的表扬，可却因为她的不用功导致被小朋友嘲笑，相信爸爸的心里也很难过。可是作为孩子最亲近、最信任的人，却用不相信的话语责骂孩子，对孩子来说是一种怎样的伤害啊！

昊天在老师眼中是个好动不好学的孩子，他一下课就捉弄女同学，上课时总问老师一些稀奇古怪的问题，还跟周围的同学聊天，破坏课堂纪律。

开家长会时，老师把昊天在学校的表现一一告诉了他爸爸。

回到家之后，爸爸把昊天锁在房间里让他反省。他哪里肯反省，在房间里大吵大闹，爸爸气得一直骂他："没用的家伙！混账小子！不成器的坏孩子！"

爸爸的辱骂和房间反锁的教训没能让昊天认识到错误，后来反而让他开始旷课、逃学、通宵玩游戏，成了名副其实的"问题学生"。

不要以为孩子是自己生的，就可以随意指责和辱骂他；

别以为自己抚育了孩子，就可以不顾他的感受藐视他的自尊心。

家长批评、教育孩子，一定要通过讲道理、剖析问题的方式，绝不能给孩子脸色看，更不能用讽刺性的语言辱骂他，否则后果真的不堪设想。

## 4. 杜绝孩子把哭泣当甜头

一旦让孩子尝到哭泣的甜头，就很难罢手了。

很多时候，孩子大声哭泣并不一定是受到了委屈或伤害，而是想通过"哭"这种武器得到父母的关注——对某人、某事进行抗议，或是要挟父母达到什么目的，或是想逃避因做错事会受到的惩罚，等等。

关于孩子的这些小聪明，父母一定要善于甄别，切不可被孩子的眼泪蒙蔽，更不要因为孩子的眼泪而改变自己原来的决定。

晨晨是一个活泼开朗的小女孩，可是最近不知怎么回事，她变得爱哭了，只要遇到不顺心的事就一边叫一边哭。

　　前几天，妈妈叫她吃晚饭，她说现在不饿，想等看完动画片感到饿的时候再吃饭。

　　妈妈当然不同意，强行把电视关了，要她去吃饭。晨晨一屁股坐在地上，哇哇大哭起来。爸爸见状心疼了，又把电视打开让她先看着，过一会儿再吃饭。

　　爸爸的妥协让晨晨第一次尝到了哭泣的甜头，让她觉得哭是对付爸爸的好办法。于是，她想要买什么，爸爸要是不同意她就立马大哭；她想做什么、不想做什么，爸爸要是干涉的话，她也用哭来表示"抗议"；有时因为自己做错事被爸爸教训了，她也不依不饶哭天喊地的。

　　起初，妈妈会反对爸爸一味地纵容孩子，也曾拒绝过晨晨的各种不合理要求。但是，爸爸每次听到晨晨的哭声就心软，在一旁"和稀泥"，还跟晨晨妈强调晨晨是因为年纪小、不懂事才会这样的，等她长大一点儿就好了。

　　晨晨妈妈最终被晨晨爸爸说服了，跟晨晨爸爸一起尽量去满足晨晨的要求，不管是合理的还是任性的。

　　长此以往，晨晨成了一个目中无人的超级"爱哭鬼"，她想要的东西、想做的事，没有人能拒绝——谁要是敢说一个"不"，她就眼泪伺候。

当然，造成这一结果与妈妈的动摇有很大关系。爸爸本来就是老好人，可妈妈根本不知道，自己的一次次让步会给孩子造成怎样不好的影响——言而无信，出尔反尔。

影响父母在孩子心目中的威信是次要的，关键是妈妈让孩子的哭泣得到了"回报"，相当于间接鼓励孩子"用哭泣来要挟父母以达到某种目的"的行为，助长了孩子的嚣张气焰。

晨晨在幼儿园里也是那么"嚣张跋扈"，小朋友都不喜欢跟她玩。

一次，晨晨看中了同桌小莉的新书包，就跟小莉要。

小莉当然不肯给了，晨晨就在教室里号啕大哭起来，非说小莉欺负她。于是，老师把晨晨的父母请到幼儿园，他们这才知道，晨晨已经养成了"通过习惯性哭闹达到目的"的坏毛病。

孩子因为尝到甜头而养成一个小毛病，如果任这个小毛病滋长，必定会造成难以补救的后果。

这不，晨晨因为尝到了哭泣的甜头，于是一次又一次逼爸爸就范，最后将哭泣变成一种"武器"并习惯性地使用。而父母的一再退步和容忍，使晨晨变得更加无理取闹、胡搅蛮缠。

为此，爸爸妈妈非常担忧，怎样才能让晨晨改掉这个坏习惯呢？

坚持原来的决定，就是一种对孩子把哭泣当成"行为武器"最有效的改进。

对于晨晨提出的要求，妈妈首先要进行严格地筛选，哪些合理、哪些不合理；哪些该同意、哪些该拒绝，妈妈必须要坚定自己的原则，绝不能再因心软而动摇。

其次，就是要跟爸爸进行一次深度沟通，把教育晨晨的主动权拿到手，并且让爸爸认识到晨晨出现的问题，不再充当"和稀泥"的角色。

当晨晨哭泣时，爸爸不要去安慰她，也不要劝阻妈妈，要有意识地忽略她、冷淡她，让她知道"爸爸不是救生圈"，眼泪已经不能再对爸爸起作用了。

一两次下来，孩子自然就会明白，哭泣已经不能再作为自己达到某种目的的武器了。这样一来，她就会自动放弃使用这一武器，而这个坏毛病自然也就会慢慢改掉了。

最后，在面对晨晨的再一次哭泣时，父母必须狠下心来不予理睬，让她知道：哭泣绝对不是达到目的的有效手段，更不能改变爸爸妈妈的决定。

哭泣之所以成为孩子的制胜法宝，其实大部分是父母给惯出来的。

要想自己的孩子不会养成通过"习惯性哭闹达到目的"的坏习惯，就不要让孩子尝到用哭泣作为武器使他的要求得到满足的甜头，发现苗头要即刻将其处理好。

## 5. 不是每个孩子都要成为艺术家

如今，素质教育的呼声越来越高，家长也越来越意识到，除了课本知识之外，培养孩子的其他特长也非常有必要，这样可以给孩子的将来多一重保障，给孩子的未来多一条路。

很多家长在培养孩子的特长时，首选的就是音乐方面的教育。他们认为，孩子从小受到良好的音乐教育，不仅能提高孩子的音乐素养和艺术修养，还能培养孩子踏实严谨的学习态度、认真刻苦的学习能力，对孩子的道德风尚及性格的形成也起着潜移默化的作用。

在音乐教育里，家长又普遍会选择钢琴对孩子进行音乐启蒙教育。

嘉嘉刚满 5 岁，妈妈就给她买了一架钢琴，请了位钢琴老师来家里教她。刚开始接触钢琴时，嘉嘉非常兴奋，学习时也格外用心，所以进步非常快。每次家里来了客人，爸爸妈妈都会让她弹奏一曲助兴。

坚持学习钢琴两年多后，嘉嘉就有些腻烦了，而且她越学越觉得吃力，以至于在很长一段时间里，她的钢琴水平没有一点儿进步。

当小朋友在楼下做游戏时，她被关在房间里练琴，她也很想融入伙伴们的小圈子里，跟大家一起做游戏。但是妈妈总说："不管学得有多累、多辛苦，你都要坚持，要抓紧时间好好练琴，将来当个钢琴家。"

嘉嘉真的不想当什么钢琴家，如果说学习钢琴只是培养她的兴趣、提高她的文化修养，那她很愿意，但是妈妈现在给她定的目标很高，她感到压力非常大。

现在，嘉嘉的童年已经不由她做主了，她的生活除了上学就是练琴，节假日也不能离开钢琴半步。时间一长，她对钢琴的热情就有些降低了，越是没有兴趣，学起来就越是难。

有一天，家里来了几位客人，妈妈又让嘉嘉弹奏一曲，她拒绝了。

送走客人后，妈妈生气地数落了嘉嘉一顿。嘉嘉也很生气，不仅跟妈妈顶嘴，还说自己以后都不想再练钢琴了，长大后也不要当什么钢琴家。

妈妈当然不乐意了，对嘉嘉说："爸爸妈妈那么辛苦挣钱，给你买好的钢琴，请专业老师教你弹琴，就是想让你进入高雅艺术的殿堂，将来能够出人头地。现在你说不学就不学了，那不是枉费爸爸妈妈的一番苦心吗？嘉嘉，你学了两年多，已经有了基础，只要持之以恒就会有成就的。"

嘉嘉委屈地说："可我没有音乐天赋，再努力也成不了钢琴家呀！明明我可以学画画、学跳舞，为什么一定要学钢琴？"

嘉嘉说得没错。

艺术家的养成，需要一定的天分做基础，父母应该因材施教。有绘画特长的孩子，你硬是逼着他去学钢琴，而有钢琴特长的孩子，你硬是逼着他去学画画，他们能成才吗？

可嘉嘉妈妈说的话又不无道理，既然已经坚持两年多了，为什么不一直坚持下去呢？或许真的熬过一段时间后，就会看到曙光了呢。

这个问题得请心理学家来回答。

心理学家阿尔文·罗森菲尔德说："有人规定你的孩子必须要学会踢足球或是弹钢琴吗？我认为孩子并没有必要学习这些东西，就跟没有必要学习回力球的打法一样。"

"许多父母都会告诉孩子：'你可能觉得练习过程非常枯燥，但只要你能忍过这段时间，将来一定不会后悔的。'但是，父母会不会告诉自己的女儿：'跟这个家伙结婚吧。你们在一起的头17年会像生活在地狱一样，但是之后生活就会好起来的。'当然不会。"

的确，家长耗费大量的金钱和时间要把孩子培养成为钢琴家，那是对孩子未来的一个大期望，是一种美好的愿望，但是也得考虑孩子的学习、承受能力，考虑孩子的兴趣爱好。

如果孩子觉得学钢琴是一种折磨，如果孩子期望的并不是成为钢琴家，而是画家或是其他的艺术家，家长得尊重孩子的意愿，按照孩子的自身条件来为孩子报特长班。

一味地逼迫孩子按照自己的意愿来做的话，不但不会培养出钢琴家，还会阻碍孩子发展真正的特长，阻碍孩子的健康成长。

钢琴家不是那么容易当的，没有天分，再勤学苦练也是枉然。无数的孩子都曾学过钢琴，有的从幼儿就开始学了，十几年来坚持不懈，但是最终能成为钢琴家的有多少？少之又少啊！

如果家长让自己的孩子去学钢琴，只是为了让孩子通过学钢琴去接触大量优秀的钢琴作品，让孩子接受高雅艺术和作品的熏陶，丰富孩子的感情，提高孩子的音乐鉴赏能力的话未尝不可，但是抱着一定要让孩子成为钢琴家的心态逼着孩子去学习的话，只会适得其反。

## 6. 拒绝也是有技巧的

对于孩子提出的一些不太合理或合理但是暂时不能满足的要求，家长一定要坚定自己的立场，不行就是不行，绝对不要因为孩子的眼泪而妥协。

要让孩子知道，不是他想怎样就能怎样！

要让孩子知道，他自己也是家庭中的一员，要想得到父母更多的关爱，想要获得更多的自由和欢乐，想要一家子和谐共处，就务必遵守家庭秩序。

朗朗感冒一个多星期了，吃药一直都不见好。这天，妈妈接朗朗放学回家时路过一家冰激凌店，朗朗看到后喊道："妈妈，我想吃冰激凌，你给我买一个吧！"

妈妈当然不同意了，孩子的感冒没好，怎么能吃生冷的东西呢。

可朗朗根本不听妈妈的劝告，站在冰激凌店门口不肯走。妈妈上前拉他，他就跑到店里哭闹。妈妈被朗朗哭闹的行为弄得很没面子，也很心烦，无奈之下只好妥协，给他买了一个冰激凌。

很多家长都是受不了孩子的哭闹才妥协的，可是家长有没有想过，这一次你妥协暂时获得了安宁，下一次怎么办呢？

温岚从幼儿园开始就一个人睡觉，可没多久，她就听到其他小朋友说晚上都跟妈妈睡。于是，她回到家就跟妈妈提出："从今晚开始我跟妈妈一起睡。"

妈妈以为温岚只是一时兴起，跟自己睡两三天就会独自睡觉，就同意了。可没想到两个星期过去了，温岚还没有独自睡觉的想法，妈妈就用商量的语气问她："岚岚，要不要一个人睡呀？你可以抱着你最喜欢的泰迪熊。"

"我不要，我就要跟妈妈睡！"温岚不同意。

就这样又过了几天，妈妈的单位接了一项大工程，妈妈近期都要加班。到了晚上，温岚一直守在门口等妈妈回来。爸爸跟她说妈妈近期工作忙，要很晚才能回来。温岚就一直哭，不肯吃饭也不肯睡觉，非要等妈妈回来跟妈妈一起睡。

爸爸只好给妈妈打电话求救。妈妈在电话那端好言相劝，温岚还是哭，就是不肯一个人睡觉。由于工作原因，妈妈一时半会儿也回不来，最后温岚哭累了，在爸爸怀里睡着了。

很多家长都会像温岚妈妈一样，一开始不忍心拒绝孩子要跟妈妈睡的要求，没坚定自己的立场。等孩子养成了跟妈妈睡的习惯后，只要妈妈不在家，她必然会又哭又闹，这对孩子的成长很不利。

小彤拉着妈妈的手，让她陪自己出去玩，不让妈妈洗菜做饭。

妈妈说："妈妈现在还没有准备好出去玩。"

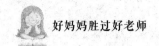

小彤说："可是我准备好了。"

妈妈说："那你等我准备好了，然后我们再一起出去玩。"

小彤问："妈妈，那你什么时候能准备好啊？"

"妈妈做好饭，等我们吃完饭，妈妈就准备好了。"

"妈妈先陪我去玩，回来再做饭不行吗？"

"那你先陪妈妈做饭，等吃完晚饭，妈妈再陪你玩行吗？"

"妈妈先陪我玩，再做饭！"

"可是爸爸一会儿就下班回来了，爸爸肚子饿要吃饭的。你看看时间快6点了，我们家不都是6点半吃晚饭的吗？"

"今天晚一点儿吃不行吗？"

"按时吃饭你才能长高高哦！"

妈妈和孩子就这么你一句我一句各持己见，不过几个回合之后，孩子败下阵来，主动留在厨房里给妈妈帮忙——只有快点把晚饭做好，快点吃饱饭，妈妈才会陪她出去玩。

这位妈妈一直坚定立场，不管孩子如何苦求，她都坚持不改变自己的决定。这种做法，值得各位家长学习。

拒绝也是有技巧的。

家长在拒绝孩子的一些要求时，态度一定要温和，但语气一定要坚定。家长切不可随意妥协，不然只会助长孩子嚣张的气焰，这样不利于孩子身心的健康成长。

## 7. 建立学习型家庭

父母是孩子的第一任老师。孩子不管是在课业上遇到了什么难题，还是在日常生活中想到了什么问题，最先想到的就是去问爸爸妈妈，请他们帮忙解答。

可有的时候，父母面对孩子的提问会表现得焦躁不安，因为他们也不知道正确答案，或者明知道答案却不知道该怎么跟孩子解说。

在孩子心目中，父母就是像"超级英雄"一样的存在，他们无所不能。所以，当孩子向父母提问时，父母支支吾吾难以解答，不仅自己尴尬，还会让孩子感到非常失落。

姗姗喜欢跳舞，妈妈就送她去舞蹈班学习。刚开始的时候，妈妈只是送她到舞蹈教室门口便回家了，等下课之后再去接她。

有一天周末，姗姗在家练舞，有个动作怎么也跳不好，于是就问妈妈，怎样跳才会跳得好，并能跳出美感。

妈妈根本就不会跳舞，当然指导不了姗姗。当妈妈明确告诉姗姗自己不懂，让她打电话问舞蹈老师时，姗姗的神色暗沉了下去，妈妈明显感觉到了她的失望。

从那以后，妈妈也报了舞蹈班，成了姗姗的同班同学。母女俩一起学习舞蹈，周末还在家一起练习切磋。有时姗姗的功课太多，无法抽出时间上舞蹈课，妈妈就自己先去学，回到家再教她。

有次姗姗参加舞蹈比赛，在比赛前几天她的舞伴的脚受伤了，一时之间又找不到舞伴，眼看就要放弃比赛，此时妈妈站了出来，说要做她的舞伴。

由于平时都是妈妈陪着姗姗练习舞蹈，母女俩早就形成了一定的默契，比赛时两人超常发挥，还获得了冠军呢！

妈妈陪伴姗姗一起学舞蹈的初衷是"为了更好地指导孩子"，而在陪女儿学了一段时间后发现，跟孩子一起学习还可以增进彼此间的感情，这使母女俩多了很多共同语言。

爸爸见母女俩整天有说有笑的，为了不被边缘化当成"透明人"，他也要求加入她们的"舞蹈团"。从此以后，不管是去学舞蹈，还是参加其他兴趣班或是休闲活动，他们都是一家三口一起出动。

姗姗妈妈自豪地说："我们家是个学习型家庭。"

学习型家庭包含两点含义：一是所有家庭成员共同为孩子创造良好的学习环境，在精神上绝对支持孩子的各种学习活动；二是所有家庭成员跟孩子一起参与各种学习活动，互相鼓励，共同创造新的奇迹。

学习活动不仅包括个人的自我学习，也包括全家人一起参与的亲子夏令营、读书会、旅游、看电影等休闲活动，平日里的沟通与交流、倾听与分享也都可以算在其中。

学习型家庭的建立，不仅有利于亲子关系持续、稳定地向健康的方向发展，还能使家庭氛围更加融洽，对孩子的成长非常有利——和孩子一起学习，彼此间既存在着相互竞争的关系，又存在着相互合作的关系，对孩子来说这是一种更好的激励方式。

学习型家庭的建立，能对孩子的成长带来极为有利的影响，但并不是所有家庭都像姗姗的父母那样有"闲情逸致"，绝大多数家长每天都在为工作奔波忙碌，在这样的情况下，怎么建立学习型家庭呢？

再忙，吃饭的时间总有吧？吃饭的时候，多跟孩子沟通，让孩子跟你分享生活中他的所见所闻，你只要做个好听众即可。

要是饭后还有点儿空闲时间，可以跟孩子下棋，培养孩子的思考能力；也可以跟孩子一起看他喜欢看的视频，从情节内容中找出问题跟孩子探讨、交流，培养孩子的审美、明辨是非的能力等。

节假日的时候，尽量抽出一点儿时间跟孩子一起去图书馆看书，或者去孩子所参加的兴趣班看看，就算不能亲自陪着他一起学习，起码要了解孩子的学习情况。

不管家庭条件如何，不管父母的知识结构和社会地位如何，建立学习型家庭并不是什么困难的事。跟孩子一起学习，其实随时随地都可以进行，只要父母有心就没有做不到的事。

# 第 三 章

## 父母的行为能影响孩子的性格

教育家马卡连柯说："父母对自己的严格要求，父母对自己家庭的尊重，父母一言一行的影响力——这是首要的和最基本的儿童教育方法。"

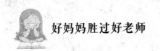

# 1. 不要总拿人家的孩子作比较

周末，妈妈带着健健去参加同学聚会，跟几位家长坐在一起闲聊时，她就说起了张阿姨家的乐乐学的钢琴过了几级，怎么怎么的优秀；王阿姨家的欣欣唱歌唱得多好多好，得了什么什么奖——而自己家的健健怎么都比不上他们。

健健听后小脸涨得通红，感觉大家看他的眼神都怪怪的，恨不得立马找个地缝钻进去，再也不出来。

回到家，健健生气地问妈妈："为什么在别人面前那么贬低我啊？我明明经常拿本市奥数比赛的第一名，难道这些不算优秀，比不上乐乐和欣欣吗？"

妈妈说："跟朋友聊天的时候，赞美别人家的孩子只不过是一种社交手段，并不代表自己的孩子真的不如他们。"

健健的优秀，妈妈是看在眼里、乐在心里，有时跟好朋友一起吃饭聊天，也会美滋滋地赞美健健。

在大多数父母的心里，自己的宝贝儿子或女儿才是最优秀的孩子。不过，在下面这两种情况中，父母也会当着别人的面夸奖别人家的孩子而贬低自己的孩子：

**一、自谦**

几对父母坐在一起聊天时，大家常常会赞美对方的孩子多么优秀，而自己的孩子远不如对方。我们可以把这看成是一种谦虚行为，不过这样的谦虚很难得到孩子的认可。

孩子的心思没有大人那么复杂，他不理解为什么为了表示谦虚，父母要故意赞美别人的孩子。孩子认为，自己做得好，就该得到妈妈不管在什么场合、跟什么人聊天时的赞美，而不是为了突出别人的好而贬低自己不好。

**二、鞭策、激励孩子**

在家里，父母当着孩子的面经常说别人家的孩子多优秀，目的在于鞭策和激励他向"好孩子"学习，并赶超"好孩子"。

这是中国传统的教育方法，被称为"中国式教育的鼓励方式"。但是，这种教育方法有益也有弊——对心态好的孩子来说，这样的鼓励可以成为一种积极的动力；对心态较差的孩子来说，也可能形成一种心理压力。

"望子成龙、望女成凤"是每个父母最大的心愿，所以在看到别人家孩子的长处时，难免会产生一定的羡慕、嫉妒心理，会拿自家的孩子跟其他孩子比，希望以此来督促孩子往更好的方向发展。

愿望是好的，但现实是残酷的。

其实，每一个孩子都希望自己做得好，都希望自己是优秀的，给父母"长脸"，可有时自己却力不从心。

有些孩子在学习成绩方面不管怎么努力都不如别人，但是在运动、音乐等方面就有其特长。父母应看到孩子的长处，不要用孩子的短处去跟别人家孩子的长处相比，且这种比较是完全没有意义的。

曾有心理学家说："大多数人都不容易看到别人的'不好'，因此，总觉得自己活得没别人好。"

别人真的就那么好吗？不见得，只是我们看不到他们的不好而已。所以，正如海伦·凯勒曾说的那样："面对阳光，你就把影子留在了身后；背对阳光，你永远沉默在阴影之中。"

父母要多想想自己孩子的优点，多给孩子一些积极的心理暗示，不要一味地拿别人家孩子的长处和自家孩子的短处相比，这只会挫伤孩子的自尊心和积极性，使孩子失去信心，不利于孩子健康成长。

总拿"别人家孩子的好"来比较，最终想得到的结果就是自己也像"别人家的父母"那样。其实，想要获得幸福、和谐的家庭气氛并不难，关键就是要发现自己家庭的优势，学会满足。

有关专家建议，与其去看别人光鲜亮丽的幸福，不如去看别人为了使自己的孩子获得优异成绩付出了多少辛勤的汗水，别人的孩子又为此付出了多少艰辛的努力。

另外，父母也要换个角度想一想，与其一味地赞美别人家的孩子而抱怨自己的孩子，还不如将这种抱怨转化为希望的动力，找出好的教育方法，才能让自己的孩子做得比别人家的孩子更好。

当你把所有的心思放在思考问题和解决问题上，还会有空去说别人家孩子的好，而抱怨自家孩子的不好吗？

## 2. 孩子逃避父母惩罚的小心思

妈妈下班刚回到家，一凡就哭着跑到门口一把抱住妈妈的腿，哽咽着说："妈妈，今晚上我们不要看电视了好吗？爸爸也不看了好不好？"

妈妈蹲下身来，好奇地问："为什么今晚大家都不能看电视呀？"

一凡哭得更凶了，怎么也不回答。这时，爸爸从书房里走出来，说："一凡把电视遥控器弄坏了。"

妈妈听了有些生气，把一凡拉到茶几旁正想数落他，这时爸爸说："没事的，一会儿我就能把遥控器修好。"

"真的吗？"一凡满怀希望地看着爸爸。妈妈看着一凡红红的眼眶顿时心软了，不再责备他。

孩子因为年龄小，其生理机能和心理发育都还不够成熟，动手能力也很有限，所以难免会犯错误，比如打碎盘子、弄坏物品、说错话。有的孩子就像一凡这样，做错事后趁在父母未发脾气之前先声夺人——号啕大哭。

别以为孩子因为做错事而哭等于承认了错误，有的孩子只不过是为免受父母的惩罚，以哭泣来熄灭父母的怒火。所以，不管孩子哭得多大声，看起来受了多大委屈，父母都不能因心软而忽略孩子犯下的错误。

虽然爸爸宽容了一凡的错误，可妈妈对此事还是"耿耿于怀"。

晚饭过后，一凡坐在沙发上兴致勃勃地看动画片。这时，妈妈用一种比较轻松的口吻问："一凡，下午你弄坏了遥控器，爸爸妈妈也没责备你，你为什么要哭呢？"

一凡不予回答，继续看动画片。

妈妈没有放弃，继续问："你把遥控器弄坏了，是故意的还是不小心的？"

一凡低下头，怯怯地答道："我不是故意的，是不小心弄坏的。我知道错了。"

"我和爸爸有时也会不小心弄坏东西，你弄坏东西要主动跟爸爸妈妈说，我们可以一起想办法解决问题。可你为什么要哭呢？"

"我怕妈妈骂。"一凡低着头小声说。

"小朋友做错了事，要主动承认错误，说清楚事情发生的经过才能得到父母的原谅，不能因为怕挨骂、怕受惩罚就哭，知道吗？"妈妈轻声教育一凡，"做错事就哭，不是勇于承担责任的好孩子。以后不能这样了，否则爸爸妈妈不但会责罚，还会扣减你的零食呢。"

一凡抬起头来，望着妈妈的眼睛，点了点头。

妈妈看一凡听进去了，继续说："遥控器是用来遥控电视的，不是拿来玩的。以后要记住，不能把所有的东西都当成玩具，不是每样东西弄坏了爸爸都能修好，知道吗？"

妈妈的这种做法很好，既教育了孩子做错事要勇于认错并承担后果，不能用哭来逃避父母的惩罚，又教育了孩子不能随便玩家里有用的物品。

一凡属于"敢认错但不敢承受结果"的孩子，但有的孩子"知错不改还倒打一耙"，用哭声来为自己争取"宽大处理"。爸爸妈妈看到孩子流眼泪，怎么能不心疼？于是惩罚也就作罢了。

事实上，这种做法是不恰当的，会给孩子灌输一种"哭可以逃避责任"的想法。长此以往，孩子会变得"内心脆弱""逃避责任""不敢承认错误"，这很不利于孩子的健康成长。

　　然然有一个坏习惯，喜欢把鞋子和衣服反着穿。在她上幼儿园的时候，早晨出门前妈妈帮她把衣服穿得整整齐齐，可到了幼儿园后，她就会趁老师不注意的时候把衣服反过来穿。

　　刚开始，老师觉得然然是调皮，就提醒她换过来。然然也会接受老师的建议，可是过了一会儿，她又把衣服反着穿。几次折腾下来，老师只好把这种情况告诉了然然的父母。

　　为此，爸爸妈妈狠狠地教训了然然一顿。

　　然然上小学以后更机灵了，她只在学校里把衣服和鞋子反着穿，在放学后又会重新换回来，所以爸爸妈妈根本不知道她还保留着这个坏习惯。

　　直到有一天下雨，妈妈提前到学校来接然然放学，才看见她反穿着衣服走出校门。妈妈的心里顿时生出怒火，走过去冲她大吼："然然，你怎么那么不听话！你多大了，还反着穿衣服！"

　　然然被妈妈吓了一大跳，泪水瞬间充满了眼眶。

　　妈妈看到女儿的眼泪，这才意识到自己刚才失态了，也不再继续责问然然，而是按捺住怒火开始哄女儿，并向女儿承认错误，说自己刚才不该那么大声斥责她。

　　对于像然然这样的偏执型孩子，父母首先要做的不是责骂他，说出伤害孩子自尊心的话，比如"你是个坏孩子""你真是没用""你怎么那么笨"等，而应该将重点放在引导孩子该"如何做"上。

这一点，然然的妈妈就做得很好。

不一会儿，然然的情绪稳定了下来。回家以后，妈妈耐心地告诉她："反穿衣服、鞋子不仅不漂亮，还可能给自己的身体健康带来伤害。鞋子之所以分左右，就是因为人的左右脚不一样，每一只都有它固定的特点。反着穿会让自己的脚不舒服，走起路来也不方便，要是一不小心摔倒了、磕伤了怎么办呀？"

妈妈见然然对自己的话并不抵触，又继续说："别的小朋友都不反穿衣服和鞋子，就你一个人这样做，别人会觉得你跟他们不一样，会不喜欢跟你一块儿玩的。然然，你肯定不希望人家都不喜欢你吧？"

听了妈妈的话，然然点了点头，说："我只是觉得好玩……如果这样会让同学讨厌的话，我以后不这样做了。"

有些孩子性格倔强，做错事拒绝认错，觉得承认错误会受到父母的责骂或惩罚，所以就会把眼泪当作武器，试图通过哭泣博得父母的同情心，以此达到自己的目的。

对于这样的孩子，父母不能急着去追究孩子所犯错误的轻重，而是要帮助孩子尽快认清自己的错误。

父母可以先用"缓兵之计"，跟孩子说"爸爸妈妈不会责罚你"，让孩子先停止哭泣。然后，再跟他讲一个有关小朋友大胆承认错误并得到爸爸妈妈原谅的故事。告诉他，承认错误并不是一件丢脸的事，相反，不敢承认错误才是丢脸的事——做错了事不要紧，只要承认错误并改正了就是好孩子，爸爸妈妈还会疼爱他。

最后，父母还要正确引导，告诉孩子，无论是父母、老师、小朋友都更喜欢敢于承认并改正错误的好孩子。当孩子承认错误后，爸爸妈妈还要表扬他，肯定他的进步，然后帮助孩子分析错在哪儿及造成的后果，教他如何去改正。

每个孩子都是独立的个体，有自尊、有想法。不过，由于孩子年龄小，是非观念和思维都没有发育完善，所以当孩子做错事以后，最害怕的就是会受到惩罚，于是他就会把眼泪当成武器，通过哭泣的方式来保护自己。

父母要本着"重动机、轻后果"的原则，对孩子因生理、心理因素及缺乏经验造成的过失给予原谅。

但对其因行为和品德所造成的错误，则要毫不留情进行批评、教育，帮助孩子学会明辨是非，增强孩子的道德判断力，好让孩子今后少犯、不犯同类错误。

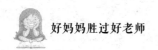

## 3. 别让拖延症害了孩子

心理上的厌倦情绪，我们称之为"懒惰"。懒惰会使人无法按照自己的意愿进行一定的活动，它的表现形式多种多样，包括极端的懒散状态和轻微的犹豫状态。

很多家长都有这样一个错误的想法：偶尔懒惰一下是可以原谅的。就是在这种错误想法的引导下，家长才放任自己孩子的懒惰行为，任其懒惰的心态慢慢地发展下去，使其变成了孩子的一种"习惯"。

但别忘了，懒惰的蔓延性和穿透力很强！

一旦孩子有了一次懒惰行为，并且尝到了懒惰给他带来的"好处"，必然会一发不可收拾。当懒惰成为孩子的一种习惯，那么，孩子离成功就越来越远了。

究竟是什么原因使孩子产生懒惰的心理呢？

依赖性，是使孩子产生懒惰心理的首要原因之一。

爱子心切，让父母对孩子照顾有加，恨不得什么事都帮孩子做完。这样会使孩子从小养成"衣来伸手、饭来张口"的坏习惯，使孩子变得没有主见、独立性差，什么事都不想自己做，想着一切有父母就行了。久而久之，孩子就会养成懒惰的习惯。

上进心，是一个人不断前进的动力。

缺乏上进心的孩子没有责任心，对自己的要求不高，有着得过且过的思想，故而他做事不认真，不求质量和速度，总是抱着应付的心态以期蒙混过关。这必然会使其滋生懒惰的心理。

最重要的一点，也是最关键的一点：家长自己存在着某些懒惰的行为习惯，这是造成孩子懒惰的直接因素。

一些家长本身就不勤劳刻苦，具有拖沓、懒惰的习惯，所谓"身教重于言教"，这样的家长必然会影响孩子，让他难以养成勤劳的好习惯。

"书山有路勤为径，学海无涯苦作舟。"要想攀登上知识的万丈高峰，必须有"勤奋"作为基础。要帮助孩子摒弃懒惰的坏习惯，就要先给孩子灌输"天道酬勤"的意念，多让孩子听听有关勤奋好学而功成名就的事例。

这一学期，皓皓的成绩一落千丈，老师通知他妈妈到学校来沟通一下。

老师说，前两个月，皓皓每天都迟交作业，已经批评过他好几次了。可他非但没有改正，还越来越迟交，直到最近连续好几天都不交了。这次测验考试，几乎都是平时作业留的题目，皓皓因为不做作业，所以才会考得那么差。

回到家，妈妈问皓皓为什么不做作业。皓皓说道："那些题目平时看都看会了，所以就懒得动手写。"

妈妈又问他："既然你觉得自己都会做了，为什么考试的时候又不会答了呢？"

皓皓说："一时想不起来呗。"

妈妈综合近一段时间对皓皓的观察，发现他不仅不爱做作业，还不爱看书，放学回到家放下书包就直奔沙发打开电视看动画片，一直看到妈妈三催四催地让他去洗澡睡觉为止。

妈妈由此分析，皓皓沾染了严重的懒惰恶习。

为了系统地帮助皓皓矫正懒惰这个坏习惯，妈妈给他制定了一系列计划，来约束他的日常生活和学习：

1. 每天按时睡觉按时起床，起床到洗漱完毕不超过15分钟。

2. 制定学习计划。各学科的作业，务必按照老师规定的时间保质保量地完成。每天放学回家第一件事就是写作业，写完作业才能看半个小时电视。

3. 写了"劳动最光荣"几个大字挂在客厅最显眼的地方，并督促皓皓帮助爸爸妈妈干些力所能及的家务。

4. 树立"榜样的力量"。将华罗庚、牛顿等中外名人的勤奋故事抄下来贴在书桌上，让他每天看几眼以示激励。

5. 设立奖罚机制。一天不懒惰奖励 1 面小红旗，一周不懒惰奖励 10 面小红旗，一个月不懒惰奖励 50 面小红旗。集齐 100 面小红旗，奖励一个皓皓喜欢的玩具或者其他想要的东西。

除此之外，家长还以身作则，当着皓皓的面改正自己身上存在的懒惰行为，并以此来教育皓皓，要他务必跟着爸爸妈妈一起改正陋习。

懒惰是成功的绊脚石，只有勤奋刻苦、好学上进的孩子，才能一步步向自己的目标靠近，最终拥抱成功。

家长一定要让孩子时刻谨记这句话，并以此来督促自己和孩子都不要养成懒惰的坏习惯。

## 4. 内心情绪的表达方式

　　小敏背着绵羊造型的书包去幼儿园上学，小朋友都很喜欢她的小书包，争着摸一摸、抱一抱，只有辛辛默默地站在一旁。

　　小敏以为辛辛不喜欢她的小书包，可没想到就在大家不注意的时候，辛辛突然冲过来，不由分说地抢了书包就跑。

　　小敏着急地跟在辛辛身后追，可辛辛是男孩子跑得快，小敏跑得上气不接下气还是没追上。顽皮的辛辛冲身后的小敏做鬼脸，最后还把她的书包扔到了地上。

　　小敏委屈极了，看着自己心爱的书包被辛辛弄脏了，她气得坐在地上大哭起来。

　　虽然小敏很想冲上去狠狠咬一口辛辛以示"报复"，但最终她还是选择了最简单的方法——哭泣，来表达自己心中的委屈和不满。

是的，孩子都知道哭泣是表达自己内心委屈最直接、最见效的方法。

如果你是小敏的爸爸妈妈，你会怎样化解这样一场小孩子间的"闹剧"呢？

你是第一时间跑到小敏跟前温柔地安慰她"别哭了""别生气了"，还是很严肃地喝令她"不准哭了"，并对她进行一番说教，抑或是默默地站在一旁看她宣泄自己的情绪，待她情绪稳定了之后再跟她好好沟通呢？

众所周知，情绪是语言所无法表达的微妙信息。

人与人之间，常常通过表达情绪来相互影响和相互适应。对于孩子而言，父母严肃的表情可能会让他停止哭泣或是吵闹；对于父母而言，孩子痛苦、委屈的表情都会让他们揪心。

幼年的孩子不懂得控制情绪，感到委屈时就会通过哭来表达。此时，如果父母用严肃的语言或表情要求他停止哭泣，虽然可以达到"止哭"的目的，但未必能抚平他心灵上的创伤，以及宽容小伙伴恶作剧的行为。

其实，辛辛把小敏的书包扔到地上只是他的恶作剧，绝没有大人想的那么复杂，比如"因为得不到，所以毁掉"的不良行为。所以，父母要让小敏从这件事中学会宽容，而不是对辛辛进行"报复"。

孩子就像一只小刺猬,他需要采取一些行为来保护自己。如果强硬制止孩子的哭泣,是肆意"扼杀"孩子宣泄情绪的自主权利,孩子会觉得父母蛮不讲理,不疼爱自己。

亲子劳动课上,同学们都谨记老师的交代,跟爸爸妈妈从家里带了水桶和抹布去图书馆搞卫生。但小天忘记了,于是,他乘丽丽不备时抢了她的水桶。

丽丽眼看着小天拿着她的水桶跑远了,哭着跑去找妈妈。妈妈见状,一边轻声安慰她,一边问她为什么哭。

丽丽抽噎着说:"我的水桶被小天抢去了,我没有了劳动工具,我要报告老师去。"

妈妈安抚好丽丽的情绪后,带她找到了小天,然后对两个孩子说:"同学之间要团结友爱、互相帮助,你们两个人可以分工合作,小天去打水,丽丽擦桌子,这样好不好?"

两个孩子高兴地答应了。

隔壁班的花花也遇到过类似的情况,不过妈妈对她的教育方式却不太一样。

亲子手工课上,花花刚做好的手工作业被张兰抢走了。花花委屈地哭着扑到妈妈怀里。不过,妈妈并没有安

抚她或听她倾诉，而是立马从张兰手中把花花的手工作业
给抢了回来，并告诉花花："哭是弱者的行为，是不能解
决问题的，要动脑筋去想怎么做才能解决问题。"

不同的教育方式，收获的结果自然也就不一样了。于
是，后来花花变得很"强大"，再被同学抢东西或是欺负
时就会狠狠地反击，甚至会跟同学打架。时间长了，同学
们都不敢跟她玩了。而丽丽则因为喜欢帮助同学，越来越
多的同学喜欢跟她玩。班会上，同学们还一致推选她当班
长呢。

看到这里，家长都应该静下心来想想自己以前的
做法。

是的，当孩子因感到委屈而哭泣时，你应该第一时间
安慰他，了解他哭的原因，给他充分的时间来倾诉内心的
委屈和不满，这也是尊重、疼爱孩子的表现。

孩子之所以哭，就是想引起爸爸妈妈的注意，得到父
母的重视和帮助——在他哭着告诉你原因之后，你要安慰
他，并帮助他分析对方为什么要"欺负"他，以及面对这
样的"欺负"他到底该怎样做。

当孩子完全将你的话听进去之后，自然也就停止
了哭。

其实，化解闹剧的整个过程大多都是在哭声中进行的。因为，我们不能一味地制止孩子哭泣，也不能扼杀孩子通过哭泣来表达委屈的权利，我们应该给他发泄情绪的机会。

不过，为了能让孩子的心智健康成长，在日常生活中，父母还要教会孩子或是帮助孩子调节情绪。

中国人在感情表达上大多比较含蓄，尤其是亲子之间的情感表达。有些父母都不曾在孩子面前大声地说过一句"我爱你"，却会在孩子熟睡之后偷偷亲吻他的脸颊来表达自己的爱。

虽然这种表达爱的方式不是不可取，不过，父母用明确的语言表达自己的情绪，对孩子而言是一种很好的管理情绪示范。

当你大声对孩子说"我爱你"时，他也会高兴地给你一个爱的回应——抱抱你或是亲亲你；当你沮丧地对孩子说"我很失望"时，尽管他会难过，但他还是会安慰你，会向你表示以后不会再惹你生气……

只有父母明确地将自己的情绪摆在孩子面前，孩子才会体会到自己高兴时父母也高兴；自己生气时，父母也生气；自己受到委屈时，一味地哭闹会令父母更加难过；而无理取闹或耍小性子时，会令父母烦躁甚至生气……

渐渐地，孩子会因为珍惜父母而慢慢去学习如何控制自己的情绪。

以上这种调节情绪的方法，适用于那些已经开始读书的儿童。对于婴幼儿，可以通过跟他玩各种象征性的游戏来帮助他调节情绪，比如过家家、画画、跳舞、搭积木等。

洋洋妈妈经常和儿子一起玩过家家游戏。

妈妈会让洋洋扮演"妈妈"，自己则扮演"儿子"。"儿子"生病了，"妈妈"着急地带他上医院；"儿子"肚子饿了，"妈妈"会去厨房做饭；"儿子"要睡觉了，"妈妈"会讲故事哄着睡觉；"儿子"在幼儿园被其他小朋友抢玩具了，"妈妈"会跟"儿子"一起难过；爸爸出差了，"妈妈"会跟"儿子"一起想爸爸。

妈妈就是通过情境模拟，让洋洋体验各种强烈的情绪，学习协调、管理自己的情绪，感受、体谅他人的情绪。同时，这还能锻炼洋洋的情绪表达能力、调节能力和理解能力。

教会孩子区分、判断各种不同的情绪，允许孩子以恰当的方式表达、释放自己的情绪，对于孩子的成长和心理健康有益无害。

## 5. 父母的行为能影响孩子的性格

　　曾看到这样一个故事：妈妈为了让儿子早点适应集体生活，在春季开学时把他送到了一所私立幼儿园。

　　随后，妈妈想到秋季学期要把儿子送到公立幼儿园，于是，早早帮他报了名。谁知，秋季开学的前三天，妈妈带儿子去公立幼儿园报到时，老师核对资料后说孩子还不够入园年龄，不予接收。

　　无奈之下，妈妈又把儿子送到了原先所在的私立幼儿园。

　　因为事先没有报名交钱，不知道私立幼儿园园长会不会再接收。如果接收的话，问为什么不及时来报名交学费，该怎么回答呢？妈妈边走边想，最后想出了一个理由，就说外省的外婆家有事，这段时间一家人一直都在外婆家。

　　为了圆这个谎，妈妈握住儿子的手，对他说："儿子，要是园长一会儿问你为什么报名迟到了，你就说这段时间一直跟爸爸妈妈在外婆家。"

儿子望了望妈妈，不解地说："这几天我们不是都在家吗？"

"儿子，可不能这么说，一定要按照妈妈刚才教的说，知道吗？"妈妈再一次提醒儿子。

儿子仰着头，好奇地望着妈妈。

"记住啊，一会儿一定要照着妈妈刚才教的说，晚上妈妈给你买一个新玩具。"妈妈怕儿子不同意，居然用上了"奖励"这一招。

可谁知，当私立幼儿园的园长问他们近期怎么没来报名时，妈妈刚把自己组织好的谎言说完，儿子却说了句："我们没有去外婆家，妈妈想让我去公立幼儿园，但是那里的老师说我年纪小不收，妈妈就把我又带到这儿来了。"

妈妈当时很尴尬，很想给儿子一巴掌，他怎么能揭穿妈妈的谎言呢？

还好，幼儿园的园长只是笑了笑，没对此事做任何评价，只是摸摸这个说实话的小朋友的头，赞美地说："不说谎的孩子，是个好孩子！"

园长迅速给他办理了入学登记，让他尽快回归班级。

看完这个故事，我们不禁掩卷深思：每当孩子撒谎时，家长恨不得给他几巴掌，让他记住这种被打的痛而不敢再撒谎。可是，到底是谁教会了孩子撒谎？难道孩子天生就会撒谎吗？

答案当然是否定的了。

没有谁天生就会说谎，教会孩子说谎的不是别人，正是孩子的第一任老师：父母！

有人说谎是为了陷害他人，有人说谎是为了隐瞒自己的过错以此躲避惩罚，也有人说谎是出于善意。但不管出于何种原因撒谎，都是一种不诚信的表现，不值得提倡。

铭铭期中数学测验只考了39分，他害怕回家被爸爸妈妈骂，就用红笔把老师打的"39"改成了"89"，然后把试卷里不会写的、空着的全部抄上正确答案，又用红笔给自己打上对钩，然后拿回家给爸爸妈妈看。

爸爸妈妈知道铭铭的数学成绩一直都不太好，不及格是常有的事，这次居然考了"89"分，他们简直不敢相信自己的眼睛，以为铭铭终于好好学习了，故对他夸奖了一番，还给他买了一辆山地自行车。

铭铭骑着自行车到学校炫耀时，被同班的小胖挖苦了一番，因为他知道是铭铭篡改了试卷的分数才得到的。

小胖妈妈跟铭铭妈妈在一个单位上班，两人孩子的学习成绩都很差，就经常聊天怎样去改善孩子的学习方法。最近一次聊天时，无意中聊起期中数学成绩，铭铭妈妈得意地说："我们家铭铭再也不是倒数几名了，成绩有了很大的进步，89 分呢！"

小胖妈妈气呼呼地回家教训小胖，让他跟铭铭一样好好学习，赶快把成绩提上来。小胖赶紧把铭铭改考试分数骗他爸爸妈妈的事说了出来。

谎言总有一天会被揭穿的。

没过两天，妈妈就知道了铭铭考试成绩的真相，对他进行了严肃的批评教育。

古人云："诚信为本。"经常撒谎的人，一旦被人揭穿了，便会失去诚信，人们以后很难再相信他了。

曾有心理学家说过："这个世界上只有两样东西能引起我们内心深深的震动：一个是我们头顶上灿烂的星空，一个就是我们心中崇高的道德准则——诚信。"

专家研究表明，经常说谎的人，心理上会产生一定的障碍，会造成其难以与人沟通。经常说谎的人，易得焦虑症和疑心病，严重者还会得自闭症，会逐渐脱离家庭和社会。

如果孩子经常说谎，不仅会影响孩子身心健康的发展，还不利于孩子跟他人交往，使孩子失去做人最基本的诚信礼仪。长此以往，必将会泥足深陷，走上犯罪的道路。

家长一定要以身作则，绝不能对孩子说谎，更不能教孩子说谎。一旦发现孩子说谎，要严肃对待——充分了解孩子说谎的原因，根据其说谎的动机给予耐心的引导并及时纠正。

# 6. "都是为你好" 是一种哄骗手段

孩子最信任的人是谁？最知心的朋友是谁？当然是父母了。

可是，要是父母以"爸爸妈妈这么做都是为了你好"来达到某些目的，那是不是辜负了孩子对大人的信任了呢？这会对孩子的心灵造成怎样的伤害啊！

教育家马卡连柯说："父母对自己的严格要求，父母对自己家庭的尊重，父母一言一行的影响力——这是首要的和最基本的儿童教育方法。"

不要以为孩子是自己生的就可以凌驾于孩子之上，哄骗孩子，做一些你认为会对孩子好但在孩子看来却是很痛苦的事。若是哪一天"东窗事发"，孩子知道父母欺骗了自己，会有怎样的反应呢？

胡欢即将面临"小升初"的考试，父母为了让她顺利考上重点中学，决定隐瞒即将离婚的事情，打算等她大一点儿再告诉她真相。

可是，最近父母的态度让胡欢心生疑虑，他们经常在半夜吵架，爸爸睡在书房已经很久了，有时甚至一连几天都见不着爸爸。

胡欢每次问妈妈跟爸爸发生什么事了，妈妈都安慰她说没事，让她好好复习。直到有一天晚上，胡欢起夜上厕所时又听到爸爸妈妈在书房吵架，她蹑手蹑脚地来到书房门前，偷听他们的谈话内容。

这时胡欢才知道，爸爸喜欢上了别的女人，并打算和妈妈离婚。听到这里，胡欢用力地打开房门，用愤怒的眼神看着爸爸，质问道："为什么要那么做？为什么要欺骗我和妈妈？为什么要背叛我们的家？"

爸爸见东窗事发，先安抚住胡欢的情绪，又向胡欢保

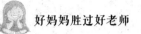

证自己不会跟妈妈离婚，他已经知道错了，并发誓以后不会再跟妈妈吵架。妈妈也在一旁帮腔，说事情没有胡欢想的那么严重，她跟爸爸不会离婚的。

接下来的一个月里，爸爸妈妈一直相敬如宾，家庭气氛和睦多了，胡欢也安下心来复习功课。

可就在胡欢收到第一中学录取通知书的第二天，她无意在抽屉里发现了爸爸妈妈的离婚证。这对胡欢来说犹如晴天霹雳。

等到妈妈下班时，胡欢哭着问妈妈为什么骗她。妈妈解释说："爸爸妈妈隐瞒离婚的事实是为了你好，不希望影响你考试。"

胡欢最难过的不是爸爸和妈妈离婚，而是爸爸妈妈都欺骗了她。从那以后，胡欢再也没信任过爸爸妈妈的承诺，她最大的心愿就是快快长大，尽快脱离父母。

父母的一言一行，孩子看在眼里、记在心上，连哄带骗会使孩子丧失对父母的信任，给孩子的心灵带来深深的伤害。

所以，为人父母者一定要时刻检点自己的言行，不能犯了错就以"为了你好"为借口来哄骗孩子，也不能以此为借口哄骗孩子去做一些他不愿意做的事。

# 7. 对孩子过度夸奖是有害的

"你怎么这么笨啊，这么简单的题都做错！"时常听到家长这样训斥孩子。

每一个孩子都希望得到家长的夸奖，但是有些家长却很少夸自己的孩子，反而当孩子做错事时就狠狠地批评他，以为批评可以促进他奋发图强。

殊不知，一味地批评或指责，不仅会挫伤孩子的情感，还会对他的心理造成一定的负担，不利于他的健康成长。

不过，对孩子进行过度夸奖也是不正确的教育方法。

"宝贝，你真聪明，这么快就把数学题做完了！""宝贝，你真是太棒了，这次考试又拿到了第一名！"有的家长则会以孩子的成绩为焦点来赞美他。

其实，这种夸奖孩子的方法，我们也是不提倡的。

聪明、智力超群是天分，直接赞美孩子聪明，其实是在误导他，让他产生一种自我优越感，这不仅起不到鼓励作用，反而会给他的内心造成一定伤害。因为家长看到的只是他的先天条件，而非后天的努力。

如果家长赞美孩子拥有勤奋刻苦的精神、自我挑战的能力，对他来说，那才是最真实的肯定。

曾有研究人员对 9 岁的章丽和 10 岁的李洋进行了一系列的智力测试。

第一阶段的测试，章丽得了 8 分，研究人员表扬她："你得了 8 分，成绩不错。在这些问题上，你表现得非常棒。"在第二阶段的测试中，他问章丽希望解决哪些问题，章丽说："我选择擅长的，这样能展示我的聪明才智。"

当研究人员称赞李洋说："你得了 8 分，学习一定非常刻苦。"李洋点头表示赞同，之后选择了"虽然看起来我不是很聪明，但是我能在解决问题上学到很多东西"的测试题。

两个孩子同时接受了另一项测试，这项测试的难度较之前的那项要难很多。章丽的表现一直很好，可是在解答第二套测试题时却遇到了麻烦，备受挫折。

这次测试，章丽得了 6 分，她觉得非常不理想，情绪十分低落。她说："这些问题我回答得不是很好，但是我尽力了。其实，我认为自己真的很聪明，只是对这些问题没有准备。"

李洋虽然只得了3分，但他并不气馁，仍然信心满满地进入第三轮测试。最后，敢于正视挫折的李洋得了9分，而经受不起挫折的章丽只得了3分。

美国科普作家波·布伦森曾说过："父母一味地表扬，会让孩子习惯性地努力维持聪明形象，因此他们会做最保险的选择，不希望在人面前犯任何错误。因为，如果你表现得很吃力，那就证明你不是天才。"

章丽正是因为被人表扬"聪明"，才会为了维护自己"聪明"的形象，选择能展示自己聪明才智的题目。可是结果却不尽如人意，没有获得高分，这令她备受打击，在第三轮的测试中惨败。这就是过度夸奖的结果。

而研究人员对李洋的表扬比较适度，抓住他"刻苦努力"这一点进行激励，结果他越挫越勇，成功率就越高。因此，大家从这项实验中可以得出这样的结论："表扬儿童聪明会影响他受挫后的反弹能力，导致他不愿意挑战自我；而表扬孩子学习刻苦，会让他变得乐于接受挑战。"

正如爱迪生所说，天才就是1%的灵感加99%的汗水。如果将孩子取得的成就都归功于天资聪颖，就会让孩

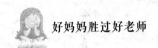

子自恃聪明而放弃勤学好问的好习惯，以为自己聪明就会无所不能，从而在一定程度上助长孩子浮躁的作风。

家长夸奖孩子要实事求是，绝不能用先天条件来否定后天的努力。要知道，努力、勤奋是多么可贵的一种精神，它会给人带来无穷的动力。

鼓励孩子发愤图强、百折不挠，才是家庭教育的精髓所在。

对不同年龄、不同性格的孩子进行表扬，还要注意用不同的语言和语气。

对婴幼儿和具有自卑感的孩子，表扬的语言可以夸张一些，以增强激励的效果。

对于高年级学生，则可以用比较平和的语气实事求是地表扬，表扬适度才不易使孩子因为获得成功的喜悦感而骄傲自满。

对那些具有自满情绪的孩子进行表扬，既要充分肯定，也不要过于夸张，最好是在表扬的同时也指出他的缺点，遏制他骄傲自满的情绪。

教育孩子是一门高深的学问。

该赞美的时候要赞美，该奖励的时候要奖励，但是该批评的时候也要适度地批评。只有将批评和表扬有机地结合起来，对孩子的成长才是最有利的。

# 第四章

## 亲子教育，重在怎样听和如何说

　　教育的艺术不仅在于传授知识和技术，更重要的是理解、激励和鼓舞。身为孩子的终身老师，家长务必学会尊重和理解孩子。

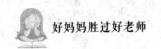

## 1. 通过哭泣了解孩子的内心世界

聪聪有个坏习惯，总是丢三落四，而且还老是不合时宜地“发作”。这不，周末早晨，爸爸妈妈还没睡醒呢，聪聪的屋子里就传来叮叮当当的声音。

爷爷奶奶在聪聪的叫嚷声中这儿翻翻那儿找找，急得像热锅上的蚂蚁。“这儿，没有！那儿，也没有！”聪聪坐在书桌前，一边把书包里所有的文具、书本倒出来，一边嚷嚷着。

“我说聪聪，大清早怎么弄得跟打仗似的？你又有什么东西不见啦？这么早开始折腾爷爷奶奶多不好！”妈妈揉着惺忪的眼睛走进聪聪的房间。

“周一要交的美术作业本找不到了！”聪聪噘着嘴，一副很委屈的样子。

“你怎么老是找不到东西啊？”被吵醒的爸爸不耐烦

地瞪了聪聪一眼。

聪聪顿时泪如雨下，妈妈赶紧把他揽入怀中。这时，爷爷发现美术作业本给书包里倒出的一本书夹住了，马上拿出来递给聪聪，但聪聪的哭声并没有停止，反而哭得更厉害了。

按理说，找到了要找的东西，聪聪应该破涕为笑才对，为什么他会哭得更加伤心了呢？因为爸爸的"瞪眼"，伤害了他幼小的心灵。

聪聪之所以总找不到东西，并劳师动众地让全家人一起帮他找，真的是因为东西不见了吗？

其实不然！他只不过是想通过"找东西"这件事引起爸爸妈妈的关注。

聪聪的父母平时工作很忙，根本没时间照顾他。到了周末，聪聪以为爸爸妈妈会抽出一些空闲时间陪他，可他们不是睡懒觉就是出门跟朋友聚会，总是把他交给爷爷奶奶。所以，聪聪才会每逢节假日就上演一出"找东西"的戏码。

每个孩子自出生以后就成为一个独立的个体，他有自己的思想，有自己的行为，在他的内心世界里有多种多样的情绪：有喜有怒，有哀也有乐。他多么希望有人能跟他一起分享或者分担这些情绪，而这个人就是跟自己亲密无间的爸爸或妈妈。

可是，由于各种各样的原因，父母忽略了孩子的内心世界，疏忽了对他的照顾，所以，有的孩子就会通过一些"问题行为"来引起爸爸妈妈的关注。

聪聪的哭泣声，其实是在给爸爸妈妈传递这样的信息：我需要你们的关爱——爸爸妈妈，你们多久没有关心我了？多久没有陪我了？多久没有跟我一起看动画片了？多久没有带我出去玩了？你们还记得上一次带我出门是什么时候吗？

当沉积在孩子心中的无数个问题需要通过眼泪告诉父母时，那是一种怎样的无奈呀！

姚瑶太爱哭了，于是爸爸给她起了"爱哭鬼"这个外号。

爸爸妈妈长期在南方做生意，所以姚瑶从小就跟姥姥姥爷一起生活。爸爸妈妈一个月或两个月才回来看她一次，每次都带给她许多好吃的、好玩的，其他小朋友看见了不知道多眼馋呢。

可是，这些礼物并不能让姚瑶快乐。她经常哭，即使姥姥姥爷尽可能答应她的所有要求，她还是动不动就哭。

在家里，姥姥为了能让姚瑶多补充营养，每天变着花样给她做好吃的，可只要有哪道菜不合她的胃口，她就又哭又闹让姥姥重新做。

在幼儿园里，要是哪个小朋友不小心碰了姚瑶一下，她就像是受了多大委屈似的，大喊大叫或者哭个不停。

有一次，妈妈送给姚瑶一只毛绒小熊，姚瑶一点儿都不喜欢这个礼物，当即就把它扔进了垃圾桶。妈妈责备了她两句，她又开始号啕大哭。

有人说，姚瑶现在这么脆弱都是因为隔代教育——姥姥姥爷对姚瑶太过溺爱，造成了她的公主病。

其实，那根本不是什么公主病，而是孤独的表现。

姚瑶不能跟爸爸妈妈一起生活，每个月和他们相处的时间只有有限的几十个小时，其余的时间她只能跟姥姥姥爷生活，那是一种怎样的孤独啊？

对姚瑶来说，排解孤独最好的办法就是哭泣——只要我哭了，姥姥姥爷就会紧张，就更疼爱我了；只要我哭了，老师就会注意到我，就更加关注我了；只要我哭了，爸爸妈妈就会心疼我，所以就能常常来看我。

这就是姚瑶之所以成为大家眼中"爱哭鬼"的根本原因。

很多时候，孩子哭并不单纯只是因为眼前发生的某一

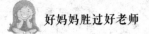

件事，而是很多事积累、沉淀的结果。

父母要学会循着孩子的哭声走进他的内心世界，了解他的内心所需。聪聪需要的是爸爸妈妈的陪伴，姚瑶需要的是在爸爸妈妈身边生活。

不管工作有多忙，不管现实的困难有多大，身为孩子的第一任老师，身为孩子最信任的亲人，父母要尽可能满足孩子的内心所需，为他营造一个良好的生活环境，使他能够健康、快乐地成长。

这也给父母出了一个大难题：如何才能走进孩子的内心世界，了解孩子的内心所需呢？

如果为了生计，你整天疲于奔波实在无暇顾及孩子，那么，回到家后请你最少空出一分钟的时间，给孩子一个温暖的拥抱，拍拍他的肩膀，摸摸他的脸蛋，给他一句恰如其分的赞美。

如果因为空间的阻隔，你不能常伴孩子左右，那么，你就常给孩子打电话，听听孩子的絮叨，也跟孩子讲讲自己的经历。节假日尽量抽时间带孩子出去玩，增加亲子相处的时间，让孩子知道你是时时刻刻记挂他的。

俗话说，眼睛是心灵的窗户。身为孩子最信任的人，你要用你的眼睛多观察孩子，观察他的一言一行，关注他作业本、笔记本上的小涂鸦，说不定能从中了解到孩子的一些情绪信息。

如果孩子取得了优异的成绩，你不仅要替他开心，还要奖励他、鼓励他，告诉他继续努力还能做得更好！

如果孩子遇到了困难或挫折，哪怕你帮不了他，你也要留在他身边，安慰他、勉励他，听他倾诉，告诉他一次失败没什么大不了，关键是要有战胜自我的勇气。

此外，你还可以通过别人的眼睛来关注自己的孩子。时常跟孩子的爷爷奶奶、姥姥姥爷、老师沟通，了解孩子平时在家、在学校的表现，了解孩子跟同学的相处情况，了解孩子的脾性等。

但了解归了解，父母不能侵犯孩子的隐私权。

隐私权是人与生俱来的，孩子和大人一样都具有隐私权。父母要想走进孩子的内心世界，就要充分尊重孩子的隐私权，给孩子一片自由的天空。

每个孩子心中都或多或少有一些小秘密，父母不能打着"关心孩子"的旗帜去窥探他的隐私，比如偷看他的日记、私拆他的信件等。只有将了解和尊重有机地结合起来，父母和孩子之间的关系才能向好的方向持续发展。

## 2. 了解孩子的心理活动很重要

娅娅怯怯地问妈妈："妈妈，这周末你要加班吗？"

妈妈以为娅娅想让自己陪她出去玩，就说道："现在还定不下来，等周五的时候才能确定。"

娅娅面露难色，小声地又问："妈妈，能不能早一点儿决定啊？"

"怎么，你想妈妈周末带你去哪里玩吗？"妈妈试探着问娅娅，"是不是想去公园？"

"不是。"娅娅摇摇头，一副欲言又止的模样。

"说吧，你的小脑袋里到底装有什么想法？要是不想去公园玩，想去其他地方不妨告诉妈妈，我尽量抽出时间满足你的要求。"

"其实……"娅娅想了想，结结巴巴地说，"其实，我是希望妈妈周末加班。"

啊！妈妈简直不敢相信自己的耳朵，娅娅居然希望自己周末加班？她难道不想妈妈带她出去玩吗？难道不想跟妈妈一起过个快乐轻松的周末吗？妈妈感到十分不解。

"为什么？"妈妈好奇地问。

"妈妈，我想周末请同学到家里来玩，所以……所以希望妈妈加班，不在家。"娅娅低着头，小声答道。

"妈妈在家，你一样可以请同学来家里玩啊！妈妈还可以为你们准备好零食。"妈妈有些不明白，娅娅请同学来家里玩为什么要妈妈回避。

"有爸爸妈妈在，我们不自由。"

娅娅的话让妈妈有些难过，她原本以为自己跟娅娅可以像姐妹一样相处，因为以前娅娅绝对信任她，没想到现在她还是被排除在了娅娅的小生活圈子之外。

周末到了，妈妈以加班为由，在给孩子们准备好零食之后便离开了，让她们在家里自由自在地玩。

可妈妈还是有点儿不放心几个孩子独自在家，就偷偷地在门外守着。妈妈透过玻璃窗，看到屋里的孩子好像是在过家家，有的抱着个布娃娃一边唱歌、一边哄，有的在用塑料锅碗瓢盆做饭，有的在用玩具扫把扫地，孩子们玩得似乎很开心，欢声笑语此起彼伏。

妈妈被家里轻松自在的情景给打动了，也终于明白了娅娅为什么不让她留在家里——要是她留在家里的话，孩子们一定不会玩得那么欢快。于是，她悄悄离开了，留给孩子一个完全自由的空间。

这之后，妈妈开始反思，自己是不是不够理解娅娅。其实，娅娅并不是不信任妈妈，也不是不爱妈妈，只是她需要一个小小的圈子，只属于她和小伙伴的圈子。

有位教育家曾说过这样一句话："母亲最好只有一只手。"

娅娅妈妈最初看到这句话时有点儿无法理解，人都有两只手，为什么母亲却只能有一只手？

后来经历了娅娅把同学请回家玩，却希望妈妈不在场这件事后，她终于明白了这句话的涵义：家长要对孩子放开另一只手，要理解孩子，给予孩子一定的自由。

教育的艺术不仅在于传授知识和技术，更重要的是理解、激励和鼓舞。身为孩子的终身老师，家长务必要学会尊重和理解孩子。

理解孩子包含三方面的内容：理解孩子的愿望，理解孩子的行为，对孩子的行为做出良性反应。那么，家长要怎样才能做到尊重和理解孩子呢？

## 一、要对孩子有礼貌

不要以为自己给予了孩子生命，给予了孩子良好的生活条件，就可以把孩子当成自己的附属品——我们应该把孩子看成是独立自主的个体，跟自己的关系是平等的。

比如，需要孩子帮忙时要说"请"，当孩子帮了自己的忙时要说"谢谢"，当自己错怪了孩子要对他说"对不起"。

做有礼貌的父母，孩子也才会有礼貌。

## 二、摒除专制作风

要常跟孩子沟通和交流，虚心听取孩子的意见和建议，不能把孩子当成自己的私有财产任意命令和驱使。

## 三、不要总拿别人家孩子的优势跟自家孩子的劣势比

每个孩子都有其长处和短处，要善于观察孩子，知晓孩子的长处，经常在人前人后夸奖、鼓励孩子，使孩子增强自信心。

## 四、惩罚要适度

孩子犯了错，一定不能过度惩罚，且惩罚的方法也要讲究——切不可拿孩子来出气，任意践踏孩子的自尊，用侮辱性的话语攻击孩子。

## 五、不要总用自己的标准去要求孩子

不要逼着孩子去学钢琴或是书法、绘画，要让孩子自

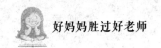

己选择什么兴趣班，孩子今后要走的路让他自己做主。

### 六、不要窥探孩子的小秘密

孩子一天天长大，总会有些小秘密、小隐私藏在心里。他或许会写在日记里，或许会写信告诉自己的好朋友，家长千万不要偷看孩子的日记或是信件，更不能为了打探孩子的小秘密而跟踪孩子。

### 七、给孩子一个自由的空间

孩子大了后会有自己的朋友，自己的活动天地，节假日的时候不要总是让孩子陪自己走亲访友，让孩子自由安排活动。

### 八、尊重孩子的意愿

当孩子决定放弃做某一件事时，若是劝诫不了，对孩子的成长又没有什么不利的话，不要横加阻拦；当孩子面临选择时，可以给予孩子一定的指导，但是不能代替孩子做决定。

## 3.用孩子的视角看世界更精彩

很多时候，我们难以明白孩子真正的想法，会觉得孩子这样那样的想法是错误的，是不符合逻辑的。但是，孩子为什么会出现那些在我们看来是不符合现实因素的想法呢？

那是因为孩子的思维方式跟我们成年人完全不一样。

茵茵跟爸爸去户外写生，她望着天上的那轮红日，却画了一个绿色的太阳。

爸爸说："茵茵啊，太阳明明是红色的，你怎么将它画成了绿色的？重新画一幅吧。"

茵茵并没有重画，而是在绿色的太阳下面画了几棵红色的大树和彩色的蘑菇。

爸爸有些生气了，觉得茵茵是在捣蛋，正准备将她画的画撕掉时，茵茵说道："爸爸，红色的太阳很热，绿色的太阳会不会让人凉快一点儿呢？"

爸爸愣了一下，问茵茵："那为什么你画的树是红色的，蘑菇是彩色的呢？"

"奶奶说太阳大的时候要躲在绿树下乘凉，现在太阳变成绿色的，凉快了，树木就可以是红色的了，红色的漂亮！蘑菇是彩色的，小朋友才更容易看到，更容易采到啊！"

在日常生活中，孩子常常会冒出一些稀奇古怪的想法。这些想法在大人看来可能有些幼稚、胡闹，但是，只要我们尝试着蹲下来放低身段，用孩子的视角去想、去看时，我们必定会有不一样的收获。

为此，我们要给予孩子一定的肯定，让孩子更加充分地发挥自己的想象力，而不是扼杀他的想象力，直接告诉他现实世界真实的样子。

个子高的人与个子矮的人，看东西的观感会不太一样，因为视线的落脚点不同。同样，大人和孩子同时看一样东西，大人会先看到跟自己视线平行的地方，也就是物体的上半部分，而孩子因为身高的问题，会先看到物体的下半部分。

电影《重返 17 岁》讲述了这样的剧情：陷入中年危机

的主人公迈克回到了 17 岁，但是周边的人和事都没有改变，他便以 17 岁的身份进了一所中学就读。

因为跟儿子、女儿的年龄相仿，迈克便用平等的眼光来看待他们，代沟因此慢慢缩小了。在跟儿女相处的过程中，他逐渐理解和感受到了儿女青春期的情感萌动和叛逆心理，悟出了一个道理：改变一下自己的心态，会使生活变得更加唯美；改变一下自己的视角、看法和态度，会让亲子关系变得更加亲密。

现在很多家长都为自己的孩子开通了微博或是微信，每天都会以孩子的口吻发点小心情、小故事。这不仅是在给孩子的成长做简单的记录，而且还能让家长站在孩子的角度去看待一些人和事。

"今天妈妈给我做了七色饺子，太漂亮了，我好喜欢吃哦！爸爸，你快点回家吃饺子吧，我都吃了 3 个，你再不回来，我跟妈妈就把它们统统吃掉啦！"这是晶晶妈妈以晶晶的口吻发在微信朋友圈的话。

"爸爸说天晴了就带我去公园玩，今天我看了窗外很多次，雨什么时候能停呀？太阳公公去哪儿了，快点出来把雨给赶跑吧，我想去公园玩！"这是亮亮妈妈以亮亮的口吻发在新浪微博的话。

"晚上，爷爷给我洗脚，妈妈问我长大了要不要给爷爷洗脚。我说，我要给妈妈、爸爸还有爷爷都洗脚。妈妈夸我是个懂事的孩子！"这是匀匀妈妈以匀匀的口吻发在腾讯微博的话。

生活是个大舞台，观众可以从各个角度去看。家长带着童心站在孩子的立场去感受生活，用孩子的语言去描述世界的话，会发现这种美好是大人世界里所没有的。

你也会发现，孩子的心和你的心从未贴得那么近过；你还会发现，孩子的心思你从未感觉到那么透彻过。

## 4. 让威胁的话远离家庭

孩子哭闹个不停，怎么劝他都不听，爸爸生气了，大声威胁孩子说："再哭就把你丢出去，不要你了！""再哭，让大灰狼把你叼走！"

受到父母如此威胁，孩子真的会停住哭声吗？当然不会，孩子反而会哭得更加大声。

威胁孩子并不能解决问题，反而会带来新的问题——让孩子以为父母不爱自己，不想要自己了。这样会使孩子弱小的心灵受到伤害。

不过这种伤害很快便会消失。因为孩子知道父母的威胁只不过是说说而已，根本就不会"兑现"。

没错，家长出言威胁孩子只不过是一时之气罢了，那些威胁的话根本就是纸老虎，只不过是用来吓唬孩子而已。就是因为狠不下心，家长过过"嘴瘾"之后一切如常，孩子该闹的还是会闹。

为什么会这样呢？

因为受到了家长的几次威胁，几次都顺利度过，孩子就不会再相信家长那些威胁的话了，这使孩子对家长的威信有了一定的质疑。从此以后，不管家长再说同样的话多少次也起不到威慑作用，根本就解决不了任何问题。


宏伟的爸爸脾气很暴躁，动不动就威胁宏伟一番。

周末，宏伟想多玩一会儿电脑，爸爸冲进他房间劈头盖脸地吼道："再不关电脑，我就把电脑给摔了！"

宏伟想多看一会儿电视再做作业，爸爸就冲到客厅把电视给关了，并对他吼道："快去做作业，不然我揍你！"

五一假期的时候，爸爸准备全家去爬香山，宏伟说约了同学出去玩。爸爸就冲他吼道："你敢不跟爸爸妈妈去爬香山，看我不把你的腿给打断！"

爸爸最初几次说这样的话，宏伟确实是吓坏了，乖乖地按照爸爸说的去做。可是有一次，宏伟在看 NBA 篮球赛的时候，爸爸强行要他关电视去复习功课，正看到精彩部分的他当即提出了抗议，说看完球赛之后就去。爸爸嘴上说着"再看就砸电视"，可并没有实际行动。

从那以后，宏伟面对爸爸的"恐吓"总是表现出无所谓或是干脆置之不理的态度。

爸爸对此不知有多恼火，很多次都想真的动手打宏伟，不过每次都被妈妈及时拦下了。

其实，父母可以变通一下，换一种表达方式或者用另一种思维来看待某些问题，必然会有意想不到的效果。


蒙蒙跟妈妈去逛商场的时候，看到一个漂亮的芭比娃娃，就央求妈妈给她买。

妈妈看了看那个芭比娃娃的价格，想到前几天才给蒙蒙买了个类似的娃娃玩具，就不肯答应蒙蒙的要求。

蒙蒙坚持要妈妈买，不肯离开这家玩具店，死死抱住那个芭比娃娃不放。

原本妈妈还耐心地跟蒙蒙讲道理，可蒙蒙一直不肯妥协。妈妈见蒙蒙太过执着，就威胁说："说不买就不买！你再赖在这儿，就永远赖在这儿吧。妈妈不要你了，妈妈要走了！"

　　说完，妈妈走出了这家玩具店。蒙蒙一边哭，一边跑出去追妈妈，怀里还抱着那个芭比娃娃。

　　妈妈都说这样的狠话了，蒙蒙还是不肯放下这个芭比娃娃。如果妈妈能稍微变通一下，跟蒙蒙说："刚才妈妈不是给你买了一件小裙子吗？现在可不能再买礼物了，如果你真的很喜欢的话，我们下次来逛商场的时候再买好不好？"

　　这时，蒙蒙一定不会再哭闹着非要妈妈买，而是会四处看看，在心里记下这家店的样子，以便下次来的时候容易找到。

　　妈妈也可以"趁热打铁"，跟蒙蒙说一些其他的事来分散她的注意力："蒙蒙，你刚刚不是说想吃寿司吗？现在我们马上回家，妈妈给你做，好不好啊？"

　　有好吃的，孩子怎么会拒绝呢？肯定立刻牵起妈妈的手往家里跑了。

　　威胁孩子说如果不这样做就会怎样，只不过是说说而

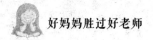

已，并不能当真。这种非真实的威胁根本解决不了什么问题，只会削弱父母的权威。

既然威胁孩子无法解决问题，倒不如换一种表达方式，好言相劝，耐心引导，效果会明显好多了。

## 5. 拨开遮在心上的乌云

当看到孩子拿着杯子去接热水时，家长会因为担心孩子被烫伤，大步走上前接过孩子手中的杯子帮他接。

这在家长眼中是爱，但在孩子眼中却是一种不信任，会使孩子产生挫败感，从而认为自己是个无能的人——连接杯热水都做不好，进而就会产生自卑心理。

一个 3 岁的小朋友在用字母玩具拼字时，老师走到他面前，要求他拼出"妈妈"两个字。但孩子依然安静地玩着拼字游戏，仿佛没听到老师在说话。

老师以为小朋友不会拼，可是不一会儿，小朋友从容地用字母拼出了"妈妈"这两个字。

原本大家都以为这个孩子还小，拼不出这几个单词，但结果却出乎所有人的意料——这个孩子不但做到了，还做得很好！

大多数家长都以为，替孩子做好他难以完成或潜在危险的事情是爱护孩子的表现，实际上那是危害孩子的行为。这样的家长是在用行动向孩子传递了这样的信息："你不行！"一次、两次，多次下来，孩子就会认为自己真的做不好。

当"我不行"的信息在孩子心中扎根之后，他离开父母就会浑身不自在，做任何事都会没有信心。

孩子产生自卑心理的最大根源是，他以为自己没有能力做好某些事，也认为自己不会有做好那些事的能力。实际上，他未必做不好那些事。

家长切不可越俎代庖，不能什么都帮孩子做，要给孩子锻炼的机会，要给孩子接受一定挫败感的考验，让孩子在失败中成长。

对于孩子因为父母的过度保护和溺爱产生的自卑心理，父母应该及时自我检讨，调整教育方向，鼓励孩子尽快将"我不行"这种负面信息摒除，然后给孩子传递一种

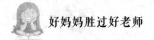 

正能量信息："你能行！"

兰兰是独生女，父母常年在外地做生意，为的是能让兰兰过上好生活，接受最好的教育。在兰兰读四年级的时候，爸爸费了好大劲才把她送到一所贵族学校就读。

可新班级的同学非富即贵，每个人都穿得光鲜亮丽，而且大多数人都有名车接送，这让兰兰很有压力。

不过，兰兰还是很友好地和同学相处，就算有些同学不怎么搭理她，她还是主动跟他们打招呼。可是这些同学并不领情，他们认为兰兰来读贵族学校，主动与大家示好就是想跟有钱人交朋友，所以都看不起她。

有几个刻薄的女生，还当着兰兰的面说出一些伤人的话："没那么大的头，就不要戴那么大的帽子！""身家不够丰厚，就不要硬来这种学校读书。"

兰兰为此很气愤，刚开始还会跟她们理论一下，但是被说得多了，她也就不再搭理。

几个月下来，兰兰的性格有了很大的变化，她开始变得敏感多疑——同学们聚在一起聊天，她会以为大家在说自己的坏话；上课回答问题时，她的声音也不再洪亮了；受到同学的欺负，她不敢回嘴也不告诉老师；在学习上遇到了困难，她也不再找老师帮忙解决。

反正遇到什么事，她都憋在心里。这些情况的出现，都是自卑心理在作怪。

　　孩子因为环境变化、周围人或事的影响而产生自卑心理，是因为家长忽视了对孩子适应能力的教育。当然，兰兰产生自卑心理的根本原因，是因为家长将她放置在一个不利于成长的环境——同学之间都是攀比成风，兰兰自然难以适应。

　　遇到这种情况，家长首先要做的是改变环境，不能再让孩子在不利于她成长的环境中生活下去。其次是培养孩子乐观的心态，因为乐观的人遇到困难会满怀信心将其克服。再就是鼓励孩子多与外界接触。

　　鼓励，对自卑的孩子有很大的帮助。总之，对于自卑的孩子，家长要尽量少批评、多鼓励。

　　当自卑的孩子受到他人的鼓励与肯定，慢慢地树立起足够的自信后，他才能有勇气尝试陌生的事物。这样，孩子才能变得勇敢、坚强，自卑心理才会慢慢消失。

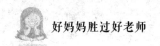

## 6.你的梦想不要强加在孩子身上

上一次龟兔赛跑中,小白兔因为太轻敌了,跑到一半的时候"中场休息"睡了一觉,等它醒来,乌龟已经冲到终点拿了冠军。小白兔不服气,要求跟乌龟再比一次。

这一次,小白兔不敢再轻敌,裁判员一声令下,它就飞快地冲了出去。可到了最后,小白兔还是输了。

这回小白兔可没在比赛途中睡觉,怎么又输了呢?原因就在于,小白兔跑反了方向,它越跑越远,跟乌龟的距离也越拉越大。

很多家长在给孩子设计未来的发展蓝图时,脑海里都闪过这样一个念头:让孩子学习我年轻时没能学到的;让孩子向着我年轻时想做却没做成的事业努力;让孩子帮我完成我未曾完成的梦想。

如果孩子的兴趣爱好跟家长所期望的一致固然好,但如果孩子的兴趣爱好完全背离了家长的愿望，家长还一味地照着自己的愿望去培养孩子，那不是剥夺了孩子发挥真正的爱好和特长的权利了吗？这样还能培养出家长所期盼的、出类拔萃的优秀人才吗？

所以，家长要理性地看待往昔的遗憾，不管当年因为什么原因导致自己没办法实现梦想，都不要将这种遗憾顺延到下一代身上。

朱珠从小就被爸爸送到双语学校，每年寒暑假还要让她参加外语培训班，这让她的英语成绩总是名列前茅。

在朱珠上四年级时，爸爸为她办理了去英国留学的手续，这让其他同学都羡慕不已，可朱珠却怎么也开心不起来。

一方面，爸爸充满期待的目光给朱珠造成了巨大的压力。

爸爸之所以把朱珠送到英国读书，是因为他年轻时想成为一名翻译官，可惜当初家庭条件不允许，他没有出国深造的机会，就这样与自己的理想失之交臂了。于是，他就渴望女儿能继承自己的理想，替自己完成心愿。

另一方面，心智尚未发展成熟的朱珠寄宿在一个英国家庭里，虽然每个家庭成员都对她照顾有加，可每当她看到他们一家四口其乐融融地生活在一起时，她就想起远在中国的父母——她多么希望能和爸爸妈妈一起生活呀！

可每当朱珠跟爸爸商量回国上学的事情时，爸爸总是语重心长地说："当一名翻译官是我多年来的夙愿，这些年我在商海打拼就是希望你能有好的发展。现在有了这样的机会，就是离自己的理想又进了一步，也是为你的将来做打算。"

每次挂断电话，朱珠的眼泪就像断了线的珠子。她想念父母，想念熟悉的生活环境，可是，如果她坚持回国又会打破爸爸的梦想，那爸爸该有多伤心啊！

爸爸执意送朱珠出国留学就跟小白兔一样——完全弄反了方向！

孩子将来要在哪个地区生存和发展，要成就怎样的事业，从事什么样的行业，不是当家长的就能说了算——孩子的天分和意愿，才是决定其未来的重要因素。

况且，孩子还是一个有自我行为能力、独立思想意识的人，家长切不可将自己的意愿强加给他，不要把他当成是实现自己理想的工具。

相信每一位家长教育和培养孩子的最终目的，都是希望孩子将来能有出息、生活得好。

既然对孩子抱有如此大的希望，为什么就不能把孩子往适合他发展的方向引导呢？为什么一定要让孩子活在你过去的阴影中？为什么要拿自己的"过去"来培养孩子的"将来"呢？

圣诞节时，朱珠回国和父母团聚，跟爸爸进行了一次深谈。

朱珠认真地告诉爸爸，自己在国外的生活并不快乐——陌生的环境、陌生的家庭让她感到非常孤独，她很想回到从前的学校和伙伴们一起学习。

爸爸很生气，斥责道："你怎么没有继承爸爸的毅力，这么点儿苦都吃不了吗？你现在的努力都是为了将来……"

朱珠打断了爸爸的话，认真地说："这些都是您强加给我的将来！您从来不问我的理想是什么，却要我实现您没能完成的理想，这对我一点儿都不公平。"

朱珠的话点醒了爸爸。是的，他从来没问过女儿想要的人生是什么样子，而是把自己渴求的人生附加到女儿身上——他只知道给女儿最好的教育，却忽略了那是不是女儿需要的。

"爸，我根本不想当什么翻译官，那是您的理想。我现在只想跟家人生活在一起，您根本不知道我每次看到别人一家团聚时，心里有多么难过……"

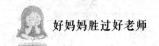

爸爸知道了女儿的真实想法，也才知道她在国外的生活有多孤寂，于是尊重了她的选择。

为人父母者，一定要多站在孩子的角度去思考问题，多给孩子一些自主选择的权利。

孩子的成长轨道，父母可以帮铺垫、给建议，但真正做决定的还是孩子自己。千万不要企图将孩子驯化成自己梦想的实现者，不然，轻者会拉远与孩子间的情感距离，重者有可能使亲子关系破裂。

## 7. 心理学常识能识破孩子的小谎言

古语有云："听其言、观其行、察其心。"这可以用一个词来概括这句话的意思，那就是"读心术"。

"知己知彼，百战不殆"，这其实也算是"读心术"的学问，因为只有读懂了别人，才能获得成功。

"读心术"不是什么玄学，它只不过是人们在人际交往中一种察言观色的技巧而已，是心理学的一种门类，属于最原始的心理学——主观心理学。

　　亲子关系也是人际关系中的一种，亲子间的沟通与交流也需要用到"读心术"——要读懂孩子的内心，必须先了解孩子的性格。

　　李昊是个品学兼优的好学生，曾经连续两年获得了本市奥数赛的一等奖。

　　又到了奥数赛的日子，这天，从奥数赛的考场出来，李昊的脸色有点暗沉。妈妈远远地看到了李昊的表情，心想，昊昊这次参加竞赛的结果应该不太理想。

　　果然如妈妈所料。在李昊快要走到妈妈身旁时，同班一起去参加比赛的冯茗跑到李昊跟前，向李昊询问刚才比赛中一道题的解题方法。

　　李昊皱起了眉头，仔细想了一下，跟冯茗大概讲了一下自己是用什么方法解答那道题的。冯茗听后疑惑地问："真的是这样计算的吗？我用的不是这种方法。"

　　"方法可能不止一种吧。"李昊耸动了一下肩膀说。

　　妈妈从李昊说话时耸肩的动作中看出，他在说这些话时根本就不自信，应该是在说谎。等冯茗走了之后，妈妈

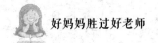

问李昊："刚才你同学问的那道题，你没做好，是吧？"

李昊吃惊地看着妈妈："你怎么知道的？"

"你别管妈妈怎么知道的，你只要告诉妈妈，这次考试是不是没有预期的那么理想？"

"刚才冯茗问我的那道题，之前审题的时候没想到解题方法，等把后面的题做完了再想去解这道题时已经没时间了，交卷之后我才想起怎样去解答。"李昊见瞒不过妈妈，只好和盘托出。

"没关系，你没做完说不定别人也没做完呢，成绩一天没出来，就还有希望。"妈妈安慰李昊道。

李昊平时非常有自信，他在跟同学讨论解答方法时居然会耸肩，那表示他对自己所说的话并无自信——身体和语言明显不一致，这就是说谎的一个显著表现。

妈妈就是用这个"读心术"解读了李昊的内心。

家长知道了孩子的谎言后，该怎么做呢？是直接指责，还是根据说谎的动机加以分析，然后再决定是责骂、安慰或其他呢？

妈妈在揭穿李昊对同学撒谎的真相后，一开始并没有责怪，而是先安慰他的情绪——考得不好，他心里已经不舒服了，要是家长再指责的话，只会让他觉得难受、羞愧。

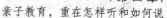

一般来说，一个人在说谎时会比较注意自己的面部表情——不太敢看对方的眼睛，怕被对方看穿自己是在编造谎言。因为他知道，人与人在交谈时可以从对方的眼睛中读出真诚与否。

但是，谎言顶多念个三五遍就会记熟了，所以，面部表情的控制又是最难的。因此，要想通过面部表情隐瞒真相，那可不是件容易的事。

周末，魏宏早上跟妈妈说要去同学家一起做作业。他说这话的时候，不但不看妈妈的眼睛，而且还有些迟疑，然后又复述了两遍，生怕妈妈没听到似的。

妈妈觉得魏宏对她有所隐瞒，故悄悄地跟在他身后，看看他到底去哪里，做什么。

原来，魏宏约了几个同学一起去森林公园郊游。这些同学中有几个学习成绩是中等偏下的，他怕妈妈不让他跟这些同学来往，所以不敢跟妈妈说真话。

晚上回到家，妈妈假装什么都不知道，问他："今天过得开不开心啊？"

魏宏摸了摸鼻子，按照事先编造好的谎言答道："很开心啊！写完作业，同学他爸爸给他买了台新的游戏机，我们打了一下午的游戏呢。"

"是吗？"妈妈笑了笑，指了指魏宏沾满泥土的鞋子，

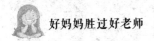

问，"你同学的家不在市区吗？不然你的鞋子怎么会沾了那么多泥呢。"

在"证据"面前，魏宏不得不老实地向妈妈交代了自己的去向。

"其实，你跟那些同学去郊游，妈妈是不会反对的。不过，你耍小聪明欺瞒妈妈，这让妈妈对你失去了信任，说不定以后真的会限制你跟谁去哪里玩了。"

"对不起，妈妈！"魏宏以为妈妈只是看到了那双沾满泥土的鞋子发现他说谎，他哪里知道，妈妈对"读心术"也略懂一二。

魏宏原本以为自己事先编好的一套谎言可以骗倒妈妈，殊不知，他说话迟疑、无端重复、摸鼻子这些行为已经把他出卖了。即使他在回家之前把鞋子擦干净，也还是会被妈妈揭穿的。

家长在用"读心术"揭穿孩子的一些小谎言时，在没有触犯什么大原则的情况下，处理时不要大动干戈，心平气和地加以指正和引导就好。

如果孩子的谎言太离谱，有原则性的错误，那家长就要严厉批评、严格督促其改正，切不可就此放过，以免下次再犯。

# 第 五 章

## 好妈妈不打不骂教育好孩子

　　每个孩子的心灵深处都有一根弦。家长只有具备了共情能力，才能慢慢走进孩子的内心世界，拨动他的心弦，激活他对爱的渴望和追求，释放他最美好的情感。

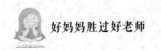

# 1. 找到孩子不听话的原因

萌萌做事喜欢半途而废，上一秒还在玩积木，下一秒就丢下散落一地的积木看起了动画片。

爸爸生气地说："萌萌，你把玩具收拾好，否则就不许看动画片了。"

萌萌理直气壮地说："我有什么时间去收拾玩具的决定权。"

爸爸气得关掉了电视，命令萌萌现在就去收拾积木。

萌萌大喊道："你们谁也不能干涉我的自由，我有权选择先看电视还是先收积木！"

类似的事件实在是太多了，父母对萌萌的"不听话"也是无可奈何。

不过说真的，萌萌说的也没错，她作为一个独立的个体，确实具有决定权和选择权——她跟爸爸据理力争，也只不过是维护自己的权利而已。但是，父母为什么会觉得她不听话呢？难道说爸爸对她的要求不合理吗？

也许在大人看来，做事不应该半途而废，要有始有终。但是在孩子看来，两件事可以交叉来做，前面的事完成一半可以去做另外一件事，最后再将之前剩下的一半完成也是一样的。

这就是说，萌萌玩积木时动画片播放了，她可以先看动画片，等动画片演完后再继续玩积木或者收拾玩具。这样做有何不可呢？

客观来看，萌萌之所以不听爸爸的话，是因为爸爸给萌萌制定的要求和萌萌的想法有出入。因此，父母在给孩子制定要求时，一定要充分考虑孩子的意愿、承受能力和接受能力，定的要求过高或是违反了孩子的意愿，那不是逼孩子不听话吗？

丹丹思维敏捷，说话利索，不过，她每次跟妈妈争辩都会以失败告终。这到底是怎么回事？

周末，妈妈要带丹丹去奶奶家玩，让她赶紧换好衣服出门。丹丹却说："为什么要快啊？奶奶家在那儿又不会跑。"

"奶奶家是不会跑，但是奶奶会等得着急啊！"妈妈

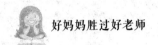

回应她。

"妈妈不是常说做事要有耐心吗？"丹丹继续对妈妈发难。

"妈妈也说过，特殊情况例外。"妈妈淡定地回应。

"可是奶奶总说，'慢慢来，不着急，不着急'啊！"丹丹还是不放弃顶嘴。

"你也知道，你一两周才回去看奶奶一次，她嘴上说不着急，可是心里不知有多着急，希望你早点到呢！你忍心让奶奶站在门口吹着冷风等你吗？"

妈妈说到这儿，丹丹自知不管再找出多少理由来为自己的拖延开脱都没用了，因为她说的每一个理由在妈妈眼里都不是理由，只好缴械投降了。

丹丹本来有自己的一套理论和思想，但是在妈妈的反击下，最终还是乖乖听妈妈的话了。

父母对孩子的态度和对孩子不听话的回应方式，会直接影响孩子听不听话的结果。

孩子不听话无非有三个原因：一是父母让孩子做的事，在孩子看来是不合理的，因为他心中自有一套标准；二是父母让孩子做的事，是他做不到的；三是孩子不愿意去做父母安排的事，因为即使做好了也得不到半点儿好处。

这里的好处，指的是奖励。

大人在给孩子下命令之前请先考虑一下，哪些事是孩子能做到的，哪些事是不能做到的。要求孩子去做他难以完成的事，孩子又怎么可能听话呢？

对此，父母可以设立奖励制度——奖励会使人变得积极、乐观、自信和上进。

对孩子来说，最好的奖励就是和父母在一起做游戏，一家人其乐融融。父母可以将周末集体出游作为"奖品"，来鼓励孩子完成一些他本不愿意做的事，这对孩子的成长也有助益。

## 2. 把话说到孩子心里去

有人说，征服一个孩子比征服一个爱人要难上几百倍。也有人说，孩子的心智尚未完全成熟，只要找准他的

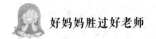

喜好，就能把他教育得服服帖帖。

真的是这样吗？

利利的父母离异了，爸爸给他找了个后妈。这个后妈不是别人，正是他们班的班主任陈老师。

陈老师很有自信，觉得自己一定可以跟利利合得来。但是理想很美好，现实往往很残酷。

"利利，吃饭了。看，陈老师今天给你做了什么，都是你爱吃的哦！"陈老师对利利非常好，经常做他爱吃的菜。

可是利利却不领情。

"我不喜欢吃你做的饭，我只喜欢吃我妈妈做的菜。"利利把那些菜推到一边，只是大口地吃着白米饭。

尽管利利一直都这样抗拒陈老师，但她并没有因此而气馁，也没有因此对他有成见，反而更加关爱他。她告诉自己，不能跟一个孩子较真。

有一次，利利爸爸出差了，陈老师给利利做了晚饭，又陪他写完作业，然后让他上床睡觉。利利不但不肯睡，还走到门口指着大门对陈老师说："这里是我跟爸爸的家，不是你的家，请你走！"

陈老师听了既生气又伤心，她觉得自己对利利是真心的，可他怎么就不接受自己呢？她本来想教训他一顿，可转念一想，要是对他发了脾气，他们的关系就会变得更不好了。

到底要怎样做才能让利利接受自己呢？陈老师想了好久才想到一个好办法，那就是投其所好。

她通过观察，发现利利喜欢看动画片，尤其是《喜羊羊和灰太狼》。于是，她把利利的照片和喜羊羊的照片拼在一起，然后印在一件 T 恤上送给他。

利利很喜欢这件 T 恤，穿着去上学时，同学们都问他是谁送的。他刚开始还有些抗拒，但是问多了，他便说是妈妈送的。

从那以后，陈老师就常常给利利送一些跟喜羊羊有关的礼物，还陪他一起看动画片，跟他聊他感兴趣的事。

后来，利利不仅接受了陈老师这个新妈妈，还很愿意跟她分享自己的心事呢。

要想得到孩子的理解，务必要先征服孩子的内心。要征服孩子的内心，"投其所好"便是最好的办法。

不管是孩子还是成年人，在跟人相处或是沟通时都希望按照自己喜欢的模式去进行。但是，每个人都有自己的性格与脾气，在人际交往中会体现出相应的表达方式。

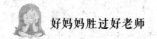

在得知孩子的兴趣所在后，用"投其所好"的方法跟他相处、沟通，往往会顺利很多。如果反其所好，只会使对方产生厌恶感。

征服孩子的内心，还有一个办法，就是具备共情能力。共情能力，指的是设身处地地站在对方的立场上理解孩子情感的能力。只有让孩子感觉到被对方接纳、认同、理解和尊重，孩子才会有满足感和愉悦感，孩子才会信任你、理解你。

每个孩子的心灵深处都有一根弦。家长只有具备了共情能力，才能慢慢走进孩子的内心世界，拨动他的心弦，激活他对爱的渴望和追求，释放他最美好的情感。

## 3. 不打不骂教育好孩子

孩子说谎分为两种情况：一种是有意识地说谎；一种是无意识地说谎。谎话也有积极和消极之分。

有些时候，孩子说谎并不是自身的问题，而是家长不让他说真话。

王胜爸爸明明在家，但是邻居家的叔叔来找爸爸时，爸爸因为不想见，就让王胜骗叔叔说："爸爸不在家。"

家长的这种行为在孩子心中扎根之后，就形成了说谎的心理动机。为了给孩子树立诚信的榜样，家长务必要在日常生活中注意自己的言行举止，一定不要在孩子面前说谎。

有些时候，孩子说谎完全是迫于无奈，若是说真话的话，就会被揍一顿。

阮小天把爸爸最珍爱的花瓶给打碎了，他以为第一时间向爸爸坦白会得到从宽处理。谁知，爸爸得知此事后勃然大怒，用皮带狠狠地打了他一顿，以后他哪里还敢说真话？

张星也是。他的数学成绩一直很差，每次考试不及格，回到家必然会被爸爸揍一顿。

为了避免再受皮肉之苦，张星学"聪明"了，平时的小考，如单元测验、期中测试都不告诉爸爸妈妈；要是老师让家长阅卷后签字，他就拿出爸爸曾签过的试卷自己模仿着签。

几次下来都顺利过关了，爸爸妈妈没半点儿疑心，这助长了张星撒谎的歪风。到了期末考的时候，他居然想到要改学生手册上的分数，以欺骗父母来保护自己免受挨打的折磨。

在得知孩子犯错或者考试没考好后，就以打骂的形式来教育孩子，孩子自然就会养成以说谎来逃避惩罚、保护自己的坏习惯。


有些时候，孩子其实并不想说谎，但是在家长的引导下或为了达到某种目的只好说谎。

妈妈把唐函送到幼儿园时迟到了，老师问他为什么迟到，妈妈抢先提示唐函道："今早起来是不是肚子痛了？"

唐函望了望妈妈，又望了望老师，点点头。

老师再问："那现在肚子还痛吗？吃药了吗？"

唐函妈妈再次提示他说："妈妈今早给你吃了药，现在是不是不痛了？"

唐函再次点点头，小声地说："嗯，现在不痛了。"

家长因过分溺爱孩子，过分保护孩子，不想孩子因为犯错或不守规矩而受到老师的处罚，故而用提示性的语言引导孩子说谎。之后，孩子势必会"依葫芦画瓢"，说起谎来眼睛都不眨一下。

　　还有些时候，孩子之所以要说谎，是因为对人、对事判断不准。他心直口快地说出内心的想法，但他的想法与现实情境不符，比如"我看见一只孔雀在天上飞""我看到一只大老虎从门前走过"等。

　　听到这样的话，家长不去询问孩子到底看到了什么，而是责备孩子说谎话，这样不仅会扼杀孩子的想象力，还会让孩子觉得说真话没人会信，会被骂，以后都不敢说真话了。

　　为了获取大人的夸奖，孩子偶尔也会说谎。比如，家里的电视遥控器不好用了，爸爸问孩子是不是他弄坏的。孩子一开始说不是自己弄的，但是爸爸说："乖乖地承认错误，不但不会受到处罚，还会得到表扬。"孩子立即就改口道："是的，是我弄坏的。"

　　孩子之间互相攀比或竞争是常有的事。有的孩子为了在伙伴面前威风一下，会吹嘘自己的玩具有多少，近期爸爸妈妈又给自己买了名牌衣服或玩具，有时还会夸口说自己的爸爸妈妈多么能干之类的。

　　这种情况下，孩子说谎完全是虚荣心所致。

　　也有些时候，孩子很想要一样东西，如果直接让父母买，一定会被拒绝，那么"聪明"的孩子就会绕一个弯，故意骗父母说是学校老师让买的，或者说是手工课上要用的。

当然，也有些孩子因为年龄小，记忆不太清晰，时间概念有些模糊而说谎。比如，一两个月前奶奶给玲玲买了个布娃娃，隔壁阿姨看到问她谁买的漂亮娃娃，她高兴地说："妈妈昨天给我买的。"

不管孩子说谎的原因是什么，也不管其是有意说谎还是无意说谎，其说谎的时候是持消极态度还是积极态度，家长可以理解但不能支持，要给予孩子正确地引导，切不可让"说谎"成为孩子的一种习惯，让孩子永远都活在自己制造的谎言中。

家长一定要以身作则，不能给孩子制造撒谎的条件，更不能鼓励或引导孩子撒谎。一旦发现孩子用说谎来达到某种不能给予支持的目的时，务必要对其进行严厉地批评和教育，再及时帮助他纠正错误。

如果孩子说谎是因为对人或事判断不准，或记忆不清晰、时间概念模糊等造成的，在弄清楚事情的真相后要加以正确引导，在不扼杀孩子想象力的前提下，让孩子自己找到正确答案。

## 4. 未来的方向要有时代意义和社会价值

"我不知道自己未来的方向在哪里，我看不到希望，或许我根本就没有未来！"很多迷途的孩子都会说这样的话。

未来的方向指的是什么？其实就是人生目标。对孩子来说，只有明确了学习目标，孩子才会主动学习，才能考出优异的成绩；对大人来说，因为有了目标才会有动力，有了动力才会有积极性，才有可能获得成功。

家长对孩子人生目标的制定起着关键性的指导作用，对孩子人生目标的实现也起着一定推动作用。但是，很多家长从一开始就给孩子灌输了一个错误的观点：要为了达到某一种生活状态而努力学习。

这个观点会因一些现实因素的变化而被粉碎，故而造成了孩子的心理压力和心理负担，使孩子出现负面情绪。

　　汪晨是个古灵精怪的孩子，可聪明用在正道上那是好事，要是用到歪门邪道上就会叫人头疼。

　　每次学校开家长会，其他同学的家长都笑容满面地交流，可汪晨的爸爸却是满面愁容。家长会结束后，老师还要跟汪晨的爸爸"开小会"，说一说汪晨最近的学习情况：在数学课乱扔粉笔头，在语文课做飞机模型，手工课上用陶艺泥捏手雷吓唬同学……

　　总之，老师对汪晨爸爸说的一句总结话就是："这孩子很聪明，可这聪明要是不用在正道上，早晚会毁了他。"

　　这天，爸爸特意提前下班，打算跟汪晨进行一次深度谈话，要是再让他胡作非为下去，恐怕他上普通中学的希望都没有了。

　　爸爸刚走进小区，就在花园里瞧见了儿子的身影——汪晨正和两个伙伴捣鼓一架用一次性筷子制作的飞机模型。爸爸正想走过去训斥汪晨贪玩的时候，那架飞机竟然晃晃悠悠地从地面升起来了，汪晨和两个伙伴在一旁欢呼雀跃。

　　看到这一幕，爸爸灵机一动，想到了教育儿子的好方法。

　　半个小时后，汪晨抱着飞机模型回到家，进了自己的房间。爸爸敲开他的房门，看见他正在用小刀对机翼进行处理。爸爸好奇地问："刚才我路过花园时看见你做的这架飞机飞起来了，你是怎么做到的？"

汪晨听到这话，顿时来了兴趣，得意地说："之前同学的遥控飞机坏了，他买了新的玩具后就把旧的飞机送给了我。我把里面的马达、机翼卸下来安装到我这架飞机上，没想到真的飞起来了。"

"你一个人装好的？"

"当然啦，弄了好半天呢。我们学校下周有个航空兴趣小组比赛，之前老师没让我参加，我就自己做个模型，打算下周杀杀我们班同学的威风！"汪晨兴奋地说。

"老师为什么不让你参加？"

听到爸爸这样问，汪晨低下头，委屈地说："还能为什么？还不是因为我不是好学生呗。"

"儿子，你就没想过好好学习，让老师、同学对你刮目相看吗？"爸爸看汪晨不应声，继续劝说道，"爸爸像你这么大的时候，跟你一样淘气不爱学习，可后来爸爸对运动特感兴趣，就梦想着成为一名国家运动员。"

"后来呢？"汪晨瞪着眼睛，好奇地问。

"要想成为运动员，首先就得参加学校运动项目的训练。当时，班主任也只让学习好的同学报名，爸爸就没被选上。不过，爸爸可没放弃，下学期时爸爸的学习成绩就追上去了，也进了体育组。"

"每次开运动会的时候，爸爸都能拿到好名次，还一度成为班上的体育明星呢。可是要想成为一名运动员，光是进体育组还远远不够——不光要擅长体育项目，文化课的分数也要够。这样，我就把学习的重心放在了训练和文化课上，最后爸爸考上了首都体育学院，虽然没成为国家级运动员，不过也算是实现了梦想……"

爸爸话没说完，汪晨就惊呼一声："爸爸好厉害啊！"

爸爸看到儿子眼中绽放着光芒，继续因势利导地说："你现在不爱学习是因为还没找到目标，等你有了理想、有了目标，就会愿意为它去奋斗。"

"我有，我有！之前表哥给我演示过物理实验，我对物理课特感兴趣，我想当物理老师！"汪晨兴奋地说，"可是——"还没说完，他话锋一转没了精神，"我们没有物理课。"

爸爸笑着说："你现在才五年级，当然没有啦，等你上初中的时候就能学习物理知识了。不过，将来要想当上一名物理老师，首先要学好数学、语文、英语这三门主科。要是你考上了重点中学，就能比普通中学接触到更多的物理实验呢。"

听完爸爸的分析，汪晨当即拿起笔给自己制定了一份学习计划：首先要提高数学、英语的成绩，争取在两个月内拿到优秀名次。计划表最下方还写着他的志向：我要考上重点中学，将来我要成为一名物理老师。

　　接着，爸爸又给汪晨制定了一份"劳逸结合"的计划表，只要他每周按时完成老师布置的作业，有了明显进步后就可以在周末带他去科技馆玩。

　　自从汪晨对人生有了一个规划后，他开始认真听讲，每科作业都会按时完成，成绩有了显著的提高，老师都连连夸他。

　　爸爸也信守承诺，经常带汪晨去科技馆参观，还给他买了许多关于物理实验的书，假期和他一起动手做实验，在"玩"中学习。


　　通过汪晨的改变，我们可以看出：由于孩子心智尚未发育成熟，所以他还不能完全掌握自己未来的发展方向，这需要家长加以正确地引导和帮助。

　　正确的做法是，家长要让孩子知道，他今天好好学习不仅仅是为了掌握某一门知识，更重要的是为了发展自己的智力，培养自己的能力，将来为社会做贡献。

　　家长在指导孩子确立人生目标时，不应只落在生活层

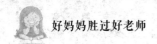

面上，还要具有一定的时代意义和社会价值，要在精神上和物质上形成统一。

## 5. 孩子也需要秩序感

前段时间，杨梓总是半夜起来哭闹，一边哭一边推醒身旁酣睡的爸爸，拽着爸爸往门外走。

这样的情况持续了一个多星期，奶奶以为是杨梓半夜做噩梦受到了惊吓，就在花瓶里插了几朵能凝神静气的百合花，但情况依然没有改善。爸爸妈妈以为杨梓生病了，就带他去医院做了全面检查，结果显示也是身体健康。

杨梓到底是怎么了？

其实原因很简单，杨梓是在用有声的语言——哭泣来表示抗议，抗议自己的生活习惯和生活环境被家里突然到来的小弟弟打乱了。

原来，杨梓的小弟弟上个月出生了。为了迎接这个小生命的到来，爸爸妈妈把家里的格局做了很大的调整——杨梓的房间被弟弟的婴儿床和各种婴儿用品"霸占"了，他的床也被爸爸妈妈清理出去换了新床。而且，他还被安排到书房跟爸爸一起睡，以前陪他入睡的妈妈现在每晚要哄小弟弟。

杨梓觉得弟弟的出现打乱了他的生活秩序，这让他的生活完全乱套了。每当半夜醒来看到陌生的床和环境，他就觉得非常害怕，所以才会通过大哭来表达情绪。而他之所以拽着爸爸往房间外走，就是想"回家"——回到原来他所熟悉的房间。

孩子和大人一样都会因一定的秩序感而自我约束，这种秩序感是社会环境或是家庭环境慢慢培养出来的。比如，萱萱到学校阅览室借书，看到有的同学从书架上抽出几本书翻看，可翻看后就随手把书放到了桌子上。

萱萱默默地走过去，将桌子上的书按照编号重新一本一本放回书架上。萱萱这么做，也是秩序感使然。

萱萱认为，每样物品都有其固有的位置，只有把它摆放在属于自己的位置上才是正确的。

萱萱对物品的摆设位置、事物的顺序等非常敏感，完全是受到妈妈的影响。萱萱的妈妈每天都把家里收拾得整整齐齐，什么东西放在什么地方都很讲究，就连鞋子的摆放顺序也不能乱。

秩序感，对孩子而言就像是导航，孩子就是靠这种导航慢慢接触社会、人和事及适应周边的环境。这就是为什么有的孩子出远门必须要带上自己最喜欢的玩具，有的孩子吃饭一定要坐在固定的位置上，有的孩子散步总是走固定路线的原因。

良好的秩序感可以帮助孩子重塑自我，将生活中的人、事、物井然地联系在一起，使他慢慢养成良好的行为习惯。

秩序感对孩子非常重要，一旦孩子的秩序感被打乱、破坏了，他就会失去安全感，感到忐忑不安，情绪也会受到影响，变得躁动，于是乱发脾气、哭闹不止。

杨梓会出现半夜惊醒、哭闹的情况，就是因为弟弟的降生使他既定的秩序感被破坏了，所以他才会用哭泣的方式来抗议。

那么，父母怎样做才能解决问题呢？难道要将家里已经改变了的格局还原？这当然不行。

其实，父母在改变家庭格局之前应该先跟杨梓沟通好，要明确告诉他，为了弟弟的健康成长，家里的秩序会有所改变，让他先做好心理准备。

现在，杨梓的秩序感已经被打乱了，父母要做的就是按照现有的生活模式，帮助他建立新的秩序感。

在新的秩序感建成之前，父母要多抽些时间陪陪他，尤其不能让他感觉到是弟弟夺走了妈妈对他的爱。而对于他的哭闹，父母要多些耐心去安抚。

只要父母陪伴杨梓走过这一段陌生期，等他对新的环境日渐熟悉了之后，一切就会恢复平静。

意大利幼儿教育学家蒙台梭利曾指出：当孩子进入2~4岁敏感期的成长阶段，其关键特征就是秩序感。

在这一时期，孩子常常会表现出"仪式化"的兴趣。比如，要把物品摆放在他认为对的位置上，要在特定的位置找到特定的物品等。这种敏感性表现在诸多方面，当事情没有按他通常的秩序发生时，他就会觉得很难过。

所以，在此要提醒各位家长，最好抓住孩子2～4这一年龄阶段对他进行秩序感的培养，让孩子从小就在有序的环境中自然、健康、幸福地成长，为他今后良好的社交能力打下基础。

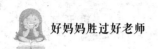

## 6. 有些兴趣需要父母来把控

　　有人说，在孩子的成长过程中家长扮演着"导演"的角色，把控着孩子的兴趣，规划着孩子的人生——孩子每天所穿的衣服是父母搭配好的，孩子的兴趣班是父母选择的，就连孩子将来要从事什么行业也是父母建议的。

　　一句话，孩子的人生是父母规划的。

　　孩子的行为能力和意识能力都不够成熟和完善，出于对孩子的保护和养育的责任，家长完全有义务帮助孩子做决定，让孩子少走弯路，少受打击和挫折。反过来看，孩子的生命是家长给的，他的人生路也是父母赋予的，就连孩子体内的潜能也需要家长从旁引导和激发。

　　如此看来，家长用自己的人生经验为孩子做规划、做指导，为何不可？毕竟，家庭才是孩子的第一所学校，父母才是孩子的第一任老师，成长的大环境也是父母为其营造的。

　　每一个孩子都有自己的个性，拥有属于自己的天赋。家长在尊重孩子和充分了解孩子的基础上，要科学地为孩子规划人生，对孩子的兴趣爱好进行严格把控，这对孩子的健康成长具有很大推动作用。


　　妈妈给陈溪在少午宫报了多个兴趣班，而且兴趣班的时间也安排得当：周一、周二晚上参加美术班，周三、周四晚上参加书法班，周六参加声乐班，周五晚上和周日的时间则交给陈溪自己安排。

　　就这样，陈溪作为班级的"全能明星"受到了很多同学的羡慕，而且她常常和同学分享自己在兴趣班发生的趣事，大家都喜欢和她一起玩。

　　彭浩很羡慕陈溪，觉得陈溪这样什么都学一点儿，什么都懂一点儿，很受同学的欢迎。于是，他跟妈妈说，要像陈溪那样报不同的兴趣班。

　　妈妈觉得彭浩很有上进心，就帮他制定了更加紧凑的兴趣学习计划。

　　最初的一个月，彭浩兴致勃勃，每周都积极参加兴趣班，并学到了新知识。不过坚持到第二个月，彭浩就觉得累了，开始三天打鱼两天晒网。半年过去了，他已经不想再参加兴趣班了，每次去上课前都推三阻四的。

反观陈溪，虽然她也不愿意频繁参加兴趣班，不过她依然坚持去上自己最喜欢的书法课和美术课。

美国学前教育专家克里斯汀说："在孩子的成长过程中，既需要家长用自己的经验来引导，也需要让孩子在挫折和经历中总结经验教训。"

家长希望孩子成功，就应该给予孩子选择的机会，适时地对他做出正确的引导即可。不过，必要时还是要在尊重孩子意愿的情况下帮助他做出正确的决定。

妈妈对彭浩半途而废的行为表示不满，让他务必在多个兴趣班中选择一到两个最喜欢的坚持下去，不能枉费了爸爸妈妈精心栽培他的心思。可是那么多的兴趣班，他想了好几天也做不了决定。

为此，妈妈跟他进行了一次交谈：

"你觉得学钢琴难不难？"

"难。老师上课讲的我都不太明白。"

"象棋呢？喜欢下象棋吗？"

"还行吧！"

"要是让你继续学象棋，你愿意吗？"

"要长时间地学下去吗？"

"是的，愿意吗？"

"可不可以每周只上一节象棋课啊？"

"那你喜欢练书法吗？老师说你写的字很漂亮哦！"

"嗯，挺喜欢的，这比起学钢琴来说简单多了。"

"那画画呢？喜欢吗？想不想继续学下去？"

"老师说我画得很好，让我每天都练习，我听了老师的建议。"

"如果让你一直跟这个老师学画画，你觉得行不？"

"行！"

跟彭浩聊到这里，妈妈大概知道他的喜好了，于是帮他制定了一个新的兴趣学习计划：周六下午让他去学画画，周三和周四晚上让他去练书法，其他的兴趣班就暂时不报了。

对于这张新的学习计划表，彭浩还是比较满意的，就严格按照上面的时间来学习。

彭浩一开始报各种兴趣班是因为受到陈溪的刺激，可是一旦真的报班了，他又觉得有些力不从心，因为学那么多东西压力真的太大了。

当彭浩决定放弃所有的兴趣班时，妈妈站了出来，让他一定要坚持下去，就算不是每一样都学精，至少要选择一两样来学。可是彭浩却摇摆不定，不知道该选择什么，妈妈就通过聊天的方式了解他的兴趣所在，帮他做出了最

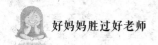

后的决定。

彭浩妈妈这是在行使父母的职责——适时地引导和帮助孩子做出正确的决定。

每一位父母都希望自己的孩子在成长过程中少一些曲折，多一些成功，少一些困难，多一些快乐，希望孩子的人生之路平稳且幸福，所以就需要在孩子遇到困难时给予他一定的帮助。

兴趣的培养和发展，对孩子将来的成才具有一定推动作用，所以严格把控孩子的兴趣爱好，是身为家长的职责所在。

## 7. 在孩子心中建立"信服感"和"权威性"

孩子初到这个世上一切都是陌生的，什么都还不会，他需要一个令他有信服感和具有权威性的"向导"，为他指导人生之路。只有父母才能当好这个向导，也只有父母才具有向导的"信服感"和"权威性"。

尽管有人认为，用父母的权威性去影响孩子，让孩子完全服从于父母的权威之下会阻碍他的创造力和思维发展，会使他失去自我。

但我们不得不说，这个权威性不是建立在表面，不是让孩子惧怕父母，什么都听父母的，没有半点儿自己的思想和自由——权威性是要建立在孩子心中的。

如何才能做到将权威性建立在孩子的心中呢？

首先，要以德服人。父母要加强思想道德品行的修养，以高尚的道德情操和完美的人格在孩子心目中树立起伟大的形象。

琳子爸爸是一名人民警察，在一次执行任务时，他为缉拿一名犯罪嫌疑人与对方展开殊死搏斗，身受重伤。当琳子和妈妈赶到医院，爸爸刚刚脱离危险期，还在深度昏迷中。

琳子看着爸爸插着各种管子躺在重症病房里，不禁潸然泪下。她在周记中这样写道："爸爸不仅是人民的英雄，更是我心目中的英雄！"

要想让孩子信任你、以你为榜样，父母首先要以身作则，成为一个道德高尚、有人格魅力的人。

其次，"严于律己"不仅是父母对孩子的期望，也是对自己的要求。只有严格地要求自己，为孩子做个好榜样，孩子才会养成良好的行为习惯。

很多大中城市，早晚上下班高峰时大家乘坐公交车或者地铁都是蜂拥而上，很少会主动排队的。

铭天的父母很讲究社会秩序，每次坐公交车或地铁出行，即使大家都在挤着，他们都必然会排队。在父母这种榜样的影响下，铭天乘坐公交车时也会主动排队。

再次，尊重孩子的人格权利和兴趣爱好，是在孩子心目中树立权威性的重要方法之一。尊重是一个人气度和素质的体现，父母和孩子之间只有建立起互相尊重的亲子关系，家庭才能够朝着和谐美满的方向发展。

爸爸去上班之前，答应女儿林梓下班回家会给她带一个小玩具。不过，爸爸忙了一整天，下班时就忘记答应林梓的事了。当他回到家门口正要用钥匙开门时，听到屋里的女儿在说话："妈妈，你说爸爸下班回来会给我带什么玩具呢？"

妈妈问她："要是爸爸今天太忙忘记买了，明天给你补上好不好呢？"

"不好！答应过人家的事怎么能不做到呢？"林梓抗

议道。

听到这儿，爸爸赶紧把钥匙收回兜里，转身去附近的超市给林梓买玩具。

在孩子面前，务必要履行承诺，答应孩子的事务必要做到。

孩子小时候调皮捣蛋是常有的事，每次孩子闯祸后，有些父母就会大发脾气对孩子一顿责骂。

其实，很多时候孩子犯的都是些无伤大雅的小错，没必要对孩子使用家庭暴力，而是心平气和地跟孩子讲道理，对孩子的态度要和蔼宽容，这样才能保持亲子间的和睦关系。

倾听和交流是维系亲子间友好关系的重要纽带。父母要多抽时间听听孩子的心里话，跟他多沟通，互相倾诉自己的心里话，走进彼此的心灵世界。如此，父母和孩子才会互相了解，互相体谅。

最后一点，就是要善于观察孩子，多发现孩子的优点和缺点。

是优点就要重点培养，有了缺点就要帮助其改正。对孩子取得的每一点进步都要给予鼓励，促进孩子的积极性，让他把每件事都能做得更好。

# 第 六 章

## 没有教不好的孩子，只有不会教的父母

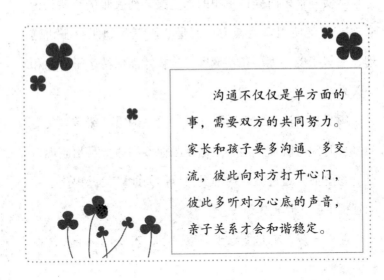

沟通不仅仅是单方面的事，需要双方的共同努力。家长和孩子要多沟通、多交流，彼此向对方打开心门，彼此多听对方心底的声音，亲子关系才会和谐稳定。

# 1. 打开心门才能接纳孩子的一切

曾看过一个故事，说的是一位离异母亲独自带着儿子艰难生活。

这位母亲为了不让年幼的儿子受委屈，不被贫穷所累，每天打好几份工，拼了命地挣钱。很多时候，她会因为工作太辛苦而把自己的身体累垮，晚上下班回家后，躺在床上连动一动的力气都没有。

幸运的是，她的儿子非常懂事，一直陪伴在她床边尽孝，让她看到了生活的希望。

但是随着年龄的增长，儿子进入了青春叛逆期，脾气和性格都开始有了改变——不仅经常去网吧玩游戏夜不归宿，说他还顶嘴，学习成绩也是一落千丈。这让妈妈操碎了心。

可能是到了更年期的缘故，也可能是太操心的缘故，

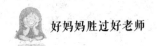

妈妈的脾气也变得越来越暴躁。

那天，儿子如往常一样放学后在网吧打完游戏才回家。妈妈见他又是很晚回家，火气上来了，冲他大吼道："你少玩一天游戏会死啊？多看一会儿书就难受啊？"

儿子听了这话就顶撞起来："火气怎么总是那么大？拜托你少在我耳边吵，烦死了！"

看到儿子一副满不在乎的样子，妈妈一个巴掌甩了过去。打在儿身，痛在娘心啊！儿子还没反应过来，妈妈已经泪眼模糊了。

这是她离异后第一次哭得这么伤心。当初前夫背叛她时，她没有哭；她一个人带着孩子，每天至少打3份工，半夜下班回到家累得半死，她还是没有哭——但是儿子嫌她烦、嫌她吵，她却哭了。

因为儿子不理解她，不知道她心中的苦楚，居然还嫌弃她！

儿子看着妈妈伤心流泪的样子，忍不住上前抱住她，轻声安慰着。

妈妈喃喃说道："妈妈常常跟你发脾气，是因为觉得你太不争气、太不让妈妈省心了。以后你能不能不要惹妈妈生气，能经常跟妈妈聊聊天，也关心关心妈妈。妈妈一个人养这个家，真的好累啊！"

听了妈妈的话，儿子泪如雨下，他一直以为做事干练的妈妈是强大的，但妈妈竟然也有软弱的一面，也有流泪的一天。

儿子紧紧地抱着妈妈，原来，坚强的妈妈也需要人关怀。

那天之后，儿子不再沉迷于网络游戏，放学后就开始写作业，有了空余时间还帮妈妈做家务活。母子俩还经常一起聊天，妈妈跟儿子说些自己工作上的事，儿子则跟妈妈分享他在学校里的一些趣事……

妈妈向儿子打开了心门，儿子也向妈妈打开了心门，母子俩的关系日渐亲密起来。

其实，不管是成年人还是孩子都需要一个知心朋友听自己倾诉，跟他分享自己的喜怒哀乐。

对于成年人来说，在这个世界上最信任的人会是谁呢？当然是血脉相连的孩子！对于孩子来说，这个世界上最值得他信任的人又是谁呢？最想跟谁说心里话呢？当然是生他养他的父母！

父母需要孩子做他们的倾听者，孩子也需要父母做他的倾听者。

萱萱回到家，跟妈妈打声招呼后便回房间了。

妈妈做好了晚饭，走到萱萱的房间门口敲了敲门。萱萱"嗯"了一声继续写作业，并无出去吃饭的念头。

妈妈在餐桌上等了萱萱好一会儿，有些不耐烦了，又催促她快点出来吃饭。可萱萱依然不为所动，坐在书桌前继续写作业。

"萱萱，妈妈在等你吃饭呢，叫你几次了，你怎么还不出来啊？"妈妈的口气有些不耐烦了。

"你先吃吧，我没胃口。"萱萱说。

妈妈听完，快步走进萱萱的房间，边拽她边生气地说："吃饭时间不吃饭装什么勤奋啊？赶紧出去吃了饭再做作业！"

"我现在不想吃，等做完珠算作业再吃。"萱萱就是不肯离开书桌。

"你一回来我就觉得有些不对劲，不说话、不吃饭的，你今天闹什么脾气？"妈妈松开了手，双手抱胸，一副审讯犯人的模样。

"我没闹，我能闹啥啊？难道什么都要跟你说吗？我什么时候吃饭、写作业都必须听你的吗？"萱萱不知哪来的勇气，居然顶撞起妈妈来。

"欧萱萱，你说什么呢？"妈妈被萱萱的话气得直哆嗦。

萱萱指着书桌上的珠算作业，说："我喜欢的是唱歌和跳舞，你却给我报珠算班，你凭什么替我做决定啊？"

"你又没跟我说过，我怎么知道你喜欢什么啊！"

"那你问过我吗？没问过我就直接给我报班。"

"你爸爸和我都是会计师，我们觉得让你学珠算可以……"

"我不喜欢！"萱萱一把抓起书桌上的作业本丢在地上。

母女俩就这么你一句我一句地吵了起来，越吵越激烈。

试想一下，假如妈妈在帮萱萱选择兴趣班的时候能跟她商量一下，或者萱萱跟妈妈说自己喜欢唱歌、跳舞，想参加这样的兴趣班的话，母女俩就不会吵架，自然也就不会因此而影响母女俩的感情。

沟通不仅仅是单方面的事，需要双方的共同努力。家长和孩子要多沟通、多交流，彼此向对方打开心门，彼此多听听对方心底的声音，亲子关系才会和谐稳定。

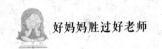

## 2. 正确引导孩子"喜欢"或"讨厌"

姜曼参加完女儿可馨的家长会后苦恼极了，因为这是她第一次被班主任单独请到办公室谈话，班主任严厉地指出可馨昨天跟同学打架的事。

一直以来，可馨在学校的表现都很好，尊师敬长、学习成绩优异，从来没出现过和同学争吵、闹矛盾的现象，这次怎么会跟同学打架呢？

走进办公室后，班主任将可馨和同学甜甜闹矛盾的经过告诉了姜曼。原来，甜甜是班里新转来的学生，老师为了让她尽快融入到班集体，就让她担任副班长的职务，和身为班长的可馨一起协助老师管理班级。

由于甜甜刚来到这个"大家庭"，对学习环境、同学都很陌生，于是班主任就让甜甜负责收发作业本，以便能更快地记住同学们的名字。可班主任没想到的是，这件事却成为可馨和甜甜闹矛盾的导火索。

以前收发作业本都是班长负责的，可馨的责任感特别强，对老师交代的任务都能认真完成。当老师改让甜甜负责收发作业本后，可馨觉得自己的能力受到了质疑，从此，老是跟甜甜发生一些小摩擦。

比如，上课时老师提问甜甜，在她没有答对时，可馨就会举起手臂大声喊着："老师，我会！"然后得意扬扬地说出答案。

甜甜负责打扫的卫生区，如果打扫得不干净，可馨就会拿出班长的架子对甜甜说："那块儿的卫生不干净，你怎么那么没有责任心？"

这不，昨天下午班里组织大扫除，甜甜负责扫地，可馨负责拖地。当可馨拖地的时候，她发现有的同学桌椅下还是有灰土，当即把甜甜叫过来，说："甜甜，你还是副班长呢，怎么对班级卫生那么不负责任？你不把地面扫干净，让后面拖地的同学怎么拖得干净？"

这段时间，甜甜也感觉到了可馨对自己的"敌意"，毫不示弱地反击说："那你有责任心吗？你身为班长，总是影响班级的团结，这就是你的责任心吗？"

接着，两个人你一言我一语地争吵起来，谁也不退让。

吵得激烈时，可馨推了甜甜一把，甜甜一个趔趄撞到桌子上，膝盖都磕破了。

了解了事情的经过，姜曼很是愧疚，因为她没有发现女儿对"班长权力"的执着，更没想到女儿会因此而影响和同学之间的相处。

回到家后，姜曼决定跟女儿好好谈一谈——要想解决矛盾，首先就要了解女儿的真实想法。

吃过晚饭后，可馨坐在沙发上看电视。姜曼故意漫不经心地问："可馨，听说你们班上来了一个新同学？"可馨听到这个话题，立刻警惕起来，急忙问："妈妈，你怎么知道的？"

姜曼见状，并没有说破可馨吵架的问题，笑着说："上午开家长会时，班主任表扬你了，说你很热心，经常帮新同学解答不会的问题。"

瞬间，可馨的小脸涨得通红，支支吾吾地说："嗯，嗯，也没有啦。"

"怎么了，你和新同学相处得不好吗？"姜曼向女儿抛出了关键问题。

可馨红着脸说："也没有，我就是不太喜欢新同学。"

姜曼问："为什么呀？"

可馨一脸不高兴地说："自从甜甜转到我们班以后，老师对我的关注就少了。以前，老师都是第一个叫我回答问题，现在都叫她，还让她当了副班长，什么任务都交给她负责，所以我不喜欢她。"

姜曼试图引导可馨对新同学的看法，于是对她说："可馨，如果你到了一个新班级，你最希望得到什么呢？"

"朋友呀！"可馨不假思索地说。

"甜甜刚转到你们班，她没有好朋友，老师为了让她能尽快交到朋友，就多给了她一些和同学接触的机会。如果你是转学生的话，到一个谁都不认识的班级，老师这么对待你，你是不是很感动呀？"姜曼循序渐进地问。

可馨点点头，说："是呀！"

"可如果不管你多么努力，都得不到同学的认可，还有同学讨厌你，你会不会很难过？"

可馨想了一下说："要是我到了一个新班级，大家都不跟我做朋友，我一定会很难过的。"

"甜甜就是这样。她现在缺少朋友，对新的学习环境还不适应，你作为班长，是不是应该多帮助新同学呀？"

可馨苦着脸说："应该。妈妈，可我犯错误了——昨天我不小心把甜甜推倒了，她今天也没跟我说话，她肯定讨厌我了。"

姜曼看着女儿，认真地说："可馨，明天上学的时候，你要向老师和甜甜道歉，大家都喜欢知错改错的好孩子。你身为班长，不能辜负老师对你的信任，要对同学友善，这样大家才会喜欢你。"

听了妈妈的话，可馨点点头，说："嗯，我明天就跟甜甜道歉。因为被人讨厌的滋味太难受了，以前我讨厌她的时候，她肯定也很难过。"

第二天中午，姜曼给班主任打电话询问可馨和甜甜的情况。

班主任说，可馨很勇敢，敢于面对自己的错误，当着大家的面向甜甜道了歉，还和甜甜成了好朋友，现在两个人还手拉手在操场上做游戏呢。

随着孩子的成长，他的情感也会出现变化，尤其是6～13岁的孩子，他的情感更加敏感、脆弱。在儿童阶段，孩子会有理由、有选择地面对"喜欢"或"讨厌"的问题。

有时候，可能因为一件小事，就会导致孩子对某个人或某件事产生负面情绪，这时就需要父母对其进行正确引导。比如，可馨的问题。如果姜曼回到家后马上斥责可馨推倒甜甜，或是斥责她有过激的"掌权欲望"，很可能会打击她的自尊心，甚至会让她产生逆反情绪，造成适得其反的局面。

所以，当孩子面对"喜欢"或"讨厌"的问题时，父母要帮助孩子分析原因，并让孩子认识到自己的问题所在，从而做出正确的选择。

## 3. 让孩子明白行为导致后果的重要性

傍晚时分，小区广场上有很多小朋友拿着心爱的玩具在一起玩。

田田拿着爸爸新买的遥控飞机在广场中央玩，雅雅则挥舞着妈妈新买的巴拉拉魔法棒念着咒语。隆隆看到雅雅的魔法棒闪烁着彩色光，觉得很有意思，便上前问道："可以给我玩一下吗？"

雅雅摇摇头，继续挥舞着魔法棒说："不行，这是妈妈给我新买的，我才玩了一小会儿呢！"隆隆伸手握住了雅雅的魔法棒，哀求道："就给我玩一会儿，一会儿我就还你！"

"不给！"雅雅依然摇头，死死地拽住魔法棒不松手。

"要不我拿我的皮球跟你换着玩一下吧？"隆隆不死心，一手拽住雅雅的魔法棒，一手把皮球递给雅雅。

雅雅用力把隆隆的皮球给拍到地上，等隆隆转身去捡皮球的时候，她一把夺过魔法棒转身就跑了。

雅雅在跑的过程中，撞上了田田的遥控飞机，不仅她自己摔了个大跟头，魔法棒和遥控飞机也都摔到了地上。雅雅吃力地爬起来，发现魔法棒的彩灯被摔坏不亮了。同时，田田把遥控飞机捡起来，发现遥控飞机也被摔坏飞不起来了。

雅雅握着魔法棒伤心地哭了起来，田田则一脸无奈地望着遥控飞机，不知如何是好。

"哈哈，坏掉了吧？看你还小气，不肯借给我玩一下！"隆隆看到雅雅哭了，竟然幸灾乐祸起来。

隆隆怎么能这样？要不是他硬抢雅雅的魔法棒，也不会酿成这起小事故，就不会使魔法棒和遥控飞机摔坏了。

做错事肯定要承担后果，如何让这个孩子学会负责任，学会承担后果呢？

在一旁看到这一切的隆隆妈妈刚想上前教训一顿隆隆时，田田跑到隆隆跟前，大声说道："你弄坏了我们的玩具，要说对不起，还要赔！"

几个小女孩远远跑过来安慰雅雅，几个小男孩将隆隆围了起来，一同要求他给雅雅和田田道歉。

这时，妈妈走了过去，问隆隆："你是不是故意把雅雅和田田的玩具弄坏的？"

隆隆摇摇头说："我不是故意的。"

"不是故意的，但是间接地弄坏了他们的玩具，是不是要说对不起啊？"妈妈接着问隆隆。

隆隆抬头望了望妈妈，又望了望还在哭的雅雅和正怒视着他的田田，点了点头。

"要是你的玩具被小朋友弄坏了，你要不要小朋友赔呢？"妈妈再问。

隆隆想了想，再次点点头。

"那同样的，你弄坏了其他小朋友的玩具，是不是也要赔？"妈妈顺势问道。

最后，在妈妈的监督下，隆隆亲口向雅雅和田田说了对不起，还跟着妈妈一起去买新的玩具赔给他们。

回到家，妈妈就这事对隆隆进行了教育。妈妈问隆隆：

"隆隆，你知不知道做错了事要承担一定的后果？"隆隆回答道："知道了。"

妈妈又问："那你知道后果的重要性吗？"

"不知道。"隆隆摇了摇头。

"不管是小朋友还是大人，不管做错了什么事都要主动承担一切后果。如果逃避的话，会变成一个没有责任心的人，小朋友很讨厌这样的人，是不会跟这样的人玩的。老师也不会喜欢这样的人，就连爸爸妈妈也不会疼爱这样的孩子。"

隆隆摇了摇头，说："我不要做一个令小朋友、老师还有爸爸妈妈都讨厌的人！"

"那你以后就要注意了，千万不要像今天这样，不仅抢夺并且间接弄坏了小朋友的玩具，还在一旁幸灾乐祸。"

"知道了！"隆隆用力地点点头，完全明白了妈妈的话。


孩子犯错是常有的事。

父母身为孩子的监护人和引路人，一定要明确地告诉孩子后果的重要性，教育孩子要对自己的行为负责，引导孩子对自己的行为所产生的后果进行处理。

## 4. 把大规划分解成小目标

对于孩子将来的发展，每一位父母心中都会有个大规划，并且会严格按照这个大规划来教育孩子、培养孩子。可是，实现父母制定的这个大规划不是一朝一夕就能完成的，而是需要经过长时间的雕琢。

设想一下，假如你希望孩子将来能成为钢琴家，从他4岁时就开始请专业老师教学。在孩子具备一定天分的情况下，至少需要多年的努力和苦练才能功成名就。也就是说，多年以后孩子才能感受到成功的喜悦。

对于孩子而言，他不具备足够的耐心。当努力了相当长一段时间后，如果孩子没有明显进步，没得到实质性的奖励，他就会觉得距离成功遥遥无期，从而气馁、松懈，甚至弃学。

既然量变到质变需要一个长期的过程，实现大规划也需要一个长期的过程，为何我们不把大目标分成小目标，一点一点攻克，一点一点积累呢？也就是说，鼓励孩子设立切实可行、针对性强的，又符合大规划发展方向的小目标，使孩子比较容易实现并获得一定的激励。

当孩子攻克一个小目标并收获胜利的喜悦后，就能感受到自己的努力没有白费，自信心会得到增强，自觉性也会得到提高，对攻克下一个小目标就会更有信心。如此这般，他必然会一步一步接近大目标、大规划，何乐而不为呢？

即使有些小目标暂时不能实现，家长可以引导孩子查找失败的原因，找到自身存在的薄弱点，不断去克服并完善自己。


乐乐妈妈是位书法家，她希望乐乐将来也能成为一名书法家。

尽管乐乐写的字在妈妈看来很不错，可由于平时他写字时总不用心，页面上经常出现涂改的痕迹——有的错别字使用修正液修改，有的错别字直接涂上一个黑疙瘩，然后在一旁重写。

妈妈不止一次教育过乐乐，说一篇好的书法不仅字体要美观，页面也要干净、整齐。虽然每次乐乐都点头说"知道"了，但总是左耳听、右耳出，根本不放在心上，妈妈对此很无奈。

爸爸问乐乐："妈妈讲了那么多次写字一定要整齐美观，为什么你总是不改正啊？"

乐乐说："妈妈要我跟她一样当个书法家，说字与字之间的距离要匀称，而且整体感觉也要大气美观。每次我开始写字的时候就会想起妈妈的话，一想到就会紧张，一紧张就只顾得上写好每个字而顾不上整洁了。"

爸爸知道原因后跟妈妈商量，以后不再给乐乐施加太大的压力，让他先放松好心态再练习书法，别让"成为书法家"这个大目标把他给压得喘不过气来。

妈妈认同了爸爸的观点，于是暂且将"培养乐乐成为书法家"的大目标放下，先把乐乐培养成习惯性能写出整齐、漂亮作业的学生。

于是，爸爸妈妈给乐乐制定了一个"可量化"的小目标：每天让乐乐抄写一小段优秀作文选，第一周他写错几个字不要紧，只要不涂黑、用修改符号改正就行。字体超出方格外也不要紧，下次注意就行。

第二周要求他尽量不写错别字，如果还有错别字，只要在3个以内还可以接受，字体超出方格外也暂且不批评。

第三周，不准再写错别字。

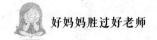

第四周，不准再把字写出方格外。

第五周，不能再写错别字，也不能把字写出方格外。

第六周，将抄写的段落增加一倍。

第七周，抄写整篇作文。

第八周，开始让乐乐自己写一段话。

第九周，让乐乐写一篇作文……

为了鼓励乐乐能够做到这些小目标，妈妈还设立了奖励机制：错 10 个字以内奖励他 1 朵小红花，错 5 个字以内奖励 2 朵，一个字也不错就奖励 3 朵；整段文字有三分之二没有超出格子的话奖励 2 朵，要是全部不超过的话奖励 4 朵。集齐了 10 朵小红花，周末就带他去买一件他喜欢的玩具或是他想读的课外书。

妈妈用这种循序渐进的方法，帮助乐乐慢慢改掉了作业本不整洁的坏毛病，同时缓解了他的紧张情绪。

帮助孩子确定可量化的小目标，帮助他突破自己，循序渐进地向大目标迈进。这种方法对家长来说简单易行，可以看到孩子一步一个脚印的努力成果。

对孩子来说，实现一个个小目标不仅有成就感，还能增强自信心、提高积极性，最终实现人生的远大目标。

## 5. 用新思维走进孩子的内心世界

《小王子》里有一句话很值得耐人寻味："大人怎么也不能明白我们的意思，而我们也懒得给他们解释。"

可是大人却又说："你们不解释，我们又怎么能明白呢？"

"你们大人总是用自己的思维方式来理解我们，当然不能明白我们的真正想法了。"这是高蕊在跟爸爸起冲突时说的一句话。

高蕊很喜欢看偶像剧《来自星星的你》，晚上做完作业就抱着平板电脑看，有时妈妈催她睡觉，她还推三阻四舍不得关掉。爸爸妈妈为此有些不悦。

这天，高蕊又打开平板电脑看《来自星星的你》，爸爸走了过来，说："你总是看这些情爱故事，真不明白，这种肥皂剧有什么好看的，而且这也不是你这种年龄能看的。"

高蕊回头瞪了爸爸一眼，说："男主角特别帅，女主角特别美，而且剧情的发展又有吸引力，我们班女生都在看这部偶像剧呢！"

"你们十二三岁的女生就是爱幻想，什么高富帅、白富美，太不现实了！"爸爸一脸不屑，"最现实的是把书念好，考个好中学，将来上个好大学！"

"爸爸，爱幻想跟念书没冲突好不好？喜欢高富帅怎么了？那是一种审美价值观，既有幻想的成分，又有现实的成分！"高蕊有些生气了。

"审美价值观，什么意思？"爸爸第一次听到这个词，不禁好奇地问。

"好吧，我就给你普及一下文化知识吧！"高蕊给爸爸解释起来，"审美，用我们00后的话来说就是喜欢美好的人或事，这里说的价值特指物质。高富帅既符合我们的审美观，又符合我们的价值观，所以绝大多数女生都喜欢！"

"这都什么跟什么啊！"爸爸觉得高蕊的人生价值观有些扭曲了，就对她进行了一番教育。

高蕊却不接受这些教育，还跟爸爸争执起来，吵到最后，她就蹦出了前文提到的那句话。

像高蕊这样，明确告诉父母自己的心中所想，即使得不到父母的支持，也会跟父母进行沟通，表达自己的真实想法，也给了父母了解她内心世界的机会。

只不过因年龄的差距和认知水平的不同，高蕊和爸爸的想法无法达成一致，最后还变成了不欢而散的争吵。最重要的原因是，爸爸用自己的一套思维方式来审视高蕊的所作所为，两个人自然无法好好地沟通了。

由于父母和孩子存在时代、年龄、思维等差异，所以造成了彼此间的文化代沟。父母只有站在孩子的角度，用孩子的眼光和思维去观察和思考问题，才能跟孩子进行良好的沟通，才会跟孩子找到共同语言。

要想了解并走进孩子的内心世界，父母就要放下长辈的身份去跟孩子交流。

可是，有些性格内向的孩子就不善于向父母表达自己的想法。

雅雅是一个性格内向的女孩，她跟爸爸妈妈的沟通仅限于每天吃什么、学校要求买什么辅导资料。

妈妈为了拉近和雅雅的距离，就注意观察她平时爱吃什么、看什么书、喜欢哪类电视节目，尝试着去接触她喜欢的事物。

雅雅喜欢看《爸爸去哪儿》节目，每周六晚上都霸占着电视机看。此时，妈妈也坐在一旁陪她看，时不时地跟她聊几句。

刚开始都是妈妈主动找雅雅聊，时间长了，雅雅好像被打开了心房一般，就算不是在看节目，她也会主动找妈妈聊有关该节目的内容。母女俩因为找到了共同话题，感情来了个大跃进，很快便成了一对"闺密"。

雅雅妈妈的这种做法就是站在孩子的角度，去理解、走近孩子内心的一个好方法。


有的父母想跟孩子更好地沟通，就去了解孩子的兴趣爱好，但怎么也找不到彼此愉快交流的方法。因为孩子根本就不愿意跟父母交谈，总觉得父母难以理解他的真实想法。

遇到这种情况，父母又该怎么办呢？

这时，父母可以跟孩子玩一个"变换身份"的游戏——在某个特定的时间段里，让孩子做一回家长，自己做一回孩子。

父母在扮演"孩子"时，可以主动跟孩子扮演的"父母"聊一些自己的心事，说说自己对某人某事某物的看法，最好把自己的烦恼也告诉他，让他知道你是多么信任他。

当孩子感受到父母的爱与信任，必定也会对父母产生信任，等到身份变回去的时候，孩子和父母的关系也会大大拉近。

眼睛虽然小，可它容纳的是一个大世界。我们只有站在孩子的立场去看世界，才会找到跟孩子对话的角度，才能了解孩子的兴趣爱好，才能进入孩子的内心世界。

# 6. 孩子要学会自控力

如果现在问大家这样一个问题："智商和自我控制力，哪一个会影响孩子将来生活幸福的指数？"

相信大多数人都会毫不犹豫地回答："智商！"

但正确的答案是："自我控制力。"

曾有教育专家做了一个关于儿童自控力的实验：在孩子面前放两盘巧克力，一盘多一盘少，只要孩子能忍耐15

分钟不按铃找实验人员要巧克力的话，就可以得到多的那盘；忍耐不了的话，就只能得到少的那盘。

这项实验的结果是，50 名 3~4 岁的实验者中，只有不到 20% 的孩子忍耐了 15 分钟，超过 80% 的孩子忍不了几分钟就按铃向实验人员索要巧克力。而 50 名 7~8 岁的实验者中，有 50% 以上的孩子得到了那盘多的巧克力。

这说明了什么？说明孩子的自控力从小就需要培养。可以说，自控力对孩子的成长乃至成功有着不容忽视的地位，但父母该怎么办呢？

一句话：父母控制和父母培养。

岚岚在读初中之前是和爷爷奶奶一起生活的，但爷爷奶奶的年纪有些大了，对她的管教有些力不从心。

岚岚就像是一匹脱缰的野马，想做什么就做什么，学习不积极，作息时间不固定。等爸爸妈妈把她接回家时，才意识到她完全没有自控能力，生活和学习一团糟。

妈妈为此对岚岚进行重点"控制"和"保护"，制定了一系列的计划帮助她改变坏习惯，以培养她的自控能力。

首先，培养岚岚积极、正确的学习态度。

岚岚自控力不强最显著的表现就是不爱学习。放学回到家，她不是上网玩游戏就是看电视，常常完不成家庭作业，甚至有时连课都不想去上，假装发烧跟老师请假。

对于一个孩子的成长来说，学习是最重要的。一般自控力差、不喜欢学习的孩子，对玩的兴致非常重。所以，妈妈对岚岚制定了一些奖励计划。

比如，每天按时上学，放学回到家能积极完成作业，如此坚持一个月，周末就带她去周边的景区游玩；要是能坚持半年，假期就带她去省外旅游。如果她做不到，周末和假期就只能被关在家里复习功课，且电脑和电视都不能看。

如此看来，只要岚岚按照妈妈的要求坚持一段时间后，就会慢慢养成好习惯，就能把她"不爱学习"的坏毛病给纠正了。

其次，培养岚岚良好的作息习惯。

妈妈给岚岚制定了一张作息表，要求她严格按照上面的时间点来生活。比如说，放学回家必须先写作业，晚上十点前务必要睡觉，要是做不到就要受到惩罚——惩罚方式有扣零花钱、减少娱乐时间等。

作息表中，周末是自由时间，岚岚可以进行自由活动，去公园玩、找同学聚会等。但是，如果周一到周五出现"违约"情况，那么，周末时间她就不能出去玩。

为了能获得周末的自由时间，岚岚每天放学回家都按计划表执行，先写作业、复习功课，再读一篇课外读物，然后再看一会儿电视或玩游戏。

再次，妈妈开始培养岚岚的兴趣爱好。

妈妈跟岚岚进行了一次深入的沟通，了解到她很想学芭蕾舞，当即就给她报了班，每周一、三晚上和周六全天去学习芭蕾舞。

这让岚岚有了目标和追求，使她对自己的人生开始有了规划，不再像以前那样浑浑噩噩、得过且过了。

妈妈告诉她，如果她跳得好的话可以去参加比赛，在大舞台上表演那是一件多么光荣的事啊！

为此，岚岚不仅风雨无阻地去上芭蕾课，为了有更多的时间练习芭蕾舞，她都不玩网络游戏和看电视剧了，将娱乐时间都腾了出来。如此一来，她的学习效率也慢慢得到了提高，周末也不总闹着要出去玩了。

最后，多让岚岚接触新鲜事物。

到了寒暑假，妈妈会让岚岚去参加一些冬令营或夏令营活动。岚岚参加过好几次这样的活动，不仅增长了见识，还提升了她的独立能力和社交能力。

据报道："在德国，不管是家长、学校还是社会，都把'主宰自己'的自控能力看作孩子走向成功的关键因素。"因此，培养孩子的自控力要从娃娃抓起。

自控能力是个人社会化的一个重要表现。

如果孩子没有或是缺少自控力，就会失去或是缺少一定的原则性，如果不及时纠正的话，孩子将来有可能会控制不了自己的行为而违反社会规则，对自我的成长和发展极为不利。因此，父母培养孩子的自控力非常有必要。

## 7. 理性对待"自由教育"

父母应该做孩子成长的导演还是观众？

支持"观众型"的家长认为，家长应该尊重孩子的主体地位和心理需要，在观察、了解他的基础上对他进行引导，让他自由自在地体验人生路途中的风景，让他在自我尝试、自我思考及自我总结中领悟人生，而不是提前为他规划好人生，让他按照自己的规划表成长。

孩子出生的时候是一张白纸，这张白纸将来变成什么图画，家长的教育起着极为关键的作用。

李襄从小就在父母制定的规矩中长大，虽然她收获了相对成功的事业，但失去了快乐的童年，所以在她结婚生下女儿小贝后，就决定给女儿一个愉悦的成长环境。

然而，令李襄没想到的是，由于自己没给小贝一定的约束，导致她成长为一个任性、不守规矩的孩子。

刚上一年级时，老师几次强调"举手才能回答问题"，可小贝充耳不闻，不等老师点名就说出了答案；老师说"上学不能带零食"，小贝还偷偷在课堂上吃薯片；最让老师生气的是，好几次上课铃刚响，小贝就对老师说她要上厕所，说完，她就在众目睽睽之下跑出了教室。

班里的同学纷纷效仿小贝，都吵着说自己想去上厕所。老师当天就给李襄打电话，跟她反映小贝在学校的情况，并询问小贝为什么会这么任性。

李襄这才知道自己的"自由教育"反而影响了女儿的成长。幸好李襄和老师及时发现了小贝存在的问题，马上帮助她纠正了这些坏毛病。

事实上，让孩子自由成长，家长只在孩子的成长过程中当一名"观众"，这个愿望虽然好，却不容易实现。

如果不从小让孩子养成好的学习和生活习惯，不从小培养孩子的兴趣爱好和特长，不教孩子各种礼仪、秩序，不让孩子明确自己的成长目标，将来他能自如地游走于复杂的社交圈吗？能充分发挥自己的特长，成为优秀的人才吗？

要想孩子将来成为一个有能力、有礼貌、有教养的人，在这个竞争激烈的社会中，家长就要适当地为他做好人生规划。

当然，父母为孩子规划人生是正确的，但是不能"绝对控制"，而要尊重孩子的意愿。

孩子还小，什么是对、什么是错，什么该做、什么不该做都根本没办法完全分清，更别说规划自己将来的人生之路了。这就需要家长进行适度地引导，充分发掘孩子的天分和兴趣，根据孩子的特长对他的未来进行规划，并按照规划对孩子进行培养。

也就是说，家长为孩子所做的规划是有条件的，既要听取孩子心底的声音，又要根据现实环境的需要来考虑，而不能一味地按照自己的意愿来制定。

家长在给孩子做人生规划时，还要注意保护孩子的想象力。

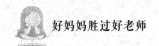

想象力是孩子一生中最大的一笔财富。孩子将来是步入艺术殿堂还是进入机械制造行业，是成为一名舞蹈家还是飞行员，想象力起着非常重要的推动作用。

家长要设定一个框架，让孩子在框架限定的范围内健康成长，但是也要注意，不能让这个框架使孩子"不成龙反成虫"。所以，家长要经常调整框架的大小，要时常让孩子走出框架去自由探索外面的世界，让孩子把新奇的思想和事物带进这个框框，使框架和孩子一起成长。

最后，要提醒家长一点，给孩子所做的人生规划一定要遵循孩子的成长规律。

每个孩子都有自己成长的特点，不同阶段的接受能力也不同。

据有关专家介绍，孩子在2岁前没必要给他传授知识，而应注重他的感官世界，也就是家人的爱和家庭的安全感。2岁之后，孩子的自我能力逐渐建立，这时要特别关注孩子的行为能力，帮助孩子建立自信心。

到了4岁，则要重点培养孩子的观察力，引导和培养他的兴趣爱好。此时也该对他的人生进行规划，但务必要注意：此规划一定要以孩子的性格、能力和兴趣为基点，不可定得过高，也不宜太低。

亲子家教艺术全集

# 读懂
# 孩子的心

**Du dong
Hai Zi de Xin**

刘颖

著

文汇出版社

图书在版编目 (CIP) 数据

读懂孩子的心 / 刘颖著. — 上海：文汇出版社，
2020.6
（亲子家教艺术全集）
ISBN 978-7-5496-3181-0

Ⅰ. ①读… Ⅱ. ①刘… Ⅲ. ①儿童教育 - 家庭教育 -
教育心理学 Ⅳ. ① G782

中国版本图书馆 CIP 数据核字 (2020) 第 063476 号

# 读懂孩子的心

**著　者** / 刘　颖
**责任编辑** / 戴　铮
**装帧设计** / 天之赋工作室

**出版发行** / 文匯出版社
　　　　　　上海市威海路 755 号
　　　　　　（邮政编码：200041）
**经　销** / 全国新华书店
**印　制** / 三河市龙林印务有限公司
**版　次** / 2020 年 6 月第 1 版
**印　次** / 2020 年 6 月第 1 次印刷
**开　本** / 880×1230　1/32
**字　数** / 100 千字
**印　张** / 6

**书　号** / ISBN 978-7-5496-3181-0
**定　价** / 180 元（全五册）

# 前　言

德国哲学家雅斯贝尔斯曾说：教育意味着一棵树撼动另一棵树，一朵云推动另一朵云，一个灵魂唤醒另一个灵魂！世界上最好的家庭教育，是父母和孩子心与心的交流。

父母的思想就是植入孩子心中的一粒种子，会深深影响孩子的一生。而妈妈就像是一棵葱郁的树，在孩子的心灵埋下饱满的种子；爸爸就像一盏灯，为孩子指明正确的人生方向，从而不断地提升孩子成长的正能量。

但是，随着越来越大的社会压力，许多孩子心里都充满了负能量。那么，如何让孩子转变思维、心态，用正能量面对生活中的各种挑战呢？

其实，解决这些问题是有技巧的，我们要从"心理"开始，因为最有效的教育是"走心"的教育。

要教育孩子，首先就要了解孩子，要懂孩子的心，要了解孩子的思想行为——要知道，不同年龄段的孩子有着不同的心理特点，不同个性的孩子有不同的心理特征，不同生活情况的孩子有不同的行为习惯，等等。

我们只有掌握了孩子成长的生理、心理发育规律的相关知识和概念，进行深入的研究分析，从而详细地了解孩子行为背后深层的心理原因，找到孩子生长发育的各个规律、各个阶段的心理特征，从中不断发现孩子的各种心理需求，进而了解孩子的所思与所想，弄清楚孩子的个性、喜好、思想、行为、情感、情绪等成长因素，再因势利导、因人施策。

所以，教育不是让孩子"言听计从"，而是让孩子"心悦诚服"，最终在孩子成长的道路上取得成功的教育。

如果我们想知道这些，想了解孩子的一切，就需要一把"知心"的钥匙去打开他的心门，找到他心中的症结，这就要求家长一定要读懂孩子的心。

# 目　录
## *Contents*

## 第一章

### 建立品格：好习惯让孩子受用一生

## 第二章

### 解读情绪：一定要了解孩子的心理变化

# 第三章

## 人际关系：孩子交往也需要分寸感

# 第四章

## 行为疏导：给心累的孩子减减压

# 第 五 章

## 应对态度：有效激发孩子的上进心

# 第 六 章

## 适应心理：让孩子学会适应各种新环境

# 第 一 章

## 建立品格：
### 好习惯让孩子受用一生

我们一定要让孩子摒弃不良的行为习惯，并让他们将一些良好的行为习惯持续下去，所以，我们有必要学一学心理学上的"强化定律"。

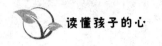 

# 第1节
## 解析孩子的说谎心理

瑞士心理学家让·皮亚杰说："撒谎的倾向是一种自然倾向，它是如此自发、如此普遍，我们可以将它当作儿童自我中心思维的基本组成部分。"是的，人是天生会撒谎的动物，一天中所讲的谎言往往比他自己所意识到的讲得更多。

尤其是一些孩子，为了推卸责任或逃避惩罚，往往会谎话连篇。比如，当爸爸看到地上打碎的茶杯，问："这是谁干的？""是猫咪跳上桌子打翻的！"孩子若无其事地回答，就算猫咪当时根本就不在场，他也会回答得理所当然。

我们常常会不自觉地向对方撒谎，而且很多时候连想也不想谎言就随口而出。比如，你穿这件衣服真漂亮，我给你打过电话但你没接，家里突然有很重要的事就去不了了……诸如此类的谎话可谓数不胜数。

对于谎言，我们并不陌生，生活中有很多人不动大脑也能随口说出两句不着边际的谎言，何况是孩子呢？可以说，就连几岁的孩子都不愿意承认自己犯的过失，从而编造出各种理由来为自己狡辩。

关于说谎的现象，某调查公司曾进行过一次民意调查，进行调查之后的统计结果使人大吃一惊：每人每天平均最少说 25 次不靠谱的话，而且，有很多人往往认识不到自己经常撒谎。

对于人们的谎言，有社会心理学家认为它产生的动机有不同层次之分，一般可归为三大类：

第一类人：是为了讨别人欢心，让人家感觉好一点。

第二类人：是为夸耀自己或是想装派头。

第三类人：纯粹是为了自我保护。

那么，从这三类中我们可以得知人们为什么撒谎。

关于孩子惯于说谎的现象，德国儿童心理学家斯特恩研究认为，在孩子到了 7～8 岁时往往不能完全陈述事情发生的真实过程，所以，他会根据自己的需要或想象而夸大、扭曲现实。所以，此时的孩子并非要欺骗谁，他甚至不知道自己在做什么。

面对孩子说谎，很多父母都难以容忍。其实，很多时

候是我们自己低估了孩子的能力，以为这些小家伙只是为了耍赖而撒谎。殊不知，真正让孩子感觉受伤或内疚的，是爸爸妈妈愤怒中隐藏的沮丧和难过。

对于孩子的谎言，我们没有必要深恶痛绝。只不过，孩子的年龄还小，分不清是非，不知道事情的轻重，不清楚什么事能说谎、什么事不能说谎，所以，我们不应该纵容孩子说谎。

周六的早晨，奶奶起床后看到亚亚一个人在客厅里哭泣，就问他："宝贝怎么了，哭啥呢？"

"爸爸妈妈骂我，还打我，呜呜……"亚亚一边哭一边说。

"啊？当家长的怎么能这样，我去说他们！咦，他们人呢？"奶奶看了看房间说道。

"他们不想管我，都去公司加班了，呜呜……"亚亚仍然哭着。

"哦，这周六还上班啊？那也不能拿孩子出气呀，看回来我不骂他们……"奶奶气呼呼地说。

"嗯嗯，只有奶奶最好了。"亚亚赶紧抱住奶奶撒娇。

下午，爸爸妈妈回来后，奶奶便质问他们为什么早上责骂亚亚。

"我们没有责骂他呀，当时只是急着去加班。"爸爸说道。

过了一会儿，妈妈突然想起了什么，说："我知道了，可能是昨天晚上我们答应亚亚今天带他去动物园，只是单位领导突然打电话让我们去加班，就没有去成。"

"哦，原来是这样。那你们怎么还打亚亚了呢？"奶奶又问。

"什么？我们根本没打他呀！"爸爸皱了皱眉头，"我想起来了，当时亚亚抱着我的腿不让我走，我就轻轻推了他一下。"

"哦……"奶奶明白了。

现在一切都真相大白了，亚亚早上哭得那么伤心，只是因为爸爸妈妈没有带他去动物园。看来，孩子的话可真是有一多半不真实啊，奶奶心里想。

可以说，孩子撒谎是常有的事，但不论多大多小的谎言，家长一定要多重视。当发现孩子真的说谎时一定要及时制止，要知道，孩子撒谎没被识破之后心里就会形成一种意识，认为撒谎可以蒙混过关。一旦孩子撒谎成性，就会酿成难以挽回的苦果。

心理学家还告诉我们，人在撒谎时往往会产生一些特殊的表情，比如，声音突变、眨眼频繁、不敢正眼瞧人、

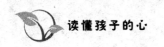 

笑容较少、耸肩、瞳孔收缩、不断摸鼻子、清喉咙、说话停顿等。

上述这些情况，只要我们留意一下，就不难发现孩子说的是谎言还是实话。但是，不可以对孩子进行打、骂等惩罚手段，因为受到严厉惩罚的孩子在以后更愿意采取说谎的方式来保护自己。

所以，想避免孩子说谎，对孩子偶尔有撒谎的行为不要当时就勃然大怒，应该先弄清楚孩子说谎的原因，之后再进行适当的处理与教育。

那么，怎么纠正孩子的撒谎行为呢？希望以下几个方法能对家长有帮助：

**一、了解孩子说谎的原因**

不要一开始就训斥孩子，而要认真分析孩子撒谎的原因。要知道，孩子之所以说谎，大多数情况是因为害怕受到惩罚。所以，了解情况后才能做出正确的处理方式，从而进行合理的教育。

**二、耐心地教育孩子**

当发现孩子说谎后，家长的态度要耐住性子，让孩子在拥有足够安全感的情况下去搞清楚事情发生的经过。然后分析孩子是有意说谎还是无意说谎，从而耐心教导，让孩子承认自己的错误，保证下次不犯就可以了。

### 三、为孩子做出诚实的榜样

俗话说"上梁不正下梁歪"，要想让孩子做一个诚实的人，父母就要以身示范。要知道，孩子是沿着父母的脚印在成长，如果父母本身思想、行为不够端正，就难免误导孩子动歪脑筋。

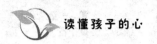 

# 第2节
# 杜绝原生家庭给孩子造成自卑心理

"强者未必是胜利者，而胜利迟早都属于有信心的人。"这是美国橄榄球联合会前主席 D. 杜根提出"信心决定成败"的说法。也就是说，只要你有自信，就算开始你不是最好的，到了最后你也能成为最好的。这就是著名的"杜根定律"。

有人说："自信是一根柱子，能撑起精神的广漠天空；自信是一片阳光，能驱散迷失者眼前的阴影。"可见，自信对一个人的成长非常重要，尤其是孩子，只有充满自信才能使他无所畏惧地走向未来。

在一次有关孩子心理的研究调查中，发现约75%的孩子有自卑心理，并且，这些孩子产生不良情绪的原因大都来自于家长的负面评价。可见，孩子的心理是自卑还是自信，很大程度上与家长的教育方式有关。

为了孩子的健康成长，我们应该改变自己的教育方式。比如，孩子在路边玩耍时捡到一块鹅卵石，高兴地拿给妈妈看："妈妈，你看我捡的宝石多么漂亮。""哦，果然很漂亮，你真有眼光！"相信孩子听了一定会满心欢喜，从而更加积极地发展自己的探索意识。

如果妈妈这样说："一块破石头有什么漂亮的，看你弄得两手都脏兮兮的，赶紧扔了它去洗手。"那么，孩子的激情可能瞬间就熄灭了，并会很不高兴地将石头扔掉，垂头丧气地去洗手，可能在长时间内都不会有积极探索的兴趣了。

由此可见，我们一定要多了解孩子的内心想法，多关心孩子的内心活动，发现孩子缺乏自信时一定要及时帮助他。

一个自卑的孩子，往往不敢面对现实与他人，总是低着头走路。长时间下去，不但会使他的脊背骨骼变得弯曲，而且心灵也会变得扭曲，这样会极度影响他的身心健康发展。

小亮今年 8 岁了，虽然他与别的孩子一样有着可爱的脸蛋、健康的身体，但他却认为自己是个很"无用"的人。

尤其是最近一段时间，小亮拒绝再去上学。他说自己是班里最笨的学生，同学们哪一个都比他聪明，因为每一

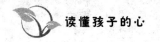

次考试他都考不出好成绩，经常受到老师的批评与同学的嘲笑，所以非常讨厌上学。

小亮为什么会这样做呢？主要是因为他太自卑了，眼中的世界几乎一片黑暗，没有任何自信让他能感到生活的美好。

后来班主任家访才知道，小亮的心理状态与妈妈有莫大的关系。

原来，由于爸爸常年在外地工作，妈妈一个人在家照顾他，还要不断地外出工作。这样，辛苦的妈妈就常常心情不好，于是对小亮经常没个好脸色，不是动不动说他笨，就是指责他这儿不好，那儿不对……天长日久，小亮小小的年纪就形成了自卑心理。

"任何人都应该有自尊心、自信心、独立性，不然就是奴才。"你看，好孩子不是骂出来的，好成绩也不是抱怨出来的。

家长平时要多关心孩子，纵然孩子有再多的不对，也不能经常批评他、否定他，更不可以对他的缺点进行羞辱，因为一味贬低与责骂会给孩子幼小的心灵带来打击。

发现孩子经常表现出落寞或自卑的情绪时，家长一定要多关心他，因为这种情绪是不健康的，不但会影响自信心的产生，还会影响好性格的形成及以后的发展，使那些本来可以改正的缺点却因父母的指责而对自己彻底失去信心。

所以，家长这时千万不可以再给孩子施加压力，而应帮助他摆脱消极的心理。

关于"杜根定理"这个理念，美国哈佛大学曾派有关人员进行了一次专门调查，最后发现：一个人能否胜任一件事，只有15%的因素取决于他的智力，却有85%的因素取决于他的态度。

也就是说，假如一个人满怀自信，那么，他就会有信心、有勇气做好每一件事；反之，如果他没有自信，平时总是非常自卑，对任何事都产生怀疑的态度，那么，这种消极情绪就会扼杀他的聪明才智，使他没有意志力将事做好。

这就充分说明了：一个人的成败，完全取决于他自己的自信！

那些充满自信的孩子总是精神饱满，敢作敢当。由于他们信心百倍，能去挑战别人不敢突破的事物，所以他们才会成为最优秀的孩子。

那么，怎样让孩子由自卑走向自信呢？以下几个方法

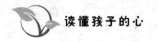 

可供家长参考：

### 一、不要嘲笑孩子

"你这个小笨蛋！""你怎么什么都做不好！"这些讽刺的话语会打击孩子的自尊心。因为孩子分不清什么是玩笑、什么是嘲笑，所以，在孩子还不太理解的年龄，尽量不要对他说这样的话。

### 二、信任使孩子更自信

作为父母，要信任孩子的能力，并放手让他尝试去做一些有意义的事情。要知道，在孩子小的时候，如果家长总是否定孩子的想法或做法，就会把孩子的自信心和独立性一点一点地扼杀掉。

### 三、培养孩子见多识广

如果有时间就多带孩子去旅游，多给他讲述所遇到的动物、植物、地理、典故等各种知识，只有让孩子见多识广了，才能使他的自信倍增。

### 四、宽容是培养孩子自信的土壤

不要总是因为孩子房间或者桌面上很乱而责备他，要知道，孩子是不可能整天都安安静静的。所以，面对孩子犯的错或散落的物品，父母的宽容才是培养孩子自信的土壤。

## 第3节
## 好习惯让孩子受用一生

心理学家认为，如果一个人的某种日常行为总是被忽视或抑制，那么，当以后再遇到这种行为时，个体就会自觉地尽量回避。反之，如果某种日常行为总是被关注或赞赏，那么，以后再遇到时，个体就会自觉地做出这类行为。

俄国生物学家巴甫洛夫曾做过这样一个实验：他发现狗见到食物就会分泌大量的唾液，但听到铃声却不会分泌唾液。于是，他每次都会让狗先听到铃声后再去喂食。经过一段时间的训练后，狗一听到铃声就会分泌大量的唾液，即使没有食物，狗也会产生强烈的反应。

其实，铃声本来和狗分泌唾液没有关系，但是，由于巴甫洛夫故意在狗进食前播放铃声，经过一段时间的训练后铃声就成了狗进食的信号，这就是我们所说的"条件反射"。

这个实验说明，条件反射是可以通过后天进行培养

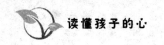

的，但在培养过程中必须进行强化练习。这个过程在心理学上被称为"强化定律"。

无论是人类还是动物，不管其本能有多么强大，其行为是良好的还是恶劣的，如果这种行为没有得到强化就会逐渐消失。对于孩子来说，强化定律不仅是一种学习良好行为的心理机制，也是帮助他纠正不良行为的教育手段。

对于年幼的孩子来说，行为习惯就是指引着他每天行动的指南针。如果孩子养成了一些不良习惯，他就有可能误入歧途，从而耽误了自己正常的发展；如果孩子在日常生活中养成了一些良好习惯，他就有可能朝着良好的方向发展下去。

所以，我们一定要让孩子摒弃不良的行为习惯，并让他将一些良好的行为习惯持续下去，所以，我们有必要学一学心理学上的"强化定律"。

源源今年9岁了，爸爸妈妈都很疼爱他，可是，他却有个很不好的生活习惯——邋遢，平时不管是自己的衣服、鞋，还是书包、课本、玩具以及生活用品等，总是喜欢乱扔、乱放，家里的沙发上、桌子上、床上、卫生间里、地板上几乎都是他乱扔物品的地方。

由于源源的这个坏习惯，整天弄得家里总是乱糟糟的。爸爸妈妈天天都要上班，没有多少空闲时间收拾家里，于是，妈妈对源源的行为很不满，总是不停地叨唠指责他。但不管妈妈怎么说，源源依然是老样子。

不过，源源虽然在生活上行为邋遢，但学习成绩还不错，经常考进班级前五名。这次考试后，源源又得了好成绩，爸爸看了高兴地说："嗯，这次你又考得不错，真是越来越有进步喽。如果你那邋遢的毛病再改一下，平时不那么乱放东西，就更是个优秀的孩子啦！"

"嗯！"源源高兴地答应了爸爸。

爸爸的话让源源觉得在理，他意识到自己乱扔东西的行为不好。于是，他开始自觉地学着整理物品，像自己的衣服、书包、课本、玩具等都会放到自己的房间里，而不再随便扔在客厅里。

这时，妈妈也觉得源源有了进步，便夸奖道："呀，不得了，我们源源同学不但学习好，而且还越来越整洁了，照这样下去，肯定能成为一个品学兼优的好孩子！妈妈今天做了你最爱吃的红烧排骨，快点来吃哦！"

就这样，得到了爸爸妈妈表扬的源源非常高兴，从此以后他的表现越来越好，不但学习成绩越来越优秀，还养成了一些良好的行为习惯。

对于成长期的孩子来说，在日常生活中他的好习惯和坏习惯都会同时存在。如果我们能适当地运用强化定律，那么，就可以帮助孩子矫正不良习惯、保持好习惯。就像上文中的源源一样，在爸爸妈妈不断强化之下，他逐渐改掉了邋遢的习惯。所以，善于运用"强化定律"，在教育孩子时能起到事半功倍的作用。

如果在处理孩子行为的问题上，我们采取奖惩分明的方法，关注孩子正确的行为并使之强化，把批评孩子的坏习惯使之消失，那么，培养孩子的好习惯一定会变得更为容易。

人的习惯是被培养出来的，无论是有意识的，还是无意识的。事实证明，一个小习惯就能反映出一个人的精神面貌和行为性格。因此，拥有好的习惯或者好的心态才能让人走向成功。

有关心理专家建议家长，多发现孩子在生活中的良好表现，并经常给予表扬，就可以使孩子的好行为得到强化，逐渐养成越来越多的好行为。

经研究表明，21天就足以形成一个习惯。所以，我们要注重孩子的细节，注重引导。具体还可以参考以下方法：

**一、及时赞扬孩子的每一个进步**

孩子的每一个进步都应该得到我们的赞扬，这可是对孩子积极行为进行强化的最好方式。如果我们能够做到这一点，孩子就会加倍努力，取得的进步一定会积少成多。

### 二、发现孩子的正确行为

在与孩子相处时，我们应该学会发现孩子的正确行为，千万不要在孩子表现良好时漠然视之。要知道，表扬孩子的正确行为，比责备他的负面行为更有效。

### 三、多一分耐心和宽容

当孩子有了改正错误的意愿时，要耐心等着，不要期望孩子一下子变好。要知道，孩子毕竟是孩子，我们除了对他进行一定的赞赏和鼓励外，还需要多一分耐心和宽容。

### 四、多给孩子赞赏和支持

如果孩子表现得很好，却得不到家长的赞赏和支持，他心里就会感到十分失望，那么他很可能就放弃了改正错误的行动，从而导致积极行为的消失。所以，我们应多给孩子一些赞赏和支持。

### 五、不要用怀疑的态度来对待孩子

作为家长，千万不要用怀疑的态度来对待孩子，更不要讽刺挖苦他，一定要相信他，尤其要相信他改正错误的决心。

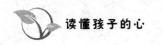

## 第4节
## 全面捕捉孩子的情绪变化

在美国的某一次博览会上，有人表演了一种看似简单却又让人着迷的扑克牌游戏：表演者先将这副普通的扑克牌摊开，让大家清楚地看到每张牌的牌面都有什么不同。然后，他又随便找了一名观众，请他任意抽出其中的一张牌，再让观众看看这是一张什么牌，却不必告诉表演者。

假如抽的这张牌是黑桃K，只要那名观众随意将这张牌塞回到整副牌中间即可。之后，表演者就开始洗牌，而且洗牌时很随意，并没有什么技巧，也没玩什么花样。洗过之后，表演者大叫一声"斯万高利"，便将整副牌全都摊开了。这时，观众看到每一张牌都变成了黑桃K，这就是心理学上著名的"斯万高利效应"。

这个效应一旦形成恶性循环，后果就很严重。因为它是一个连锁性质的心理反应——当一个人受了打击而心情悲伤时，如果不设法及时地疏通或排解，这种痛苦的心情就会像扑克牌中被抽中的那张黑桃 K 一样，将会迅速地繁殖与增强，使消极情绪扩张到整个心头。

这时，悲伤者的精神就会蒙上一层厚厚的失败阴影，再也看不见其他的色彩或事物，在他眼里，整个世界都变成了灰色，于是，在这种绝望的情绪之下往往就会做出极端的事情。比如，一些孩子遇到困难、挫折就逃避，轻易抛弃了自己可贵的青春年华。

孩子产生这种情绪也有年龄的原因，他所经历的事情少，当面临重大挫折时不懂得如何处理自己的挫败感，不知道如何排解自己的消极情绪。在这种情况下，孩子很容易养成悲观的性格，从而失去应有的快乐童年。

建建是个懂事又聪明的五年级同学，他的学习成绩一直都不错。但是，在这次期中考试之前他感冒患了肺炎，住院治疗了好多天而耽误了上学。期中考试他虽然参加了，但成绩很差，为此他在学校里哭了一个下午。

放学回到家里，建建仍然双眼红红的。妈妈问怎么了，建建一下子扑进妈妈的怀里又大哭起来："呜……妈妈，我再也考不好了，再也拿不到好成绩了！你看我落下这么多的功课，怎么补习都学不好。而且，由于我的学习成绩下降，同学们都在嘲笑我，几个要好的同学也不像以前那

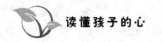
样跟我玩了。妈妈，我该怎么办呢？我心里好难受啊……"

妈妈怎么也没有想到，一次偶然的没考好却引起了孩子这么多的担忧，还令他这么痛苦。建建小小的年纪怎么会这样呢？抱着这样的思想，他该怎样继续学习呢？

妈妈细想了一番后，对建建说："孩子，你看过跳远比赛吗？"

"看……看过呀。"建建迟疑了一下说。

"那我问你，跳远的运动员在起跳之前，为什么总要退后几步？"妈妈接着问建建。

"他们当然要退后几步呀！这样准备充足了，起跳更有力，才能跳得更远。"建建不假思索地说。

"是的。那你现在退后了几名，不就是为了以后能考得更好吗？"妈妈说。

"妈妈，我明白了！"妈妈的一番话彻底驱散了积压在建建心里的消极情绪，使他恢复了以往的学习劲头。


家长一定要时刻关注孩子的情绪变化。当孩子遇到挫折时，家长要教孩子正确地认识挫折，并帮助孩子及时排除挫败感的干扰，以免时间长了积久成疾，从而形成一些不良的心理问题与心理疾病。

孩子很容易因为一时想不开或情绪低落，从而形成悲观、厌学的不良心态。面对孩子表现出来的悲观情绪，家长要让他知道，每个人都有自己的不幸，比如同学甲放学回家后说："妈妈，我今天可倒霉了，不但在学校里受到老师的批评、同学的嘲笑，就连在放学的路上也非常不幸：为了躲避一辆逆行的三轮车，我赶紧将自行车打把，结果一下子摔了个跟头……"

那么，面对孩子认为此时的自己是最不幸的人的时候，父母该怎么办呢？

"孩子，让妈妈来说你今天应该是幸运的。在马路上一定要遵守交通规则，你做得很好，面对逆行的车辆一定要及时躲避，才能使自己和他人都安全，因此，你只是摔了个跟头而不是撞上三轮车。再说，你受到老师的批评便会收获经验，下次肯定不会再犯同样的错误，是吧？"妈妈分析道。

当孩子听了妈妈的回答，消极情绪肯定会缓和很多。

要想改变孩子藏在心底的悲观情绪，平时一定要注意观察孩子的行为变化，要时常向他灌输乐观的思想，告诉孩子：每一件事情都有幸运与不幸两个方面，关键是你如何看待它。教育孩子凡事多往好处想，让他学会自我调节，让他看到光明的一面，从而使他保持乐观的情绪。

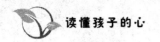

当发现孩子有心事时，要及时鼓励他把心中的苦水说出来，帮他减轻心理负担，帮他排除心理障碍，最后帮助他克服所遇到的困难。

所以，当事情发生时，家长要告诉孩子不去考虑它不幸的一面，而是去寻找它幸运的一面。当这种思维成为孩子的一种思维习惯时，他就会成为一个快乐的孩子。

此外，还可以采用以下两种方法：

**一、为孩子营造快乐的家庭氛围**

要知道，在充满冷漠甚至是暴力的家庭氛围中成长，很难培养出乐观开朗的孩子。所以，我们要为孩子提供一个温馨、和睦的家庭环境，不要经常训斥孩子，不要处处否定他的思想。

让孩子随时保持愉快的心情，才是让孩子情感绽放与心理健康发展的基石，这样才能引导孩子以积极乐观的心态去对待周围的人和事。

**二、经常分享孩子的快乐**

就孩子来说，他的生活应该是充满快乐的。因此，当孩子兴致勃勃地把他认为快乐的事情告诉我们时，我们也应该分享他的快乐。

# 第5节
# 让孩子懂得"后果"的意义

美国教育家珍妮·艾里姆说："孩子的身上存在缺点并不可怕，可怕的是，作为孩子人生领路人的父母缺乏正确的家教观念和教子方法。"是的，孩子几乎没有不犯错的，关键是大人对孩子犯错后的处理方法是否正确。

可是，生活中有很多父母都采取了不当的做法，总是不断为孩子的"错误"承担一切后果。比如，孩子弄坏了伙伴的玩具，家长不但不指责孩子的不对，还认为他的伙伴不够友好；孩子摔坏了自己的文具盒，二话不说，赶紧给他买个新的……一味地使孩子置身事外，这样极不利于培养孩子的自我反省能力，更不利于他正确意识的形成。

孩子逃避自己犯下的过失，使他觉得做错了也没关系，有长辈为自己收拾"烂摊子"，从而使他变成一个只知道推卸责任而不知道负责任的人。所以，孩子犯错后，家长应采用心理学上的"自然惩罚法则"，让他自己去承

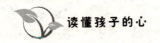

担事情的过失。

"自然惩罚法则"是 18 世纪法国教育家卢梭提出的，他认为：儿童所受到的惩罚应是他的过失所导致的自然结果，这样才能让孩子进行自我反省，学会自己弥补过失，纠正错误。

家长可以给孩子犯错的机会，让他试一试后果。如果孩子一定要穿那双好看但只适合聚会穿的硬底皮鞋或是那件漂亮但太单薄的衣服，就让他穿。因为他穿了以后必定会因"鞋子太硬而不能在操场上跑步"或是"太冷了"而品尝到自作自受的滋味。

这样，孩子有了痛苦的体验就会吸取教训，下次不再犯同样的错误。


佑佑今年上小学一年级了，爸爸专门买了一套儿童学习专用桌椅放在他的房间里。那把小椅子实在太漂亮了，不但是佑佑最喜欢的天蓝色，而且它还可以自调高低，坐上后还能自由地旋转，非常舒适方便。

佑佑对椅子喜爱得不得了，一放学回家就摆弄它，不是坐在上面旋转个不停，就是一会儿将它调高，一会儿将它调低。

爸爸见状，告诉佑佑这样不停地摆弄椅子很容易弄坏，可佑佑听不进去。爸爸又告诉他，如果你在三个月之内将椅子捣鼓坏了，那你就站着写作业吧。佑佑不相信，椅子怎么会玩坏呢？

谁知，一个月后爸爸的话就应验了，那把椅子真的让佑佑给弄坏了。当他央求爸爸再重新买一把椅子的时候，没想到爸爸非但不答应，还毫不留情地让他连续几天站着写作业。

直到一个星期之后，佑佑按要求完成了爸爸布置的几项作业，爸爸才答应再给他买一把新椅子。这时，佑佑才体验到"自作自受"的后果，体验到自己的行为所带来的劳累之苦。以后，他就学会了爱惜物品，更懂得要为自己的过错负责任。

当孩子犯了错，家长千万不要去包庇，应跟孩子讲清楚他哪里做得不对，让他懂得某种不良行为可能带来的恶果，让他明白自己应该怎么做，从而让他为自己的行为负责。

这就是"自然惩罚法则"。可以说，这个法则的出现是教育史上的一个里程碑，道理的关键就是让孩子懂得自作自受从而让他吸取教训。

卢梭告诉我们：不应该对孩子进行过多的指责或抱

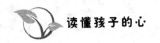

怨，而是让他自己直接承担错误造成的后果。比如，孩子打碎了盘子，不要急着责怪他，而应教会他如何打扫碎瓷片，并让他独自把碎瓷片收拾干净。这样可以强化孩子的犯错体验，在心里牢记下次要小心。

其实，教育孩子不光是口头说教，而应是现实的言传身教才能起到良好的教育作用。

父母要让孩子懂得，如果是自己做错了事就该自己负责，从而使其引以为戒。如果一个人的责任心总是"沉睡"着，那么，这个人就很容易缺乏责任精神。所以，让孩子为自己的行为负责非常有必要。

那么，如何才能在孩子的教育上运用好"自然惩罚"法则呢？希望以下几种方法能对你有所帮助：

**一、可以提醒，但不可教训**

当孩子出现某种不良行为或是犯了错误时，家长可以提醒他，但不要严厉地教训他。然后，给他讲清事情发生的原因，让他理解其中的道理，让他明白自己的不当行为带来的不良后果。这样，他就会知道自己的一时冲动所带来的过失是多么的不应该，从而便会自我反省、吸取教训。

**二、态度坚决，但要把握好尺度**

当孩子犯了错误后，很多家长往往一气之下就对孩子大声斥骂，进行严厉的责罚，而不是让错误产生的后果自然地去惩罚孩子。

殊不知，家长对孩子的惩罚行为过于严厉，这样往往会激发孩子的逆反心理，使效果适得其反。所以，当你在运用这种法则的时候，还应该对孩子具备爱心，从而把握好运用尺度以免过犹不及。

### 三、让孩子对自己的行为负责

家长要想运用好"自然惩罚"法则，就要减少对孩子行为的干涉。孩子犯错后，不要唠叨、埋怨，这会伤害孩子的自尊心，而应让孩子自己去反省错误并改正。

这一点，才是孩子成长过程中重要的一步。当他在实践中尝到了自己选择的后果时，才能学会对自己的行为负责。

# 第 二 章

## 解读情绪：
### 一定要了解孩子的心理变化

孩子的安全感行为完全来自于父母的关爱，他幼小的心灵需要足够的关怀与陪伴才能产生足够的自尊与自信，心里的安全感才不会缺失。

# 第 1 节
## 孩子爱用"哭泣效应"来达到目的

可以说，孩子大都爱哭，动不动就泪流满面。只不过，面对孩子的哭泣，很多家长都不喜欢——每当孩子哭泣时，家长总是习惯性地说："不哭，宝贝乖，妈妈给买……"或是严厉地制止孩子："不许哭，再哭爸爸就打你屁股！"

殊不知，"哭泣"是人类正常生理情绪的表露，也是人类表达感情的一种方式。严厉地阻止孩子哭泣，会影响孩子正常的生理与心理发展，因为孩子和成人一样，他的情绪也需要宣泄，而哭恰恰是孩子表达内心需求、宣泄情绪的一种方式。

尤其是那些年龄小点儿的孩子，当自己的某一要求达不到时，就有可能哭闹。更多的时候，孩子往往是受了某种委屈而以哭泣来表达心中的不满，这都是正常现象。

当孩子哭时，家长通常会有以下这些习惯性的反应：

1. 打击自尊——叫你别哭，你还哭？一点儿出息都

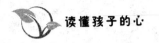

没有！

2. 埋怨——就知道哭，哭有什么用？

3. 反感——哭什么哭？哎哟，烦死了！

4. 威胁——你再哭，爸爸（妈妈）就不要你了！

5. 冷漠——去一边哭去，哭完了再回来。

6. 嘲笑——男子汉怎么能随便哭鼻子呢？

7. 恐吓　你再哭，我就把你丢在大街上不管了！

8. 制止——不许哭！不要哭！别哭了！

9. 否定——这么点儿小事有什么大不了的，有什么好哭的？

10. 斥责——看你怎么搞的？还好意思哭！

11. 妥协——好吧，别哭了，你想怎么样就怎么样吧。

12. 诱惑——不要哭了，妈妈带你去游乐场玩你最喜欢玩的，好吧？

家长这样做的结果是什么呢？叫孩子"不要哭"，孩子真的就不再哭了吗？假如孩子真的不哭了就皆大欢喜吗？其结果只能有以下四种：

1. 孩子迫于家长的威胁强忍住泪水，情绪被压抑在心里。

2. 家长越制止，孩子越反感，越是抽抽搭搭哭个不停。

3. 在家长妥协之后，孩子学会了利用哭闹作为威胁父母的武器。

4.孩子受到启发之后不再哭，变得坚强和乐观。

显然，第四种结果才是家长希望看到的，但在很多时候，孩子的反应都不能达到家长所期望的结果。

所以，虽然家长都希望孩子永远幸福快乐、欢声笑语，但哭和笑都是孩子真实的情感流露。因此，家长只有接纳孩子哭泣、允许孩子哭泣，才是对孩子最好的关爱。

沫沫今年刚上小学一年级，虽然他是个可爱的男孩子，但常因为一点儿小事就哭泣抹泪，而且哭闹的声音很大。每当沫沫大哭时，妈妈就很不耐烦地责骂他："哭什么？有什么好哭？""整天哭哭啼啼的算什么好孩子？""哭坏了身体怎么办？""不许哭了，再哭就把你关在房间里！"

妈妈认为沫沫爱哭是一种不好的现象，一是怕沫沫哭坏了身体，二是觉得男孩子整天哭鼻子是懦弱的表现。

在妈妈的恐吓之下，沫沫不敢再当着妈妈的面哭了。每当他心里委屈或不痛快的时候，他就躲在自己的房间里偷偷抹眼泪。

一天，沫沫放学回到家，妈妈发现他眼眶红红的，便问他怎么回事。沫沫咬着嘴唇半晌不说话，妈妈着急了，

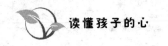

追问他到底发生了什么事。

这时，妈妈接到老师的电话。老师说，沫沫谎称生病了不去上体育课，一个人躲在教室里哭。老师又说，沫沫情绪很低落，如果长期这样下去能引发多种心理疾病，就会严重影响孩子的身心健康。

原来，自从妈妈恐吓沫沫以后，他心里就非常难过，可他不敢当着妈妈的面流泪，这才躲在教室里哭。妈妈知道了自己的行为是错误的，赶紧跟沫沫道歉。

科学家很早就对眼泪进行过科学研究，发现泪水中含有一种叫"溶菌酶"的化学物质，这种物质对人体是有益的，具有杀灭病菌的作用。因此，情绪心理学认为，人们因哭泣之后产生心情舒畅的现象，被称为"哭泣效应"。

研究还发现，人在动感情时流的眼泪，与切洋葱刺激而流的眼泪，其化学成分有很大的不同。也就是说，人在不同情况下流出的眼泪，所含化学成分的不同与哭泣时的情绪有关。比如，人在痛哭时所流的眼泪中含有有害身心健康的物质，而当风沙细物进入眼中所流的眼泪则没有这些成分。

由此可见，正常的哭泣对人体能产生积极的心理效应。人们在极度痛苦或万分委屈时，如果能痛痛快快地大哭一场，待情绪稳定之后就会产生积极的心理效应。

所以，让孩子哭一哭并不是坏事。

其实，哭不是什么可怕的事，哭只是一个信号，有助于我们了解孩子的内心。孩子哭泣并没有什么不好，唯一不好的地方就是我们的心魔：从心底里讨厌孩子哭泣！

因此，很多家长都不允许孩子哭，故而采取了一些错误的方式去对待，比如粗暴地制止、恐吓、威胁等。

孩子哭一定是有原因的。由于孩子的语言表达能力还不够有逻辑，理性思维能力也不够全面，自我控制能力更不够强，所以在挫折、伤害、悲伤、压力、委屈、失望等问题面前，表现出哭泣状态是十分合理而正常的。如果我们要求一个几岁的孩子在痛苦面前保持淡定，那才是真正的不正常呢！

现在，我们要做的很简单，那就是接纳孩子的情绪，把哭的权利还给孩子。

当孩子哭泣不止时，先让孩子把不满的情绪通过泪水安全地释放出去，缓一缓，先处理情绪再处理实际问题。要知道，孩子的哭泣，很多时候正是为了之后更明媚的笑容。

对此，心理学家认为孩子哭泣至少有以下三点益处：

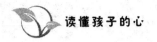 

### 一、使孩子的不良情绪得以宣泄

要知道，孩子都是感性的，如果硬让孩子憋住不哭，对孩子的心灵将是很大的伤害。所以，当孩子受了委屈想哭时不要去极力阻止，也不要责骂，而应引导孩子痛痛快快地哭出来。因为，哭泣可以帮孩子减缓心理压力，哭是孩子宣泄消极情绪的最好渠道。

### 二、放松紧张情绪

当一个人过于紧张时，会大大提高人体的患病率。研究发现，哭泣能使极度紧张的情绪得到合理放松。所以，让孩子痛痛快快地哭一哭，可以松弛他紧绷着的情绪，并释放体内的不良因素，从而利于身心健康。

### 三、保护心理机制

有人说，哭泣是孩子自我保护的"杀手锏"。心理学研究表明，当人受到严重的精神创伤后，如果能毫无顾忌地哭一场，精神就会得到一次洗礼，从而可以自我拯救将要崩溃的精神。所以，哭泣可以很好地疏导负面情绪。

# 第2节
## 应对儿童多动有方法

小军刚上小学二年级，他不但学习成绩不好，在学校里还是个极不受欢迎的学生。原来，从上幼儿园到现在上小学，他一直都喜欢"骚扰"其他同学。

小军在教室里坐不住，总是东看看西走走，无论别人怎么说他都安静不下来。尤其是他的脾气暴躁、容易冲动，经常惹是生非，总是无缘无故地和同学打架。

最让老师头痛的是，小军在上课时注意力也不集中，而且他自己不老实不说，还不让周围的同学安静——不管对方是在写字还是在读书，他都会扭头跟人家说悄悄话。为此，班主任曾多次劝小军的父母好好管教他。

小军的情况是患了"儿童多动障碍症"，心理学上也称"注意缺陷"与"多动障碍"，在儿童群体中比较常见。

如果孩子太爱动了，一会儿也安静不下来，就有患多

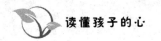 

动症的嫌疑。比如，孩子整天翻箱倒柜、上蹿下跳的，一刻也不闲着，学习不专心，说话时前言不搭后语等，家长就要重视起来，因为这种情况慢慢地很有可能发展成难以治愈的精神障碍。

关于儿童多动障碍症，一位对儿童疾病深有研究的医生发现：有些孩子的行为似乎总是停不下来，不但情绪容易起伏，还常常惹出很多麻烦，其症状通常表现为活动过多、自控能力差、冲动任性、注意力涣散等。因此，他认为这是一种比较常见的儿童心理障碍。

对于这种障碍，有关心理专家说，它一般发生于 3～12 岁的孩子，对孩子以后的发展与成长都会产生极为不利的影响。

这种多动症还分为三种不同的类型：

**一、多动／冲动型儿童多动症**

这种类型的孩子的手或脚常常动个不停，在不恰当的场合过多地走来走去或爬上爬下，就连在座位上也不停地扭动，在课堂上甚至会擅自离开座位等。

**二、注意力缺陷型儿童多动症**

这种类型的孩子总是出现易分心、易厌烦、易受干扰，常丢失书本、玩具，不能集中注意力或缺乏专注能力等行为。

### 三、混合型儿童多动症

如果孩子的某些症状符合以上两种情况，便属于"混合型儿童多动症"。这一类型的孩子在活动水平、注意力、学业及认知功能中损害最严重了。

关于孩子多动的情况，家长一定要引起重视，以便有针对性地让孩子改正或给孩子治疗。关于孩子多动症的原因，专家认为有这几方面：

**1. 不良的家庭教育方式是孩子患此症状的重要原因之一。**

**2. 过分溺爱的教育方式导致患病率占一部分。**

**3. 放任不管的教育方式导致患病率占一部分。**

**4. 严格管教的教育方式导致患病率占一部分。**

**5. 如果孩子吃多了食物中的人工添加剂，尤其是摄入含铅量过度的饮食，也会导致孩子产生多动的倾向。**

由此可见，严格的、暴力式的教育方式是孩子患多动障碍的最大因素。帮孩子消除多动障碍，有关心理专家整理了以下几种方法：

### 一、社会能力训练

平时教孩子以正确的态度对待他人，接受他人的奖励或批评，学会实际、常用的社会技巧等是非常有必要的。

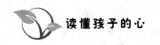

因为患有多动障碍的孩子，往往在人际关系与社会适应等能力方面很差。所以，家长多训练孩子学习如何保持好的人际关系，帮孩子学会处理生活中产生的挫折感和恼怒情绪等，这可以缓和此症状。

**二、家长培训法**

孩子患了多动症，父母也需要进行培训——学习一些如何管理孩子不良行为的方法。父母还要给孩子的康复创造一种长期有利的生活环境，理解孩子的精神需要，使孩子减少对抗行为，从而逐渐帮孩子展示出良好行为的能力。

**三、多关心孩子**

孩子出现多动症这种特殊行为，说明家庭中存在一定的问题，比如，家庭教育不合理、亲子关系不正常等。所以，父母一定要客观看待，不能责怪患病的孩子。

要知道，家庭成员之间不和谐的生活，也是引发孩子产生不良情绪的主要原因。所以，家长要关心、安慰孩子，积极帮助孩子采取防治措施，以使患病孩子尽快好转。

**四、对孩子因材施教**

家长切勿盲目望子成龙，对孩子施行强制教育，而应使孩子在轻松愉快的环境中度过童年，以免孩子患多动障碍。

# 第 3 节
## 让孩子了解"黑暗"的真相

生活中，很多孩子都有怕黑心理，他们从小对黑暗就会心生一种恐惧感，尤其到了晚上家里不开灯的情况下，会让他们内心更感到不安。因为在这些孩子的眼中，黑暗是可怕的，就犹如危险一样令人惶恐。

瑞士著名心理学家荣格认为："对黑暗的害怕，是人类从远古时代遗传下来的一种本能反应，并且人人都有，只是程度不同。"有实验发现，把婴儿放在光线明亮的地方，往往会快乐地玩耍很长时间；如果把他放在黑暗的地方，往往一开始就会哭泣。这说明，怕黑是人的一种本性。

小雪是个漂亮的小女孩，今年 6 岁了。可是，她非常胆小，还特别怕黑，长这么大一直不敢单独在房间待着，到了晚上更变得胆小。

如果大家都在客厅里，她要去房间或卫生间时，爸爸

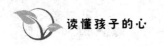 

妈妈要是不事先给她打开灯，她是万万不敢自己去的——没有人陪同，她就一直忍着，甚至尿裤子。

上文中小雪的情况，就是心理学上讲的"怕黑恐惧症"。有研究表示：怕黑是恐惧症的一种典型表现，医学上将其称为单纯恐惧。当一个人处于一个黑暗的地方时，往往会惶恐地哭泣，尤其是女性和孩子害怕黑暗者居多。

这样看来，孩子害怕黑暗纯粹是胆小的表现，也是正常的心理反应。所以，家长应认真对待孩子的怕黑心理，不要对孩子的恐惧心理加以指责，而要查明孩子产生恐惧心理的原因，然后加以分析和指导改正。

其实，有些情况会在不知不觉中造成孩子的恐惧心理：

### 一、让孩子独处

孩子由于年龄的原因还不能完全独立，所以，当一个人独处在缺乏安全感的情况下，他往往会觉得身边还伴随着黑暗、阴影，从而产生恐惧感。

### 二、经常恐吓孩子

如果孩子经常受到恐吓，也会心生恐惧感。比如，孩子淘气不听话，就将孩子关在黑暗的小屋、卫生间，或是晚上将孩子推到门外，或是对孩子说"你再不听话，鬼婆婆就会来找你"等，这些借以处罚、警告孩子的话，也最容易让孩子产生怕鬼和怕黑的情绪。

### 三、媒介传播的影响

"鬼"和"黑暗"经过大众传播工具的渲染，会加深在孩子心中的形象。现在一些古装电视节目颇多，上面往往会将鬼和黑色搭配在一起，配上一些诡谲的音效、道具和化妆，孩子观看之后往往会心生恐惧感。

### 四、负面信息的过大渲染

如果父母本身就胆小、怕黑，对一些"黑暗""鬼怪"总是过分地渲染和夸大，遇到一点儿小事就大惊小怪的，那么，孩子也会产生负面的模仿，从而在心中烙下对黑暗的畏惧感。

孩子对一些带有恐惧感的事物还处于一种本能的反应、理解阶段，如果身边有亲人陪伴，内心就不怎么害怕；反之，他一个人独处，就比较没有安全感。

所以，父母要多给予孩子关注与安慰，适当进行引导，并给孩子做好榜样，帮助孩子提高自己的认识能力，克服对黑暗的恐惧，使他尽快从害怕黑暗的心理中走出来。

关于孩子的恐惧心理，一些心理专家研究认为，还有"一般性的恐惧心理"与"病态性的恐惧心理"之分，二者虽然有着相似之处，但病态性的恐惧有弥漫性和渗透性。这可以通过以下方式来区分判断：

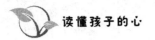

1.孩子在非直接情况下，比如看到图画、电视或听到他所畏惧的事物时，是否呈现出高兴的神情？

2.除了突然面临的恐惧情景之外，孩子经历了恐惧以后，他的日常生活是否未受影响？

3.孩子一旦离开受惊物以后，他的恐惧感反应是否随之消失？

4.孩子面临着恐惧的事情时，他的焦虑不安是否只是显露出对事物本身的恐惧？

以上四种情况，基于你家孩子的表现，如果对这些问题的回答是否定的，那么你的孩子对恐惧感可能存在着极大的心理障碍，对此，你有必要进行周密的考虑；如果根据你家孩子的表现，对这些问题的回答是肯定的，那么你的孩子只是存在着一般性的恐惧心理，这样的情况通常会随着孩子的成长逐渐消失，不必有过多的顾虑。

如何帮助孩子摆脱对黑暗及一些事物的恐惧感呢？希望以下方法能对你有所帮助：

**一、让孩子了解"黑暗"的真相**

当孩子发现自己一直害怕的"黑影"其实就是挂在衣架上的衣服，他的心里就会坦然许多。因此，只有让孩子发现他所担心的事情并不可怕，他才能克服内心的恐惧。

再如，当他发现所谓的"鬼叫声"只不过是树木被风吹起来拍打房顶的声音，他的心里就不再恐惧。

所以，家长可以根据孩子所说的情况，与他一起去寻找"可怕"的根源。当孩子明白了事物的真相，他心中的结就会自动解开。

### 二、平时多开导孩子

平时要多告诉孩子，黑夜是正常的自然现象，世上根本就没有什么鬼怪，都是人的脑子胡思乱想出来的，或是他人瞎编的。

### 三、淡化恐惧心理

当孩子说黑暗里有可怕的东西时，家长不要大惊小怪，可以笑着说什么都没有，再说些他有兴趣的事物，或是让他看看动画片来转移他的注意力。

让孩子克服恐惧感的最好办法，就是先淡化他的恐惧心理或转移他的注意力。平时可以教孩子练习胆量，让他参加一些有益的体育运动，告诉他要做一个勇敢的孩子。

### 四、少让孩子看恐怖节目

一些凶杀新闻、恐怖影视剧都会增加孩子对鬼怪的恐惧感，尤其是那些天生胆小的孩子，更应该少让他涉及这方面的事物。平时可以给孩子买一些科普书籍，使孩子的内心拥有正确的科学认知。

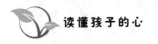

## 第4节
## 孩子的恋物情结

小贤上幼儿园大班，平时也算是个乖孩子，在幼儿园里和小朋友一起玩的时候也很懂事。可是，只要谁一动了他的宝贝奶瓶，他不但会哭闹个没完，甚至还会跟人打架。

刚进幼儿园时，小贤总是将他的宝贝奶瓶装进书包里。到了午睡时间，就会把奶瓶拿出来抱在怀里，这样他才能安心睡觉。如果奶瓶一会儿不见了，小贤就像丢了魂似的哭闹着四下寻找。

对于小贤的行为举动，爸爸妈妈开始并没觉得有什么不好，只是随着小贤的逐渐长大，他们才觉得"这孩子是不是有些神经质了"，就将小贤的奶瓶给没收了。

没想到，这下可惹恼了小贤，他开始哭闹不休，整整一天都不吃东西。妈妈很是心疼，就把奶瓶又还给了他。

面对小贤对奶瓶如此宝贝的状态，爸爸妈妈又心疼又不知怎么办好。殊不知，小贤这是患上了"恋物症"。

所谓"恋物症"，是指一个人迷恋另一个人或一些物品，并以此作为自身情感的依恋。有关心理学家认为，患者如果不能去依恋一个实际存在且完整的人，那么他的心理便会对某一物品感兴趣，比如鞋、手套、发夹、玩具等，以此来满足心中的安全感。

对此，在生活中我们常会见到有些孩子总是对某一物品喜爱至极，一刻也不舍得撒手，不管什么时候都带着它。有的孩子都上小学了，还对自己幼儿时的某一物品非常依恋，一会儿看不到心里就会惶恐不安。

关于恋物症的成因，通过心理调查研究发现，它与幼年时期的心理发育受阻有关，多发生在 6 个月～3 岁，若不及时纠正，可能会延续到 10 岁左右，甚至一生。并且，此心理障碍多是在偶然的情况下，通过一定条件联系的机制而形成。

孩了有了恋物情结，大致是因为这三个原因：

### 一、妈妈经常与孩子分离

如果父母经常与孩子分离，在依恋形成的关键期，孩子得不到父母的抚摸和疼爱就会缺乏安全感，从而把某些物品作为妈妈的象征或替代品，也就是说，把自己对妈妈的依恋之情转移到对物品的依恋上。

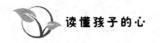 

## 二、过早让孩子单独入睡

孩子很小的时候就让他在儿童房单独入睡，或是过早地将孩子送入幼儿园，那么，这些环境变化以及陌生环境都会给孩子带来很大的刺激，从而导致孩子出现各种怪异行为。这时，孩子在无所适从或是缺乏安全感的情况下，就会设法通过各种感官来安抚自身的情绪欲望，从而迷恋上某一物品。

## 三、与孩子的肢体接触过少

你也许不知道，在家长与孩子的身体接触中，孩子能够减少心中的紧张感，这时他的感知得到发展，还会得到心理上的放松。如果父母认为与孩子嬉戏玩闹是浪费时间，与孩子很少有肢体上的接触，而经常用小被子、毛绒玩具等比较柔软的物品陪孩子一起玩，那么久而久之，孩子就会迷恋上这些物品。

可见，恋物症形成的原因，可能与幼年时不良的教育环境或教育方式有关。所以，多为孩子创造良好的生活环境和科学的教育方式非常重要。

如何纠正与化解孩子的恋物情结呢？以下方法可供你参考：

## 一、情结转移法

孩子格外依恋某一物品，往往是因为太无聊或太孤独了，可以先转移他对依恋物的注意力。比如，父母经常与孩子在一起，陪他一起玩耍，再逐渐延长他不碰依恋物的时长，可以使他减少对某物品的依恋。这样，孩子就不会再将自己的心思长久地放在某一物品上，慢慢地就可以淡化孩子的恋物情结。

**二、多带孩子接触外面的世界**

孩子恋物往往是因为他的生活太单调太封闭了。想改变孩子的恋物情结，帮孩子走出恋物的封闭空间，就要让孩子多接触外面的世界，那样孩子就会打开禁锢的心灵。

**三、物品不要单一**

一个物品一旦玩上瘾之后，孩子通常会依恋上。所以，给孩子买玩的或用的小物品时，可以一次性购买两三个，让他轮流使用或玩耍。这样，他也就无法对其中的某样东西"偏爱"了。

**四、多给孩子拥抱**

平时多给孩子拥抱，让孩子体验到来自父母的"肌肤之亲"，以解其"皮肤饥饿"，可以让他感觉到父母对他的关爱。这也是一种暗示：我爱你、我在你身边、你很安全、别怕等。这样，孩子就会对父母产生浓厚的依恋之情。

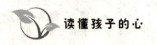 

## 第 5 节
## 理性对待孩子爱撒娇

心理学家霍尼认为："儿童在早期有安全和满足两大需要，而这两种需要都完全依赖于父母与其他养育者。当父母不能满足这两个需要时，孩子就会产生焦虑感。"

安全感是生命的底色，更是一种心理状态，它深深影响着每个人的存在状态。人们只有在拥有最基本的安全感后，才可能让全身心都完全地放松下来，也才能体验到欢乐的美好情绪。

尤其是年幼的儿童，父母如果能够给他足够的爱，比如持续的、关切的、稳定的情感，那么，他就会体验到心理上的安全感，并延伸出对于他人及世界的信任感。

否则，一个安全感缺失的孩子，可能会挣扎在恐惧的精神状态中，并且会耗费巨大的能量去寻求安全感，这样的孩子很难有精力和心情让自己享受到生活的快乐。

有些孩子喜欢撒娇，一见到父母便搂着爸妈的脖子不松手，甚至大人走一步，他就跟一步，不论做什么都紧跟着。这时，父母不免会感叹：孩子跟自己也太亲近了吧？

殊不知，孩子跟你过于亲近，是你平时跟他亲近得太少了——他向你撒娇是渴求爱的表现，是心中缺乏安全感，这才是他跟你过于亲近的原因。孩子的这个问题，便是心理学上所说的"安全感效应"的具体表现。

妈妈每天早上去上班的时候，小花就会从床上爬起来，双手搂着妈妈的脖子哭闹着说："妈妈不上班，妈妈陪我玩。"

小花快6岁了，每次都哭哭啼啼地闹好长时间，让妈妈的心半天都不安。

但是，等妈妈走了以后，小花就像换了个人似的非常懂事——起床、刷牙、洗脸、吃早饭，然后和奶奶一起去幼儿园。而且，她在幼儿园里跟小朋友玩得也很愉快，有时甚至还会像个小大人似的照顾别的小朋友呢。

当奶奶与幼儿园老师将小花的这些特殊变化告诉妈妈时，妈妈感到非常奇怪，不知道这孩子究竟是怎么了。

请问，妈妈在与不在的情况下，小花的表现为什么会判若两人呢？其实，这是孩子内心的安全感效应在作怪。

原来，在小花9个月大的时候妈妈就去上班了，她每

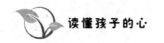 

天由奶奶照看。妈妈每天早上过早地离开，使幼小而天生敏感的小花觉得自己没有了保护，生怕别人对自己怎么样，心里非常没有安全感。所以，现在当妈妈每天早上要离开自己的时候，她就会产生一种失去保护的情绪。

所以说，孩子的安全感行为完全来自于父母的关爱，他幼小的心灵需要足够的关怀与陪伴才能产生足够的自尊与自信，心里的安全感才不会缺失。

所谓"安全感"，这个概念最早见于弗洛伊德精神分析的理论研究。

弗洛伊德很早就注意到个体弱小、焦虑以及有自卑情结的孩子，对其成人以后的心理健康有着重要的影响。通常，那些缺乏安全感的孩子往往会感到受冷落、歧视，觉得自己不被接受而被遗忘，从而感到孤独无助……

这样的孩子，常常会不停息地为自己的安全而努力，表现出各种神经质倾向、自卫倾向、怀疑等心理行为。所以，严重缺失安全感的孩子往往隐藏着强烈的自卑和敌对情绪。

对此，心理学家弗洛姆说："一个孩子在幼年时期，生活的一切都是完全依赖父母或他的养育者，父母给他做出了种种界限和规定。此时的孩子虽然没有充分的自由，却有着非常稳定的归属感和安全感。如果父母缺失或关爱不够，那么，孩子就会感到不安或恐惧，从而产生安全感不足的种种表现。"

由此看来，孩子由于自身的无助，他就只能依赖父母或身边的长辈，如果父母不能经常守在自己的身边，他就没有安全感。当他一见到父母时，往往就会表现出特别的亲近行为，比如频频撒娇。

一些心理教育家指出："父母创造条件，让孩子在安心做真实自己的前提下，内心渴望得到满足是孩子健康成长的关键。"因为"安全""接纳"和"我是重要的"这三种渴望，在帮助孩子建立自尊、自信方面尤为重要，而且，年龄越小时对安全感的状态越重要。所以，父母对待孩子的态度以及父母自身的安全感状态，都会对孩子产生重要影响。

振振妈比较年轻，在带孩子上没什么经验，常常被自己调皮的儿子给气得不行。不过，最近她找到了一个让儿子听话的好办法：振振每次淘气不听话的时候，她就说："不要你了！"而且，她还真的做出样子，将振振丢在一边不管不顾。

有一次，她带振振去儿童玩具店买玩具，当振振非要再买一个玩具而赖着不肯离开的时候，她就说："再不走

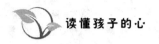

就不要你了！"然后，就真的头也不回地走了。

振振吓得大哭起来，赶紧跑着跟上妈妈。不过，每次这样之后，振振都会哭好长时间，并且还会紧紧地抱着妈妈不肯松手。

有心理学家认为，父母的态度有时候对孩子而言是生死攸关的大事，特别是涉及抛弃这一基本的安全感。这会让孩子感到生存受到了威胁，进而对父母产生不信任感。所以，"抛弃"对孩子的心理影响非常大，这种被抛弃的感觉很可能会让孩子感到生存危机，怀疑自己的价值。

要知道，为了让孩子听话而以抛弃来恐吓他，这在孩子还没有分辨能力之前是个令人恐惧的情况。所以，无论在什么情况下都不要让孩子有被抛弃的感觉。

父母的哪些行为会影响到孩子心中的安全感呢？我们来看看自己有没有做过以下几点：

父母总是在孩子面前吵架；

在孩子的"认生期"转换主要抚养人；

父母对孩子的身体接触和拥抱等亲密动作平时做得过少；

父母总是忙，未向孩子说明原因就悄悄离开；

父母总是随意食言，并且常常不履行自己对孩子的

**承诺；**

**对于一些生活的环境，总是向孩子夸大周围的危险。**

那么，如何帮孩子建立安全感呢？以下几个方法可供你参考：

**一、为孩子创造和睦的家庭**

如果父母经常发生争吵或打架，或者是冷战、互不搭理，缺乏家庭应有的快乐，孩子很可能会猜测父母是不是因为他才吵架，担心父母会不会离开他。那么，生活在这样担心与怀疑的生活之中，孩子心理上又怎么能形成安全感呢？

所以，孩子有一个快乐和睦的家庭，有疼他、爱他的爸爸妈妈，对他来说非常重要。

**二、找出孩子不安的原因**

如果孩子的心情总是紧张不安，父母一定要找出他为何感到不安的原因。比如，他人的惊吓或是某个家人的突然离开以及打架、争吵，或是猫、狗、打雷、巨响等他害怕的事物。然后，对症下药，消除孩子内心的恐惧，给予他安慰与爱抚，并帮助他重建安全感。

**三、多与孩子进行交流、多信任他**

很多时候，父母总是有做不完的事，明明说好与孩子一起去做什么事而没有兑现，孩子就会对父母失去信任，

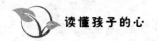
并且会让他觉得父母不关心自己，心里便会产生一些落寞感。

所以说，平时再忙也要抽时间陪伴孩子，并给孩子足够的信任与支持——与孩子共度一些快乐的时光，孩子才能对父母有归属感与安全感。

# 第 三 章

## 人际关系：
### 孩子交往也需要分寸感

我们一定要告诉孩子，平时应学会平易近人。因为，要想建立和谐的人际关系，最重要的方法就是要注重个人态度。

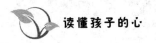 

## 第 1 节
## 让孩子在交往中获得他人的喜欢

心理学认为，"亲和效应"是指使人亲近、愿意接触的能力，并且还能使对方产生"自己人"的作用。它也是一种人们常有的心理定势，在心理学上也叫"亲和力"。比如，原本素不相识的两个人，由于一方或双方都拥有亲和力，于是很容易相处在一起。

所以，一个人如果想让他人把自己当成"自己人"，那么，在没有任何血缘关系的情况下就需要运用这个效应，让别人对自己产生好感，使对方认同并喜欢自己。

教育孩子也是如此。

我们知道，孩子从小就要跟很多人打交道，长大后才能融入学习生活与社会，才能拥有完整的生活。所以，家长可以用亲和效应来培养孩子的交往技能，让孩子避免交际失误，从而拥有良好的人际关系。

小贺和小敏在一所幼儿园里读大班，不过，这两个小女孩的个性却大不相同：小贺特别要强，不管做什么都要以自我为主，什么都要占第一；小敏性格温和，凡事都懂得谦让别人。

有一次，幼儿园举办"亲子欢乐活动会"，小贺和小敏的爸爸妈妈都陪着她俩来参加活动。

有一个节目是爬山比赛，获胜的第一名将会得到园里颁发的最优秀奖品，于是，大家都踊跃参加。但是，在比赛的过程中，小贺只要一看到有人爬到自己的前面，就立即过去拉住人家的腿，不让人家往前爬；小敏却做得很好，她不但将自己带的饮料分给其他参赛的小朋友分享，还帮助那些跌倒了或爬得慢的同学。

小贺由于一直在扯别人的"后腿"，小敏由于不停地帮助别人，到了最后，她们俩竟然同时达到了顶峰。怎么办呢？奖品只有一个，不可能两个人同时获得。

最后，老师想到了一个办法：让参加活动的小朋友来决定奖品应该给谁。

"小敏应该得第一！"参赛的孩子们几乎异口同声地说。于是，小贺只好眼睁睁地看着小敏捧走了这次活动的奖品。

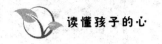

故事中的小敏为什么能得到奖品，而小贺却得不到呢？

原因很简单，就是因为小敏一直在帮助其他小朋友，从而在他人心中留下了好感；小贺不但不帮助别人，还一直拖别人的后腿，所以她在大家心中的印象很不好，才使大家决定将奖品给小敏而不给她。

可见，让孩子学会近亲别人，在别人心里留下亲切感是多么重要。它不但能让孩子拥有良好的交际能力，还能帮孩子打开交际的大门，这个现象就是心理学上所讲的"亲和效应"。

有社会心理学家指出：人际亲和是人的本能之一，是动物进化中的自然选择。所以说，亲和力应该是我们经常表现出的心理行为。比如，一个友好的微笑，一句贴心的问候，一个鼓励的眼神，都能表现出一个人的魅力，都可以让对方感到轻松并乐意与他交往。

那么，我们为何不利用亲和效应来帮助孩子拓宽他的交际渠道呢？运用此法则，可能会有意想不到的效果。

其实，在孩子与同龄人交往的过程中，这种亲和效应表现得会更加明显。因为，孩子的交往不像成人那样受交往动机的影响，他更受好恶的影响。所以，培养孩子的交往能力，可以先培养孩子的亲和力，让孩子将亲和效应合理地运用到交际之中，使孩子的交际更富有社交魅力。

小明本来是一个活泼可爱、对人彬彬有礼的男孩子，可自从学了跆拳道，他就像变了个人似的嚣张跋扈起来。每次训练回来走在小区的院子里，不管见到哥哥姐姐或是经常在一起玩的小朋友，他都会跑过去踢人家两脚或是打人家两拳，以显示自己的"威风"。

这样一来，大家都不喜欢他了，曾经与他最好的朋友也躲着他。

怎么办呢？这样下去，小明可能会成为一个人人讨厌的孩子。爸爸看在眼里，决定帮小明改掉这种顽劣的个性。

这天晚上吃完饭，爸爸带着小明来到小区的院子里，让小明主动给大家唱歌、朗诵，还让他给小朋友表演他所学的跆拳道，并让小朋友参与进来，和他一起玩。很快，小明再次博得了大家的掌声。

这样，每个周末爸爸都带小明做这样的活动，小明很快就变成了以前那个活泼可爱的孩子。

爱吵、爱闹、爱淘气是孩子的天性，可以说他的世界是大人赋予的。那么，为了培养孩子拥有良好的交往能

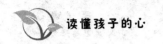

力，父母应该主动帮助孩子成为受欢迎的人，就像故事中的小明爸爸那样。

那么，如何培养孩子的亲和力，让他成为一个人见人爱的孩子呢？下面几点可供你参考：

### 一、培养孩子平易近人的态度

我们一定要告诉孩子，平时应学会平易近人。因为，要想建立和谐的人际关系，最重要的方法就是要注重个人态度。

要知道，那些张狂跋扈的人永远交不到知心的朋友，并且在行为上也得不到他人的支持。只有那些对他人有礼貌，让他人感觉到可爱与可亲的人才能给他人留下良好的印象。

### 二、让孩子学会吃点亏

古话说得好：吃亏是福。凡是经历过吃亏、知道谦让的孩子，一定会拥有不错的人际关系。而那些喜欢斤斤计较、自私自利、先己后人的孩子，人际关系也必定是一塌糊涂。

所以，平时不要一味地告诉孩子要争强好胜、不甘人后，这样只能让孩子成为孤独的人。

### 三、灿烂的微笑

告诉孩子，在交往中不要吝啬自己的笑容，要知道，粲然一笑是施展亲和力最有效的开场白。可以说，没有人会讨厌一张充满微笑的脸，在笑容的感染下，即使心情冷漠的人也会感到温暖与愉悦。所以，亲切甜美的笑容会使人赏心悦目、心情舒坦，是我们打开对方心灵的法宝。

**四、教孩子学会分享很重要**

我们要教会孩子，在和小朋友玩耍的时候除了关注自己的内心感受，还要多倾听伙伴们的诉说。让孩子明白，如果他一味地按照自己的意愿去行动，无疑把自己推到了被孤立的边缘地位，从而失去友谊。

所以，我们一定要教孩子学会分享，让孩子明白分享的意义，他才能成为受欢迎的人。

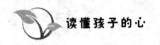

# 第 2 节
## 以貌取人的心理不可有

我国早有古训：人不可貌相，海水不可斗量。

很多时候，我们亲眼看到的也不一定是真实的，因为那些长相丑陋的人也许是大好人，而那些相貌堂堂的人也有可能是伪君子；那些打扮时尚的女孩并非贪图物质享乐的拜金女，而那些外表帅气大方的男孩也有可能是徒有其表的花花公子。

所以，我们培养孩子的交往能力时一定要重视这一点，告诉孩子，待人接物切不要以貌取人。

小文上小学六年级，她有一个好习惯，就是天生喜欢漂亮、干净的东西，爸爸妈妈每天都将她打扮得像个小公主似的。她还有一个坏毛病，经常胡乱猜测同学。

这天中午休息时，有个同学突然说自己放在书包里的50 元钱不见了。

"怎么没有了？""肯定是谁拿走了！""那是谁拿走了？"同学们议论纷纷。

"让我想想是谁拿走了？"只见小文歪着小脑袋猜想着……

"哦！我猜到了，一定是小娟拿走了！"小文说。

"啊？是她？"同学们都有些惊讶，同时，纷纷将目光投向了坐在角落里的小娟。

"我……我没……没有拿。"小娟怯怯地说。

"你怎么没拿，肯定是你拿了！"小文一口咬定是小娟拿了。

"你……你凭什么说是我拿了？"小娟气得脸都涨红了。

"看你穿的衣服那么破旧，每天也没见过你花什么钱。像你这么穷的人不拿，还能有谁拿呀？"小文振振有词地说。

"对对，看她那穷酸的样子，肯定是她拿了。""是啊，她那么穷，肯定是她拿的……"大家纷纷肯定是小娟拿了同学的钱。

"你们……呜呜……"小娟委屈地哭起来。

"怎么这么吵？发生什么事了？"这时班主任走进教室看到同学们都乱哄哄的，便问道。

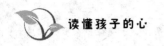

"老师，事情是这样的……"丢钱的同学、小文、小娟等纷纷向老师反映情况。

"哦，我明白了。我们一起来找找，看这个同学的钱丢到哪儿去了！"老师吩咐道。

于是，同学们都帮着找起来。没想到找到最后，那50元钱仍然在那个同学的书包里——夹在一本课本里，当时那个同学没有翻书找。

这时，老师觉得小文以貌取人的做法确实不对，便当着全班同学的面批评了她。


从这个故事中，我们可以看出"以貌取人"的心理不仅常出现在成年人中，在孩子的眼里也存在。并且，这种心理很不可取，因为不管什么事物凭一眼我们是看不透的，仅凭一些初步了解是判断不准的。

关于以貌取人的现象，心理学家曾做过这样一个实验：实验者先选定一些作者的文章与他们的照片，这些文章有的水平较高，有的水平则较低。而且，他们的照片也是有的漂亮，有的一般，总之各不相同。并且，这些作者的文章水平的高低与他们照片的漂亮程度并不相对应。

也就是说，长相漂亮的作者的文章不见得水平高，而长相一般的作者的文章水平未必就低。当心理学家找了一批人来阅读这些作者的文章及观看了他们的照片之后，却出现了一个奇怪现象：阅读者一致认为，水平高的文章是那些长得漂亮的作者所写；而水平差的文章，自然就是那些长得一般的作者所写。

这个实验证明了人人都喜欢"以貌取人"的心理特征，并充分说明了一个问题：人们对容貌漂亮的人不但容易产生好感，还会给他们很高的评价。

是的，这种情况在生活中普遍存在：看到美丽的花朵往往会欣赏一番，看到凋谢的花枝总是不屑一顾；看到漂亮可爱的小孩子总想抱一抱，而看到脏兮兮的小孩子总是远远地走开……

在人际交往中，特别是对不太熟悉的人进行评价时，我们往往会从一个人的相貌判断其是否可信可靠，从而陷入一种主观误区——"以貌取人""以偏概全"的眼光之中。

殊不知，一味地以貌取人，不仅会伤害他人，还会给自己带来无法弥补的损失。尤其是孩子，常常会一叶障目，从而使自己吃大亏。

一项研究显示，儿童大多喜欢以貌取人——如果你拥有一副漂亮的面孔，大多数孩子都会选择信任你。

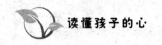

这是美国哈佛大学教授伊格尔主导研究的，他找了 32 名 4 ~ 5 岁的儿童进行测试，发现这些孩子比较信任拥有漂亮脸蛋的成年人，尤其是漂亮的女性。因此，这项研究结果显示，即使是天真的小孩子也会以貌取人。

伊格尔教授还发现，当孩子渐渐懂事并接触到外面的世界时，他们会严重依赖他人提供的信息，例如选择相信较年长的成年人。

所以，我们一定要早点告诫孩子，在交往中切不可以貌取人或妄下结论，更不可凭着自己的感觉去交友，以免误解他人或使自己上当受骗。

平时，我们一直教导孩子做一个有涵养、有素质的人，不要被一些不良风气或劣行所诱惑，让孩子早点学会端正自己的思想，任何时候都不要以貌取人。这是因为，生活中有很多衣着简朴而有真才实学的人，仅凭穿着去看人是万万行不通的。

家长一定要让孩子知道，以貌取人最容易误人害己。

## 第 *3* 节
## 互惠原理在孩子人际关系中的应用

从心理学上讲，互惠原理是指任何人在得到别人的好处或帮助后，都会有或轻或重回报对方的想法。

因为，在我们心中往往普遍存在着一种偿还责任感，而这种感觉会驱使我们主动将欠别人的恩惠还回去，以求心理的平衡。

别人曾对你有过一点儿小恩惠，那么，在他有事求助于你时，你也往往会欣然相助，这就是"互惠"的好处所在。

有一天，小河蚌发现自己赖以生存的河水水质与以往大不相同了，不但越来越浑浊，还伴着一股强烈的臭味。它喘不过气来，只好赶紧浮上水面透透气。

露出水面，小河蚌才看到，从四面八方涌过来的垃圾马上要将它包围，眼看自己就要有生命危险了，这可怎么

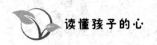 

办呢？

"小河蚌，你在哪儿？我来救你了！"有个声音突然在天空呼叫。

小河蚌马上抬起头，一看原来是仇家——水鹬鸟正在自己的头顶上空盘旋。

"哼，这个坏家伙是不是想乘人之危呢？"小河蚌心里想道。因为，自从"鹬蚌相争，渔翁得利"的事发生后，河蚌与水鹬鸟两大动物家族就成了死对头。

"小河蚌，我是来救你的！"水鹬鸟大声说道。

"你……你真要救我？"小河蚌简直不敢相信自己的耳朵。

"当然是真的。你不要再对'鹬蚌相争'念念不忘，现在我们来个'鹬蚌相助'好不好？实话告诉你吧，我住的那一片树林快被砍光了，我也要离开那儿。所以，你快点抱住我的腿，我带你离开这里，一起去寻找一个新家吧。"水鹬鸟说。

"哦，好吧，我相信你。"小河蚌说着，便一跃抱住水鹬鸟长长的腿。于是，它们一起离开了这个危险的地方。

从上面这则寓言故事里，我们可以看出：一味地"鹬蚌相争"，只能害人害己，使"渔翁得利"；而彼此的相互帮助、友好相处，才能使双方都生活得更好、更快乐。

培养孩子的交往能力也是如此。比如，你帮了人家的忙，当你有困难时人家也会帮忙；节日时你请邻居吃饭，下一个节日时邻居也会回请你。让孩子懂得这就是互助互利，他才能与伙伴成为好朋友。

有很多孩子从小就很"独"，形成了自私、占有欲强的心理状态，不懂得与人分享，更不知道什么是互惠互利。这样的孩子，老师和同学都担心日后他怎样与人相处。

所以说，从小培养孩子良好的交往能力，让孩子了解互惠的作用是必要的。

月月与强强在一所幼儿园里上大班。一天，老师带他们做完游戏后，到了自由玩耍的时间。

当时，月月正在玩一个可爱的长毛兔子玩具，这时跑过来一个小朋友一下子把长毛兔子抢走了。没想到，月月立即站起来追上去，狠狠地推了那个小朋友一下，小朋友倒在地上哇哇直哭，赶紧将长毛兔子还给了她。

强强的情况就不同了。

正当他一个人在高兴地玩翻斗汽车时，突然跑过来一个孩子要抢他的玩具。没想到，强强立刻让开了，让那个

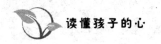

孩子玩,他自己则讪讪地站到了一边。

从上面的例子中我们可以看出,那些只争不让的霸道孩子实在是不讨人喜欢,那些过分谦让、只让不争的孩子则会让人觉得懦弱,甚至没出息。

那么,如何调整好这个"度",让孩子做一个既不霸道欺人,也不隐忍、懦弱的优秀儿童呢?这就需要让孩子学会与人相处的道理。

我们要告诉孩子,不要做只争不让的霸道孩子,但也不必做一味谦让、忍气吞声的孩子。让孩子学会互帮互助,这不仅可以增加孩子与他人之间的友谊,学会如何与他人更好地相处,同时也让孩子明白帮助别人是一件很愉快的事。

可以说,互惠互利对一个人的精神升华能起到很大的作用,因为一旦受惠于人而没有偿还的时候,往往会如芒刺在身,浑身都不自在。只有在偿还之后,我们才能从这种心理重压下获得释怀。

孩子之间同样如此。学会平等交换、互惠互利,在孩子的心理上才能产生积极的影响。可以说,在健康的互动过程中,孩子之间的关系应该是平等而快乐的。

互惠是一种健康的交往理念，孩子只有掌握了它的规则，才能使自己在人际交往时充满自信。下面几点希望能帮助到你：

**一、提高孩子的合作技能**

平时有时间，可以想办法多让孩子加入同伴的游戏活动，也可以设置一些场景让孩子练习。让孩子在活动中学会主动，学会表达自己，学会与他人商量，学会容纳他人，学会尊重他人，从而提高自己的合作技能。

**二、培养孩子的合作意识**

团体游戏是孩子最喜欢的活动，它对孩子合作性的培养起着积极的促进作用。比如，一些大合唱、角色游戏、体育团体赛等游戏项目，对培养孩子的合作能力都有着直接的关系。

在活动之前，可以对孩子进行分组，让孩子在分组中体验自己与他人合作的快乐。多为孩子提供合作的机会，便能不断提高孩子的合作意识。

**三、为孩子设计激发合作的欲望**

家长可以根据自己孩子的年龄特点，设计一些可以激发孩子合作欲望的活动主题或情景表演，让孩子与伙伴们参入其中。

比如寓言故事《盲人与瘸子》，能让孩子从中明白"通

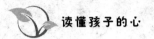
过互助合作，不同的人可以依靠他人的优势来弥补自己的不足"的道理；通过故事《团结力量大》，引导孩子之间相互合作，并唤起孩子参与讨论与交流的激情，从而让孩子懂得什么是友爱，怎样才算合作。

# 第4节
# 孩子交往也需要分寸感

美国社会心理学家阿伦森做过这样一个实验：他将一些人分成四个小组，第一组的人不管表现如何，给他们的评价始终是否定，第二组的人评价始终是肯定，第三组的人评价是先褒后贬，第四组的人评价是先贬后褒。

最后，实验结果发现：第一组的人对评价表示不满意，第二组的人对评价表示满意，第三组的人对评价表示极不满意，第四组的人对评价表示最为满意。

从这项实验中我们可以看出，对方最愿意接受先否定、后肯定的语言表达，这种表达方式能使人开心快乐；对方最难接受先肯定、后否定的语言表达，这种表达方式让对方很是反感。

这种心理规律即"阿伦森效应"，它也告诉我们，好与坏、喜与悲是经常相互转化的。

同样的道理，当一个人说话、办事方法得当时，就好

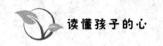 

办得多；若是失去分寸，即使好办的事也往往难以成功。所以，在与人交往时，我们应该避免由于自己不当的表达方式给他人带来的痛苦或难堪，使交往产生不愉快。

即使是孩子，在与他人交往时也要让他注意这一点。

有一位退休的老人，为了图清静便在郊区买了一所房子。

老人住下的前两个月还算安稳，可现在学校放了暑假，有几个孩子便在房子前面的空地上练习踢足球，天天追逐打闹，让老人不能安生。

老人便出去对这些孩子说："你们玩得不错啊！我也是喜欢热闹的人，如果你们每天都来这里玩，我给你们每人两元钱。"

孩子们一听高兴得不得了，玩耍还能得钱，这事太美了。于是，他们更加卖力地闹腾起来。

过了两天，老人来到孩子们面前给他们发钱，却愁眉苦脸地说："我到现在还没收到养老金，所以从明天起，每天只能给你们一元钱了。"

孩子们虽然觉得钱少了点，但还是接受了老人的说辞，每天下午继续来这里踢球。

又过了两天，老人对孩子们说："孩子们，真不好意思，现在物价上涨得很快，我不得不重新计划我的开支，所以每天只能给你们五角钱了。"

"五角钱？这也太少了吧？买根冰棍都不够呢。"一个孩子十分不满地说。

"对，太少了。""太少了，我们不干了！"孩子们一边说，一边气呼呼地走了。从此，老人重新拥有了安静的生活。

这个故事中，老人劝孩子离开的方式，其实暗含了心理学上的"阿伦森效应"。人们心里都反感那些对自己奖励、赞扬不断减少的人或事，而都喜欢那些奖励、赞扬不断增加的人或事。

我们培养孩子的交往能力也是如此，一定要让他掌握好说话的方式与分寸，不要总认为"童言无忌"而触犯了心理学上的"阿伦森效应"。

在交往时，同样意思的话，却往往因为说话人的表达方式不同而产生截然不同的效果。比如，同样是请求别人帮忙处理一件事，有的人简单几句话就能使对方欣然答应，而有的人说了一箩筐的话，对方还是会一口回绝。这就是说话的艺术。

家长应该告诉孩子，交往中不能想说什么就说什么，

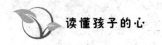

想怎么表达就怎么表达，因为这样很容易得罪小伙伴。

丫丫10岁了，是个活泼可爱的女孩子，但是她那张小嘴却非常厉害，说话像竹筒倒豆子似的噼里啪啦不饶人。

一天，舅舅带着7岁的小表弟去丫丫家做客，丫丫看到他们就说："你们怎么这么早就来了，吃午饭还早着呢。"

"我们来早了，来早了。"舅舅苦笑地摇头说道。

"看你脚上那双鞋脏的，马上换了！"丫丫厉声对小表弟说。小表弟只好怯怯地将鞋子换了。

大家坐在沙发上看电视的时候，剧情里出现了一个小丑人物，丫丫马上对小表弟说："他的样子和你差不多吧？"这话说得小表弟满脸通红。

一会儿，剧情里有个人在发脾气摔东西，丫丫又说："舅舅，你看他发疯的样子多像你。"气得舅舅朝她直瞪眼，起身就要离开。

这时，妈妈赶紧从厨房里出来打圆场，舅舅与小表弟才没有生气地离开。

生活中像丫丫这样的孩子有很多，他们大多都个性直接，尤其是那些特别调皮的，在与人互动时想说什么就说什么。有时也不管对方是什么人就搞些恶作剧，特别是将对方的缺点一口气都说出来，一点儿礼貌也没有，弄得对方很尴尬。

就像故事中的丫丫，她说话总喜欢直截了当，把一些该说或不该说的话都一股脑儿说出口，这样就犯了"阿伦森效应"中最不好的一面，一下子得罪了对方还不自知。试想：这样下去，这孩子怎么与他人交往呢？长大以后又怎么能拥有良好的人际关系呢？

所以，家长一定要重视孩子这方面的交往症结，培养孩子说话的方式与分寸。希望下列几点建议可以帮助家长解决问题：

**一、让孩子道歉**

如果孩子说话伤害了别人，并且是故意的，就得让孩子为自己说过的话向对方道歉，要让他亲自说"对不起"，以求得对方的原谅。如果孩子不知道该怎么做，就要私下向孩子解释，让他知道对方听了他的话会有什么不愉快的感受，以后不能再这样做。

**二、让孩子学会正确的说话方式**

正确的说话方式对孩子来说非常重要，因为，很多时候孩子想表达对他人的关心，由于表达方式不当，结果弄巧成拙，让对方产生了误解而引起不愉快。所以，我们应

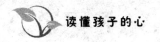

该教给孩子与人交谈的正确方法，以免孩子因为不会说话而影响了交往的成功。

### 三、让孩子体验一下被奚落的心情

当孩子向你诉苦自己被人奚落了心情不好时，可以借机告诉他："你心里很难受是吧？这下你也知道被人挑毛病是啥滋味了吧？你总是那么爱说人家的短处，时间一长，人家不反过来说你吗？"这样，当孩子体验到被他人奚落的滋味后，口无遮拦的说话方式也会收敛很多。

## 第 5 节

## 淡化孩子的从众心理

有心理学家做过这样一个实验：在一所大学里请了 6 名大学生做他的实验者，并且跟他们说实验的目的是研究视觉情况。之后，他悄悄地让其中的 5 个人来到实验室，让他们配合他做假实验。然后，他们坐在安排好的位置。

当第 6 个人来到时，看到有 5 个人都坐在那里了，他只能坐在第 6 个位置上。而且，他一点儿也不知道只有他自己是真的实验者，而另 5 个人只是配合心理学家演戏。

心理学家要求 6 个人一起做一个关于"线段长度"的判断：他先拿出一张画有一条竖线的卡片，让这 6 个人都看了一下；接着，他又拿出一张画有几条线的卡片，也让他们都看看。由于这些线条的长短差异很明显，这 6 个大学生都做出了正确的判断。

在两次正常判断之后，先来实验室的那 5 个学生竟然异口同声地说出一个相同的错误答案，只有第 6 个人说的

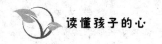

是正确的。

这样的判断一共进行了18次。然而，最后来到实验室的这个大学生心里开始迷惑了：究竟是别人看错了，还是自己看错了？如果自己的判断是正确的，那5个人不可能都是判断错误的吧？

于是，在犹豫不决了好长一阵后，他不由自主地产生了从众心理，让自己也选择了与那5个人相同的错误答案。

从上面这个实验中，我们可以看出，在外界人群行为的影响下，一个人很容易在知觉、判断、认识上"随大溜"，从而情不自禁地产生从众心理，让自己与多数人保持言行一致。

可见，从众行为不是什么好现象，尤其是发展到"盲从"时就形成了一种不健康的心态。可以说，从众源于一种群体的无形压力，迫使一小部分人违心地接受与自己意愿相反的行为。

比如，一些商家为了推销自己的产品，不惜借用大量的广告或各类媒体制造舆论，说自己的商品是如何如何好来吸引大众的眼球。这时，一些人就会不由自主地跟着凑热闹，在无形中"顺从"这种宣传效应。于是，一些没有主见的人最后也难免会购买。

所以说，从众心理对人的影响很大。反过来看，孩子还小，常常分不清事情的重要性，缺乏主见与判断，处处都学别人。如果家长不及早教导，难免会受到不良影响。

李军是小学一年级的班主任，这天下午上自习课的时候，他来到教室看到有些同学在写作业，有些同学在玩，还有些同学在小声说话，但见他来到后都安静了下来。

"老师，我要小便！"有一个学生忽然说。

"去吧。"李军应声道。

"老师，我也要去。"又一个学生说。

"哦，你也去吧。"李军又应声道。

"老师，我也要去！""老师……"

一下子又有许多同学要求上厕所。

这时，李军看了一下时间，再过10分钟就要下课了，难道这些孩子在这段时间里都有非解不可的小便吗？他心里不由得嘀咕起来：这些孩子一定是学别人的样子瞎起哄……

从故事中我们可以看出，孩子的从众和模仿心理都比较强，只要有一个人带头，就会有很多孩子跟着"随大溜"。比如，别人学画画，他也学画画；别人上厕所，他也上厕所；别人用什么样的文具，他也用什么样的文具……

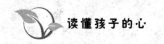

但注意，这不是故意捣乱，只是这些孩子也不知道自己在干什么，因为心中的"盲目从众心理"使他们完全没有了自己的主见，变得别人怎么样自己就怎么样。

可见，如果孩子一直这样没有主见地走下去，能成什么事？所以，家长一定要早点儿告诉孩子，做人做事不可人云亦云，随波逐流。平时要多培养孩子明辨是非的能力，让孩子学会独立思考，学会自己拿主意。

那么，怎样转变孩子的从众心理，帮助他成为一个有主见的孩子呢？希望以下几种方法能帮到你：

**一、提高孩子分辨是非的能力**

孩子由于年龄小，他的道德观念尚未完全形成，所以，他往往会按自己的好恶来判断一些人和事物的是与非。平时，家长要多关注孩子从众心理的种种表现，多提高孩子分辨是非的能力，引导孩子向积极、正确的方面去发展。

**二、培养孩子的自信心**

有的孩子看不到自己的能力，总是没有自信，认为自己干什么都不行，不管做什么事都听别人的。对于这样的孩子，家长平时要多提高孩子的自信心，要知道，自信心是一个人对自身力量的认识。所以，当孩子有了自信，他的见识便不再肤浅。

### 三、耐心地正面引导与纠正

一般来说，由于孩子的控制能力很差，往往不分好坏，看别人怎样做，自己就跟着别人学。这时，家长要耐心地正面引导、纠正孩子的不当言行，使孩子逐步认识到自己的对与错。切记不可羞辱加惩罚，以免适得其反。

### 四、增强孩子对自己的认识

平时，孩子应该做的事让他自己做，对他做的事要给予充分的肯定。家庭条件好的父母，可以多创造让孩子有充分表现自己的机会，要不断丰富孩子的知识，从各方面提高他的能力，以增强他对自己的认识，从而相信自己的能力。

### 五、塑造孩子良好的个性品质

孩子的模仿性强，当他听见某些人说了脏话就跟着学。这时，家长不要打骂孩子，可以告诉孩子：这样的话很不文明，好孩子不要学着说。

这样，经过多次疏导，相信孩子就不至于因模仿不良行为而形成不良的举止或言行。并且，在家长的督促或培养之下还会形成良好的个性品质。

### 六、用肯定的语言评价孩子

父母要用肯定的语言评价孩子各方面的表现，比如："你看这样做是对的。""这次写的字比上次写的还要好。"

切不要以怀疑或否定的语言对孩子说话，比如："你的成绩比小强差远了。""这么简单的题你都做不对。"这样很容易使孩子怀疑自己的能力，对自己失去信心。

　　所以，家长对孩子的行为、言语的评价，一定要恰当而合理。当孩子有了自信心，又有了明辨是非的能力，他就不再盲目地随从别人了。

# 第四章

## 行为疏导：
### 给心累的孩子减减压

　　我们一定要注重孩子的心理健康，学会对孩子的暴脾气及过分行为进行疏导。这就要多了解一下心理学上的"避雷针效应"，使孩子的坏情绪早点宣泄出去。

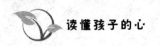 

# 第 1 节
## 用"避雷针效应"来宣泄孩子的脾气

夏天都会发生一些电闪雷鸣、狂风大作的天气情况，每当遇上这样的天气，我们往往会看到一些高大的树木被雷电击中，但附近一些比树木还要高大许多的建筑物，在雷电的袭击下却毫发未伤。这是怎么回事呢？

其实，这个功劳要归功于高层建筑安装的避雷针，它具有引雷和泄流性能，可以将雷电的威力进行疏导和宣泄，这样才保证了被保护物的安全。

关于这个现象，如果从心理学上来讲就是"避雷针效应"，其寓意是"善疏则通，能导必安"。在生活中，它给我们的启示是：教育孩子最好的方法是进行疏导。

亮亮今年读小学五年级，虽然他年纪小可脾气很大，只要遇到一点儿不合意的事，整个人就像吃了枪药似的，每次都气得父母恨不得揍他一顿。

周末，亮亮的作业写得很糟糕，爸爸检查之后便说了他几句。谁知，亮亮竟然唰唰几下将作业本给撕烂了，爸爸一气之下就伸手打了他一巴掌。

可是，亮亮不但不悔改，反而倔强地说："你打死我吧，今天你不打死我，就不是我爸爸！"

爸爸气得举手再打时，妈妈赶紧过来将爸爸拉走了。

可以说，生活中像亮亮这样的孩子有很多，他们的表现常常令爸爸妈妈很无奈：我家孩子脾气大得不得了，总是跟大人对着干，有时就想抓住他暴打一顿。

可是，家长越是严厉，孩子就越是不服气，有时他那种要死要活的样子仿佛要与人拼命似的。唉，这可怎么办好呢？

其实，孩子虽小也有喜怒哀乐，脾气与情绪往往比大人还强烈。而且，他的心智还不健全，自我控制能力又差，所以，一遇到想不通的事就会产生暴躁情绪，这通常就是孩子爱发火的原因。

作为家长，我们一定要注重孩子的心理健康，学会对孩子的暴脾气及过分行为进行疏导。这就要多了解一下心理学上的"避雷针效应"，使孩子的坏情绪早点宣泄出去。

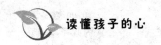

孩子发脾气、闹情绪、撒泼等，是他在成长过程中不可避免的情绪行为。比如，很多时候孩子爱发脾气、耍性子，大都是为了要满足某种需要。

虽然大部分人的脾气与性格是天生的，但后天也能改变或培养出良好的一面。有关心理专家说，对待不良情绪，与其堵塞不如疏导。

因此，我们在改变孩子的坏脾气时，如果采取强制或压迫的手段，就有可能使孩子产生孤僻的灰暗心理，从而给孩子造成精神上的苦闷。如果这种消极情绪长时间得不到化解，就很可能成为隐藏在孩子心灵最深处的"暗流"。长期下去，孩子就可能会产生心理危机。

所以，改变孩子的心性与脾气，应从一点一滴的小事开始教育他。

孩子有心事、闹情绪时，最好的办法就是家长帮他疏通，多与他进行心与心的交流，允许孩子与伙伴尽情地玩闹一次，好让他的情绪得以释放。这样，等孩子逐渐平静之后就会理解家长对他的好。

阳阳的脾气越来越大，常常在家里摔东西，买的新文具盒还没用三天就摔坏了。爸爸一气之下就打了他一顿，然后又给他买了一个新的。

　　过了几天，阳阳又因为发脾气将新文具盒给摔坏了，这时爸爸又揍了他一顿。从此以后，无论爸爸如何打他、责骂他都丝毫没有用，阳阳摔东西的行为还是没有收敛的迹象。

　　"我看这孩子的情绪好像不对头，我觉得以后你别再那么严厉地教训他了。他发脾气时我们都假装视而不见，过一段时间看看他有什么变化，然后再想办法教育他。"妈妈觉得这样下去不是办法，就对爸爸提议道。爸爸同意了妈妈的意见。

　　之后，阳阳在发脾气、摔东西的时候，爸爸妈妈都各自做着自己的事，不管他如何折腾都是一副不闻不问的样子。

　　没想到，这样过了几次之后，阳阳见爸爸妈妈都不理睬他，觉得很无趣，就不再故意摔东西以引起大人的注意了，暴脾气也有所收敛。


　　当孩子的行为过分时不能完全顺着他，但一味地与孩子硬碰硬也未必就行得通。要知道，孩子还小爱冲动，一遇到心情不好时就想发火。所以，我们要做一个有心的父母，随时观察孩子的情绪变化，当孩子的情绪不激烈时再慢慢地与他沟通。

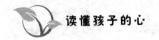

必要时，可以采取一些技巧与孩子进行沟通。比如，用温和的态度跟孩子讲道理，向孩子表达对他的接纳和关爱，做亲子游戏拉近孩子与父母的距离。然后再告诉孩子，心情不好时可以对爸爸妈妈说，一味地发脾气是很不好的，这样不但使爸爸妈妈生气，还会给自己的身心带来伤害。

当孩子看到爸爸妈妈不再责怪他，还这么关心自己时，他就会有所感动。

我们应该早点儿让孩子明白：什么是可以做的，什么是不可以做的。特别是对于孩子的良好行为要及时表扬、奖励，使孩子的情绪朝良好的方向发展，从而恢复心理的健康状态。

# 第2节
## 给心累的孩子减减压

心理学专家认为，心理性疲劳，是一个人长期从事一些单调、烦琐、沉重以及机械性的工作，从而引起大脑中枢神经过于紧张以及生理过劳而产生的厌倦情绪与困乏心理，使人对工作或学习的热情明显降低或兴趣全无，并且还产生了抵触心理与抵抗情绪，从而不想再从事此类工作的心理状态的体现。

可见，患心理性疲劳的人，大都是那些压力较大、因脑力劳动过度而感到心累的人。

那么，孩子也会感到心累吗？

是的，不光成人常会觉得心累，孩子也会心理疲劳。据调查发现，现在有不少孩子在放学回家后常常对父母说："累得不想动弹了！""好困啊！"

其实，孩子所说的"累"，就是在紧张学习之后产生的一种疲劳感，而这种疲劳大多都是属于心理上的疲劳。

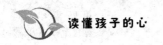 

对此，有专家认为，患心理疲劳严重的孩子可能会发展成心理病态，从而影响孩子的身心健康。所以，我们应做个有心的家长，一旦发现孩子经常处于疲劳状态时，应分析一下孩子的情况是属于生理性疲劳还是心理性疲劳。

伊伊今年读小学五年级了，她不但学习成绩好，而且各方面能力都很优秀。比如，在才艺班里，她的钢琴与绘画都学得很棒，经常得到老师的称赞与表扬。

爸爸妈妈为伊伊感到骄傲，尤其是妈妈渴望她能成为各方面都优秀的孩子。

最近一段时间里，伊伊却像换了个人似的，一回到家里就直喊："累死我了！""我不想动了！"对此，爸爸妈妈也不怎么在意，以为孩子是想逃避功课而故意说的。

可是，伊伊的心里却有着莫名的惶恐，因为她觉得自己好像做什么都打不起精神来，脑子也没有以前聪明了——一些很简单的题，做了几次还是会做错；以前读几遍就能记住的课文，现在都诵读了 N 次还是记不住；以前练习几遍就能熟练的琴谱，现在练了好多遍都没有效果……尤其是这次期中考试，她的成绩竟然下降了一大截。

这是怎么回事？爸爸妈妈这才感到了问题的严重性。

其实，妈妈是个非常要强的人，从小就严格要求伊伊，不管在哪方面都想让孩子做第一——如果伊伊有一件事没做好，妈妈就会很着急。

所以，为了将伊伊打造成"优秀女孩"，除了上学等正常的学习功课之外，妈妈还给伊伊报了钢琴和绘画两门才艺班，这样每到周末这两天，伊伊就得赶紧去上课。并且，每天晚上做完老师布置的作业后，还得再完成爸爸妈妈为她安排的课外作业。

这样看来，伊伊之所以会经常喊"累"，就是因为她长期生活在总是做不完的功课压力之下，从而患上了心理学上所讲的"心理性疲劳症"。

如果是生理性疲劳，通常让孩子好好休息一下即可。若是心理性疲劳，就要多注意了。专家认为，孩子患上心理性疲劳之后会有以下几种表现：

1. 每到上学之前，孩子就会喊"肚子疼""头痛"之类的话。

2. 孩子开始不愿做作业，而且一看书就犯困。

3. 孩子变得不爱上学，更不愿见到自己的老师。

4. 孩子不愿向大人说起自己在学习上的事情。

5. 上课时，孩子常常打不起精神，课后却十分活跃。

6. 父母询问学习情况，孩子往往会保持沉默，或者表

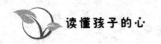

现烦躁，或者转移话题。

7. 孩子的注意力常常不能集中，有时虽然也在看书却看不进去。

此外，孩子患上心理疲劳之后，常常会表现出精神萎靡、心烦意乱，在行为上还常常会健忘、失眠，尤其是疲乏、厌倦等症状更为明显，对不喜欢的事情产生严重的抵触情绪。并且，情况严重的孩子可能会出现神经衰弱，如果长期得不到缓解，还可能引发抑郁症等心理障碍。

所以，心理疲劳不但会导致孩子对学习的厌倦情绪，还会使孩子引发心理疾病，对身心健康带来严重的影响。

因此，如果发现孩子的"累"属于心理性疲劳，家长一定要高度重视。

不过，家长也不必过于惊慌，要从根本上找原因，对孩子要有个全面的了解和正确的估计——查看孩子的作业量或业余功课是否过多，学习的时间是否排得太紧凑，孩子的压力是否过大等，从而为孩子减压，还孩子一个轻松的生活空间。

给孩子减压，具体可以参考以下方法：

**一、给孩子一定的空闲时间**

现在的孩子往往比大人还忙，刚从学校回来就得赶紧上才艺班，写完作业还得练习艺术课……这样的高效安排，他怎么吃得消呢？

想想，让孩子长期生活在紧张的学习之中，连一点儿空闲时间都没有，他的生活还有什么乐趣？所以，在确保孩子的休息和营养之外，我们还应减轻孩子的学习负担，将童年的快乐还给孩子。

**二、培养孩子的意志力**

平时，对孩子进行适当严格的要求也是应该的。比如，为了培养孩子坚强的意志力，可以经常告诫孩子做到"胜不骄、败不馁"，使孩子的心理强大起来，这样他才不会轻易被困难打倒。

但是，家长选择培养的方法切不可简单粗暴，更不能打击孩子的信心，要始终对孩子保持一片慈爱之心。

**三、保证合理而充分的休息**

要知道，孩子正处于生长发育的重要时期，与成年人不同的是，他需要更多的睡眠时间才能保证身体的成长。所以，在让孩子学习之余，切不要忘了让孩子多休息以调节脑力疲劳。

只有保证孩子合理的休息、充足的睡眠，才能使他尽快恢复或补充体内的能量。

**四、多关注孩子全面素质的发展**

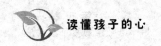 

作为家长，平时不要一味地督促孩子学习再学习，而忽略了其他成长因素，比如自理生活成长能力、情绪自控能力、人际协调能力、挫折承受力、道德品格等。

要知道，孩子的成长需要全面发展，将来他才能成为一个优秀人才。所以，平时不要只盯着孩子的学习成绩不放。

### 五、帮孩子疏通堵塞的思路

平时要多带孩子外出，以丰富他的人生阅历，增加他接触大自然和社会活动的机会。

当孩子学习有困难时，要先帮孩子疏通堵塞的思路。比如，孩子写作文没有头绪时，一定要让孩子去亲身感受，并有意识地引导他观察和积累有用的素材。

# 第 3 节
# 家庭教育中的兴趣探索

美国著名儿童教育家杜威曾在《教育中的兴趣和努力》一书中提出：努力是基础的学习的结果，和以兴趣为基础的学习的结果有着很大的不同。

他说，关于对"兴趣"心理的研究，主要是有兴趣的环境和生理的影响因素、兴趣与智力关系以及孩子的学科兴趣等。如果从教育心理学的角度来说，"兴趣"是可以推动人们求知的一种内在的带有积极性的力量，而这种力量可以无形地促进人们去学习与进取。

他认为，如果一个人去努力，虽然可以得到不错的学习结果，但其过程往往是被动的或是感觉很辛苦的；如果一个人凭着自己的兴趣去学习，则往往是主动的或感觉兴奋、快乐与轻松的。

这就是"兴趣"与"非兴趣"的差别。我们教育孩子也是如此。

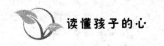

有道是"有心栽花花不开，无心插柳柳成荫"，孩子一旦对某一学科产生了兴趣，就会持续而专心致志地去钻研它，从中提高学习效果。反之，如果不感兴趣，就很难持续努力地学下去，自然也不会取得好成绩。

对此，有心理学家研究发现，"兴趣"是孩子的一种个性倾向，也是孩子心理现象中一个重要的有机组成部分，并且，"兴趣心理"与其他心理现象之间也是相互制约、密切联系的。

因此，"兴趣"虽然是一种独特的心理现象，但由于它与其他心理现象有着密切的联系，所以心理学家认为，它对孩子其他心理现象有很大的影响。

比如，孩子对写作文很感兴趣，那么，他的这种兴趣就是在长期与文字或写作相关活动过程中不断形成和发展起来的。他一看到关于作文类的资料，就会表现出一副爱不释手的喜欢神情，而这种心理活动就是孩子对这件事物的兴趣反映。

德国心理学家赫尔巴特认为：从学习来说，兴趣可以成为学习的原因，它既是孩子学习的原因又是学习的结果，还能促进知识的长期积累，为进一步的学习提供动机。因为它可以激发个体的最大能量，从而在某一领域取得突出成就。

因此，兴趣可以产生学习动力，而学习又可以产生新兴趣，兴趣是一个人走进成功大门的钥匙。所以说，孩子能不能取得成功，关键是他的"兴趣"能不能早一些被家长发现，并且是否能够引导发展。

小英是小学三年级的学生，平时学习成绩还可以，就是作文写得很不好，每次都被老师批评。为此，爸爸妈妈辅导了她好多次，但不见有多少效果。

不过，小英有个爱好就是喜欢小动物，比如小猫、小狗、小兔子，只要是与动物有关的她都感兴趣，特别是对家里饲养的小白兔非常喜爱，总是炫耀地说："看我的小兔子长得多漂亮，长长的耳朵，红宝石般的眼睛，洁白的长毛像白雪公主似的……"

"哦，原来小英这么喜欢动物啊！"爸爸发现了女儿的兴趣，便买了许多与动物相关的故事书给女儿阅读，并且有时间还陪她一起看，引导她讲一讲动物的有趣故事。

过了一段时间后，当老师要求每个同学要写一篇与动物相关的作文时，小英的作文竟然破天荒地得了全班第一，受到老师的夸奖。

当小英高兴地将这个消息告诉爸爸时，爸爸终于欣慰地笑了，并且又给小英买了好几本小学生作文故事书，并

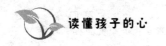

引导她多阅读。渐渐地，小英的作文水平有了很大进步。

通过这个例子我们可以看出，孩子对感兴趣的东西记忆起来就比较快，而对不感兴趣东西，不管多简单都不一定记得住。所以，如果小英对小动物不感兴趣，她就不会积极主动地去阅读记忆与小动物相关的故事，更写不出与小动物相关的作文来。

可以看出，孩子在面对自己感兴趣的事物时就会集中注意力，对某些事物感兴趣就会特别专注。而对于不感兴趣的事物，通常不会做出好成绩。比如，让一个对音乐毫无兴趣的孩子报考声乐专业，让一个喜欢绘画的孩子去考体育专业，那么，结果只能是阻碍了孩子的正常发展，不会有任何良好的结果。

所以，我们要通过慢慢引导，让孩子对学习产生兴趣才能取得不错的成绩。

杜威认为，家长只有通过对儿童不断地予以细心观察，才能进入儿童的生活，才能知道他要做什么，知道什么样的教材能让他学起来最起劲、最有成效。

其实，每个孩子都有自己的爱好或特长，这往往就是他的"兴趣点"，而这个兴趣点就是孩子的最佳才能区。如果家长善于发现孩子的最佳才能区，并有针对性地合理培养，就有可能帮助孩子尽快走向成功。

作为父母，我们除了要教孩子成为一个有知识、有礼貌的高素质人才，还要懂得如何去发现孩子的兴趣与爱好。

那么，我们该如何发现孩子的兴趣呢？

其实，要发现孩子的兴趣并不难，因为孩子往往最专注他所喜欢的事情，也最喜欢做他擅长的事情。家长平时多留心观察孩子对各种事物喜恶的表现，就能发现孩子的兴趣所在，找到孩子的兴趣点，才能鼓励他将自己的才能发挥到极致。

这就需要我们养成仔细观察孩子行为与爱好的习惯。比如，多观察孩子在反反复复地做哪些事情；多听听孩子的想法；平时多问问孩子喜欢做什么；孩子听到音乐就想扭动身体，他可能比较擅长音律或肢体类的活动。

只要我们用心一些，就可以发现孩子的兴趣所在。而且，不管你是否喜欢孩子的兴趣都要以最大的热情去支持，这样会使孩子的人生充满乐趣和期待，这对孩子的成长有积极作用。

此外，我们也可以通过与孩子玩各种游戏来发现他的兴趣所在。如果孩子对一件事情非常专注，表现得也特别

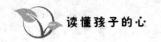

好，那家长就应该有意地给他提供更多的机会。并且，在孩子选择兴趣爱好时，父母要引导而不能盲目地去代替，要鼓励他将自己的才能优势发挥到极致。

家长要多发现和培养孩子的兴趣与潜质，并尽可能地为孩子创造机会和条件。具体可以参考以下方法：

### 一、兴趣转移法

如果孩子特别喜欢唱歌，那么可以多教孩子唱儿歌、诗歌或是唐诗宋词等，这样能增加孩子学习语文的兴趣。同时，可以把孩子对娱乐方面的兴趣，巧妙地转移到学习兴趣上来。

### 二、探索研究法

家长平时要多鼓励孩子和同学、伙伴进行一些研究性的学习、探讨，这也是激发孩子兴趣的一种好方法。因为在研究、探讨中，最能展示孩子的逻辑思维能力，使孩子的思想向深刻性、灵敏性和批判性发展，从而利于学习兴趣的形成。

### 三、联想激发法

家长平时要赋予孩子多元化的生活，帮助孩子多接触和参与进去，让孩子在各种生活体验中展开联想，强化人生体验。这种多姿的生活，会给孩子一种强烈的学习要求，使孩子在联想的过程中激发自己的兴趣。

**四、兴趣讨论法**

可以说，"讨论"最能调动人的情感，让人出现激情，所以平时要多与孩子展开一些有趣的话题讨论。这不但利于群体互动式学习，还能激发孩子学习的兴趣。

**五、自我突破法**

在培养孩子的兴趣前，家长要先帮助孩子认识自己的优势，并找准孩子喜欢的突破点，从而举一反三，使孩子的特长得到充分发挥，孩子的兴趣也会被激发出来。

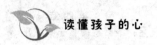

## 第4节
## 表扬效应对孩子心理的推动作用

有一句教育名言这样说：数子十过，不如奖子一长。是的，教育孩子，你越是责骂他，嫌他这也不行、那也不好，那他可能就越是不可救药；而你对他不经意的表扬，或许会使他发生巨大的变化，变得聪明而乖巧。

这是为什么呢？

这是由儿童的心理特征决定的。因为孩子都具有较强的好胜心和自尊心，家长对孩子的进步给予积极评价是对他的最大鼓舞，能激起他一股奋发向上的力量，从而产生一种积极向上的心理。这就是心理学上的"表扬效应"。

关于"表扬效应"，心理学家赫洛克曾做过一个实验：他先选了一些三、四年级的学生，然后将他们分为四组，并且使各组学生的能力相当。

这四组分别为不给任何评定组、表扬组、受批评组、旁观组，然后在四种不同的情况下，他对这些学生进行了一个难度相等的"加法"练习。并且，先让第一组单独练习，不给任何评定，而且与另外三个组的学生隔离。

之后，让表扬组、受批评组、旁观组三组在一起练习。每次练习之后，不管成绩如何都会做出以下行动：

1. 对"旁观组"不给予任何评定，只让他们观察另外两组受到表扬或批评。

2. 无论"受表扬组"表现如何，都会受到表扬和鼓励。

3. 不管"受批评组"表现如何，即使他们表现得再出色也总是受到批评和指责。

实验结果之后，赫洛克发现：

1. 第一组单独练习不给任何评定的学生，他们的表现最差。

2. "受表扬组"的学生所取得的成绩最好。

3. "受批评组"的学生所取得的成绩排第二。

4. "旁观组"的学生所取得的成绩排第三。

对于这样的结果，赫洛克认为：

1. 表扬能使人产生积极奋进的力量，所以"受表扬组"的学生表现最优秀。

2. 批评使人不得不努力，因而"受批评组"的学生表现也不算太差。

3. "旁观组"的学生由于与表扬组和受批评组在一起，

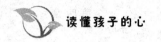 

得到了间接的反馈，因而表现也优于不给评定组。

4.那些从未受到任何信息作用的学生，好像不明白自己在干什么，因此，不给任何评定的学生的表现最差。

可见，人是需要表扬的，它可以让人对生活和学习充满信心，使上进的劲头更足。尤其是孩子更需要家长的赞赏与表扬，及时的表扬能让孩子感觉到家长发自内心的期望和肯定，他就会决心这一次比前一次做得更好。

所以，家长应善于抓住时机，在适当的场合对孩子多加表扬和鼓励。

刘老师是小学二年级的班主任，自任教以来，他觉得这个班是最让他费心的一个班。因为班里有一个"超级熊孩子"——大强，他什么都强，就是学习不强。

自从大强入学以来，一个学期快过完了，他的考试成绩从来没及格。而且，他每天还从家里带来很多零食，只要老师一离开教室，他就边吃边与其他同学闹腾，在班里的影响非常不好。

虽然刘老师也对大强进行过几次严厉的管教，但都无济于事，无奈之下，他便天天盼着这个学生能转走，离开自己的班级。

这天早晨，还没到正式上早课的时间，刘老师走到教室门口却听到一阵琅琅的读书声音。他走进教室一看，奇怪了，大强正在认真地朗读课文！

刘老师简直不敢相信自己的眼睛，于是赶紧在黑板的表扬栏里写下大强的名字。没想到，这一次小表扬还真见效，大强一整天都表现得特别积极。

哦，原来这个孩子喜欢受表扬啊！

放学时，刘老师特地布置了一些简单的生字听写作业，说明天早课获得听写优秀的学生可以担任班里的"学习小组长"。同学们听了都兴冲冲地回家写作业了，尤其是大强显得特别兴奋。

刘老师还给大强妈妈打了个电话，告诉她明天要听写的作业，让家长今天晚上务必帮助大强将作业练习好。

第二天早课听写时，大强的表现非常出色，12个听写词语他竟然写对了11个。刘老师对他进行了一番表扬之后，就将班级里"学习小组长"的职位授予了他。

可想而知，大强当上"学习小组长"之后更加好好地表现自己了。就这样，在刘老师不断表扬、鼓舞之下，大强慢慢地变成了一个优秀生。

有句话说得好：一个人生活的真正刺激是明天的快乐。是的，孩子最容易从大人的赞扬和鼓励中获得继续努

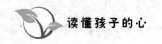

力的动力。如果我们经常用表扬的方法使孩子看到明天的快乐，那么，他就会决心这一次比前一次做得更好。这说明了，为什么一句赞美就可以发扬孩子的优点，使孩子不断进步，因为这就是孩子受表扬后的心理效应。

不断给予孩子热情的赏识和赞扬，比严厉打骂所起到的作用要大得多。所以，我们不但要毫不吝惜地表扬孩子，更重要的是应该在第一时间把我们美好的祝愿送给孩子，及时发现他的一个小小进步并给予肯定。

通过孩子自己的努力，在学习或者比赛中取得了好成绩，这是多么值得家长赏识的事情啊！

可是，生活中有很多家长由于怕孩子骄傲，或是对孩子的进步不在意，不但不及时做出肯定，还总是视而不见。这样会使孩子感到失望，从而失去继续上进的动力。

家长要做个有心人，不要忽视孩子的心理感受。

要知道，每个人都希望获得别人的表扬与赏识，尤其是孩子更希望收获来自父母或他人的赞同与肯定——也许他就是未来的乔布斯，也许他就是未来的马云，我们决不能把他扼杀在摇篮中。

所以，我们应该让孩子感受到，是他的良好行为给家长或者同学带来了喜悦的心情和积极的作用。这会让孩子认识到自己的能力，从而时刻保持着上进的热情。

# 第 5 节
# 宽容是亲子关系的重要纽带

法国作家拉·封丹曾写过一则寓言：北风和南风互不相让，都觉得自己很厉害。于是，它们决定较量一番——谁能先把行人身上的棉衣脱掉，谁就是最厉害的。

北风先展示自己的力量，只见它张开大嘴呼呼地吹起冷空气，不大一会儿天气就变得寒冷刺骨。这时，人们为了抵御寒冷的侵袭，立即把身上的棉衣裹得紧紧的。

该南风展示自己的力量了，只见南风轻轻地张开嘴呼出温暖的气息，气候变得温和起来，风和日丽，于是人们纷纷脱掉了身上的棉衣。

就这样，北风败了，南风获得了胜利。这就是心理学上所讲的"南风效应"。从这个效应中，我们可以看出一味地严厉并不能使人屈服，唯有大度、温和与宽容才能赢得别人的信服。

家庭教育更是如此。

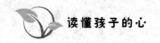

如果对孩子的成长一味地严格对待，像"北风"式的棍棒法则往往会使孩子难以接受，并且产生逆反心理；如果像"南风"一样采用温和的宽容教育，则往往能使孩子受到启发，从而进行自我反省。

这天晚上，彤彤一个人躲在房间里发呆，因为她做了一件错误的事：放学后在楼下的小公园里玩把书包弄丢了，因此，回家时她是悄悄溜进房间的，幸好妈妈没注意到，要不然妈妈非把她打个半死不可。

因为平时贪玩，彤彤经常会忘了写作业或丢东西。为此，妈妈没少教训她，可她就是难以改正。现在没有了书包，明天怎么去上学呢？况且，这件事只能瞒得过一时，妈妈早晚都会知道，这可怎么办呢？

想来想去，彤彤想不出更好的办法，在房间里小声地哭了起来。

"阿姨，彤彤回来了吗？这是她的书包，我发现她忘在路边了，我给她拿回来了。"这时，宁宁敲开她家的房门说道。

宁宁和彤彤是同学也是好朋友，住在一个小区，经常一块儿上下学。今天，彤彤跑进公园草丛里追蝴蝶的时候把书包丢在了路边，宁宁在路边等了好久还不见彤彤的身影，就拿起她的书包和其他同学先回家了。

彤彤回家时早已忘记了自己的书包，因为她的手里抓着两只漂亮的蝴蝶呢。其实，天生贪玩的她一向如此，只是回到家以后才想起自己的书包没有了。

"什么？这个死丫头把书包丢了都不知道，我说今天她待在房间里那么老实，看我不打死她！"妈妈说完就顺手拿起扫帚，推开彤彤的房门就要打，吓得彤彤双手抱着头哭起来。

"阿姨，您别打了，彤彤丢了书包其实心里也难过呢！"宁宁一边拉着彤彤，一边劝道。

"你别管，我不打她，她就不会改这个坏毛病！"妈妈不依不饶。

"阿姨，您错了。我们老师说好孩子不是打出来的，您看您经常打彤彤，她怎么还这样呢？"宁宁说。

"这……"妈妈停了手。


彤彤为什么屡屡犯错？为什么犯了错不敢跟妈妈讲？

究其原因，就是妈妈对彤彤太严厉了，稍有差错就非打即骂，才使年幼的彤彤如惊弓之鸟，连丢了书包这样的事都不敢告诉妈妈。

因此，对孩子的管教过于严厉，不容许孩子有丝毫差

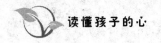

错，并不是教育的好方法。

孩子毕竟是孩子，他在成长过程中是不可能不犯错的。如果我们过分严厉地要求孩子做事不出任何差错，那么，孩子犯了错误后由于内心的恐惧就会极力掩盖，闭口不谈自己的过失。

所以，我们要想达到被他人接纳的目的，就要顺应他人的内在需要，而不是用恐吓与强迫的方式来使他人就范。就像心理学上所讲的"南风效应"，当孩子犯了错，我们不妨宽容孩子，让孩子有信心与勇气承认自己做错了什么，这样我们才能更好地教育他。

法国作家罗曼·罗兰说："人生应当做点错事。做错事，就是长见识。"尤其是孩子，可以说他就是在大大小小的错误中成长起来的。如果我们不允许孩子犯错，那就是不允许孩子成长。

心理学家指出，一个错误一旦发生，就算你再发火但它已经发生了，眼下你最应该做的就是如何避免重复犯这个错误。

没有什么人是不可以原谅的，更没有什么错误是不可以改正的，我们需要的是一颗懂得宽容的心，而不是一味地指责与惩罚。比如，当孩子不小心打碎了一个茶杯，无论你如何责罚孩子，茶杯也都是破碎的。这时，你应该做的就是告诉孩子：怎样将破碎的茶杯收拾好，而不是让茶杯的碎碴割破手指；之后，告诉孩子下次怎样安全使用茶杯。此时，你的态度要温和而不是严厉，这样，才能让孩子反省并记住你的话。

发展心理学家认为，孩子小时候就像一盘录像带，需要预演与体验自己所有的情绪与行为以留下适当的印痕。而这些印痕，便是他以后成长路上可利用的资源。

所以，孩子小时候犯了一些错误，再通过错误来认知与外界或他人的关系，就是他成长的方式。

家长应该给予孩子犯错误的权利和改正错误的机会，冷静地听一听孩子的想法与解释。当孩子在尝试新事物的过程中犯了错误时，家长不可以过于责备，而应鼓励孩子再次尝试。

家长要用全面、发展的眼光去看待孩子，并帮助孩子找出错误的原因，教给他改正的方法与技巧，才能让孩子健康成长。

# 第 五 章

## 应对态度：
### 有效激发孩子的上进心

在孩子幼小的心灵中，我们应该不断给予希望的曙光，多称赞孩子的优点和长处，让孩子在"优秀孩子"的状态下快乐成长，才能收获一个美好的未来。

## 第 1 节
## 家长的态度比孩子的学习成绩重要

可以说，许多父母每次看到孩子的测试卷子时，第一眼就是看成绩有多少分数——好像孩子除了取得分数，就没有别的作用或作为了似的。并且，父母还要求孩子的学习成绩只能越来越好，否则就给孩子一顿训斥。

比如，孩子的学习本来不错，只是这次期末考试的成绩下降了一点儿，一些家长就会指责孩子学习不用心，或觉得是玩手机害了孩子。反之，孩子的成绩这次上升了，父母一定会好好表扬或奖励一番。

殊不知，家长这样做往往会使孩子对考试产生一种紧张、畏惧的心理，从而影响到孩子正常的学习与考试心态。所以，无论孩子考试的成绩如何，我们都要用正确的心态去对待，千万不要让心理学上所谓的"态度效应"产生负面作用。

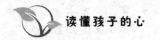 

　　毛毛是个聪明的孩子，今年读小学六年级了。但他有一个毛病就是贪玩，常常一玩起来就忘了写作业，这样一来学习成绩自然不太好。

　　爸爸妈妈对毛毛的期望很大，一心想让他学出好成绩，长大好有出息。但是，爸爸妈妈又是生意人，平常根本没有时间关心毛毛的学习，并且还自认为孩子聪明，只要老师好好教，孩子就一定能学好的。

　　没想到的是，毛毛经常不写作业，成绩自然很差，这次期末考试竟然考了个全班倒数第三名。

　　爸爸一看考试成绩，心里大为恼火，不分青红皂白就对毛毛一阵暴打，并且还将他关在房间里，一天都没让他吃饭。爸爸认为这样做毛毛就会长"记性"，以后一定会好好学习。

　　果然，从此以后毛毛考试的成绩越来越好，这让爸爸妈妈高兴得不得了，以为自己的教育方式奏效了，于是给了毛毛许多物质奖励。随着爸爸妈妈给的奖励越多，毛毛考的分数也就越高，爸爸妈妈乐得逢人就夸毛毛学习好。

　　可是到了升初中时，毛毛因为考试作弊被老师抓住并通知了家长。

　　原来，毛毛的"好成绩"不是自己努力学来的，而是每次考试都作弊，不是抄袭同学的就是偷着翻书抄写，这

样分数自然上去了。而且，平时的作业，他都是以每科 10
元钱的价格找同学代写。

作为家长，不论孩子考试的成绩如何，都要注意自己
的态度与言行，要用平和的心态来看待。如果家长过于看
重分数，规定只能进不能退，孩子一次或两次考得不好就
一点儿优点也没了，严厉地责备孩子可能带来得不偿失的
后果。

就像上文中毛毛的父母，不知道认真反思自己的行为
对孩子的影响，反而对孩子过分地责备，结果使孩子产生
了不健康的心理行为。所以，当孩子学习成绩退步时，我
们要帮助孩子找出成绩下降的原因，鼓励孩子今后努力
即可。

有位心理学家做过一个实验：他在两间房间的墙壁上
镶嵌了清晰的大镜子，然后，在两间房间里分别放进一只
大猩猩。不过，其中一间房间里的大猩猩性格暴烈，而另
一间房间里的猩猩则性情温顺。

可想而知，那只个性暴烈的猩猩看到镜子里面目狰狞
的"同类"，立刻就被激怒了，于是，它就与镜子里的那
只猩猩展开了激烈的撕斗……

三天之后，心理学家来查看，发现那只个性暴烈的猩

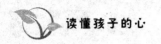

猩已经死亡。经检查发现，它是由于怒火攻心导致心力交瘁而死的。当心理学家去看那只性情温顺的猩猩时，它正在奔跑嬉戏，一副很快乐的样子。

原来，这只猩猩进了房间后看到镜子里的"同类"对自己非常友好，于是它很快适应了新环境，跟镜子里的猩猩和睦相处。所以，它在房间里生活得很快乐。

上面这个实验所产生的现象就是"态度效应"。它告诉我们，人人都有一面镜子，你对它笑，它也会对你笑；你对它哭，它就会对你哭。所以，是笑还是哭都取决于我们自己的态度。

家庭教育也是一样。面对成长中的孩子，如果我们态度和蔼，孩子也会用可爱的样子来回报我们。

作为父母，我们不能对孩子太苛刻。要想使孩子不断进步，我们就要用良好的心态去对待他，而不是经常板起脸来训斥，尤其是看到孩子考取的成绩后更要保持平和心态。

俗话说，三百六十行，行行出状元。只要孩子健康快乐地成长，将来在社会上一定有属于自己的位置。还有句老话说，龙生九子各不同。每个孩子都有自己的天赋和成长方式，所以，我们要承认孩子之间的个体差异，没有必要与其他孩子做比较。

　　其实，孩子学习的快乐与看待成绩的心态相比，分数的多少实在算不上什么，偶尔考试失利也是正常的事。只有良好性格的形成、好心态的培养，才会真正决定孩子一生的命运。

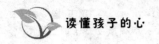

## 第 2 节
## 巧用手段激励成绩下降的孩子

　　思想家歌德说："人类最大的灾难就是瞧不起自己。"是的，无数事实证明，一个没有自信、瞧不起自己的人，永远都不会走上成功之路。所以，在成长过程中，孩子的自信源于家长的信任。

　　但是，当孩子的成绩单发下来时，很多家长都犯了一个同样的错误：在孩子和分数之间，他们选择了分数。看到孩子分数下降了，就认为孩子没好好学习，认为孩子"不争气""没出息"，从而不惜恶言相待，毫不顾虑是否会伤害孩子的自尊心与自信心。

　　殊不知，孩子只有在信任的环境中才能养成自信的心智，自信心才是孩子不断进步的驱动力。所以，当看到孩子的学习成绩后退时，我们应该做的不是责备，而是给予他充分的激励。

　　白天鹅总是受到人们的百般呵护和赞美，但丑小鸭也同样需要人们的关怀和赞美。这话太有道理了，也就是说，无论孩子是白天鹅还是丑小鸭，不管他的成绩如何，都需要家长的赞美来激发他内心的学习动机。

早晨，教室里满地的碎纸、参差不齐的课桌、被画得乱七八糟的黑板，可同学们却熟视无睹，依旧玩着闹着。

林老师是小学一年级的班主任，早课的时间到了，他抱着教科书走到教室门口就听见同学们嬉笑玩闹的声音，来到教室，教室里已经是满屋狼藉。

林老师有些犯愁了，怎样才能让同学们注意仪表得体、讲究卫生，不再让老师操心呢？

经过一番思考，林老师决定运用心理学"激励机制"来解决班级的卫生问题。

之后，他告诉同学们：给每天打扫卫生的同学奖励一朵小红花，每月评选一次"卫生小标兵"，而且获得标兵的同学到年终有望被评为"三好学生"。

同学们听后心里都很激动，纷纷表示自己很想获得"卫生小标兵"。

到了第二天早晨，林老师走进教室一看，发现卫生情况与昨天大不相同，教室里很干净。

"老师，早上是我们两个把教室打扫干净的。"这时

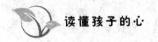 

有两个同学举起手说。

"哦，你们俩做得好，真是爱劳动的孩子！来，我给你们每人发一朵小红花。"林老师欣慰地说，并让全班同学为他俩鼓掌。

第三天早晨，林老师来到教室，发现卫生比昨天还干净，各个角落都没有了灰尘。

"老师，您看今天我们把教室打扫得很干净吧？"有五个同学举起手说。

"呵呵，你们表现得很好，来，我给你们发小红花！"林老师赞许道。

"老师，我明天还要早来打扫卫生，我要得好多小红花给爸爸妈妈看，他们一定会夸奖我的。"其中一个同学说。

以后，每天早晨教室都是干干净净的，林老师来到后学生们纷纷向他汇报："老师，我把走廊打扫干净了。""老师，我把黑板擦干净了。""老师，我把桌子放整齐了。""老师，现在大家都夸我是个讲卫生的孩子呢……"

看着逐渐懂事的孩子们，林老师的心里非常高兴，他知道自己的"激励效应"运行成功了。

可以说，每个人都喜欢得到他人的称赞与鼓励，而不喜欢受到他人的指责与奚落。所以，如果我们想让孩子处于最佳的行为状态，最好的办法莫过于对他进行有效激励。

从上文中我们可以看到，林老师的班级之所以每天都能保持干净、整洁，就是因为他实施了"激励机制"，激励对每个孩子来说都是非常重要的。

每个孩子内心都想做个好孩子，都能被他人称赞。同样，他对自己的成绩也是如此，他也想考出最满意的成绩以得到家长的表扬。

所以，当孩子的学习成绩后退时，就需要家长的鼓励与帮助。即使孩子某次考试一团糟，帮助他的最好办法仍然是以发展的眼光来看待他。

要知道，当孩子学习成绩退步的时候，也是他最脆弱、最需要精神力量的时候。如果这时孩子得到的不是安慰与关心，而是一顿训斥、埋怨，那么，很可能使他脆弱的心灵更加受伤。

其实，往往会有许多因素能影响考试分数的高低。所以，我们不能一味地用分数来衡量孩子的优劣，而忽视了其他会影响考试成绩的因素，比如阅卷的误差、试卷的难易、孩子考试阶段的心理因素等。

不分析这些因素的话，往往会忽视孩子真正的困难，

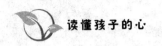 

使孩子得不到真正的帮助，使问题长期得不到解决。最好的方法不是训斥与埋怨，而是跟孩子心平气和地谈一谈，不回避问题——可以问问孩子最近感觉怎么样，班级的学习氛围好不好。

家长围绕学习与孩子自由谈话，慢慢地，孩子就会将情况告诉你。

那么，孩子的成绩后退时家长该怎么办呢？希望以下几点能对你有所帮助：

### 一、帮助孩子分析退步的原因

当孩子成绩退步时，家长一定要指导孩子找出退步的原因，然后重新分析试卷，对失分的地方要认真答题，从根本上杜绝试卷上的错题再次出现。

如果家长不闻不问或只知道指责孩子，那无疑会重蹈覆辙。所以，有心的家长应让孩子记住失败的教训，写出以后应该注意的问题，因为失败的经验比成功的喜悦更加宝贵。

### 二、给孩子一个恢复自信的温暖空间

面对孩子某一次考试的失利，我们只能吸取教训，争取让他下次考得更好。

其实，扮演家长这个角色不是件容易的事，巧妙地给

孩子铺好路才能让他顺利成长。平时对孩子一定要大度、关怀，给他一个温暖的家，一个可以快乐生活的地方。尤其是当他考试失利或犯了错心情不好时，一定要多关心他，这样才能让他从容地改过自新，才能重新鼓起勇气去努力进取。

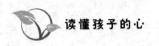 

## 第 3 节
## 让孩子尝到进步的甜头

可以说，"望子成龙，望女成凤"是自古以来天下父母对孩子的不变期望。但是，期望虽好，可孩子长大后未必能成龙成凤。因为在培养孩子的成长过程中会经历许多事，要让孩子实现家长的"美好目标"，就得先让他慢慢变得优秀起来。

那么，如何才能让孩子变得优秀呢？

有话道："没有好处，就没有动机；尝不到甜头，谁也不愿意付出辛苦与努力。"所以，如果你想让孩子变得越来越优秀，最好能不断地给他一些"甜头"，就像爬山一样，在"甜头"的驱使下他才会一级台阶一级台阶地往上攀登，一步一步主动地去进取。这就是心理学上的"攀山效应"。

硕硕是个聪明的男孩子，在读小学二年级，学习成绩也不错，就是语言表达能力很差，不会讲故事，甚至连平时说话及朗读课文都磕磕巴巴的。

其实，硕硕的讲话能力并没有问题，只是他从小就过于腼腆害羞，很多话都说不出口，这样才影响了他的语言表达能力。

在学校里，每当老师要求同学主动站起来朗读或背诵课文时，硕硕总是红着脸说"我读不好"，然后就坐着听别的同学朗读，这使很多同学经常笑话他笨。

这天放学回到家里，硕硕让爸爸给他买一个新书包，因为他的书包背带断了。

"如果你愿意跟我大声朗读课文，我就给你买一个最漂亮的书包。"爸爸拿出一个"甜头"说。

"好……好吧。"为了得到新书包，硕硕勉强答应了。于是，爸爸便拿出硕硕的语文课书，声情并茂地开始朗读课文《找春天》：

"春天来了！春天来了！我们几个孩子，脱掉棉袄，冲出家门，奔向田野，去寻找春天。春天像个害羞的小姑娘，遮遮掩掩，躲躲藏藏。我们仔细地找啊，找啊。小草从地下探出头来，那是春天的眉毛吧？"

"春天来了——春天来了！我们几个孩子……"在爸爸的带动下，硕硕只好跟着读，一遍、两遍……

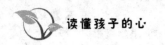

"哇！硕硕，你读得不错啊！"爸爸鼓励地说。

"真的吗？"硕硕有点兴奋了。

"当然是真的！没想到你进步这么快，来，我们再一起读几遍。"爸爸继续鼓励。

"春天来了！我们几个孩子……"

一遍、两遍、三遍……终于，硕硕可以一个人流畅地朗读这篇课文了。自然，爸爸也说到做到，给他买了一个漂亮的新书包。

从此以后，爸爸总是不断地引导硕硕朗读课文，同时也锻炼他的语言表达能力。渐渐地，硕硕的表达能力越来越强，在爸爸不断施以"甜头"的引导之下，他竟然在学校里成了一个小小的"朗诵家"了。

对孩子而言，有了"甜头"才会去尝试，努力了才会成功。特别是一些年幼的孩子，没有"甜头"和"好处"对他们来说很难产生学习动力。

所以，家长为了激发孩子的积极性，一定要运用好"攀山效应"。就像上文中硕硕的爸爸一样，为了激发儿子"攀登"的积极性，先承诺他一个条件，同时让他完成一件比较容易的事情。待完成后给他一点儿"甜头"，之后再不断地用"甜头"引导他，一级台阶一级台阶地往上攀登。

所以，当孩子慢慢有了学习的自觉性，主动地去做一些事情时，我们的教育便成功了一半。看看下面这对父子的对话：

"爸爸，这道题真难算，你像我这么大的时候会不会做？"儿子问爸爸。

"哎呀，这么难的题，我像你这个年龄时连看都不敢看啊！"爸爸半真半假地说。

"真的吗？哈哈，你小时候还不如我吗？"儿子乐了。

"当然是真的！爸爸小时候一点儿也不聪明，比你这聪明的脑瓜可差远了。不过，后来在你爷爷的开导之下我也慢慢开窍了，你看，现在爸爸不是也很优秀吗？"爸爸说。

"哦，是吗？那你也开导开导我吧，我长大后也想像你一样优秀！"儿子说。

"好啊，把书拿过来。我想以你的聪明劲儿，长大后一定会比爸爸更优秀！"爸爸鼓励儿子道。

就这样，儿子开始主动向爸爸求教，不用说，这就是他进步的开始。

有教育专家总结道："对孩子幼小的心灵来说，往往看到成功的希望才有努力的动力。"是的，我们要不断在

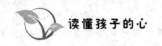
孩子幼小的心灵里播撒天才的种子，传播优秀的信念，让孩子在"我是好孩子"的心理状态下快乐成长。

我们一定要让孩子不断尝到甜头——每当孩子取得一小段进步时，就要及时地给予鼓励与肯定，让孩子清楚地看到自己的努力。

当尝"甜头"养成好习惯以后，孩子就越做越有成功的感觉。如此，甜头越大，动力也就越来越大，孩了的收获自然也越来越多。所以，积累小的进步，才能化为大的胜利。

家庭教育的理想方式，就是让孩子品尝成功的甜头，而不是吃失败的苦头。如果只有一味地努力，却看不到任何希望与利益，想必进取的精神就会慢慢消失。

因此，如果我们整天盯着孩子的一些小缺点不放，对孩子总是不断指责个没完，那么，就会在无形之中打击孩子上进的积极性。

所以，在孩子幼小的心灵中，我们应该不断给予希望的曙光，多称赞孩子的优点和长处，让孩子在"优秀孩子"的状态下快乐成长，才能收获一个美好的未来。

# 第4节
# 有效激发孩子的上进心

所谓"成就效应"，就是指成就感，是一个人上进奋斗的动机之一，也是一个人心理发展过程中的一种需要。

在教育孩子的过程中，如果我们能够满足孩子的这种心理需要，就可以激发他学习上进的积极性。

大量的心理研究表明：那些"成就感"强的孩子，进取的积极性普遍很高，并且他们的自觉能力与坚持能力都很强，内在的潜力发挥也非常好。

有儿童心理研究专家曾做过这样一个实验——抽调一些学生去解答一些智力难题。实验时，将过程分为三个阶段：

在第一阶段时，解题的全部学生都没有任何奖励。

第二阶段时，实验的学生分为两个小组：一组是有奖励的，一组是无奖励的。

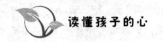

这时，有奖励组的学生在每完成一道难题后，就可以得到一个苹果的奖励；而无奖励组的学生，不管完成多少难题都没有任何奖品。不过，实验者却对他们的能力给予了充分肯定。

第三阶段时，实验者不再强调学生去做题，而是让他们想做什么就做什么，而研究人员在一旁悄悄地观察。

观察的结果令人吃惊：有奖励组的所有学生对做题失去了兴趣，他们大都精神涣散地做一些无关的事情；无奖励组的所有学生对解题仍然持有较大的兴趣，并且，他们基本还像原来那样认真。

这个实验告诉我们：当一个人进行某项活动时，给他提供物质奖励反而会削减这项活动对他的吸引力；如果给予适当的语言肯定，则会激发他对这项活动的兴趣。

这就说明，当孩子还没有形成自发的内在学习动机时，采取奖励机制远远没有适当的肯定能更好、更长远地去推动孩子学习进取的动力。

要知道，孩子已对某一种活动产生了兴趣，此时再给予奖励，其结果没准会适得其反；而及时又适当的肯定态度，则是对孩子最好的鼓励。因为这样可以使孩子产生一定的成就感，使他在心理上感到自己的努力没有白费。

所以说，"成就效应"可以帮助一个人力求实现有价

值的目标，可以促使人积极主动地去努力奋斗。这种积极
的心理状态，一般源于两个方面：

**一是，来自于他人良好的评价或赞扬以及肯定的态
度，从而引起了自我成就感。**这使孩子从感情上激起了获
得成功的喜悦，或建立起取得更大成功的自信心，所以，
在这种成就感的驱使下他就会更加努力。

**二是，来自于孩子心里内部的"成就感"。**比如，孩
子在制作某项手工活动时取得了意想不到的结果，这时他
的内心一定无比激动，从而产生了兴奋的情绪。而这种情
绪，就可以使孩子的内心对自己的能力产生一种满足感，
促使他以后更好地将潜在兴趣转化为现实，并成为起作用
的"进取力"。

王彤上小学四年级，学习成绩一直很普通，尤其数学
应用题她总是解答不出来。这样一来，每次她的数学成绩
都不及格。

为此爸爸很着急，每天都抽时间给王彤辅导数学，并
且耐心地帮她一步一步解答。慢慢地，王彤也进步了一些。

周末这天，爸爸又在给王彤辅导数学题。不一会儿，
同一个小区里的几个同学来找王彤出去玩。这时，爸爸故
意当着那几个同学的面夸奖王彤是个聪明的孩子，这几天

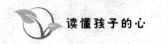

数学成绩有了很大的进步。

那几个同学都向王彤投来称赞的目光，没想到，这更使王彤增加了学习数学课的兴趣和信心。因为爸爸的称赞和同学的肯定，激发了她学习数学的"内在动力"。

星期一的数学课上，老师出了道题让同学到黑板上解答，王彤竟破天荒地第一次主动到讲台上解题。当时她的心情有些紧张，还是鼓足勇气将题做完了。虽然没有做到全对，但老师还是对她进行了表扬，当着全班同学的面夸奖她进步大。

这无疑增加了王彤对自己的信心，与此同时，在心理上也产生了一丝成就感。此后，她更加努力地去学习数学课，不久，她的数学成绩就提了上去。

我们知道，孩子都喜欢被表扬、被肯定，希望得到别人的赞许与夸奖，因为这可以增加他的"成功效能感"和"自我荣誉感"，以驱使自己取得更大的成就或成功。生活中，有很多孩子都将父母、老师或他人的良好评价作为自己成长的标准，并以此来确定自己努力的方向。特别是那些自信心不足或性格不够活泼的孩子，如果能经常性地给予他们肯定和鼓励，便可以促使他们加强自我信心的动力，从而产生一定的"成就感"。

所以，在教育孩子的过程中，我们一定要注意增强孩子的内在成就感，以激发孩子学习上进的积极性，使"成就效应"产生应有的作用。

培养孩子的"成就感"，激发孩子的上进心，家长可以参考以下三个方法：

### 一、要先肯定孩子现在的成绩

不管孩子学得有多么糟糕，都需要肯定他现在的成绩，以维护他的自信心。

### 二、帮助孩子在学习上获得成功

可以说，学习成绩差的孩子很少得到心理上的"成就感"。所以，有心的家长可以先帮孩子在学习上获得一定的小成功，让孩子尝到学习的甜头，以满足他的成就心理，就能逐步激发孩子的进取心。就像比尔·盖茨说的："没有什么东西比成功更能鼓起进一步求取成功的努力。"

### 三、创设多种条件，让孩子获得更多成功的机会

家长可以创设多种条件，为孩子创造一些获得更多成功的机会。比如，开展广泛的社区活动，让孩子学会帮助他人；多参加一些体育、文艺等方面的活动；进行一些小发明、小创造等，这些都可以让孩子取得一定的"成就感"，从而使他不断上进。

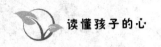

# 第5节

## 利用动机心理让孩子产生强烈的学习愿望

有教育专家如是说："求知与求学的欲望，应该采用一切可能的方式在孩子身上激发出来。"是的，我们只有激发孩子的内部进取动机，才能使孩子发自内心地去学习，因为动机是一个人上进的动力，是一种自觉能动性、积极性的心理状态。

从理论上来讲，动机就是为达到目的的内部驱动力，也是心理学上所讲的"动机心理"，是个体为了满足某种需要而产生的行动。

孩子学习更是如此，一旦孩子形成了良好的内部动机，那么，学习与进取就成了他的精神需要。当孩子的学习行为养成了自觉、自愿的模式后，孩子的整个学习过程就充满了激励性，学习效果就会不断提高。所以，"动机"又是一个人拼搏进取的助力器。

斯坦福大学心理学教授卡罗尔·德韦克曾做过一个"动机行为"的实验训练，她对一些数学成绩差而又没有自信的学生进行一个"归因训练"：让他们解答一些数学题，当这些学生失败时，她告诉他们这是因为不够努力的结果；当这些学生取得成功时，她告诉他们这是努力的结果。

如此经过一段训练之后，没想到这些各方面都较差的学生，不仅在行为上形成了努力归因，还增强了学习的信心，尤其是明显提高了自己的学习成绩。

由此可见，只要我们有效利用"动机心理"来调动孩子的积极性，那么，孩子就有可能主动学习，并学有成效。

比如：两个学生在一个班级里学习，不同的是，甲有自己的学习目标，乙则没有。这样，乙没有丝毫学习动力，总是为了应付功课而学习，所以他的成绩进步很慢；甲为了考上理想的学校而努力学习，他的学习效率也在不断地提高。

从这两个学生的学习差异上，我们可以看出，强烈的学习动机是保证孩子努力学习的前提。

心理学家认为，学习动机是引起和维护孩子进行学习活动的内部心理倾向，并使学习活动朝着预定目标进行的"内部动力"。对正在读书的孩子们来说，他们的主要任务就是学习，那么，这种态度就是他们的"学习动机"。

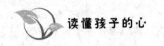 

对此，心理学家德韦克的研究表明，在"动机训练"的过程中至少有两个不同的成效表现：

一、对孩子努力学习的结果给予反馈，告诉他在这一阶段获得了相应的结果，使他感到自己的努力是有效的。

二、使孩子感觉到自己的努力不够，从而把自己失败的原因归结为努力与否的因素。只有这样，孩子才能真正从无助感中解脱出来，从而坚持努力去取得成就。

所以说，动机是推动孩子学习的主观动力，是直接推动个体达到某种目的的心理活动。因此，为了提高孩子的学习效率，我们应运用好"动机心理学"。

自初中一年级开学以来，莹莹的学习成绩一直很优秀。可是在下学期过去一个月后，她过生日时舅舅送了一部手机，她的学习成绩就越来越差了。

原来，自从拥有了手机之后，莹莹的整个心思都在手机上，不但喜欢玩手机游戏，还喜欢用手机看偶像剧，并且学会了玩微信，整天在朋友圈刷屏，根本没心思好好学习。

在学校里，每当下课后，莹莹就马上拿出手机玩个不停。放学回来，书包往沙发上一扔，她就急匆匆地去玩手机了。这样，她的作业总是不能按时完成，做功课也是为了应付老师和父母，这导致她的学习成绩越来越差。

后来，爸爸想了一个办法：学习成绩恢复不到之前的水平，就不让她再玩手机。并且，告诉她的班主任，看见她在学校里玩手机就给没收了。她如果做到了这些，周末可以在规定的时间内玩一会儿。

果然，在爸爸妈妈与老师的监督下，莹莹玩手机的时间越来越少，并且为了自己的手机不被没收，她只能像以前那样认真学习。过了两三个月，莹莹的学习成绩终于又赶了上来。

"动机心理"是一个人对自己认为重要的、有价值的事情乐意去做，并努力达到完美的一种内部推动力量。也就是在这种需要的驱使之下，才会产生目标、目的，从而引发人的积极性。

所以，学习动机是由外在条件诱发出来的动机，孩子为了获得表扬和奖励而努力学习，上文中的莹莹就是如此。

心理学认为："学习动机"既不是学习的必要条件，也不是学习的充分条件，但它是对学习起促进作用的重要条件。

那么，怎么才能激发孩子的学习动机，引导孩子爱上

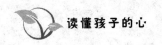

学习呢？希望以下两点能对家长有所帮助：

**一、让孩子明确自己的学习目标**

有研究表明，那些学习好的孩子都有着良好的学习动机与明确的学习目标，他们学习时总是兴趣盎然，孜孜不倦，学习行为成了自觉、自愿的过程。

所以，给孩子定一个学习目标很重要。因为有价值的学习目标，可以激发学习需要，使孩子认清学习的方向与必要性，让他全力以赴地去努力。

**二、培养孩子的学习动机**

如果孩子总认为自己一无是处或没人关爱，心理需求不能得到良好的满足，那么，孩子对学习本身就很难产生兴趣，自然就没有动力去学习。

家长应多关爱和尊重孩子，让孩子感觉到自己被重视或感到自己有一定的能力。要知道，那些不知道自己能力高低的孩子，或不能确定自己是否是令人喜欢的孩子，是不可能产生强烈的进取动机的。

## 第 6 节
## 缓解孩子对于开学的紧张感

据有关调查统计发现，约有 70% 以上的学生对开学有不同程度的焦虑感，约有一半的人还有较强的恐惧感。学生的这种感觉，就是心理学上所讲的"开学恐惧症"。

不过，"开学恐惧症"并不是专有的医学术语，而是在校学生对开学上课产生的恐惧心理，有了消极情绪困扰后才形成这个与心理有关的俗语。

成成在读小学三年级，平时学习成绩还不错，每次都能评个优秀生。但是每到假期过后，成成都不愿意返回学校，一想到学习、写作业，他的心里就会莫名地烦躁。

特别是临开学的这几天，成成总是闷闷不乐的。平时不管是看电视、玩游戏、外出游玩等，他都玩得不亦乐乎，但只要爸爸妈妈一提到快要开学了，他的脾气就会上来。

离开学还有三天时间，妈妈看到成成的暑假作业还没

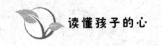

写完，催他赶紧写。他却皱着眉头说："急什么，我还没玩尽兴呢，总是催着学习学习，真是烦死啦！"

"烦什么烦？作为一名学生不想着学习，你想要干吗？"爸爸没好气地呵斥着。

"我不想学习了！"成成低闷地回答道，说完扭头躲进了自己的房间里，并且一天都没有出来。

这时，爸爸妈妈才感觉到了问题的严重性。

从心理学上来说，开学恐惧症也是一种情绪障碍。每当将要开学或刚开学后，患有这种症状的孩子，常常表现出情绪低落、焦虑不安、记忆力减退、注意力不集中、脾气暴躁、失眠等一系列身体不适的症状。

对此，心理学家认为，其主要的诱因是"开学"这个特殊的事件，导致孩子对学校生活的适应产生了焦虑和恐惧，或是分离性焦虑、学习适应不良、人际交往困难等不良情绪和行为的唤醒。比如，有的孩子在本校摸底考试或在其他活动上曾有挫折和遭受委屈的经历，有的孩子由于自己的人格缺陷或因学习过于紧张所致。

所以，那些适应能力较差、学习成绩不好及心理素质过低的学生，都是这种症状的易发人群。

对开学抵触心理严重的孩子，家长一定要重视起来，多想办法开导并帮助孩子度过这个时期。

其实，这种精神症状是可以预防或缓解的，家长可以从以下五个方面着手帮助孩子：

**一、纠正孩子的生活习惯**

为了帮助孩子适应学校的学习和生活，放假后，家长应早些帮孩子定好作息时间表。如果孩子在假期里常常看电视或玩游戏到很晚，早上又贪睡不能按时起床，那么到开学时孩子的思想还停留在"放假"状态，对上学肯定会有抗拒心理。

所以，家长应及时纠正孩子的不良生活习惯，每天督促孩子按时起床、饮食、学习、娱乐，不要任由假期生活打乱他的生活秩序。这样，才能保证孩子有旺盛的精力与正确的心理去迎接新学期的到来。

**二、跟孩子多谈谈学校生活**

为了消除孩子对学校或上课写作业的恐惧感，家长平时可以有意识地从日常娱乐、游玩等话题谈起，跟孩子多谈谈学校生活以及关于老师的一些趣事，也可以谈一些有关学习和同学关系的话题，但一定是快乐、正面的。

**三、让孩子对上学感兴趣**

平时说到学校或老师的时候，家长应注意不要给孩子

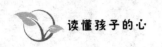

输入负面信息，不要在孩子面前把学校描绘成不快乐的地方，也不要把老师描绘成严厉得不近人情的人。

家长应抱着乐观的态度，从正面的角度去评价孩子的学校与老师，给孩子讲一些名校或名人的故事，给孩子以信心与鼓励，让孩子对上学感兴趣，从而期待着去上学。

### 四、先从调整心态开始

家长在平时应该加强孩子与同龄人的交往，同时再培养孩子的学习兴趣，以减少孩子独立学习的焦虑感。

如果孩子已经患有学习焦虑症，那就应先从调整孩子的心态开始，让孩子产生愉快的心情，并让孩子养成良好的生活习惯。那样，孩子的学习焦虑症就可以慢慢得到缓解。

### 五、给孩子营造学习氛围

家长在平时应多带孩子去书店逛逛，给孩子买一些他喜欢的课外读物，还可以带孩子去博物馆学习不同的知识。这样，多给孩子营造与学习有关的氛围，孩子便会自然而然地喜欢学习了。

# 第六章

## 适应心理：
### 让孩子学会适应各种新环境

生活环境对于一个孩子的成长非常重要，父母在给予孩子生理满足的基础上，一定要为孩子创造一种良好的、适合成长的环境。

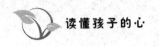 

# 第 1 节
## 孩子为什么越来越不爱说话了

生活中，有些孩子往往不爱说话，尤其是在陌生的环境中几乎不与人交流。迫不得已的时候，他们也只是用一些肢体语言，如摇手、点头等方式与别人进行简单的沟通。

有的孩子在开始会说话以后，也会不断地与人交流，与正常的孩子无异，但后来渐渐地很少说话了；还有的孩子在一个阶段表现出沉默，无论别人怎样问，他一句话都不肯讲，甚至连一点儿动作表示也没有，完全一副视而不见的态度。

对此，心理学家认为，孩子的这些表现是患了"儿童选择性缄默症"。

关于儿童选择性缄默症，心理学家认为这是一种精神障碍，孩子一旦患上就会表现为神情焦虑、不敢说话，尤其在某些特定的场合会表现得极度羞怯，总想以"缄默不语"来降低内心的恐惧感。而且，这种情况延续的时间越长，对孩子的心身健康危害就越大。

通常来说，这种症状常常在学龄前 3 ～ 6 岁会有所出现。而且相对来说，女孩患此症的概率比男孩多一些。

心理学家曾将这种情况定为"儿童心理失调"，因为他们的行为、智能和学习能力都很正常，就是在与人接触方面显得非常胆怯。比如，他们拥有与正常人一样说话和理解语言的能力，可是在某些需要交流的场合就是说不出话来。

这样的孩子往往在自己家里会正常说话，而一到了学校或陌生场所就会"拒绝"说话，这就是他们"选择缄默"的理由，他们总是"以拒绝说话作为巧妙应对外界环境的惯常反应"来对待跟他人的交往与沟通。

一年一度的新学生入学期又到了。

开学这天，作为小学四年级的班主任李老师早早就来到了学校。同学们看到李老师都争相问好，然后一个个高兴地忙着找座位、拿课本……坐好后，大家又都争相举手做自我介绍。

从同学们稚嫩的笑脸与欢笑声中，李老师感觉到这批学生都非常活泼、可爱。不过，他发现有一个坐在教室角落里的女同学，从走进教室到现在始终都绷着脸，一言未

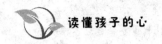
发——她既没有向老师与同学问好，也没有做自我介绍，一个人坐在那里一动不动，还紧皱眉头一副惶恐不安的神情。

李老师本来想问该女生为什么不做自我介绍，但看到她这个样子就打住了。

一个多星期过去了，这个女同学还是那种状态，一到学校就紧闭着嘴巴，一句话也不肯说。开始，李老师以为她是由于刚进入一个新环境而产生了不安，就没怎么在意，但没想到她会一直这样。

李老师试图接近该女生，可每当靠近她的时候，她总会条件反射性地往后退，而且眼中还充满了警惕和不安。

后来，李老师从女生的妈妈那里得知，从 4 岁时开始，这个小女孩就出现不爱说话、性格怪异的现象。其实，之前她也是个性格开朗、爱说爱笑的孩子呢。

妈妈说，记得那次与孩子的爸爸吵架，双方吵得很凶将女儿吓哭了，并且一边哭一边抱住爸爸的腿说："爸爸是坏人，爸爸是坏人……"

当时爸爸正在气头上，就凶狠地对女儿说："不许这样说，再说爸爸就打死你！"说完一抬腿将她摔在地板上，她立马哇哇大哭起来。从那以后，孩子的个性就完全变了，做什么事都畏畏缩缩的，话也不敢说。

听了同学妈妈的这番话，李老师认为这个同学可能有心理障碍，就建议家长带她看心理医生。后来，父母便得知女儿患了儿童选择性缄默症。

心理学研究认为，儿童选择性缄默症的产生主要与家庭成长环境和孩子的心理变化等因素有关。经大量的调查研究发现，患这类症状的孩子大都有早年感情创伤的经历，比如，家庭中经常发生矛盾冲突，家长对他的教育简单粗暴等，使他在小小的年纪就经受了很大的精神刺激。

值得注意的是，调查还发现，这类孩子的妈妈在家庭中通常处于支配地位，对孩子的保护就过于严谨，使孩子无法与他人建立交流。那么，孩子只好选择"缄默"作为自己处理人际关系的策略。

心理研究还发现，这类孩子的性格大多孤僻、脆弱，不愿参加集体活动，一点儿小事就表现得敏感、易怒，遇到外人就会害羞、胆怯。

可以说，这类孩子的独立生活能力很差。所以，一旦发现孩子有这种症状，家长要及时采取必要措施来应对。

对于患有儿童选择性缄默症的孩子，家长平时要减少粗暴的呵斥，而要多关心他。通常，在治疗上主要采用家庭治疗及精神分析和行为治疗法，具体可以参考以下方法：

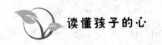

### 一、不要强迫孩子说话

孩子患上选择性缄默症后，如果马上就想让孩子改变状况通常是不可能的。要知道，对于正在语言与成长发育期的孩子来说，要避免再给他不良的精神刺激——如果一味地强迫孩子说话，只会造成孩子的精神更紧张。

所以，对于改变孩子的性格不可急于求成，家长最应该做的是为孩子营造一个宽松自由、幸福快乐的家庭环境，使孩子的性格变得快乐开朗起来，以后就好办多了。

### 二、平时父母要多陪伴孩子

孩子有了不爱说话、不爱交际的症状后，父母要多关心孩子，多了解孩子的情感和需求，多与孩子进行贴心的沟通和交流。要知道，缺少关爱的孩子往往会产生胆小、不安的心理行为。

尤其是家长要引导孩子与同学多接触，多让孩子与开朗的小伙伴待在一起。还可以陪孩子与他的伙伴们一起做些有趣的游戏，从中鼓励孩子大胆地表达心中的想法，并告诉孩子不要为了一点儿小事去计较。这样，在父母的陪伴和引导下，孩子静默的心理状态往往能得到良好的改善。

### 三、采取"情绪放松法"

对孩子的沉默不要过分注意，改变孩子的缄默症状可以采取"情绪放松法"。先用一些愉快的事来分散孩子的紧张情绪，比如带孩子到他向往的地方、陪孩子玩他热衷的游戏，当孩子心情舒畅、情绪松弛的时候，可以乘机引导他说话。

"这个游戏你玩得真棒！""哦，这样做我还不如你呢！"相信孩子一定会随着家长的话语而开口接话，慢慢地，孩子就会变得活泼、爱说话起来。

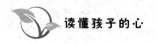 

## 第2节
## 培养孩子对新环境的适应能力

美国心理学家约翰·康德里曾做过一个心理实验：他在康奈尔大学和加利福尼亚大学分别选了一批学生进行实验研究。他先把这些学生分成两组，然后将一篇小说的一段故事情节发给这两组的学生。这一段故事情节以虚构的方式描写了一个家庭：霍夫曼教授、他的妻子以及他们收养的女儿。

故事情节是这样的：一个女孩在哭泣，她的衣服被撕破了，一群孩子在盯着她。

康德里要求两组学生分别以自己的方式写完这个故事。

第一组学生写的文章，要用"将来时态"来描述，并要求学生写出："霍夫曼夫妇将做些什么，孩子将说些什么。"

第二组学生写的文章，要用"过去时态"来描述，并要求学生写出："霍夫曼夫妇干了些什么，孩子说了些什么。"

也就是说，两组学生写作的方式除了时态的不同外，文章的内容和要求都完全一样。

结果，第二组学生对该情节写的结局极其虚假、空洞，文章没有一点儿出彩的地方或吸引力。不过，他们对于过去的描写却很翔实。

第一组学生不但写出了有趣的故事结尾，而且还添加了各色人物，引入了新的情境和对话，文章精彩极富创造性。

对于这个实验结果，康德里说："我觉得谈论过去比谈论未来容易些。我们很多人考虑的生活概念，大多都仅仅是现在的自己和自己的现在，而对将来则没有过多的考虑与打算。这样一来，在遇到新环境及突发事件时往往不知所措、难以适应。"

是的，适应能力是现代人所必备的能力，这种能力如果不足，一个人就很难适应社会生活。所以，家长最明智的做法就是尽早培养孩子对社会与环境的适应能力。

那么，如何培养孩子的适应能力呢？这就需要加强孩子的生活阅历，增强孩子的眼界与见识。比如，平时多带孩子外出，可以帮助孩子感受大自然的奥秘，开阔眼界，

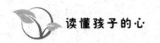

适应新环境，了解新事物。

在春天的时候，可以带孩子到野外观察小草发芽；夏天让孩子到野外看看绿树成荫；秋天带孩子看看成熟的果实；冬天让孩子看看树木落叶的变化，看看下雪，从而让孩子了解大自然四季不同的变化、不同的生态环境。

这些都是很好的教材，我们可以随地取物对孩子进行言传身教，从而培养孩子对环境或社会的适应能力。

薇薇是个活泼可爱的小女孩，爸爸妈妈都很喜欢她。但是，薇薇只是在家里表现良好，可一出家门就表现得非常胆小，特别是在人多的地方更显得神态不安，就连妈妈带她去超市购物，她都不敢乱走总想快点回家。

原来，薇薇从小就不经常出门，对陌生的环境总是感到恐惧不安。平时，爸爸妈妈工作都忙，没有时间带她外出，她只好天天待在家里与奶奶一起玩。偶尔外出一次，她对新的环境就难以适应。

怎么办呢？后来，爸爸妈妈决定减少一些手头上的工作，挤出时间多带薇薇参加一些团体活动，周末并带她去郊区旅游，以培养她的环境适应能力。

这样，有爸爸妈妈陪着，看到外面美好的风景和新鲜的事物，薇薇真是好开心，一路上唱啊跳啊的，有时竟然也能与身边的小朋友交流一下快乐的心情。

这年暑假，他们一家去爬香山。爬山途中不时遇到一些陡峭的地方，薇薇就有点儿害怕不敢往上爬。

这时爸爸就鼓励她，说越是危险的地方越有意想不到的惊喜，相信她一定可以爬上去。之后，爸爸在前面领路，教她怎么做，妈妈则在后面守着以防备她滑下来。

这样，在爸爸妈妈不断鼓励下，薇薇终于鼓足勇气爬到了山顶，这时旁边一些爬山的游客也对她伸出了大拇指，夸她很棒呢。

薇薇感到很自豪，觉得自己也是一个勇敢的孩子了。

生活环境对于一个孩子的成长非常重要，父母在给予孩子生理满足的基础上，一定要为孩子创造一种良好的、适合成长的环境。

可以说，多带孩子外出旅游益处多多，因为在旅游的行程中，随时随地都会有新鲜事发生，让孩子认识到新环境的趣味，不断激起孩子的好奇心和勇气，从而使孩子能很快地适应各处旅途中的新环境，这对孩子长大后的生存适应能力会有很大帮助。

此外，培养孩子的环境适应能力，以下几个不错的方

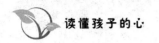

法可以供你参考：

**一、多制造一些和朋友玩耍的机会**

平时一定要让孩子多接触一些小伙伴，让孩子养成喜欢和别人玩耍的习惯，这样能帮助他提高对他人的关注，通过交往还能让孩子体会到有朋友的好处。

**二、外出前先了解是否有孩子喜欢的东西**

在准备去某个地方之前，要先了解一下是否有让孩子感兴趣的事物，或是让孩子喜欢的东西，再决定去不去。否则，如果孩子不喜欢，再好的地方去了也没多大意义。

**三、不可操之过急**

对于一个新环境，如果孩子表现得很过激，就要循序渐进地帮助孩子，不可操之过急，以免产生反作用。

**四、多关注孩子的感觉**

有时候，孩子最喜欢的可能是看得清楚或者最贴近自己感觉的东西，他看到的和大人看到的往往大不相同。所以，不要忽视孩子此时还在生长发育的因素，他还不能像成年人那样长时间地关注一些事物，所得到的感受也是不一样的。因此，在观光赏景的时候，我们多从孩子的角度出发就会避免一些不愉快。

**五、用奖励机制帮孩子挑战自我**

如果孩子能挑战自己独立去做一件事，就可以给孩子

一定的奖励。因为，合理的奖励机制才能刺激孩子，帮助
他战胜自我，帮他跨过自己内心的那道门槛。

### 六、不要给孩子定性

就算再自闭或胆小的孩子，他的内心也非常渴望能跟
其他小朋友一起玩。大人不要在外人面前不断地说他如何
胆小或内向，也不要表现出很嫌弃孩子的样子，以免孩子
做个壳把自己锁在里面，到时再去引导就费时费力了。

### 七、多鼓励，少打击

父母应该从正面引导和教育孩子，要知道，孩子由于
年龄小、见识少，胆小怕事是正常的。所以，面对孩子的
懦弱行为，千万不要用恶语去伤害他，以免打击孩子的勇
气和信心而形成自卑心理。

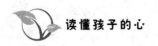

## 第3节
## 让孩子在认识错误的过程获得新知

孩子由于年龄小，心智发展不成熟，所以说错话、做错事都是常有的事，特别是一些顽皮、个性倔强的孩子，每天不知要犯多少次错误。

可以说，孩子犯错是一件避免不了的事情。但是，如何让孩子在犯错过程中感受改正后的喜悦，不断地丰富孩子的生活经验并学到更多的本领，是家长最应该做的事。

社会心理学家阿伦森做过一个实验：他让几位选手参加一场竞争激烈的演讲会，其中有两位选手才能平庸，另两位选手才能出众。

在演讲的过程中，一位才能平庸的选手打翻了一杯咖啡，而另一位才能出众的选手也不小心打翻了一杯咖啡。

这时，阿伦森对台下的观众做了一个"吸引力"调查。结果发现，那位才能平庸打翻咖啡的人吸引力最低，那位才能出众未打翻咖啡的人吸引力居第二，而那位才能出众打翻咖啡的人吸引力则最高。

在这个实验中我们可以看出，那些才能优秀但偶尔也会犯小错误的人，往往最受人们的喜欢；那些才能优秀、过于完美、没有一点儿瑕疵的人，往往会令人敬而远之。可见，小小的错误反而会使有才能的人更受青睐。这就是心理学上的"犯错误效应"。

教育孩子也是如此。

如果我们允许孩子适度地犯些小错误，反而会使孩子显得更加可爱，从而产生一些乐观而积极的念头。

不过，在允许孩子犯错的同时，也要让孩子认识到错误并接受改正。因为让孩子在真实的感受中认识到自己的错误，这种方法可能比大人反复警告更有效。

孩子是在不断感受与体验中长大的，不是在说教中长大的。一味地责备，只能让孩子产生逆反心理，而我们善意的提醒或指导，则会令孩子认识到自己的不足，从而接受我们的建议。

威威是个很可爱的男孩子，他有一个爱好就是喜欢吃冷饮，特别是夏天，什么冰淇淋、雪糕、冰冻的饮料和西瓜等总是大吃特吃，好像不吃这些冰凉食物自己就过不了夏天似的。

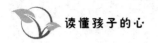

这不，今年夏天又是这样，威威对冰箱里的"冷宝贝"仍然特别钟情。爸爸妈妈多次劝说他不要吃那么多，会吃坏肚子的。

可是，威威对父母的话毫不理会，依然我行我素。

爸爸妈妈一时生气，索性由孩子去了。结果没过几天，威威突然感到肚子很不舒服，一会儿便疼痛起来。

"哎呀，我的肚子好痛啊！"

"哦！"爸爸有些无动于衷。

"哎哟，痛死我了！"威威又喊道。

"哦，是真的吗？"妈妈故意问道。

"当然是真的了，我还能骗你们不成？你们这样对我，是不是我的亲爸亲妈啊？"威威很不高兴地说。

"哟，你也知道生气呀！我们告诉你多少次不要吃那么多冷饮，那会吃坏肚子的，你总是不听，好像我们骗你似的，这下知道后果了吧？"爸爸说。

"知道了，知道了！以后我再也不吃这么多冷饮了。哎哟，痛死我了！"威威喊道。

"好了，你要长记性呀，以后可不能再吃那么多凉东西了。"妈妈说完，就赶紧和爸爸带着威威去了医院。

虽然我们平时也经常对孩子说教，但孩子却不一定能听明白我们所讲的道理，尤其是一些调皮的孩子还常常喜欢向大人发起挑战。

可能很多家长都经历过这样的情况，比如一件事情，你越是制止孩子不让他做，可孩子偏偏不听，甚至还会更加肆无忌惮地去做。那么，面对孩子的这种行为，我们该怎么办呢？

最好的方法，就是让孩子感觉到自己的错误。

当孩子故意或因不知道爱护而弄坏了自己所用的文具，这时就不要急着去买新的，应该让他感受到需要文具而着急。

这样，当孩子体验到没有文具盒可用时，他才能认识到自己的不对，下次就会小心爱惜自己的文具盒。所以，当孩子犯了错误后，家长首先的教育方法应是让孩子自觉地认识错误，并承受所犯错误的后果。

其实，从认识错误到承认错误，中间有一个很长的感受过程。在感受错误的过程中，孩子往往能获得新知，思想也会得到锤炼，这会使他产生积极的愿望，从而学会辨别对与错、合理与否。所以，在孩子犯错时，不要让他立刻承认错误。

不论孩子是有意犯错还是无心犯错，都应该让孩子从

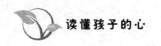

错误中认识错误，这样才能对他的成长有帮助。总的来说，孩子在感受错误的过程中，至少能获得以下新知与成长：

**一、让孩子明白物品坏了就是损失**

当孩子把某个玩具拆开或把物品敲碎，想看看里面的结构或者想要了解它的组装原理时，结果就将玩具或物品真的给弄坏了。这时，只要不是贵重的玩具或物品，让孩子尝试去搞些小破坏也未尝不可。

因为孩子在犯这类错误的过程中，他也许能学到很多没有机会接触的知识，即便他什么都没有获得，至少他也会明白某些物品坏了就是一大损失的道理。

**二、让孩子获得新知**

探索未知世界的过程，对孩子来说是一种十分可贵的体验。在感受错误过程中，孩子自己摸索而获得的知识不再仅仅是知识，因为他本身就处在一个充满未知的世界，这就可以促使他获得更多探究事物奥秘的能力。

**三、让孩子学会正确的做事方法**

在感受错误过程中，孩子会意识到自己的错误，并从中找出合适的做事方法。比如，孩子以不正确的方式与他人相处，结果他就会失去好朋友；他用淘气的方式来吸引妈妈的注意，结果适得其反等。在经过多次这样的体验之后，孩子就会知道如何用正确的方法来达到自己的目的。

# 第4节
# 请为孩子制定一个合理的目标

美国哈佛大学的教授做过一次调查研究：他们对一部分大学应届毕业生进行一次关于"人生目标"的调查，这些学生在智力、学历等方面的条件基本上相差不大。

调查结果是：60%的人目标模糊，27%的人没有目标，10%的人有着明确而短期的目标，3%的人有明确而长远的目标。

后来，在过了漫长的25年之后，研究人员再次对这批学生进行跟踪调查。通过这次调查，他们发现：60%目标模糊的人生活在社会的中下层，27%没有目标的人生活在社会的最下层，10%有着明确而短期目标的人成为各个领域的专业人士，3%有着明确而长远目标的人成为各界的成功人士。

这次调查结果告诉我们：无论多么优秀、学历多高的人都要有一个为之奋斗的人生目标，否则将会一无所成。

这就是心理学上的"目标效应"，它的效果就如一个人要去远行一样，如果没有目的地就永远无法到达终点。

是的，没目标就没有奔头，孩子的成长更是如此。

对于孩子来说，目标是学习的动力，家长为孩子制定一个合理的目标非常重要。著名诗人纪伯伦说："我宁可做人类中有梦想和完成梦想愿望的、最渺小的人，也不愿做一个最伟大的无梦想、无愿望的人。"

可见，孩子天生都是有目标与梦想的。所以，我们一定要教育孩子确立自己的奋斗目标，尤其是当孩子取得了一点儿成绩后，我们应在祝贺的基础上对孩子进一步提出更高一点儿的目标和要求。

要知道，目标是培养孩子上进心的重要手段，也是帮助孩子成才的必经之路。

有一位牧羊人带着两个年幼的儿子靠为别人放羊来维持生活，虽然他们的日子过得贫苦，但没有对生活失去希望。

一天，父亲带着两个儿子赶着羊群来到一个山坡上。突然，一群大雁伸着脖子嘎嘎地叫着从他们的头顶飞过，又很快从他们的视野中消失了。

"父亲，这些大雁要飞到哪里去啊？"小儿子看着大雁飞走的方向问父亲。

"为了度过寒冷的冬天，大雁要飞到南方找一个温暖的地方安家。"父亲回答道。

"哦，要是我们也能像大雁一样飞起来就好了，那我就要飞得高高的，去天堂看看妈妈。"大儿子双眼盯着大雁的背影，很是羡慕地说。

"要是能真的变成会飞的大雁就好了，那我可以飞到自己想去的地方，就不用天天在这里放羊了。"小儿子也眨着眼睛说。

父亲沉默了一会儿，说道："如果你们想，你们也会飞起来的。"

"真的？"两个儿子试了试并没有飞起来，他们都用疑惑的眼神看着父亲。

"你们看看我是怎么飞的吧。"父亲试着飞了两下，也没飞起来。

"哦，我飞不起来可能是因为年纪太大了。但你们不同，你们还小有着无穷的潜力，只要不断努力就一定能飞起来，然后去你们想去的任何地方。"父亲肯定地对两个儿子说。

从此，一定要飞起来的愿望便成了这两个孩子的梦想。在父亲的教导下，他们一直朝这个目标不断地努力

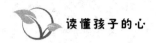

着。长大以后，两个孩子真的飞起来了——他们就是莱特兄弟，他们发明了世界上第一架飞机，实现了人类飞上蓝天的美好梦想。

　　一个人心中拥有了梦想，就会在生活中抱有希望。许多看似不切实际的梦想，很多时候也都能变为现实，因为梦想是前进的方向和动力。

　　当孩子有了梦想，也就有了为之奋斗的目标。此时，目标就给了孩子一个看得见的射击靶，孩子会投入他全部的努力并不断创造奇迹。

　　不过，我们给孩子所定的目标不能太高，要切合孩子的实际情况，最好是让孩子跳一下能够得着的最好。如果一下子给孩子的目标定得太高了，孩子怎么努力总是达不到就不太好了，因为这会使孩子失去信心。

　　所以，我们给孩子定的目标不能贪多，一定要具体、合理、恰当，这样孩子就会自觉地去努力奋斗。

　　一个人有了需要完成的目标后，往往能够"一箭命中"而不再浪费自己的时间。如果一个人没有梦想，也没有人生目标，那他就不知道自己去学习有什么用，不知道自己应该怎样去努力。那么，在这种情况下，只要生活中出现一点儿阻力和困难，他就觉得寸步难行会产生放弃的心理。

所以，目标是一种持久而蓬勃的动力，是孩子走向成功的阶梯。

小雨上小学四年级，学习成绩很差，每次考试都是班级后三名。为此，爸爸妈妈教育了他很多次，但他对学习就是提不起劲儿。

每天只要一放学，小雨便会立即丢下书包，骑着小赛车在小区的院子里转来转去，他的梦想就是有一天能成为世界级的赛车冠军。

可是，爸爸妈妈让他写作业的时候，他总是拖拖拉拉，没有丝毫兴趣与动力，并且越是批评他学习不用心，他越是不想学习。

这可怎么办呢？爸爸妈妈非常头疼。

"儿子，你不是想要一辆名牌赛车吗？如果你能在这个学期将自己的学习成绩提高到班级里中等水平，我就给你买一辆！"在新学期开始的这天，爸爸想出了一个办法。

"好啊！等着瞧吧，我一定会将成绩提到中等的，到时候爸爸可要说话算数！"小雨兴奋地说。

为了拥有一辆名牌赛车，小雨便用心地学习起来。课

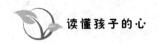 

堂上，他开始认真听讲；下课了，他写完课堂作业后才会去玩；放学回家后，他先拿出课本写作业，写完再去院子里练车。

小雨的变化，爸爸看在眼里、喜在心上，他知道自己给孩子定的这个小目标奏效了，这令他很是欣慰。当小雨在学习中遇到困难或对学习有厌倦情绪的时候，爸爸便会及时帮他克服或开导，甚至还会先给他一些小小的奖励以作为他坚持下去的动力。

就这样一个学期下来，小雨果然将自己的学习成绩提高了一大截，一下跃入班里中等生的行列。

这时，爸爸兑现了自己的诺言，给小雨买了这辆赛车。

与此同时，看到小雨进步这么大，班主任老师也对他大加称赞，同学们也开始对他刮目相看……这些都让小雨感到无比自豪，觉得自己是一个优秀生，学习更有动力了。

梦想是孩子前进的指路明灯，目标是孩子取得成功的基石。给孩子一个小小的目标，能让孩子一点一点地进步。跟着目标走，孩子就不会迷路，所以，我们要从小就送给孩子一个美丽的梦想，送给孩子一个热爱生活的目标。

不过，有些家长由于望子成龙心切，往往给孩子设定过高的目标，忽视了孩子的实际学习能力，从而使孩子可能因为目标过高或等待时间过长最后放弃了努力。

要知道，绝大部分孩子成绩不理想的原因，并不是因为他们智力低下，而是没有稳定的目标方向。但是，孩子的意志力和耐力是有限的，他不可能像成人一样持久与坚定。所以，制定的目标一定要合理，不可以一下子向孩子要求太多或太高。

给孩子一个人生的方向，使他学会自己管理自己，自己约束自己，自己成就自己！

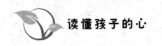

## 第 5 节
## 孩子也需要一定的自由

有家公司在办公室门口摆放着一个漂亮的鱼缸，里面养着一些可爱的小金鱼。但两三年过去了，它们似乎没有什么变化，与刚买来时差不多大小。

有一天，一名员工搬东西时一不小心将鱼缸给打破了，小金鱼撒了一地，都张着嘴巴不停地喘着气……眼看着这些小金鱼就要死掉了，怎么办呢？

"先将它们放到院子的喷水池里去吧。"有名机灵的员工说道。

"好好，我们快将它们捡起来！"几名员工赶紧手忙脚乱地将小金鱼从地板上捡起来，又迅速将它们放到院子里的喷水池里。

过了一段时间，办公室负责人又买了一个新鱼缸，他打算将那些放养在喷水池里的小金鱼再放进鱼缸里。可是，当他来到喷水池边上时，立即傻眼了：哪有什么小金鱼,却有一条条二三十厘米长的大金鱼！这么短的时间内，小金鱼竟然长了这么大，真没想到啊！

顿时，整个办公室的人都沸腾了。对小金鱼的突然长大，大家进行各种猜测，最后都有了一个共同的看法："喷水池子要比鱼缸大得多！"

这个故事就是心理学上说的"鱼缸法则"，这个现象充分说明，狭小而有限的空间是不可能有大发展的。

其实，孩子也与小金鱼一样，如果我们一直将他养在狭小的温室里，总是局限他的自由，那他不会有多大发展。因为，这样不但会严重阻碍孩子的成长与发展，还会使孩子失去本该拥有的快乐童年。所以，我们只有给孩子自由而广阔的成长空间，孩子才可能成长得更快，才能发展得更健康。

一滴水怎样才能不干涸？答案是：把它放到大海里去。

是的，一滴水的寿命是短暂的，但当它与浩瀚的大海融为一体时，它将获得永生。

一个孩子也是如此，他必须多接触他人与社会，才能有属于自己的发展空间，才能有旺盛的生命力与创造力——把自由还给孩子，教他学会建立友谊，无疑等于给

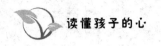 

他的将来插上了翅膀。

但是，有很多家长总是有意地限制孩子的活动空间，不许孩子这样，不让孩子那样，将孩子拘泥在小小的"鱼缸"里。比如，孩子上了幼儿园，天天得受老师、场地、规则、伙伴、玩具的制约；上了小学以后，有了点新鲜念头，爷爷奶奶、外公外婆、爸爸妈妈等不是这个阻拦，就是那个代替，使孩子一点儿自主的机会都没有；孩子稍大一些上了中学，学校的纪律、课堂作业、课外作业，又将孩子牢牢地约束住了。

这样一来，孩子如何能全面发展呢？

没有了自由，谈何快乐？没有了快乐，谈何幸福？可以说，自由是孩子天真活泼与幸福欢乐的源泉。所以，我们一定要给孩子一定的自主权利，在照顾孩子的同时，应让他充分享受属于自己的自由生活。

培养一个有能力的孩子，我们就要全方位给孩子一个宽广的成长空间，给孩子一切发展的机会，而不是以"我都是为了你好"作为理由，将他束缚在一隅天地里。

曾有一句话很流行：有一种爱叫作放手。那么，对于孩子，我们要做到该放手时就放手，不能把孩子紧紧地攥在手中。要知道，孩子总有一天会长大离开我们，到那时，我们能够做的只是默默地望着他的背影，祝福他要发展得更好。

可能有些家长会说："孩子这么小，什么都不会、什么都不懂，不严管、不严教会出问题的。"

是的，孩子还小，离开大人的照顾是不行的。但是，孩子成长需要的是引导或指教，而不是强制或训教。所以，我们应做好孩子的牵引者和指导师，而不是将孩子限制起来。

亮亮是五年级（3）班的班长，这天他带着几个同学去阅览室看书。同学们便各自选了一本自己喜欢的书，在座位上翻读着。

这时候，整个阅览室里都很安静，看得出同学们的专注与认真。不久，有一两个同学开始说话，并且谈话的声音渐渐地高了起来。

"请同学们静下来，看书不应该有声音的。来，现在我要看看谁最棒，能安静地看书。"亮亮说。

顿时，阅览室里再次安静下来。可是，过了没多久，声音又响起来了。

"怎么又出声音了？要不这样，发现谁再说话就让他回班里写作业！"亮亮站起来说。

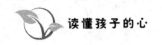

同学们赶紧闭上嘴巴，阅览室里又安静了下来。

这时，亮亮明显看出同学们的内心不快乐，他意识到是自己刚才的做法有些不妥，同学们看书后怎么能不交流自己的阅读心得呢？他们说话就是不认真吗？况且，上课时间已经过多限制了他们的自由思维，他们憋了这么久，交流一下也未必是坏事吧？

想到这里，亮亮又接着说："同学们，看书的时候可以和小伙伴轻轻地交流，只要不大声影响到别人就行。"

"哦……"同学们都向亮亮投来赞同的目光。

亮亮的心里有了一丝欣慰。


在日常生活中，我们往往会在很多地方限制孩子的自由，包括生活方式、行为、观点等都会局限孩子的思维，使孩子的天性得不到舒展。

其实，教育孩子就如同放牛，我们不能像那些好玩的牧童一样硬牵着牛鼻子走路，我们应该学习农民牵牛，到了拐弯的地方抖动一下缰绳就可以了。

孩子的成长需要自由的空间，需要自主参与的机会。所以，在孩子自己的生活空间里，让他自己去做决定，哪怕他的选择有多么可笑，家长只需进行旁敲侧击的提示，从而引导孩子自由发挥就行了。这样，孩子的积极性与潜能才能得到更好的发挥，孩子长大后才不会过分依赖别人。

那么，我们该如何培养孩子自由发展的能力呢？希望以下几点能帮助到你：

**一、给孩子自由选择的权利**

可以说，每个孩子都会表现出不同的智能优势。比如，有的孩子在数学逻辑方面很强，有的孩子在音乐旋律方面很有天赋，有的孩子在语言文字方面相当优秀……那么，我们就应以某方面的兴趣优势来带动孩子的学习动力，并根据孩子自身的爱好来发展他的特长，这个自由选择的权利一定要交给孩子。

**二、让孩子享有言论自由的权利**

平时，应尽量当着孩子的面讨论事情，并且给孩子一定的发言权，不要总觉得孩子的意见不重要就不让他参与，也不要觉得孩子说得不对而剥夺他的发言权。要知道，这样做会伤孩子的自尊，又影响孩子的表达能力。

**三、让孩子享有自由锻炼的权利**

不管孩子做什么，只要不是太出格的事，家长都应该理解、支持、配合。比如，孩子参加社会实践活动、参加体育锻炼、担任班干部等都不要阻挡，这些都能使孩子得到很好的锻炼。

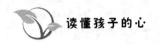

**四、让孩子享有自由交际的权利**

每个孩子的成长离不开与同龄人做伴，因为他的内心渴望与他人交往。所以，在孩子的交往上，家长不要一味地禁止这样那样，而要让孩子享有自由交际的权利，你只需要教给孩子交际的原则和方法就可以了。

# 第 6 节
# 儿童时间管理训练方法

科学家通过研究生物钟发现，人体会随时间的节律而做出相应的调整，会有时、日、周、月、年等不同的周期性节律。

研究人员将人的"体力""情绪"与"智力"，按周期性节奏科学地绘制成人体生物节律曲线图，并且确定每个人从诞生之日起直到生命的终结，发现人体内都存在着多种自然节律，比如体力、休息、智力、睡眠、情绪、觉醒、血压等变化。

具体来说，人在上午 8 点时大脑具有严谨、周密的思考能力，在晚上 8 点左右时则记忆力最强；在白天，人的推理能力随着时间的推移而逐渐减弱，但在下午 3 点时思考能力最敏捷……这些现象，就是生命活动的内在节律性。

现代人经常出现的"亚健康""生物钟失调""免疫力低下"等情况，就是因为经常熬夜、生活习惯不良等导

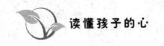

致作息规律紊乱，从而令人体出现各种症状和疾病的诱发风险。

豆豆上了小学一年级，可他没有别的孩子那样活泼、精神，上学还天天迟到。为此，班主任向接送豆豆上学的奶奶反映了很多次，但都没有明显的改善。

原来，豆豆的爸爸妈妈都是公司的重要职员，天天忙得很，平时豆豆都是由爷爷奶奶来照顾。同时，爸爸妈妈为了工作，形成了不吃早饭、加班熬夜等生活状态。这样，豆豆为了能多与爸爸妈妈待在一起，也渐渐养成了不合理的生活习惯。如此，长期的恶性循环使他的生物钟紊乱了。

人体的系统运行与人体的休息及劳作都有一定的规律，如果我们按生物钟的节律来安排作息，往往会取得良好的效果；反之，则往往会感到疲劳与不舒适。

故事中，豆豆不规律的作息情况就与生物钟有关，而这个看似无形的人体生物钟，对每一个人的心理、生理健康都有着巨大的影响。

其实，自然界的许多生物都存在着与时间有关的有趣现象。例如，生活在南美洲的第纳鸟每过 30 分钟就会叽叽喳喳叫上一阵子，而且间隔时间误差只有 15 秒左右，所以当地人称它为"鸟钟"，并习惯用第纳鸟的叫声来推算时间。

此外，像大家所熟知的"公鸡晨鸣""牛羊归圈"等现象也都说明了生物钟的规律性。

古语说："日出而作，日落而息。"人也是大自然的产物之一，我们只有与大自然保持相一致的步伐，才能正常而健康地生活。

就上述故事中的情况来看，豆豆的爸爸妈妈平常晚上睡觉时间要在 11 点之后，这个时间对成年人来说还勉强能挺得过去，但对豆豆这样的孩子来说足够当上黑白颠倒的"夜猫子"了。

所以，豆豆作息时间的紊乱，是受了爸爸妈妈长时间晚睡的影响。

对成长发育中的孩子而言，睡眠的保质保量占着绝对重要的位置。有些孩子出现"瘦小""易感冒生病""爱哭"等症状，无不与长期没有规律的作息时间有关。

所以，为了保证孩子的健康与学习，家长首先应该培养孩子良好的生活习惯，特别是那些平时作息不规律的家

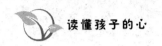 

长，一定要和孩子一起调整好生物钟。具体可以参考以下方法：

**一、避免自己的作息时间干扰孩子的睡眠**

在生活中，家长免不了会有一些工作需要加班才能完成，也免不了会有一些交际方面的应酬。为给孩子制定一个合理的作息时间，家长要根据孩子的作息习惯来调整自己的活动安排，以保证孩子拥有良好的作息规律。

**二、给孩子打造合理、舒适的睡眠环境**

合理、舒适的睡眠环境，是养育健康孩子的基本条件。所以，给孩子专用的卧室，给他营造一个柔和、简洁的睡眠环境非常重要。总体来说，对于孩子休息的卧室尽量不要安放电脑、电视机，也不要堆放过多的杂物。

**三、和孩子一起改变自己的作息时间**

对于已经有晚睡习惯的孩子，要想让孩子的作息时间变得规律起来，家长不妨先从自己改变开始，不宜用强硬或逼迫的手段进行纠正。

家长可采用渐进的方式，以半小时或一小时的时间量渐渐减少孩子晚睡的时间，并在原有的正常习惯上增加一小时的补眠时间。尤其是寒暑假时，不要让孩子任意地晚睡晚起。如此坚持下去，就能取得良好的效果。

从生理与心理上来讲，人体的生物钟如何运行是影响孩子学习效果的一个重要因素。比如，有些时候孩子学习起来特别努力，一副很专心的样子；而有些时候却马马虎虎，一副心不在焉的样子，这就是因为孩子的生物钟没有调节好。

如果我们能合理地利用生物钟的规律，试着给孩子规定什么时间学习、什么时间休息，想必能促进孩子的学习效率，帮孩子提高自己的学习成绩。

对此，家长要摸索出一套符合孩子自己的学习方法，然后利用孩子的生物钟特点为他选择最佳的学习时段，从而使孩子快乐地生活与学习。比如，安排孩子在假期的作息时间：

1.假期里，孩子出行旅游的时间不要太长。

2.孩子走亲访友的时间也应减少一些，适可而止就行。

3.对于一些少儿节日，要给孩子相应的时间调控。

4.假期快要结束时，要提前几天帮孩子挂上学习的"生物钟"。

5.开学之前，帮孩子制订一份新学期的学习计划。

亲子家教艺术全集

# 捕捉儿童
# 敏感期

## Bu Zhuo Er Tong
## Min Gan Qi

宋 静

著

文匯出版社

**图书在版编目 (CIP) 数据**

捕捉儿童敏感期 / 宋静著 . — 上海 ： 文汇出版社，
2020.6
（亲子家教艺术全集）
ISBN 978-7-5496-3181-0

Ⅰ．①捕… Ⅱ．①宋… Ⅲ．①儿童教育－家庭教育
Ⅳ．① G782

中国版本图书馆 CIP 数据核字 (2020) 第 063475 号


**捕捉儿童敏感期**

著　　者 / 宋　静
责任编辑 / 戴　铮
装帧设计 / 天之赋工作室

出版发行 / 文汇出版 社
　　　　　 上海市威海路 755 号
　　　　　 （邮政编码：200041）
经　　销 / 全国新华书店
印　　制 / 三河市龙林印务有限公司
版　　次 / 2020 年 6 月第 1 版
印　　次 / 2020 年 6 月第 1 次印刷
开　　本 / 880×1230　1/32
字　　数 / 100 千字
印　　张 / 6

书　　号 / ISBN 978-7-5496-3181-0
定　　价 / 180 元（全五册）

# 序：

**捕捉儿童敏感期，**
**父母也要"敏感"**

　　作为 0 ~ 6 岁的儿童，在成长过程中的某些时间段里，他只对环境中具有某项特质的事物有所专注，而会拒绝接受具有其他特征的事物。他还会对某些行为产生强烈的兴趣，而这不需要任何特定的理由，并且还会不厌其烦地重复这些行为，直到有一天内心突然爆发出某种新的动机为止。

　　儿童教育家蒙台梭利指出，儿童心里有一股无法抑制的动力，驱使他对自己所感兴趣的特定事物产生尝试或学习的狂热，然后以一种惊人的方式自然而然地吸收。而当一种热情耗尽之后，另一种热情就会随之出现。这个阶段叫作"儿童敏感期"。

　　敏感期不仅是儿童学习的关键期，也是影响其心灵、人格发展的重要时期。

遗憾的是，当处于敏感期的孩子表现出某种行为特征时，很多父母不是没有发觉，而是觉而不察，或者觉而不知——不懂如何进一步帮助孩子，以致错失教育他的良机。有些家长甚至以为这是孩子淘气的表现，还对他的"不当"行为进行批评，让他刚刚进入敏感期的幼小心灵无法充分体会成长的美好，以致变得胆小、孤僻，不再有勇气去探索未知的世界。

　　当你发现孩子对某项事物充满好奇和探究的心理，或对某种活动乐此不疲时，首先要想到的是，孩子是不是到了敏感期。所以，家长必须细心观察处于敏感期的孩子，这样才能在第一时间捕捉到他的内在需求。

# 目 录
## Contents

# 第 一 章
# 父母要适时发现儿童敏感期

1.提供环境刺激，为敏感期的到来做好充分准备

2.不打不骂，给孩子充分的尊重和自由

3.过度保护，会剥夺孩子自我成长的机会

4.尊重孩子的发展，给他充分的自由

## 1. 提供环境刺激，为敏感期的到来做好充分准备

彤彤的妈妈是一名小学美术老师，彤彤刚满周岁时，妈妈就经常带她去美术馆参观各种展览。虽然彤彤未必能看得懂，但每次看到色彩绚丽的画作，总会咿咿呀呀地说个不停。

又因为妈妈爱看书，家里有很多美术方面的书，耳濡目染之下，彤彤从小就经常翻美术书看。2 岁左右时，她就开始拿着画笔在纸上涂涂画画了。

从那时起，画画就成了彤彤玩耍的一部分，她几乎每天都要画。渐渐地，彤彤对画画的兴趣越来越浓。上小学后，她主动要求妈妈给她报绘画兴趣班，并把成为一名画家当成理想。

孩子绘画敏感期的到来，良好的家庭环境无疑能起到很好的刺激作用。

但是，敏感期的出现不仅存在个体差异，在具体出现之前，还有一个相对比较漫长的积累期。虽然有时这个积累期通常不见任何成效，但却是敏感期出现时不可或缺的铺垫。

如果事先没有相关环境刺激的积累，敏感期出现的时间就会延后。反之，敏感期出现的时间有可能会提前。

因此，那些一出生就处在丰富语言环境下的孩子，把握语言的能力更强一些，即便他说话的时间不会太早，但他能更早地听懂一些话。并且，会说话之后，他的语言表达能力也会更好。

同样，一个有着比较好的居住环境、比较广阔的活动场所，家长在活动空间上约束比较少的孩子，他的爬行敏感期出现的时间也会更提前一些，爬行能力也会发展得更好一些。

因此，在孩子成长的过程中，家长千万别生搬硬套书本上罗列的敏感期时间，非要等到他有了某些表现才为他提供助力，而要尽可能提供丰富的环境刺激，为他每一个敏感期的到来做好充分准备。

家长在尽力为孩子准备一个满足他成长需求的环境的同时，要适时地予以帮助、指导。比如，处于秩序敏感期的孩子，要引导他自己收拾玩具和日用品；处于感官敏感期的孩子，要对他进行音乐启蒙教育。

　　家长不要主动去安排、操控孩子的敏感期，只能通过跟他一起生活、一起学习来观察和发现。所以，敏感期是适时的，并不是今天想要孩子画画，他就要画画；明天想要孩子唱歌，他就要唱歌。如果他不愿画画而是喜欢练琴，最好"从其欲，得所愿"。否则，家长的要求只会让他厌学，并产生不良情绪。

　　蒙台梭利说："当孩子被催促着要努力的时候，家长实际上是在压抑而不是唤醒他的心灵力量。"在孩子的敏感期内，提供良好环境让他自由地探索、体验、拓展、延长他的兴趣，才是家长努力的重点。

## 2. 不打不骂，给孩子充分的尊重和自由

　　齐齐今年已经 6 岁了，就要上小学的他是幼儿园里有名的淘气包。他不是往女同学的水杯里扔虫子，就是故意用水彩笔画男同学的衣服。因为他三天两头被老师批评，妈妈很是头疼。

于是，妈妈在某育儿论坛里发文求助："我真拿儿子没办法了，他怎么有那么多精力惹是生非呢？在外面跟小朋友一起玩时，他总是挑头出鬼点子的那个。

"昨天晚上在楼下玩，他追着一个小女孩跑，把蚂蚁放在人家的脖子上，吓得那个女孩'哇哇'大哭。今天周末，在家休息，他竟然把牙膏扔到了马桶里。

"几天前，他刚把爸爸的剃须刀倒腾坏了，今天我又发现打火机不见了——不用说，又是他干的。我追问他把打火机拿到哪儿去了，他却歪着脑袋一笑说不知道。后来，我在楼梯里发现，那个打火机已经被他拆得七零八落了。

"家里的钟表也没能幸免，早就被他大卸八块了。最近，他还试图用螺丝刀拆照相机，真是要命啊！

"现在，我一离开家就像防小偷一样，把他感兴趣的东西都锁起来——万一再弄坏一个值钱的东西，那更窝火了。

"有时候他犯了错，我也打他骂他，可是不管用啊！甚至，有一次为了让他长记性，我故意当着别人的面狠狠地揍了他一顿，可是他除了大哭大闹根本就不吸取教训。

"我挺羡慕邻居家的孩子，那孩子乖巧懂事，从来不惹是生非，怎么我的孩子就这么淘气呢？"

其实，像案例中一样有着类似苦恼的家长不在少数。

在孩子的成长过程中，一定会有让家长觉得他在无理取闹的瞬间。那就别急着对他发火，不然"小天使"会突变"小恶魔"，只因为他在经历着重要的敏感期。

如果家长能正确处理看起来有点麻烦的敏感期，就能帮助孩子更加健康快乐地成长。比如，当孩子进入探索事物敏感期时，他的好奇心就很重，富于探索精神。这是他认识世界的方式，家长要先给予肯定，然后采用恰当的方法给他以正确的引导和教育，切不可强行压制他的淘气举动。

很多家长通常出于对孩子的爱护，生怕发生危险，规定他这也不能做那也不能做，从而束缚了他的手脚，扼杀了他的探索精神。这是不可取的。

作为家长，要尽可能多为孩子提供探索的机会，让他与外界进行亲密接触，这对促进他的智力发展有很大的好处。同时，孩子的好奇心得到满足后，他自然会转移兴趣点。

如果家长对孩子在探索过程中表现出来的淘气行为强制干涉，他就会产生逆反心理，只会表现得更加淘气。

在孩子成长的过程中，敏感期会接连不断，其实，应对所有问题都有一个最基本的原则，那就是不打不骂，给孩子充分的尊重和自由。父母放松心态，才有精力帮助孩子度过一个又一个敏感期。

理解、宽容孩子，在给他提供释放天性机会的同时，要尊重他是有能力的个体，相信他是有能力的天生学习者。这样，他会循着自然的成长法则，不断使自己成长为更有能力的个体。当孩子获得了尊重与信赖后，他才会自由地探索世界。

## 3. 过度保护，会剥夺孩子自我成长的机会

斗斗今年 3 岁多了，最近和小朋友一起玩时总是发生冲突，不是把人家打了，就是抢了人家的玩具。斗斗平时都是由妈妈和奶奶照顾，只要看见他打人都会严厉制止。

有时候，斗斗也会被别的小朋友欺负。有一次，他和邻居家的小哥哥一起玩玩具，小哥哥看到他不小心把玩具弄坏了，哇哇大哭起来，还抬手就要跟他打架。

斗斗妈妈看见了，迅速做出反应，把邻居家的孩子拉到一边说："你是哥哥不能欺负弟弟，你再这样阿姨就不

高兴了，以后不让弟弟跟你玩了……"

处于自我意识敏感期、社会规则敏感期的孩子，开始走出家庭跟更多的人接触，由此会引发各种冲突和矛盾。但家长要记得，孩子也会在处理各种关系的过程中真正成长起来。

当发现孩子之间发生争端的时候，为了防止他们的冲突加剧，出现彼此伤害的事件，很多家长都会快速做出反应，去干预他们的行为。在这里要注意一点，过度保护则有可能剥夺孩子成长的机会。

一般来说，发生在照顾孩子起居方面的过度保护行为，家长都比较容易察觉，也比较容易理解。类似上述案例中的行为，其实也属于过度保护的范畴。

家长如此处理问题，虽然有时看似立竿见影，能有效地保护受到攻击的一方，化解双方的冲突，实际上则会带来很多问题。

因为，当家长以这样的方式去处理问题的时候，孩子尝试自我协调关系、自我修正行为的机会就被剥夺了，他可能会因此形成依赖家长来处理问题的习惯。一旦家长不在身边，他就会无所适从，或在情急之中反应过度，引发更多的问题。

当然，过度保护带来的危害远不止于此。

首先，这会打压孩子的自主意识，降低他的自我价值感，使他变得软弱、自卑，缺乏勇气面对外面的世界，无法勇敢地表达自己的主张与诉求。

有此特征的孩子，做事通常比较被动，缺乏创新精神，不容易被同伴看重。这在无形中剥夺了孩子自我成长的机会，导致他某些方面的能力明显低于同龄伙伴，从而自我价值感偏低，遇事畏缩，变得依赖性强、缺乏责任感。

其次，这通常会使孩子认为，父母给予自己的一切都是理所应当的，从而导致他缺乏感恩意识。

当然，这样的孩子在成人后也会以自我为中心，很难站在他人的立场上去思考问题，人际关系也会遇到一定程度的失败。工作后，即便他很内秀也不易被领导察觉，进而会失去很多发展的机会，并因此让他更加自我贬低，进入恶性循环。

同时，家长的过度保护看似出于"爱心"，但很多时候带给孩子的通常是一种软性控制，极易引发他的对抗情绪，导致亲子关系变得疏离。

在孩子处于各类敏感期时，家长要尽可能地避免或者减少过度保护行为。为此，家长要把握这样三条原则：

**一、观察孩子给予父母的信号，能放手尽量放手**

通常情况下，孩子到了 3 岁左右，他的自我意识开始

萌芽，这时他会有强烈"自己来"的欲望。具体表现：他会不断地说"不"，或者说"我自己来"。孩子的这些行为，就是让家长放手的信号。

当孩子进入这个阶段后，在保证安全的前提下，建议家长尽量给他更多自我尝试的机会。如此，他就会获得更多的自我成长的能量，健康发展得会更好。

一旦孩子的自主意识受到打压，他就会形成一种习惯性的行为模式——变得更依赖家长，这就会让他失去锻炼的最好时机。

**二、在放手与保护之间寻求平衡**

育儿就像走钢丝，任何一种方式都有利弊。因此，在摇摆中寻求平衡前进是一个必然的结果。

放手不等于放任自流，而是家长要根据孩子的具体情况，以他能够接受的方式，既给予他发展的空间，又不让他有被忽视或被逼迫的感觉。

如此，家长才不会过度地保护孩子，同时给予了他足够的关注与爱，让他从父母身上获得足够的心理能量，能更加勇敢地走向外面的世界。

**三、在孩子需要保护的时候，成为他的依靠**

当孩子处理一件事的能力达不到时，家长需要给予他心理上的支持，进而逐步放手，给他一个成长的空间。

或者，当孩子处在特殊时期，比如，孩子突然离开父母或经历重大事件等，他会因为安全感缺失而暂时性地出现一些退缩行为。此时，允许他重温一下以前的经历，给他一个心理缓冲时间是很有必要的。

## 4. 尊重孩子的发展，给他充分的自由

当孩子处在敏感期时，如果家长从自己的意愿出发，为他增加一些不必要的约束，使他不能自由地发展，那么，他的敏感期也许就会过早地结束。而这样一来，他的心理需求可能就得不到满足，与之相对应的能力也就无法及时得到锻炼与提高。

举例来说，生活中有很多家长最看不得孩子爬上爬下的，一旦他想爬高，家长就会立刻把他紧紧地抱在怀里，并不断给他讲述爬高的危险性。

但这样做真的好吗？答案显然是否定的。因为，孩子最终被剥夺了探索空间的行动自由。

一位妈妈说："我儿子在3岁时开始喜欢爬上爬下，喜欢踩着马路牙子走，上下楼梯也喜欢一级一级地蹦跳。他还爱上了捉迷藏的游戏，经常躲在窗帘后面、书桌底下、衣柜里面，然后让我们找。

"其实，一开始我挺担心的，生怕儿子一不小心摔着了，碰着了，我也无数次地想跟在他后面说'不'，但最终还是忍住了。因为，我觉得如果我那样做了，无形中他的自由与发展空间也就被束缚了。记得有本书上说，这样的表现，代表孩子进入了空间探索的敏感期，我相信孩子所有的行为都是他的自我发展与锻炼。"

这位妈妈的做法很明智。

处在敏感期的孩子的许多行为，在我们看来也许是怪异的、幼稚的，甚至是毫无道理的，但孩子能够从中获得满足感，这是他内心的一种需求。而且，从某种角度来说，敏感期不仅仅是孩子内心发展的需要，更是自我提升的一种需要。

其实，2岁左右的孩子就开始进入了空间敏感期，喜欢拉着家长的手上上下下地走台阶，去游乐场里玩滑梯也会努力地往上爬……不仅如此，他还喜欢钻到柜子里、桌子下再跑出来，如此反复；玩积木也不喜欢一层一层好好搭，偏要搭几层就推倒重来。

在这期间，家长难免担心孩子摔着，磕着，每时每刻会守在他身边，所以，带孩子这项任务比以前辛苦了不少。

孩子在这个时期开始建立起空间的概念，用身体感知空间的大小、高低和远近，他通过跳来跳去、爬上爬下、钻进钻出来获取信息，发展他的空间智能。

这时，家长的态度不仅会影响孩子的发展，对他安全感的建立也有很大的影响。所以，家长口头上要少用"不"来限制孩子的活动，提供好相对安全的环境，再做到眼到、手到、少唠叨，让他放心、大胆地挑战自己。

同样，在孩子频繁说"不"的自我意识敏感期，他开始变得不听话了，不管大人说什么他都会回一句："不吃饭！""不洗澡！""不睡觉！"

不仅如此，这时孩子还很"吝啬"，自己的玩具、零食等绝不愿分享给其他小朋友。这些都是孩子自我意识发展的标志，因为，通过占有物品来区分自己和别人，宣告了那个玩具是"我"的他才会安心。同时，他也会通过反抗、说"不"来表现自己在长大。

如果家长习惯用命令的口吻跟孩子沟通，这时就要注意改正了，在这个阶段若使用命令性话语，只会让家长遭受到更多个"不"的反击。

不如尝试着用选择性问句的方式跟孩子沟通。比如，

家长可以这样说："宝贝起床了，今天穿粉色的裙子还是穿红色的裙子呢？""宝贝口渴了，吃苹果还是吃梨呢？"直接说的效果就很差："宝贝起床了，咱们穿衣服好不好？""宝贝口渴了，来吃水果吧。"

这样给孩子一个自主选择的权利，能给亲子交流除掉不少障碍。相比其他敏感期，秩序敏感期显得更让家长苦恼——根本不知道哪一步没按孩子的想法来做，就引起他的一阵哭闹。

因为，这时的孩子对规则和顺序极为敏感，他想让一切按正常秩序进行，而家长不特别清楚他眼中的正常秩序是怎样的，难免会触犯到他维护的"秩序"。

这时，耐住性子听听孩子说什么，把秩序努力恢复到他熟悉的样子就行了。如果非要做出改变，比如，以前是奶奶送他去上学，今天要换成爷爷，那就提前跟他沟通说明原因，这样他更容易接受。

不过，秩序敏感期带来的可不只是苦恼，如果家长在秩序敏感期培养孩子做家务活会事半功倍。这时，教孩子把玩具归类、毛巾摆整齐、鞋子摆好，并肯定他的这些行为，能帮助他很快地养成好习惯。

# 第 二 章

## 视觉与动作敏感期的有机结合

# 1. 放手让孩子去做

其实，从孩子第一眼看到这个世界开始，他便已经进入了动作敏感期。无论是婴儿握着伸展不开的小拳头不停地往嘴里送，还是之后翻身、爬行、走路的训练，他成长的每一步都离不开动作训练。

儿童的动作敏感期贯穿于 0 ～ 6 岁，对此，家长要充分让孩子进行运动，使他的肢体动作越来越正确、熟练，并帮助他的左右脑均衡发展。

除了大肌肉的训练外，教育专家蒙台梭利更强调小肌肉的练习，即手眼协调的细微动作教育。这不仅能帮助孩子养成良好的动作习惯，也能帮助他的智力发展。

一般而言，从 3 岁开始，孩子就可以独立完成奔跑、跳跃等"高难度"动作。所以，诸如踢球、跳绳、荡秋千等运动项目，也算是对他进行最基本的训练了。但由于孩子的自控、判断和肢体协调能力仍处于发育阶段，所以家长不能急于求成。

这也是家长最辛苦的一个阶段，他们需要寸步不离地伴随在孩子左右，因为一不留神就可能导致孩子出现意外。但是，这绝不能成为父母限制孩子自由活动的理由。

这样，孩子慢慢地学会了自己穿衣服，自己吃饭，自己组装积木……动手能力越来越强，在生活中几乎不需要家长太多的帮助。

处于动作敏感期的孩子，会开始有意识地使用工具，这也是他们建构专注品格的最好机会。孩子会变得爱乱涂、乱贴、乱剪等，所以，家长在家里要为他准备充分的材料，让他自由地完成涂、贴、剪等游戏。

从身体发育的角度来看，这也是孩子训练小手肌肉和手眼协调的一项重要工作。

也有一些孩子动手能力稍弱，很多事都需要大人完全代替他们完成。这其实不是孩子的问题，他们并不是不想自己去做，而是在最开始尝试动手学习能力的时候便被父母遏止了。

所以，对处于动作敏感期的孩子，家长要学会放手，尽量不制止他的行为举止，让他自己去做，尊重他的每一个动作——他在遵循着自然法则生长，通过不断尝试会成长为自力更生的个体。

作为父母，我们可以对孩子的动手能力进行启发和引导，但没有权利扼杀他的动手能力，也不能完全代替他去完成某一项动作。

家长要时刻提醒自己：这是孩子的事，他有自己动手学习的权利，更有犯错的权利。

## 2. 孩子喜欢研究细微事物：不打搅，不越权

心理专家认为，孩子是通过简单图示来逐步认识外在世界的，衣服上的纽扣、墙角的小花、地上的蚂蚁等，都能引起他的强烈兴趣。

蒙台梭利教育机构研究发现，儿童在2岁时开始进入对细微事物感兴趣的敏感期，3岁以后表现得尤为明显。他们可能会喜欢一直抠挖一个小洞，或者喜欢蹲在地上一直看蚂蚁，甚至喜欢偷偷搜集一些小东西，如贝壳、树叶之类。

细微事物敏感期会促使孩子对世界进行更深入的体

会，并锻炼他细致、耐心的品质。

世界对孩子来说是微观的，但他就是从微观开始认识世界的。2～4岁的孩子处在对细微事物感兴趣的敏感期，这时他容易对小昆虫、小图案等产生兴趣，而这通常正是培养他观察力的好时机。

儿童心理学研究表明，孩子观察力敏锐，对做事的目的性、条理性、理解性、准确性等都会有促进和提高。顺利度过细微事物敏感期，对孩子将来获得或提高观察力有着至关重要的作用。

对孩子来讲，观察和抓、捏细小东西的本身，就是在锻炼他小手的肌肉和手眼协调能力。通过对细小事物耐心的专注，能让他了解事物的细节，对事物有一个更细致的掌控。

看微小的东西需要专注，需要耐心，需要聚精会神，所以，处于这个时期的孩子，眼睛里好像只有小世界，越小的东西越能吸引他。

那么，家长应该顺其自然，耐心引导孩子度过细微事物敏感期。

家长要为孩子创造适当的观察机会，并且加以耐心引导。要注意，这种引导并非家长时刻陪在孩子身边对他耳提面命，而是要做到不打搅。

当孩子观察细微事物的时候，不要强行以时间来不及了，或是那个东西太脏了为由阻止他进行观察。家长需要做的就是安静地陪在孩子身边，当他的观察遇到问题需要向大人求助时，家长此时要耐心地为他解答问题。

4岁多的桐桐最近喜欢上了玩各种瓶子，酒瓶子、醋瓶子、药瓶子、饮料瓶子，只要是瓶子，他都当宝贝一样。他拧开瓶盖，装点沙子或者纸屑，盖上再拧开……他一个人能这样玩半天。

妈妈想收走这些瓶子，因为担心桐桐玩瓶子对他以后的成长有影响，万一长大后成为收垃圾的怎么办？甚至，她一度怀疑桐桐有心理问题，还专门带他去看了心理医生。

看完心理医生才知道，原来桐桐是用拧瓶子的方式自学精细化动作，顺便还锻炼了手部肌肉的力量，完全不用担心和干预。

在细微事物敏感期，孩子的视野与成人是不同的。成人善于用宏观、开放的眼光看待周围的环境，而且通常会忽视环境中的微小事物；但孩子的视野却是关注细枝末节的，哪个事物微小，他就会关注它。

当孩子聚精会神地观察细微事物时，其实正是他的心理思维和感知发展的过程。在这一时期，如果家长不允许他去关注细微事物，比如怕他把脏东西放在嘴里而进行制止，都会使他因心理的某种需求得不到满足而受到伤害。

虽然每个孩子都有心理和行为的差别，但有一点儿可以肯定，就是一旦他走过了某个敏感期，那它也许不会再回来了。比如，等孩子走过细微事物敏感期后，即使家长刻意再让他去观察细微事物，他也不一定会感兴趣，再去培养这种观察力就很难。

所以，家长要有意识地了解孩子的敏感期，注重培养他的观察能力，帮助他养成细心、耐心等好习惯。

## 3. 培养孩子的观察力

有一天，妈妈在缝衣服扣子，每缝完一个就会从针上拆下一小截线头。妞妞在一旁不停地用手捏起小线头往空中扔，看着线头慢慢落地，自己还咯咯地笑。

妈妈看妞妞开心的样子，自己也笑了起来。于是，缝完扣子后，她索性取了长长一大截棉线，剪成许多小线头

跟女儿一起玩了起来……

不久，妞妞突然有了一个新癖好——收集头发丝。不管是妈妈的、爸爸的还是她自己的，她都宝贝似的捡起来，然后藏在自己的枕套里。有时候，她还会对着小枕头说悄悄话。

一天，妈妈洗枕套的时候扔掉了这些头发丝。

妞妞晚上睡觉时忽然发现自己的"宝贝"不见了，就跑去问妈妈。妈妈告诉她那些东西不卫生，所以都扔了。

妞妞听后，哇的一声哭了起来，而且哭了许久，直到睡着后做梦都在哭。

妈妈有些不知所措：那些头发丝对她有这么重要吗？

小线头、小纸屑甚至是头发丝，这些东西在大人看来完全就是垃圾。但当孩子处于关注细小事物的敏感期，这些东西就是他的宝贝。所以，家长不要刻意阻止孩子对这些细小事物的关注。

许多家长都会遇到这样的情景：孩子蹲在一个地方一动不动，眼睛只盯着地上爬来爬去的小蚂蚁；或者，看到地上的小石子，孩子就会跑过去一个一个地捡起来。

孩子的这些举动，在家长看来也许会觉得无所谓：蚂蚁有什么好看的？小石子有什么意思？但孩子的心里却不这么想，在关注细小事物的敏感期，他对这些小东西都会有莫大的兴趣。

每个孩子都要经历这个特殊时期，在这个时期，越是微小的东西越能引起他的兴趣。有时候，这个时期被某种因素耽搁后，它的发生还有可能推迟。

在这一时期，蚂蚁、小石子、小豆子、野花等微小事物，在孩子的眼中都是无比神奇且又充满了无限乐趣。尤其对于蚂蚁，孩子会用各种方式来表现他的热情。

这时家长要放平心态，不要因为孩子观察蚂蚁而觉得无聊，也不要因为他数花瓣而觉得那是在浪费时间。这种对微小事物的细心观察，将对孩子心理的发展以及观察能力的提升会产生很大的积极影响。

一般来讲，在 1.5～2 岁，孩子开始进入关注细小事物的敏感期，这会一直持续到 4～6 岁。

在这个时期，家长不要用成人的眼光去看待孩子的行为，要表现出足够的耐心，要允许他进行观察，并通过适当的引导保护他的观察兴趣。这种有意识地培养孩子的观察能力，有助于他养成细心的好习惯。

当然，这个敏感期将会随着年龄的增长而消失。家长一旦发现孩子开始学着自己有模有样地扫地、收拾物品的时候，那就意味着他的这一敏感期已经过去了。

这也表明，孩子正在成长，他对周围环境的认识也发

生了深刻的变化，他逐渐认识到自己是生活在社会群体之中的。

那么，在孩子遇到细小事物敏感期，家长要怎么做呢？

**一、给孩子创造适当的观察机会**

家长要为孩子创造观察的机会。比如，带他一起寻找路边的蚂蚁洞，并陪着他一起观察。在这个过程中，家长也要给孩子做一些讲解，让他既能体会到观察的乐趣，还能从中学到知识。

当然，家长为孩子创造机会时，还要注意保证他的安全。比如，不要让他在车辆经过的路边观察蚂蚁，更要适当控制他的观察时间以免造成其他意外发生。

**二、别强行打扰孩子的"观察工作"**

孩子的观察在他自己看来，其实也是一种"工作"，一种值得他聚精会神地去做的"工作"。有许多家长会在孩子观察某些东西的时候，直接就去打扰他，甚至阻止他——家长表现出的不耐烦、训斥，会对孩子的心理产生消极影响。

所以，家长不要强行打扰孩子的这种"观察工作"，完全可以给他一些时间，最后让他主动放弃。也就是说，家长不要去破坏他的认知过程，这是他在培养专注的品质。

### 三、不要强制性地培养孩子的观察能力

一些家长有这样的认识：既然观察细小事物能培养孩子的观察能力，那就直接将许多小东西摆在他面前，让他一一观察好了。

这样的方法就是强制性地培养孩子的观察能力，并不一定会引起他的兴趣。这是因为，孩子都是先对某一种小事物产生了兴趣后，才会积极地去认知这一事物的。

### 四、多带孩子感受大自然，让他自己去观察

对于刚刚开始认识世界的孩子来说，大自然是他最好的老师。所以，家长要多带孩子进入大自然，让他去亲身体会并观察事物。

孩子接触大自然的时候，家长不要提前给他设定一个目标，就是说非要让他去认识什么，这会阻碍他体验大自然的乐趣。家长要明白，处于这一敏感期的孩子只愿去观察他感兴趣的事物，所以，家长要以孩子的兴趣为主，进行"针对性教学"。

### 五、别随意丢弃孩子收集的小东西

当孩子对一些小东西格外感兴趣的时候，他就会自己去收集。有时候，家长很不理解孩子的这种行为，因为孩子收集的东西既没有收藏价值，也没有学习意义。

其实，孩子的这种收集行为只是他心智发展的需要。

因为，他感觉到自己的弱小，但又无法改变这一事实，于是他就会关注一些与自己同样弱小的事物，甚至会把爱转移到这些事物上来。

对此，家长不要随便丢掉孩子的收集品，而是找一个小盒子让他专门存放收集品，以此来保护他的这种行为和心理。

### 六、可以为孩子"创造"一些小东西

像小线头、小纸屑等一类东西，对孩子来说不具有什么危险性，而又是他感兴趣的。所以，家长要为他创造一些类似的小玩意儿，让他自由地去玩耍。如果条件允许，家长还要跟孩子一起玩，这样，既让孩子体会到了快乐，也加深了亲子间的感情。

### 七、对不安全的小物件要提高警惕

孩子对细小事物的关注，家长要保护也要提高警惕，因为一些小东西也许有潜在危险性。

比如，一些玩具里有很小的塑料球，家长要注意千万不能让孩子误吞下去。小粒药丸也要放在他够不到的地方，食品里的干燥剂更要引起重视，不要让他误食。

总之，家长要让孩子既能感受到关注细小事物的乐趣，培养他的观察力，又要保证他的健康与安全。

## 4. 保护孩子的专注力，家长首先要有耐心

对儿童来说，专注力是一种很重要的心理品质，因为它是形成意志力的基础。然而，很多家长都有这样的担忧，觉得自己的孩子做事是三分钟热度，注意力难集中，这让人很头疼。

这样，家长就要充分利用孩子的敏感期，比如，用细微事物敏感期来正确引导孩子，提高他的专注力并不是难事。

"你在看什么呢？一堆蚂蚁有什么好看的？来吃水果吧。"

"告诉妈妈，你在做什么呀？"

"你玩积木都玩了半天了，要不要喝水啊？"

"你很长时间没小便了，要不要小便啊？"

"奶奶来了，快出去迎接！"

"你在画什么啊？画得怎么样了？"

"你能不能不要那么磨蹭，快点！"

类似这些话，想必家长最熟悉不过了。然而，很多家长并不知道，当这些语句夹杂着不耐烦的情绪传递到孩子的耳中时，他的专注力就被我们无情地打断了。

一个孩子能否很好地适应环境，跟专注力有很大的关系。值得一提的是，专注力是孩子与生俱来的能力，在他刚出生的时候就会很强。比如，孩子吃奶的时候，专注力简直能达到"忘我"的境界。

如果日后得不到合理的培养和保护，孩子的专注力会衰退，"三分钟热度"便是专注力衰退的结果。

然而，很多家长并不相信自己孩子的专注力是天然形成的，经常抱怨他专注力不足，或刻意培养他的专注力，甚至不惜代价把他送进各种专注力培训班。实际上，孩子的专注力不需要培养，只需要我们的呵护与理解。

当老师对家长说："你的孩子上课老走神，别的小朋友都在认真听讲，只有你的孩子在干别的事……"

家长听后，内心顿时很气恼，以往对孩子优秀的评价与信任在这一刻瞬间倒塌。接着，就开始教育孩子上课要认真听讲，不能这样、不能那样……

可是，孩子的专注力真有问题了吗？

仔细观察就会发现，即便是上课不听讲的孩子，他也

不过是在专注于他喜欢的事情而已。3岁前，他主要是以
无意注意为主，常被外界的一些刺激吸引；3岁后，他慢
慢地转化为有意注意，开始知道自己喜欢做什么。

所以，当家长发现孩子在认真做一件事的时候，说明
他的专注力是没问题的。这时，家长需要做的就是不去打
扰他，并且尽可能地保护好他的专注力。

如果孩子原本有15分钟的专注力，而家长隔三岔五地
去跟他说话，那么，他的专注力就会被割断成三五分钟的
碎片。

那么，家长要怎样保护好孩子的专注力呢？

**一、不要随意打扰孩子**

一位妈妈带着孩子去旅行，当走进大自然的怀抱时，
如画般的山水与蓝天白云映入眼帘，他们都被眼前的美景
惊呆了。

就在孩子沉浸在梦幻般的美景中时，妈妈突然问："你
看，这景色优美吗？""你看见了什么？""你觉得那山
像什么？要不把它画下来吧。"

原本全身心投入欣赏当下美景的孩子，被妈妈的话打
断了，于是他只能把专注力转移到妈妈的话上，停止对当
下的专注。如果这种事在家庭中时常发生，那么，孩子的
专注力怎能发展到高度集中呢？

所以，当孩子在专注做某一件事的时候，比如琢磨玩具、看书，甚至是吃饭的时候，任何人都不要去打扰他。

尤其是处于细微事物敏感期的孩子，他可能会专注于很多在大人眼里看来觉得"无聊"的小物件。比如，盯着几只蚂蚁看，或者摆弄一堆碎纸片玩半天，家长切不可随意打断他。

### 二、不要催促孩子

成成正在画画，画他最喜爱的恐龙。

可是，妈妈急着要出门，于是每隔三五分钟就过来问："画好了吗？快点啊，再给你最后5分钟。"

原本沉浸在绘画世界里的成成，只好一边应付着妈妈，一边胡乱地画了两笔就匆匆跟着出门了。

孩子做事的节奏通常比大人慢，家长需要接纳这一点。随着孩子的年龄增长，如果他拖拉的现象越来越严重，说明他在过去的生活中可能受到过许多批评与责骂，导致他"不愿开始"。

### 三、多让孩子做一些指示清晰及要求明确的事

只有在专注力非常集中的情况下，孩子才能实现你给他布置的任务。但是注意，不要一次性给他太多的任务，先从一个任务开始，并且指示要清晰。

比如，马上到新年了，妈妈要布置一下家里，就可以

这样安排："儿子，先把台子上的花帮妈妈拿过来。"

如果孩子平时做得很好，需要增加任务，妈妈可以这样安排："儿子，先把台子上的花瓶帮妈妈拿过来，再把桌上的鲜花给妈妈拿过来。"

经常这样循序渐进地培养，孩子的专注力就会一天比一天提高。

专注力不是一天两天就能培养起来的，但破坏专注力却很简单。所以，想要孩子拥有良好的专注力，家长的努力不能少。

# 第 三 章
## 抓住语言敏感期，让逻辑思维更清晰

1.引导孩子说，更要听孩子怎么说

2.用倾听走进孩子的内心

3.培养高情商，从引导孩子好好说话开始

4.孩子突然变成了"十万个为什么"

## 1. 引导孩子说，更要听孩子怎么说

很多家长发现，孩子在 3 岁左右时经常会说出一些莫名其妙的话，让人感到惊讶。

这个年龄段的孩子已经经历了咿呀学语的最初阶段，他们从对语言的模仿开始转向关注语言的美妙，由此对语言表达的意思更感兴趣，这主要表现在他们会重复或模仿别人的话。

这时，他们总是会把大人说过的或者从电视里学来的话，一遍又一遍地使用在他们认为恰当的语境中。而且，到了 4 岁以后，有些孩子喜欢说脏话，甚至"诅咒"别人。

其实，这都是孩子语言敏感期的表现——他们开始意识到语言是有力量的，并且会学习用语言进行交流或去解决问题。

有一次，4 岁的骁骁对妈妈说："妈妈，等到春暖花开的时候，我们是否就可以出去玩了？"

妈妈点点头，然后问他："你知道什么叫春暖花开吗？"

骁骁说："就是天气暖和的时候。因为幼儿园老师说，春暖花开的时候我们可以去春游。"

晚上看电视时，骁骁又说："妈妈，我对《海底小纵队》有感情了，我不能抛弃它。"

"你知道感情是啥意思吗？"

"就是喜欢的意思呗！"

骁骁边吃着饭，边说："我觉得喝家里的水有一种嘤嘤感。"

"什么叫嘤嘤感啊？"

"就是蜂蜜的味道。"

妈妈笑着说："我们家里的水还有种可乐的味道呢。"

有人说，孩子天生就是诗人。3～6岁的孩子处于语言敏感期，有时候更像能出口成章的诗人。这时，如果家长能让孩子处在良好的语言环境之中，他便能轻松自如地学好某种语言。但是要注意，语言敏感期具有阶段性，如果错过了将不再回来。

4岁左右，孩子的神经系统发育已完成了95%，也是他们语言发展的里程碑时期，这时，他们的词汇量增加了，口语和书面语会得到迅速发展。

据统计，3 岁孩子的词汇量可达到 800 ～ 1000 字，4 岁孩子的词汇量可达到 1600 ～ 2000 字，5 岁孩子的词汇量可达到 2200 ～ 3000 字。这表明，4 ～ 5 岁是孩子积累词汇量的最佳时期。对此，家长可以有意识地记录孩子的童言稚语，等他长大了会发现这是一笔宝贵的回忆。

专家建议，当孩子处于语言敏感期时，家长不仅要引导他说话，更要听他说话，同时要适当地对他进行阅读训练——从识字积木、识字卡片到图画书等，让他开始学习语言知识。

这不仅是提高孩子语言表达能力的重要途径，也是帮助他获取外界信息、训练思维、发展想象力的重要手段。

## 2. 用倾听走进孩子的内心

处于各项敏感期的孩子，有时在大人眼里表现为淘气且不可理喻。他可能会说脏话、打架，跟家长拧着来；他也可能前一秒钟是天使，后一秒就变成了恶魔。

那么，作为家长，要怎样做才能读懂孩子的内心呢？

康康刚上一年级，虽然他活泼好动但学习成绩一般，好多事经常与父母对着干。

期末考试结束后，康康的成绩不太理想。他闷闷不乐地回到家里，看到妈妈正在厨房做饭，便坐在客厅里看起了电视。

妈妈走过来把电视关了，问道："儿了，这次考得怎么样？"

还没等康康开口，妈妈就开始数落他："妈妈知道问你也是白问，肯定不好呗。平时看你做的那些事就知道，每天不是玩游戏就是看电视，从来也不主动学习，真不知道你是怎么想的。"

康康刚想开口辩驳，妈妈又是一顿数落。于是，康康干脆保持沉默，也不认真听妈妈说话。

妈妈自顾自地唠叨了一会儿后，竟然又说："我这样说，你怎么一点儿反应也没有啊，这熊孩子！"

生活中，这样的家长不在少数。

很多家长经常会有这样的抱怨："孩子现在大了，什么事都不愿跟我讲。"而孩子却诉苦："爸爸妈妈不理解我的想法和需要，他们每次对我说的时候就说个没完没了，可是我想说的时候他们却心不在焉。"

有位教育名家指出："多蹲下来听听孩子说话，你看到的将是一个纯真无邪的世界。"也就是说，家长只有放下大人的架子，才能真正了解孩子的心理需求，也才能真正了解他的内心世界。

孩子有着自己的喜怒哀乐，也会面临各种各样的困惑和难题。当他遇到了不开心的事，很希望找个人来诉说。如果家长在这时候能倾听孩子的诉说，无疑能增强自己对孩子的了解，更有利于建立良好的亲子关系。

许多家长对突然发脾气的孩子不知所措，甚至会给他的情绪火上浇油，不问青红皂白地责备他，从而导致了双方的恶性沟通。

在良好的亲子关系中，倾听不是一种被动的沟通，而是能让孩子及时宣泄自己的情绪，发表自己的感触。对于孩子的所感所说，尤其是他在情绪不好时发表的一些极端看法，家长不要急于去纠正，而要以宽容、开放的态度表示理解。

如果家长能认真倾听孩子的苦恼和想法，那对于他来说是一种尊重。他体会到了尊重的同时，便会认真听取家长的指导和意见，这样，良好的沟通效果就达到了。

倾听，表面上看是一件非常简单的事，实际做起来却非常复杂。许多父母认为倾听很容易，就是听孩子说话呗。

没错，倾听就是听孩子说话，但怎样听才能更有效呢？

### 一、"蹲"下来听孩子说

家长要想走进孩子的内心世界，就要放下居高临下的姿态，"蹲"下来认真地听他说说心里话。家长如果高高在上，孩子不会完全敞开心扉把自己的所感所想说出来。

浩然是五年级学生，他很讨厌跟妈妈说话，因为他觉得妈妈没有把他当成一个平等的对话者。

一次，浩然想报名参加学校组织的足球兴趣班。

妈妈听后便说："练足球肯定会影响学习的，不行！"过后她还一再强调，"足球不是小升初考试的科目，不需要学。"

浩然几次想解释，都被妈妈坚决的语气吓回来了。于是，他一次又一次选择了沉默。之后，消极情绪影响着他，他的学习成绩也一日不如一日了。

家长应该"蹲"下来认真听孩子说话，即使他做的事真的不对，也不能急于责备，而应该询问背后的原因，让他打开心扉。家长高高在上的态度和不容侵犯的权威，只会让孩子不敢说出心里话。

### 二、让孩子知道你想听

父母是孩子最想依靠的人，当他遇到不开心的事时也最想向父母倾诉，但此时父母极有可能这样回答："我知

道你想说什么，这件事情应该怎么怎么做……"

事实上，父母了解的可能只是某件事的发生，却不了解孩子对这件事的想法。

淘淘今年 5 岁了，有一次，她在幼儿园里被老师误会上课时打扰了其他同学，放学后心情很不好。其实，妈妈从老师那里得知了这件事，看到淘淘沮丧的表情，便故意问她："淘淘，有什么烦恼的事告诉妈妈，或许妈妈可以帮助你。"

于是，淘淘就把整件事的原委告诉了妈妈："当时，我不小心把画画的纸掉地上了，弯腰去桌子底下捡。有个同学看到了也去捡，而且捡了不给我，我才去跟他抢的，老师却只说我……"

妈妈听后便安慰淘淘，并让她理解老师在当时不知道实际情况下的做法。

淘淘的心里舒服多了。

当孩子遇到不开心的事，渴望得到别人的倾听时，家长就要通过各种途径告诉他："我想听。"而且，在倾听的过程中还要及时对他的想法表示肯定，例如说："妈妈跟你想的一样啊！"

### 三、要善于使用身体语言

在人与人的沟通中，身体语言占有很大的比例。所以，

善于使用身体语言能使交流事半功倍。而在倾听中，最常用、最简便的身体语言就是微笑、点头和身体前倾。

家长需要注意的是，做这些动作时要适时、适度，神情专注。若你只是机械地、随便地做出身体动作，或者眼神飘移，孩子很快就会发现你心不在焉，从而影响他的倾诉。

德国教育学家卡尔·威特说："倾听是一种重要的沟通方式，不会倾听孩子心声的父母永远无法走进孩子的内心，父母对孩子进行的教育也是盲目和无效果的。"

改善亲子关系，从倾听开始。

## 3. 培养高情商，从引导孩子好好说话开始

娜娜有一件心爱的红裙子，她一穿上就不想换下来。这一次，她不顾妈妈的反对，一连穿了三天。

晚上，妈妈趁娜娜睡觉时把红裙子给洗了。没想到，第二天早晨起来，娜娜又要求穿红裙子，于是跟妈妈就有

了争吵。

"我还是想穿那件红裙子。"

"你又来了！"妈妈语气严厉，"昨天晚上我把那件裙子给洗了，现在还没有干呢！"

"我不管，我就是要穿！"

"不能穿！"

"为什么？"

"你不能穿湿裙子，对身体不好。这就是原因。"妈妈的态度很坚决。

娜娜突然轻声对妈妈说："妈妈，我非常想穿那件红裙子，那是我的最爱，你能想办法让它快点干吗？"

妈妈惊讶于娜娜的变化，于是，两人一起想出了用熨斗快速把红裙子熨干的办法。

上学时，娜娜又穿上了自己心爱的红裙子，高兴得一边走一边唱起了歌。

有一种说法认为，3～6岁是孩子情商培养的关键期。因为，在孩子经历各种敏感期激荡冲突的时候，抓住机会进行情商教育能够取得事半功倍的效果。

生活中，对孩子来说，学会好好说话能清晰表达自己的想法，周围的人才能听明白，这是他们情商高的一个表现。

绘本《鲍比怎么说，妈妈才会听》中的故事，也许会给家长一些启发：

## 艾比，我生气了

鲍比下楼时看见妹妹艾比在用自己心爱的画笔，他瞬间就发火了。艾比也不示弱，两人争吵了起来。

书中交给鲍比的方法是："告诉艾比你的感受，告诉她不喜欢什么，和你希望她怎么做。"

于是，鲍比这样说："艾比，我生气了，我不喜欢你拿我的笔，我希望你用我的东西之前能先问我一声。"

艾比听鲍比这么说，就欣然接受了。

## 别走，山姆

山姆是鲍比的好朋友，他们经常一起玩。这一天，山姆又来找鲍比玩，他们拿出插片准备拼搭时，可谁知，他们因为是拼搭太空船还是摩天大楼发生了争吵。

吵到最后，山姆都要生气地走了。

这时，书里交给鲍比一个折中的办法。鲍比说："山姆，等等，别走，我们可以两个都搭，搭一个摩天大楼，再搭一个太空船。"并且，他同意先搭山姆提议的摩天大楼。

接着，两个小伙伴在一起玩得非常开心。

这些都是生活中的小事，也是每个孩子都会遇到的。如果家长指引有方，处理得当，孩子就会学会如何表达自己的情绪和需求，学会如何妥协和合作。

更重要的是，通过这样的良性互动，孩子能收获和谐的人际关系，以及提高对自己情绪、言语和行为的控制力，最终提高情商。

## 4. 孩子突然变成了"十万个为什么"

"妈妈，人的眼睛为什么晚上看不清东西？"

"天为什么是蓝色的？"

"天为什么黑了？"

"天为什么会下雨？"

"小金鱼为什么会在水里游泳？"

"小朋友为什么要上幼儿园？"

最近，王先生发现4岁多的儿子简直成了家里的"十万个为什么"，动不动就冒出一些奇怪的问题。关键是，很

多问题他自己也不懂，所以只能求助于网络，以至儿子有时问完问题还不忘说一句"要不你上网搜搜呗"，弄得他哭笑不得。

面对孩子没完没了的提问，家长一定要耐心处理。因为，家长此时的做法直接关系到孩子逻辑思维的养成、学习欲望的激发和思考问题方式的建立。

有专家对1000名2～10岁孩了的日常生活进行调查，结果令人大吃一惊：孩子平均一天内会向妈妈提出200多个问题。

心理学家分析称："孩子的大量提问是来自他们与生俱来的好奇心，周围的点点滴滴对他们来说都充满了新奇，他们渴望能了解得更多。"

事实上，孩子爱提问，恰恰说明他进入逻辑思维敏感期了，在进行主动思考。而正是通过一问一答，他在认识客观世界的同时也发展了逻辑思维能力。

很多时候，孩子会对同一个问题反复地提问，或者会开启连环追问模式，一副打破砂锅问到底的样子。其实，他可能并不是想要一个答案，而是围绕自己感兴趣的事物展开交流。比如，孩子反复提问或许是在告诉你："我想跟你多谈谈这个问题。"家长除了要给出答案之外，还要能准确地捕捉到他的弦外之音。

一般来说，逻辑思维敏感期通常会在 2 周、1 个月、3 个月，时间长的在半年或者 1 年内消失。当然，每个孩子的过渡时间不一样，不能一概而论。

顺利度过这个敏感期后，孩子的心智会上升到一个层面。这在孩子成长的过程中，绝对算得上是一次里程碑式的飞跃。

教育专家认为，逻辑是我们大脑进行思考的规则，如果别人的话不合逻辑，我们的大脑立刻会发觉。逻辑思维能力就是我们对事物进行对比、分析、概括、综合、推理，并且通过语言进行准确表达的能力。

不同于形象思维能力，逻辑思维能力非常依赖于语言，因为它不是以事物的形象作为基本原料，而是以语言为基础的——就像艺术家的形象思维能力比较强，而数学家的逻辑思维能力比较强。

当孩子开始不停地问"为什么"，对因果关系表现出极大兴趣的时候，表示他开始进入逻辑思维敏感期，这也意味着他的语言发展到了一定的程度。

这个时期，家长面对孩子的追问务必要保持耐心，在一些严肃的问题上，比如科学知识方面的问题要给予专业的回答。

更多时候，家长要引导孩子独立思考并设法寻找问题

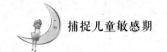

的答案，而不是直接告诉他答案，这更有利于锻炼他的逻辑思维能力。比如，孩子问："妈妈，树叶为什么会掉落？"此时，你就可以引导他思考季节变化对植物生长的影响。

面对孩子一些稀奇古怪的问题，家长可能会哭笑不得，不知如何应对。这时，重要的不是正确回答，而是要以认真的态度给他一个合理的解释，有时也可以开动脑筋跟他一起进行奇思妙想。

比如，当孩子问："为什么天上会有星星？"家长可以借助神话故事回答他："因为盘古开天地的时候，他的左眼变成了太阳，右眼变成了月亮，头发和胡须变成了星星。"这样的交流能促进孩子想象力和创造力的发展。

# 第 四 章

# 空间与秩序敏感期的合理搭配

1. 不要打扰孩子感知外面的世界

2. 建立三维空间感的开始

3. 给孩子提供有序的环境，满足其秩序感

4. 特有的"执拗"不是错

5. 合理安排生活，增强孩子的秩序感和规则意识

# 1. 不要打扰孩子感知外面的世界

从出生起，孩子就会用视觉、听觉、嗅觉、味觉、触觉、知觉等六觉来熟悉、了解环境和事物。

3岁前，孩子对周围事物的感觉会很模糊，只是有一个大致的了解，所以会透过潜意识的"吸收性心智"进行感触。3岁后，孩子各个感觉器官的发育加快，会进入感官敏感期。这时，他的六觉就会变得异常敏感，对周围事物的认识也会进入一个崭新的层面。

所以，3～6岁的孩子能更具体地通过感官分析、判断周围的事物。

研究表明，2.5～3岁是孩子大小知觉发展的敏感期；3岁左右是方位知觉发展的敏感期；3～6岁是观察力发展的敏感期。

3～6岁的孩子处在各种敏感期，这时，如果不让他们进行充分的感知活动，长大后不仅难以弥补，而且还会使他们的整体素质发展受损。

都说眼睛是心灵的窗户，其实，各种感官对智力的发展都具有非常重要的作用。所以，感知训练与智力培养密切相关。

感知是人们所有认知活动的开端，人们接受信息就是靠感知进行的。感知是记忆、思维、想象等高级认知活动的根本，也就是说，感知能力发展得越充分，记忆储存的知识经验就越丰富，思维和想象发展的空间和潜力就越大。

因此，家长要通过多种手段促进孩子各方面感知的发展，积极引导他通过感知去认识和探索世界。

当孩子处于感官敏感期时，家长需要做的就是不要打扰他，不要以成人的想法去揣测他的感受。比如，当感官敏感期到来时，孩子可能会非常喜欢触碰物体，他几乎是见圆的东西就拧、见方的东西就按、见线就拽、见洞就挖……另外，他还喜欢把某件东西比如盒子不断地打开然后关上，不厌其烦地反复做相同的动作。

这时，为了向大人显示自己的力量，孩子还会经常破坏东西以引起关注。所以，家长要为孩子提供相应的环境和条件，允许他去拆自己喜欢的东西，准许他去玩自认为合适的东西，只要没有危险就可以。

有时候，家长自认为能吸引孩子注意力的事物是鲜艳的色彩、震耳的声音等，但这通常会被孩子忽视。孩子之所以没有被家长提供的东西吸引，那是因为他看见或听见了自认为更有意思的事物。很多时候，这是家长注意不到的。

在感官敏感期，孩子会以他独特的方式从环境中感知对事物的印象。但是，他的观察力跟成人完全不一样——他总是喜欢关注事物最微小的细节，在他看来，大人对待世界总是不够专心。

所以，家长要相信孩子的感知力，在生活中随机地引导他运用五官感受周遭的事物。尤其当他充满探索欲时，只要是不具有危险性或不侵犯他人、他物时，要尽可能地满足他的需求。

## 2. 建立三维空间感的开始

东东最近迷上了玩积木和拼插玩具，但妈妈发现：他费了好大劲垒好积木，看起来高高的像座大楼，但不一会儿就被他推倒接着重新垒。

妈妈问："你都垒得那么高了，再推倒重垒不可惜吗？"

"好玩呗！"东东头也不抬地说，然后继续把积木垒得高高的再推倒，玩得不亦乐乎。

孩子最初是用口和手来探索世界的。当他开始行走的时候，生活空间变大了，就会开始体会世界的立体感。

孩子为什么热衷于不停地往地上扔东西？为什么对下水道的洞特别感兴趣，不断地找东西往里面塞？为什么喜欢蹦跳着上下楼梯？这一切的背后有个重要的概念——空间敏感期。

一般而言，孩子的空间敏感期在2～6岁，而且是持续发展的。1岁半起，他就对狭小的空间感兴趣了，遇见一个小洞会把东西塞进去再取出来。

孩子最早的空间智能感受，就是把一个物体和另一个物体分离。无论是喜欢爬楼梯，还是到大衣柜里、桌子底下玩耍，都是他对空间的感知。

那么，针对处于这一时期的孩子，家长要怎么做呢？

**一、儿童空间敏感期的表现**

儿童空间敏感期的表现主要是指到处爬、察看、探索。比如，七八个月后孩子喜欢在床上爬来爬去。其实，

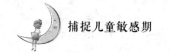

这是他在全方位地使用他所有的感觉系统感知空间、探索空间。

再如，每当妈妈打算熬绿豆粥倒出豆子时，他就凑过去抓豆子玩，把豆子撒得到处都是。当他观察豆子的落地情景是充满惊喜的，他这是在感知自己与物品、空间之间的关系。

又如，他喜欢在楼梯里从上往下跳，喜欢去公园攀爬假山，喜欢走马路牙子并双手张开学着找平衡。

这时，家长不要担心，因为一个在自由环境中长大的孩子，会做与自己能力相匹配的事。家长要有耐心在旁边陪着孩子，配合他的节奏，不要打扰他的探索过程。

这时，孩子喜欢立体拼插玩具或者其他可以拼插的物品，把里面的东西取出来，把外面的东西塞进去；喜欢玩沙发垫子，一个一个往上叠，好不容易垒放好了又推倒重来。

在这些操作中，孩子会发现空间形状并感知序列，通过错误对应和正确对应的比较掌握空间概念，为将来学数学知识打下良好的基础。

还有的孩子喜欢钻到桌子底下或者大纸箱里，独自待在一个空间。这是他在体验单独的空间，所以请不要打扰他。

## 二、孩子反反复复做同一件事

有些家长认为，孩子的空间智能是想象出来的。其实，最早的空间智能是孩子感觉出来的。孩子并不知道"你和我"之间的距离到底有多远，他是靠身体的感受才知道的，而这样的感受为他将来建立空间智能打下基础。

孩子没有出生时就已经在空间之中了，也就是在妈妈的子宫里。来到世界这个大空间里，他需要不断探索才能够建立安全感——他通过各方面的感知来探索，这是自我创造的过程，也是超越极限的过程。

不停地上下楼梯，不停地往一个盒子里塞东西，在我们成人眼里是很小的事，但这对孩子来说需要眼手脑腿的协调配合，因而显得很重要。

在最开始的时候，孩子想完成这样的事需要付出很大的努力，但他就是通过不断探索、不断开发自我以此建立三维空间的感觉。家长也可以参与其中，跟他一起做轻松有趣的亲子游戏，来帮助他建立空间智能。

## 三、保护过度会破坏儿童的空间敏感期

家长看到孩子从高处往下蹦，通常很担心他会摔伤。那么，孩子对空间有没有感知力，他能自我保护吗？

在儿童心理学中有一个实验叫作"试崖"：在地板上放着一块像悬崖的泡沫物体，父母让七八个月大的小宝宝

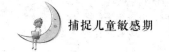 

往那儿爬。小宝宝爬到"悬崖"附近时就会停下来，有的还会哭泣，直到妈妈微笑着鼓励他，他才会很小心地爬过去。

这说明，儿童在几个月大的时候就已经有了自我保护意识，他对适应环境有很强的思维模式。所以，家长要克服过分的担心心理，可以站在孩子身边保护他。一旦家长过度干预，就会彻底破坏孩子的思维模式，也就是破坏了他的自我保护能力。

空间敏感期的很大一部分症结，就在家长对孩子的安全问题的重视上，保护过度就会破坏他对空间敏感期的发展。

孩子的空间敏感期，家长需要有承受危险的心理能力，但不要把这种危险"说"给孩子，这会给他带来危机感，破坏他的自我保护能力，同时也会让他丧失探索世界的机会。

## 3. 给孩子提供有序的环境，满足其秩序感

嘟嘟吃饭的时候，一般都是爸爸给他夹菜。有时候，奶奶疼孩子也会给他夹菜，但他就会很生气，哭闹着说不要，转而把目光投向爸爸。

春天来了，妈妈经常带嘟嘟去看小区里的桃树，一直走同一条路线。有一天，妈妈跟他商量要换一条路线走，他非常不愿意，哭闹着说不要。

爸爸每天下班回家，嘟嘟都会给他开门。有一天，爸爸自己开门进来了，嘟嘟从房间里跑出来，急忙说道："爸爸，我还没开门，你怎么进来了？"没办法，爸爸只得配合着先出去。等嘟嘟开了门，爸爸再次进来后，他才心满意足地笑了。

嘟嘟看似执拗，其实是进入了秩序敏感期。这时，无论做什么事他都会依据自身设定的秩序来完成，否则就会抗议。

儿童秩序敏感期一般出现在 3 岁左右，而且会呈现出螺旋式上升的三个阶段：

第一阶段：秩序破坏了就会哭闹，一旦恢复就会安静下来。

第二阶段：自我意识开始萌芽，为了维护秩序会说"不"。

第三阶段：为秩序而执拗，否则就一切重来。

对一个正处在秩序敏感期的孩子来说，世界是以不变的程序而存在的。这时，他对物品摆设的位置、物品的所有权、动作发生的顺序、人物的出现等有着近乎苛刻的要求。如若遭到挑战，他就会感到不安、焦虑，甚至表现出极端反应，比如哭闹。

由于孩子在这一时期表现得难以变通，甚至不可理喻，所以也可称为执拗敏感期。

秩序敏感期过后，到了 4 岁左右时，孩子会出现追求秩序完美的关键期，也可称为完美敏感期。接着，孩子对秩序的敏感会上升到对规则的要求：无论在什么地方，我遵守了规则，你也必须遵守规则，人人都要遵守规则。并且，他会从服从规则逐渐转变为把生活常规化。

到了 5 岁之后，由于孩子对秩序的感受越来越明确，会对时空秩序感和具有美感价值的秩序感特别关注。

秩序感会帮助孩子进行初步的思考，以及逻辑因果的推演。在这一阶段，他如果能够获得良好的秩序感，在之后的运算阶段就会顺利地形成对比、分类、序列等具体的思维形式。

那么，如何正确对待孩子的秩序敏感期呢？

**一、试着理解孩子行为背后的原因，接纳他的情绪**

家长要端正对秩序敏感期的认识，意识到它的存在是与孩子的心理发育特点密切相关的，是孩子在成长过程中难以逾越，甚至是不以他的意志为转移的。

面对孩子在这一时期出现的种种看似不可理喻的行为，家长要更多地去了解他行为背后的原因。如果孩子的需求是合理的或非原则性的，要接纳他的情绪，并尽量满足他在秩序敏感期的"有序愿望"，顺应他发展秩序感的需要。

对于原则性的需求，如果不能满足孩子，就需要进行灵活的变通，通过拥抱、讲道理、转移注意力、寻找替代目标等平息他的情绪，切记不要蛮横地压制他。

如果家长缺乏应有的细心和耐心，致使孩子在宝贵的秩序敏感期没能得到应有的呵护和培育，就会使潜藏于他内心深处还不完善的秩序感慢慢地沉没于意识的底层，对他以后的生活和学习会产生不良影响。

### 二、满足孩子的秩序感

当孩子看到某些物品摆置无序时，他仿佛受到了某种刺激，强烈地要求把物品恢复到原位。

比如，一块肥皂没有放在肥皂盒里而放在洗漱台上，或者一双鞋子放在不恰当的地方，孩子就会注意到并把它们放回原处。只有这个年龄段的孩子才会注意到这些细节，而更大一点儿的孩子很少会注意到。

秩序感是孩子的一种需要，当得到满足后，他就会产生真正的快乐。因此，当孩子乐于去做一些关于秩序的事时，家长不妨满足他的需求。

在孩子的秩序敏感期到来后，家长要做到对他的理解和尊重，尽可能地给他提供一个有序的环境。蒙台梭利认为，如果家长不能给孩子提供一个有序的环境，他便不能建立起对各种关系的知觉，当然，他的全面智能也就无从建构了。

因此，家里的日常用品最好摆放有序，每次使用后一定要注意及时归位。孩子自己的东西更要注重摆放有序，家长不要随便去更改它们的位置。

此外，尽量不要对孩子居住的环境做太大的改变。比如，频繁地为他更换睡床的位置、小饭桌的摆放等，尤其是长途旅行时一定要特别注意。即使不得已要改变，也要

给孩子一个适应期和过渡期，并且为他可能出现的不适应
做好各方面准备。

对于处在秩序敏感期的孩子，家长还可以引导他自己
收拾玩具和日用品，这不仅能让他养成整洁有序的习惯，
还能使他获得更完善的成长空间。

## 4. 特有的"执拗"不是错

幼儿园放学后，轩轩回到家拿了篮球出来玩。其他几
个平时一起玩的小朋友看见他拿着篮球，就跑过来要跟他
一起玩。

轩轩刚把篮球放在地上，丁丁就拿起篮球开始拍。见
状，轩轩哇地哭起来："这是我的篮球！"

妈妈看到后，赶紧过来安抚他："你们都是好伙伴，
你拿着篮球不就是要跟大家一起玩的吗？"

"那他应该问我：'我可以玩你的篮球吗？'他为
什么不问我？现在他应该跟我说：'对不起！'"轩轩

哭着说。

妈妈跟轩轩解释："你们都是平时一起玩的好伙伴，看见你拿着篮球就直接过来找你玩了。如果他再问你能不能玩，这样就显得太见外了，你不能这么任性。"

然而，无论妈妈怎么解释，轩轩就是不听，反而哭得更厉害了。

轩轩执拗地觉得丁丁应该跟他道歉，并且要跟他说一句"我能玩你的篮球吗"，他才能答应让丁丁玩。

看见轩轩一边哭一边发脾气，丁丁悻悻地把篮球拿过来还给了他："哼！给你，小气鬼！"

听见小伙伴说自己是小气鬼，轩轩哭得更厉害了。

妈妈看着轩轩执拗、任性的样子觉得特没面子，就拉着他回家了。

在轩轩的观念里，小伙伴玩他的玩具之前必须问一句："我能玩你的玩具吗？"这是他认为的必要程序，因为妈妈平时就是这样教育他的。但是，别的小朋友未必有这样的意识，尤其是非常熟悉的小朋友可能更没有这个意识。

其实，这看似执拗的背后，表现出的是轩轩对秩序的敏感。秩序敏感期通常伴随着执拗敏感和自我意识敏感，这也是孩子自我建构的过程。

瑞士儿童心理专家让·皮亚杰经过观察得出这样的结

论：0～6岁的儿童，几乎将他全部的热情和注意力集中在自我建构中。恰是如此，孩子才能逐渐形成自我、走出自我，塑造出我们所期望的创造力、幸福感、独立性、意志力。

当孩子有了自我意识，就会非常坚持自我，这表明他的意志在形成，也在表示"我"和"你"是有差别的。他逐渐发现自己和世界是分离的，于是就有了自我意识。

孩子执拗的这个阶段，可能是家长最为苦恼的时期，因为执拗的要求具有不可逆性，让人感到头疼。

孩子的执拗敏感期，很大程度上源于他们自我意识的觉醒。2岁以后，随着生活范围的扩大和探索能力的提高，他们发现自己能控制的事物越来越多，由此也就变得喜欢挑战大人并从中体会自己的力量。

这种所谓的"叛逆"行为，恰恰说明孩子长大了，自我意识增强了，开始独立思考了，勇于大胆尝试了。

这里说的自我意识，是指正确地认识自我的一种能力。而一个人能否正确地认识自我，是决定其心理是否健康的一项重要指标。

同时，孩子的执拗敏感期源于秩序感。这是因为，3岁左右的孩子内心已经有了一定的秩序感，并期待世界按照这种秩序感运行。所以，在做事之前，孩子的大脑中就

会出现一个特定的办事程序，且认为事情只能按照这个程序发生。如果有人打破它，也就是他遭到了挑战，他就会发火，也会为此而进行抗争。

在建构秩序感这一特殊品质时，孩子的要求常常被认为是"任性""胡闹"，或许用"执拗"来表达会更准确些。

处于执拗敏感期的孩子，喜欢想当然地按照自己的意愿行事，尽管有时候他的这种意愿看起来是"不可理喻"的，且一旦被拒绝，他就会烦躁不安，大哭大闹，久久难以平息。

总之，处于执拗敏感期的孩子喜欢胡闹，而且比任何时候都任性。要知道，儿童的心理活动是有一定秩序的，当目前他不能超越这种秩序时，就会严格地执行它。

## 5.合理安排生活，增强孩子的秩序感和规则意识

丫丫在家里玩时经常弄得客厅、床上乱七八糟的，由于父母工作忙很少有时间收拾家务，时间久了，一家人也慢慢地习惯了这种生活状态。

有一次，丫丫跟着妈妈去姑姑家玩，姑姑家的物品摆放得非常整齐，她只玩了一会儿，地板上就摆满了玩具。

妈妈看不下去了，对丫丫说："一会儿玩完了，记得把玩具收起来啊！"

丫丫头也不抬地说："为什么要收拾啊？我们家里从来都没有收过呢！"

妈妈脸红了，不知该怎么回应。

孩子到了秩序敏感期，常表现在对顺序性、生活习惯、所有物的要求上。

教育专家蒙台梭利认为，如果家长未能提供一个有序的环境，孩子便"没有一个基础以建立起对各种关系的知

觉"。当孩子从环境里逐步建立起内在秩序时，智能也因而会逐步建构起来。

对处于秩序敏感期的孩子，家长要帮助他合理地安排生活，建立秩序感。当他得到正确的启发与锻炼时，会较其他秩序敏感期遭到破坏的孩子具有更强的自理能力和规则意识，同时能养成更多的好习惯。

妈妈每天为孩子穿衣服，先穿内衣，再穿外衣，最后穿鞋，这个顺序在他的心中会根深蒂固。如果某天给他先穿鞋再穿衣，他就会非常不满，直到"消了气"后才会同意改变顺序。

妈妈每天给孩子做好可口的饭菜，然后盛到一个漂亮的小碗里，再用一把小勺盛一小勺饭，放在嘴边吹吹再喂到孩子嘴里。这个顺序，对孩子来说也是非常安全的。

如果某天换一个碗给孩子盛饭，或者换一把小勺，又或者在喂饭前忘了吹吹，都会让他"很不高兴"。他要么会闭着嘴拒绝吃饭，要么会把吃到嘴里的饭吐出来。

这些情况常发生在处于秩序敏感期的孩子身上，父母不要责怪他的这种行为，只须平静地将一切恢复常态即可。

但随着敏感期的进一步发展，孩子对秩序的关注便不仅仅局限于"要求他人"了——他会主动尝试着按照秩序做力所能及的事。此时，父母尽量不要过于"规范"他的行为。

当孩子用稚嫩的小手练着扣扣子、系鞋带的时候，妈妈赶快冲过来拉开他的手，并且说："你还做不好，来，妈妈给你弄。"

每天都用同样的小碗、小勺，用同样的方法吃饭的孩子，在对这个顺序认可后，他会逐渐产生自己吃饭的念头。尽管他拿勺子的方法还不标准，甚至不能准确地用勺子将饭送到嘴里，但他仍旧会努力地练习。这时，家长有可能会惊呼着冲过来，唠叨甚至责怪孩子，并且用最快的速度拿起他的小碗和小勺，一口一口地喂他吃。这种情况在生活中比比皆是。

用这种方法培养出的孩子，在自理能力上都会有所欠缺，有的很久学不会自己穿衣服，有的没有人喂就不吃饭。这些孩子的自理能力，较其他在秩序敏感期内被家长"放手"的孩子要差很多。

所以，在孩子尝试着做一些他能够明白顺序和规律的事时，家长在保证安全的情况下，要尽量放手让他自己去试。不要过多地干涉他，也不要责怪或否定他，要知道，伟大的科学家爱因斯坦小时候也做过两条很粗糙的小板凳呢！

孩子的秩序感既来自自己的观察，也来自大人的灌输。因此，家长要注意自己的言行对孩子思想的影响。如果我们常对孩子说："吃完饭要将椅子摆回原位。"或者对他说："吃饭不要剩。"那么，他一定会养成相应的好习惯。

这是因为，我们向孩子灌输的这种思想成了他的内在意识。这种意识一旦形成，孩子在用它监测环境的时候就会严格遵守它，不会主动去破坏，更不允许别人去破坏。

坚持不同的规则，会让孩子养成不同的生活习惯。秩序敏感期在孩子 6 岁时才会慢慢消退，但 6 年的时间足够他养成各种不同的生活习惯，而好习惯会让他受益一生。

# 第五章
## 人际交往敏感期，鼓励孩子自己建立友谊

# 1. 让孩子学会化解社交恐惧

因为工作繁忙，爸爸妈妈经常去外地出差，晓晓从小就跟着爷爷奶奶生活，偶尔在周末时才会回到父母身边。

晓晓 3 岁了开始上幼儿园，可他没少让父母操心，尤其是每天早晨送他去上学就跟打仗似的。

"妈妈，我在幼儿园里会想你，这怎么办呀？"

"妈妈，我肚子有点儿疼，上不了幼儿园了。"

晓晓不想上幼儿园的理由简直五花八门。

为了让孩子多跟幼儿园的小朋友熟悉一下，周末时妈妈会带着晓晓去同学家串门。她觉得，晓晓跟同学熟悉了，也许就不会抗拒上学了。

其实，妈妈带晓晓去的那个同学家就在隔壁楼上，晚饭后遛弯就过去了。没想到刚到同学家，看到陌生的环境，晓晓就哇地哭了起来。

妈妈一头雾水，问道："你哭什么呀？"

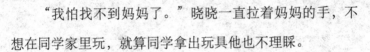

"我怕找不到妈妈了。"晓晓一直拉着妈妈的手，不想在同学家里玩，就算同学拿出玩具他也不理睬。

为了避免尴尬，妈妈悻悻地带晓晓回家了，过后不免担心起来：孩子这是怎么了？平时他就不愿意出门跟小朋友玩，出去串门又这样，难道有社交恐惧症？

一般而言，孩子在 2 岁左右开始进入社交敏感期，也称为社会规范敏感期。这时，大多数孩子开始关注周围的人和事，变得喜欢交朋友，爱去人多的地方。

但也有一部分孩子则恰恰相反，他们害怕到人多的地方去，不喜欢跟小朋友玩，其实就是不想离开平时经常照顾他的人。这样的孩子去上学通常会比较困难，分离焦虑感也比其他孩子多。

作为家长，要细心观察孩子的内在需求和个性特质，有针对性地实施相应的教育。

当然，怕生是儿童的普遍现象，大部分儿童到了两三岁后会开始怕生，但通过慢慢地接触陌生人，适应性的脱离完全能克服掉。所以，不能把怕生跟社交恐惧直接挂钩。

一般来讲，大多数孩子在陌生环境里或意外情况下都会表现出短暂的退缩，但他们通常会逐渐适应新环境，并会在做游戏等活动时主动发展自己适应新环境的能力。只不过，如果这种行为没有得到家长及时的纠正，孩子就容

易发展成社交敏感症，甚至变成了社交恐惧症。

孩子到了一定的年龄，如果他还是喜欢依附和纠缠在父母身边，不乐意出门，不乐意跟别的小朋友接触，家长就要提高警惕了。

为了化解孩子的社交恐惧，家长需要做些什么呢？

**一、对孩子不要过度保护**

生性胆小、不敢尝试新事物的孩子，很大一部分来自过度保护他的家庭。

例如，爷爷奶奶、姥姥姥爷加上父母，几个人精心地呵护着孩子。过度保护孩子，对他来说并不是好事，因为容易导致他遇事退缩，不敢跟外人接触。

**二、建立良好的亲子关系**

心理专家认为，孩子若能在 2 岁前拥有稳定的生活环境、稳固的亲子关系，青春期时就不容易发生叛逆情况，因为他有可信赖的人、可疏解的窗口。

研究发现，处于婴幼儿时期的孩子过早地离开母亲，容易导致出现分离焦虑，这也是社交敏感期内有些孩子出现社交恐惧的重要诱因。

很多家长忙于工作，就把孩子交给爷爷奶奶或亲属带。这样，孩子因为早期的亲子关系建立不当，特别容易出现分离焦虑。

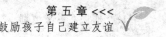

分离焦虑只是一个伏笔，它慢慢地会引发孩子出现更多的情感障碍，其中，社交障碍或社交恐惧症就是典型的表现。所以，要尽可能地避免孩子在婴幼儿时期出现分离焦虑，尽可能地用积极的心态来引导他，给予他更多的心理支持。

父母的正面心理支持得越好，孩子的抗压能力就越强。所以，父母用一种积极的心态来促进和支持儿童早期的心理成长，显得非常重要——忙于工作没有时间照顾孩子，或者忽视、无视他，这些理由趁早要扔掉。

最后要说的是，孩子到了上幼儿园、上小学的时候，父母忙不迭地过度保护、不恰当地关注，这都会加重他的社交恐惧。

## 2. 让分享成为孩子之间的友好链接

牛牛3岁了，最近妈妈注意到，他特别不愿意别人动他的东西。有时候，妈妈吃一口他的饼干，他都会非常

生气。

在外面玩的时候，牛牛看到其他小朋友向他走来，他带的玩具即使自己不玩也会赶紧护着。有时候他还拿起玩具就走，并叫妈妈一起回家。

有一次，妈妈的同事带着女儿玲玲到家里来玩。妈妈告诉牛牛要把自己的玩具拿出来跟小妹妹分享，没想到他坚定地说："不行！"

妈妈拿出牛牛的零食分给玲玲，他在一旁嘟囔着："她都吃光了，我怎么办呀？"

看到玲玲在玩自己的小汽车，牛牛一把夺过来说："这是我的！"

牛牛不许玲玲动自己的任何东西，妈妈尴尬极了，觉得他变得很自私，以后怎么能跟小朋友愉快地玩耍呢？

这种情形，很多家长都非常熟悉。对此，大多数家长会觉得难堪，甚至会强行把孩子的东西拿出来跟大家分享，哪怕他大哭大闹也要替他表现出慷慨大方的姿态。

然而，不爱分享的孩子真的是自私吗？

其实，2岁左右的孩子就已经进入物权敏感期了，他会开始执着地保护自己的物品——这无非是通过对物品归属权的确认，来认知他与物品的关系。教育专家指出，2岁孩子的哲学是："这是我的我的，什么都是我的。"

儿童心理学家让·皮亚杰发现：0～6岁的孩子是以自我为中心的，他把一切都看作与自己有关，是他的一部分。

孩子在这个阶段最重要的任务，就是自我建构。在这个过程中，他通过占有属于自己的东西来区分自己和别人——当他占有了某样东西，它就完全属于他，也就是他拥有物权时，他才会逐渐感受到"我"的存在。

如果家长满足孩子的需求，尊重他的意愿，那么，他就将从占有可触摸的事物开始，先从他的东西开始感觉到"我"，然后一步步从具体的"我"过渡到抽象的"我"，最后形成一个完全无形的"自我"。

拥有自我的人才拥有定力，不会被别人和环境所左右。拥有判断力的人，才不会盲从于群体。

处于物权敏感期的孩子不愿意分享，很多家长都会忍不住劝说他，尤其是家里来了客人的时候，甚至强制他去分享。但是家长要注意，原本是好习惯的分享并不适用于5岁之前的孩子。

如果强迫孩子分享，会有什么样的后果呢？

**一、分享变成了占有**

如果家长强制孩子把他的东西与别人分享，会让孩子觉得自己也能强行分享别人的东西。分享变成了占有，他

不会觉得这是快乐的事。相反，这种行为本身就不尊重他的物权，他又怎么可能由此学会尊重别人的物权呢？

### 二、强制分享引发的恐惧感

在这个时期，强制孩子分享他的东西，会给他造成恐惧感和危机感。因为，孩子占有东西的目的是为了获得它背后的意义，就是"形成自我"，而不是为了占有物本身。

如果这个过程太难，孩子就会忘了占有物背后的意义，而把注意力放在占有物本身上，心理学上称之为"固着"。孩子的能量没有自然流动，而是停在了占有物上，这会造成一定的不良后果。慢慢地，这就会成为一种心理障碍。

### 三、没有界限的伤害

这个阶段，要让孩子形成自我，最后他才能走出自我。如果家长错失了这个阶段，孩子就丧失了"我"与别人、社会分离的机会，他和别人之间会出现一种没有界限的状态。

我们成人的世界有许多纠葛，就是由于没有界限造成的。已经形成自我独立的孩子，他归属于自我，不需要从别人那里寻求安慰。而失去自我的孩子，内心充满了挣扎，会受到别人语言行为的影响从而迷失自我，甚至可能屈从于别人来寻求归属。

家长在帮助孩子构建自我时，如何让他能健康地"分享"呢？

在 2 ～ 3 岁，孩子刚进入物权敏感期时要尊重他的物权，让他对自己的所有物拥有绝对的安全感，这是非常重要的。这一阶段，孩子开始借物品来跟世界划分界限。

到了 4 岁半左右，孩子开始对小伙伴感兴趣，会从家里带东西去幼儿园跟其他孩子分享或交换，用这种方式与别人建立关系。只要之前家长尊重了他的所有权，他必然开始喜欢与他人分享物品，这是一种成长的规律。

处于这个时期的孩子也很喜欢模仿大人，家长要以身作则，经常与他分享。6 岁以后，孩子的兴趣从家人转向同学，这才真正开始体会分享的乐趣，分享会变成一种快乐和良好的品质。

分享不是我们教给孩子的道德操守，而是他经过心理发展后自我选择的结果，是他整体精神世界发展的一个必然结果。自然发展而成的分享，才是健康的分享，孩子才能从中感受到快乐。

作为家长，一定不能随便给孩子贴标签，认为他不爱分享就是自私的表现。要知道，孩子形成自我的过程是由他自己完成的，家长只能协助他，不能用成人的意志去代替他的意志。

## 3. 不要以大人的成见看待孩子的交换行为

下午放学回家后，5 岁的晨晨掏出一张卡片跟妈妈显摆："妈妈你看，这张小卡片我可以画成咱小区的地图呢！"

妈妈看见儿子手上拿着一张不起眼的小卡片，随口问道："从哪里捡来的？"

"不是捡的，是我用奥特曼跟东东哥哥换的。"晨晨回答道。

妈妈一听，走到晨晨面前拿起小卡片看了看，发现没什么稀奇的，于是质问道："那个奥特曼可是你爸爸花了200 元买的呀，你竟然跟别人换来这么一张毫无用处的卡片，这一张小卡片有什么值钱的？"

晨晨不屑地回答道："我特别喜欢这个卡片，我最近不喜欢玩奥特曼了。"

交换是孩子之间的一种交往行为，3 岁后进入人际关系敏感期的孩子，更是懂得通过赠送零食、玩具等方式赢得友情。渐渐地，他会发现用交换玩具等方式所产生的友情更长久，于是，孩子之间就出现了交换行为。

但孩子之间经常会出现大人眼中的"不等价交换"。比如，一个洋娃娃换来一个塑料瓶，一辆电子玩具车换来一本图画书。由于物品的价值不同，有贵的有便宜的，一些家长就会对孩子"不等价交换"的行为产生了不满。

所谓的"等价交换"，在大人看来是以金钱为标准的，但孩子眼里没有金钱的概念，只有自己的衡量标准。他们交换的理由是对方"最珍贵的物品"，在他们看来，这两种物品即使不等价，交换也是合理的。

因此，对于孩子的这种行为，家长不必太过紧张，也不必在意"吃亏"或者"占便宜"。因为在这一过程中，孩子所产生的成就感会使他内心中的自我变得更强大。这种自我认识，绝对不是一个水杯或者一盒水彩笔能换来的。

作为家长，要想陪孩子顺利度过人际关系敏感期，需要注意以下几点：

### 一、不要以大人的成见看待孩子的交换行为

交换是孩子赢得友谊的一种方式，家长不要以大人的成见看待他的这种行为。因为，三四岁的孩子没有"价值"概念，更不懂"等价交换"。

在这种情况下，家长向孩子灌输"占便宜"或"吃亏"的概念非常不可取，这会导致他的自我意识不能得到自由发展。当然，当他"吃亏"了，家长也不要说他"笨""傻"之类的话，以免打击他的自信心。

### 二、告诉孩子交换后不后悔

当孩子在交换玩具后后悔了，或者把玩具弄丢了，玩坏了，然后他希望要回原来属于自己的玩具时，家长一定要告诉他：交换后的物品已经有了新主人，新主人会爱护这个物品的。

蓝蓝送给幼儿园小朋友一个玩具王冠，然后从对方那里得到一张兔子贴纸。

可是，回家后蓝蓝玩了一会儿贴纸觉得没有意思，就对妈妈说："我现在不想换了，我想要回我的玩具。"

妈妈郑重地对她说："你说过的话要算数，答应别人的事不能反悔。而且，贴纸也被你玩过了。"

妈妈的做法不仅让女儿学会了做事不能后悔，还让她学会了兑现承诺，这种做法值得各位家长借鉴。

### 三、鼓励孩子交换和赠送

交换是孩子人际关系敏感期的重要表现，家长不仅要理解，还要为他创造交换的条件，鼓励他用交换、赠送的方式赢得友谊。

一位妈妈为了鼓励孩子跟同龄小朋友一起玩，就跟小区里的其他妈妈商量，把每个月的最后一个周日定为孩子们的"玩具交换日"。这一天，这个小区的同龄小朋友都会在一起分享互相交换玩具的乐趣。

这种方法值得家长学习。当然，在这个过程中，家长不要干涉孩子的行为，也不要随意给他建议，让他自主地选择进行父换即可。

## 4. 让孩子懂得合作的力量

现代社会是充满竞争的社会，在竞争的同时更加要求合作，如果没有合作，很多事都将无法完成。

日常生活中，合作的机会和事例屡见不鲜，而且很多父母也开始重视和强调通过教育促进孩子认识合作的必要性。在共同学习和集体活动中，要帮助孩子不断地学习并体验怎样才能有效达到共同目标。

所以，家长从孩子小时候就要强化他的合作意识，培

养他的团队精神，这样将来他才能更好地融入社会。

心理学家罗杰斯非常强调合作对个体成长的意义。他指出，合作有利于人际交往，彼此不仅能交流思想，还能分享许多深层的情感、内心的感受。

合作精神不仅包括分工合作，还体现了接纳、尊重、团结、友爱的精神。

因此，家长要意识到，培养孩子的合作精神不仅仅是因为社会竞争和分工的需要，还要意识到它是一种美德、一种优良的个性品质，不是孤立存在的，而是一个身心健全的人的基本素养。

人与人之间通过沟通和合作相互启迪，丰富彼此的人生，满足自我实现的需要。

当孩子进入人际交往敏感期时，在跟周围人交往的过程中，他会遇到各种各样的问题。那么，在日常生活中，家长要怎样培养孩子的合作精神呢？

**一、说话的语气和态度，是赢得孩子合作的重要因素**

妈妈给两个孩子分配家务：让每个人早上要铺好自己的床。

每一天，为了让他们做好自己的分内事，妈妈都是先提醒，做不好就是指责，最后是大吼大叫以及惩罚。

妈妈经常对孩子说的话就是："你们最好能做好，否则有你们好看的。"

很明显，妈妈说这句话的意思是："你们要做好我让你们做的事，做不好的话有你们好看的。"她强制决定了孩子要做的事，并且让他们去做，慢慢地，他们就会对这种压力进行反抗。

与此同时，正是这种强制的方式刺激了孩子的叛逆和挑战。

妈妈分配家务的态度，摆明了她是长辈，就得听。而孩子的反应和态度则是："你再逼迫我，看我会干出什么事。"

这就成了权力之争，而不是合作。妈妈是在把自己的意愿强加给孩子，而不是赢得他们的合作以促成全家共同担负家务的责任。

当我们培养孩子跟自己合作时，自己首先要有合作的态度。这个合作不是妥协，而是心里要有这样的想法：我要跟大家一起朝着共同目标努力。

而且在生活中，家长不要浪费能让孩子参与的机会。如果他很小就得到允许参与——不是被要求，而是被允许，他就能体会到参与其中的乐趣，为自己的小小成就而自豪。

家长要明白，孩子之所以有时候不执行要求，很大程

度上是自己提出要求的方式和语气不对。所以，好好说话真的很重要。

**二、建立物权意识和界限感，别人的东西不能拿**

4 岁的小溪一直都是个懂事、文静的女孩子，但是，妈妈近期发现她有一个不好的习惯，每次去别人家串门时总是"不见外"：喜欢吃的东西就直接去拿，想玩的玩具也是拿来就玩。

妈妈告诉小溪好多次了，那是别人家的东西，先要征求别人的同意才行。可她就是记不住。

最难堪的一次，是妈妈带小溪从邻居家串门回家后，发现她手里拿了一辆小汽车。妈妈问她这辆小汽车是怎么回事，她若无其事地说，是从邻居家小哥哥那里拿的。

妈妈狠狠地训斥了小溪一顿，生怕她以后养成随便拿人家东西的坏毛病。

2 岁的孩子开始进入物权意识敏感区，此时，家长要帮他建立物权意识，区分自己和他人的界限显得尤为重要。

家长要告诉孩子："自己的东西可以自由支配，可别人的东西不能随便拿。如果想拿别人的东西，一定要征求别人的同意，不能偷偷地拿，也不能硬抢。"

有些孩子会偷偷拿大人的钱去买东西，看到其他同学的玩具好玩但自己没有，也可能会"顺手"拿回家。这正

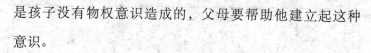

是孩子没有物权意识造成的，父母要帮助他建立起这种意识。

当孩子喜欢拿别人的东西时，不要轻易指责他是小偷，请先帮助他分清楚物品有私人和公共的区别：对私人物品，不能乱碰；对公共物品，从哪里拿的要放回哪里。

# 第六章
## 借助艺术手段表现美

1.让孩子发现美、创造美

2.利用色彩敏感期为书写做准备

3.家长意见分歧，影响孩子自我控制能力的发展

4.关爱孩子，而不是"教"他

## 1. 让孩子发现美、创造美

　　妞妞今年 4 岁，从年初起，妈妈就发现她开始知道爱美了。一次，妞妞从幼儿园回来后，就用家里的记号笔涂抹指甲。当时，妈妈以为女儿是图新鲜，也没在意。

　　当夏天来了，妞妞越来越爱美了。妈妈给她准备好上学穿的衣服，她偏要自己选衣服，还说妈妈选的衣服不好看。即使是星期天不上学，妞妞在家里也要换好几套衣服。她还会用小珠子做一些小饰品戴在手上、脖子上，一副美滋滋的样子。

　　一般而言，孩子从 3 岁开始就会对环境有审美要求，即进入审美敏感期。3 ～ 6 岁是孩子人生中的第一个审美敏感期，他开始追求完美，一些"不完美"的事物会让他产生不愉快。

　　这时，很多家长会发现孩子突然变成了一个完美主义者：他开始挑剔吃的和用的。比如，牛奶不能洒出一滴，

水果上不能有斑点，接着他开始关注身边的环境和自我的完美。尤其是女孩子到了这个年龄段，会突然对审美产生很多想法，比如对自己的衣着打扮产生浓厚的兴趣。

这时，孩子会本能地尝试用各种方式来表达自己对美的理解和感悟，他也会执着地按照自己的审美标准来打造自己。那么，他的审美标准来自哪儿呢？

当然是成人的世界了。

我们常常看到4岁左右的孩子，特别是女孩子，在一段时间内热衷于学妈妈化妆。她会用口红涂嘴唇，用腮红涂脸，用各种颜色的水彩笔涂指甲，用黑色记号笔把眉毛画得一高一低，还喜欢穿上漂亮的公主裙想象自己是童话里的公主……

可见，在孩子的心目中，他已经有了明确的美与不美的界定标准，并且会按照自己的审美标准来打造自己。

在审美敏感期，孩子的不同表现也许会让家长哭笑不得，但他既然到了审美敏感期，家长就要很好地利用这一时机，让他真正懂得发现美、创造美。

面对这些问题，家长该怎么办呢？

### 一、给孩子肯定的评价

孩子看到妈妈涂了漂亮的指甲油，自己也会拿水彩笔把指甲涂得五颜六色。这时，家长正确的做法是：告诉孩子，水彩笔应该用在画画上，指甲涂成一种颜色才好看。但是，孩子的指甲干干净净才最好看。

切记，不能用"不正常""怪异"等词汇来评价孩子。

### 二、带孩子接触美的事物

在审美敏感期，家长要多带孩子接触美好的事物，接触得多了，他便能形成更好的审美意识。

例如，面对盛开的鲜花、青青的草地和清澈的小溪，家长不妨将眼前的美景用准确、生动的语言描绘给孩子听，启发他的想象力，从而使他爱上大自然的美好。

### 三、在亲子游戏中培养审美观

家长要根据孩子敏感期的特点，为他准备相关的亲子游戏活动。比如，在游戏中，让他感知形状、色彩和图案，并准备安全的工具供他进行训练，从而使他获得更完善的成长空间。

### 四、借助艺术手段表现美

在欣赏美的同时，孩子会无限地表达、表现自己的欲望。家长提供了条件后，要充分尊重他用画、歌声或动作等进行自我表现的方式，通过艺术形式来熏陶他的情操，继而提高他的审美能力。

## 2. 利用色彩敏感期为书写做准备

　　图图从 4 岁开始一直对剪纸贴纸乐此不疲，妈妈同时购买了涂色笔和涂色书，她看都不看。一晃三四个月过去了，她剪贴了几十本剪贴纸的书。

　　随着图图对剪纸贴纸越来越熟练，她的剪贴需求量似乎一天天减少了。某天，妈妈看到图图翻出她曾经不理睬的那些涂色笔和涂色书，在手边放好后面露微笑，拿起笔就随心地去涂。

　　看到在纸上涂出鲜艳的色彩，图图高兴得哈哈大笑，随后大声说："妈妈，你来看我涂色呀，我要把它们全都涂到上面去！"

　　图图从此开始热衷于涂色，她一直不受涂色书上线条框框的限制，而且喜欢尝试不同的颜色。

　　涂一只小熊或一个花盆，她常常能用上十五六种颜色。十八色笔里，除了白色、黑色她用得少，其他的颜色她几乎都喜欢尝试。这样，在她的每张作品中都能感到一种难以用言语表达的和谐、灵动，而且富有创意。

在对涂色最有热情的时候，整个下午，图图能快乐地把一整本涂色书里自己所喜欢的图案全涂光，后来又发展到在一张白纸上自由地涂画。此外，涂色时她脸上通常带着宁静的微笑，看上去很满足。

不过，有时图图也会拿着画笔在墙上乱涂乱画，卧室靠床的那一面墙，简直被她涂成了颜料墙。但妈妈没有对图图大吼大叫，因为她觉得对孩子来说这是一种美的表达。

跟图图妈妈做法不同的是，很多家长看到孩子在墙上乱涂乱画，或者画画时弄得浑身脏兮兮的，第一反应恐怕是要阻止和教训孩子的。

其实，色彩也是孩子认识世界的一部分。从一出生开始，婴儿只能认识黑、白两种颜色，所以，我们常常会给小月龄的宝宝看黑白卡。

1岁左右，孩子会认识除了黑白以外的颜色，那就是红色。这时，家长逐渐在黑白卡中加入红色元素，以此培养孩子的观察力。

到2岁左右，孩子已经能辨认黄色、蓝色、绿色等色彩了。

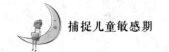 

3～4岁的孩子开始进入色彩敏感期，这时他特别喜欢涂色，乐于尝试各种颜色，但不喜欢条条框框的限制。而且，他对色彩的认识更多地体现在生活中，比如选择玩具的颜色、衣服的颜色等。

儿童涂色的过程，为以后的书写做好准备——通过最初的乱涂乱画，他的书写才会逐渐趋于艺术美。

心理学家研究发现，颜色对儿童的智力是有影响的，因为不同的色彩，会通过影响他的视觉来影响他的智商、情商和性格。比如，长时间接触黑白色，会对儿童的性格产生不良影响。

婴儿一般比较喜欢黄色、橙色、浅蓝、浅绿等较为明快的颜色，在这种色彩环境中成长的孩子，智商通常较高。

反之，婴儿长期处于较为暗淡、使人感到压抑、沉闷等不良感觉的黑色、茶色等色彩环境时，智商则会相对较低，而且创造力、自信心等方面会均不如前者。这时，我们要给孩子充分的颜色来乱涂乱画，有时会惊奇地发现他对色彩的搭配超过了我们的想象。

日常生活中，任何东西都是有颜色的，家长要有意识地强化一下，这样，孩子就能慢慢地实现感觉训练，懂得区别颜色了。

## 3. 家长意见分歧，影响孩子自我控制能力的发展

中午吃饭时，妈妈说："我想给妞妞报绘画和钢琴培训班，想让她以后变得多才多艺。"爸爸不乐意了，因为他希望女儿有个快乐的童年，就认为给她报各类培训班的意义并不大。

看见大人争执起来，妞妞饭也没吃好。

妈妈平时对妞妞非常严厉，觉得她就应该听大人的；爸爸则相对温和，但有时又过于溺爱女儿，对她有求必应。

大人这样的态度，在孩子面前就变成了这种情况：妈妈在家的时候，爸爸就不给女儿吃零食、喝饮料；妈妈出门了，爸爸就自己吃零食、喝饮料，也给女儿吃喝。

于是，妞妞也看出了规律：妈妈在家的时候，她就很乖，不吵着要东西吃；妈妈不在家的时候，她就开心地跟爸爸一起分享美食。

"妈妈去加班了，我要做些什么好呢？"周末，妞妞

问爸爸。

"看书去吧，去找你自己喜欢的。"爸爸对妞妞说道，随手打开了家里的书柜。

妞妞兴冲冲地跑到书柜面前，把里面各种各样的书一本本搬到椅子上，然后找出自己喜欢的一本翻看着。

妈妈下班回来了，看到妞妞把书柜弄得乱七八糟。

"你怎么让孩子摆弄这些书？她看得懂吗？"妈妈责怪爸爸不该让女儿这么乱翻，赶紧把书收拾好，然后哄着女儿到客厅去玩。

可妞妞的心里还惦记着好看的漫画大本子，也更喜欢跟爸爸在一起，所以不一会儿她又跑了回来。

爸爸本来就对妈妈刚才的行为不认同，于是开心地对女儿说："宝宝又来啦，来，看书吧！"说着，他又把书柜打开了……

生活中，"虎妈猫爸"或者"猫妈虎爸"的情形并不少见。在教养孩子的问题上，很多家长双方难免会有分歧，对教养方式莫衷一是而引发了冲突，这是每对夫妻必修的家庭"功课"。

家长双方有各自的成长过程和教育背景，所以，这种一方"唱白脸"、一方"唱黑脸"教养方式埋下的隐患，很多家长并没有意识到。

有一家婚姻咨询中心归纳出夫妻在子女教养问题上意见分歧的两个主因：

### 一、家长意见分歧，孩子易养成逃避的惯性

家长对待孩子的立场产生分歧，容易让孩子变得遇事就喜欢逃避，甚至养成回避性人格。

一个人从小就具有自我保护的本能，懂得趋利避害。当孩了犯了错，父母中的 方责罚他时，他会本能地寻找庇护。此时，如果另一方站出来唱"对台戏"，恰恰就中了孩子的下怀。久而久之，他就会形成惯性思维：即便我做错了，也总会有人来帮我。

可见，这样的孩子很容易见了困难绕着走，或者依赖别人去解决，做了错事也会为自己开脱，没有一点儿责任感。

### 二、家长意见分歧，影响孩子自我控制能力的发展

心理专家指出，家长双方的意见发生了分歧，还可能会影响孩子自我控制能力的正常发展。

自我控制能力从幼儿时期开始萌芽。比如，孩子剩饭时，家长多次一致地告诉他"浪费不对"，他就会清楚地意识到自己错了，以后就会尽量把饭吃光。

在不断调整不当行为、发扬正确行为的过程中，孩子就会发展好自我控制能力。反之，他的这种能力就无法得

到发展。

虽然弥合父母教养方式上的鸿沟不简单，但一点点去变化，却能让家长收到意想不到的效果。

其一，在心理上突破自以为是的障碍，不妨放心地让家长一方管教孩子，相信对方跟自己一样都是有道理的。

其二，如果短时间内无法统一意见，那么也别当着孩子的面争执。

家长双方的意见实在无法达成一致时，就要共同学习教育子女的知识，借"权威"调整两个人的认知，进而改变不当行为。

总之，当家长的意见有了分歧时，不要在孩子面前讨论。因为，不管是妈妈赢了或是爸爸赢了，在孩子面前争执只会输了他对父母的尊重、信任以及安全感，还让他感到紧张和不安。

其实，一个家庭也可以拥有不同的教养方法，只要事先达成共识，清楚地让孩子知道不管是妈妈的方式或是爸爸的方式，他都需要遵从就好。

## 4. 关爱孩子，而不是"教"他

甜甜 3 岁左右时喜欢上了涂涂画画。

看到女儿对画画很热衷，妈妈觉得她可能进入了绘画敏感期，就给她买来简笔画等书籍，希望她能照着书上的内容画。

有一次，甜甜画了一个红色的、体形奇怪的兔子。

妈妈看到后，拿过画笔自己画了几笔，然后告诉甜甜："这才是兔子呢，兔子一般都是白色的，哪有红色的兔子呀？"

后来，只要甜甜画什么画得不像，妈妈就会教她，直到她画得像为止。

生活中，很多家长都在为"教"孩子而尽力。

教孩子，我们都在用大人的主见强行让他照着去做。我们鼓励他，用各种方法暗示他、教他应该怎样怎样，却没有意识到，从某种程度上讲这种"教"其实就是在奴役

孩子。

敏感期的儿童处于直接经验时期，所有的经验来自他自己。如果他在生活中产生了自己的经验，那他就是自己的主人——但现实是，我们认为某种经验好就会强迫他接受。

大多数孩子经过这种强制后，他就跳不出家长给他设的框框，这就是所谓的"画地为牢"。

当孩子的心理和意志具备了发展的内在条件时，他就有了追求独立的冲动。这时，家长通常是怎么做的呢？

比如说，一个2岁的孩子要自己用勺子吃饭，舀不舀得上他都要自己舀，结果弄得满桌狼藉。其实，孩子这是在学习独立能力。但是，大多数父母在这时最喜欢做的是喂饭，很明显这剥夺了儿童学习独立性的权利。

蒙台梭利说："我们必须把我们的后代造就成为强有力的人，也就是我们所说的独立和自由的人。"

这个"自由"不是指条件，而是一种品质。有了这样的品质，我们才能作为一个人独立而存在，才不会在思想和意志上丧失做人的权利。

儿童的成长，不管是在身体上还是在思维上，都是一个趋向于独立的过程，他会沿着这条路不停地走。他为了自己的独立会冒很多风险，并进行各种探索。到了20～30

岁的时候，他就能获得完全的独立，并真正地懂得奉献。

在这个过程中，如果家长阻止了孩子，那么他会没有了自由，没有了独立，也就没有了真正的生存能力、学习能力、发展能力。

每个人都会依据自己的独立程度来行使自由的权利，而这一切又基于一个条件。那这个条件是什么呢？就是当他还是孩子的时候，父母给予他的爱和自由是一环连着一环的。

这说明，有时我们的"教"既奴役了孩子，使他失去了创造力，又不知把他"教"到哪里去了。

前面讲的这种剥夺比较容易理解，实际上，还有另外一种剥夺，那就是剥夺儿童在思想上的独立。这种剥夺将使他的思想失去自由，那就必然会导致他被奴役的状态。

家长只有用爱、宽容和理解给孩子发展的基本权利，才能让他经过自由走向独立。

# 第七章

## 书写与阅读敏感期，培养孩子的想象力

1.写写画画是孩子的另一种语言

2.营造氛围，让孩子爱上阅读

3.随时随地爱数数的孩子

4.给予孩子自由表达的机会，培养他的想象力

# 1. 写写画画是孩子的另一种语言

在 3 岁半左右时，孩子会突然喜欢拿着笔写写画画，甚至假装写写画画。当他有了这样的表现时，说明他开始进入书写敏感期。

研究表明，孩子的书写敏感期一般会出现在 3.5 ～ 4.5 岁。当然，每个孩子的具体情况可能不一样，有的出现得早，有的晚一些。如果没有相应环境的刺激，有的孩子甚至不会有明显的书写敏感期表现。

家长要密切关注孩子书写敏感期的到来，为他日后的书写和阅读习惯打下良好的基础。如果他在语言、感官、运动等敏感期内得到了充分的学习，他的书写能力自然会产生。

此时，家长要布置一个充满书香气氛的生活环境，多选择优秀的儿童读物，使孩子养成爱书写、爱读书的好习惯。

正常情况下，4岁左右的孩子就具有一定的识字、写字能力了。对于常用字，他一天能学习2～4个，之后，经过3～4次的复习基本就能掌握了。

6岁左右时，孩子的认字、写字能力会有显著的提高。此时，在训练他听说能力的同时，再采用合理的方法有针对性地进行一些常见字的读写学习，对于他书写能力的培养、智力的开发都有十分重要的意义，尤其是他入学后能快速适应新环境。

那么，家长要怎样应对孩子的书写敏感期呢？

**一、不要约束孩子"画字"，给他提供书写环境就好**

孩子到了书写敏感期，不代表他就能写字了，因为这仅仅是开始。

家长不要急着让孩子写字，因为此时他的小手肌肉发育还不完善，长时间书写会让他的小手过于疲劳，影响他的正常发育。而且，与其说孩子这是写字，不如说是"画字"，因为此时孩子不可能理解汉字的结构和笔顺。

实际上，只要我们给孩子创造书写的环境，他的书写敏感期就会提前出现，或者爆发得更为猛烈些。

在孩子1岁的时候，如果家长为他提供纸、笔等材料，他也会拿着笔在纸上十分投入地戳戳点点。一旦他用笔在纸张上成功地留下印痕，他就会大受鼓舞，继续进行这种创造性活动。

并且，那些不规则的小点，或者歪歪扭扭的线条，还会引发孩子无边的想象，激励他以各种各样的方式去描述他"书写"出来的这些奇迹。

涂画是人生来就有的基本行为，所以这是孩子最会使用的一种"语言"，因为他从涂鸦开始一直到能表达自己的感受，整个过程都是一种自然的呈现。

**二、给孩子一定的赏识**

孩子的书写激情能否维持得更长久，书写技艺能否更精进，主要取决于父母对待他这种行为的态度，以及能否为他提供有利于他这种技能发展的环境。

因此，我们要恰当地应对孩子的书写敏感期，最好对他"煞有介事"的书写给予足够的赏识。哪怕书写的笔顺并不正确，我们没必要非得告诉他"这样写不对"，因为很多字可能是他想象出来的，只要他有兴趣，就要对他放宽要求，别制造一些条条框框去约束他的积极性。

## 2. 营造氛围，让孩子爱上阅读

教育家马卡连柯曾经说过："教育的基础主要是在孩子 5 岁以前奠定的，它占了整个教育过程的 90%。"

很多家长抱怨自己的孩子不愿意阅读，其实，大部分原因是孩子错过了阅读敏感期。

研究表明，大多数孩子的阅读敏感期出现在 4 ～ 5 岁，而相比 6 岁前，6 岁后孩子很难养成阅读的兴趣和习惯。所以，6 岁前也称为儿童阅读黄金期。

当孩子出现以下表现时，家长一定要注意，这是因为孩子的阅读敏感期已经来了：

无论什么书都喜欢拿来翻看，无论是否看得懂也都会一本正经地看，喜欢看的书还会反复去翻看；

喜欢到有书的地方去，比如自家的书柜、图书馆、书店，而且会看个不停，翻翻这本，翻翻那本；

喜欢听故事，大一点儿的孩子还会自己编故事；

处于认字阶段的孩子喜欢指着书上的字去读，即使不认识的字，他也会编个音节读出来……

家长别忘了，在孩子的阅读敏感期出现之前，还有一个环境因素的影响以及量的积累。那么，当孩子到了阅读敏感期，家长要如何培养他的阅读兴趣呢？

## 一、家里要有阅读氛围

想让孩子养成阅读的习惯，父母是最好的榜样。如果父母每天都读书，孩子自然会受到熏陶。

为了让孩子养成阅读习惯，家长最好在家里提供读书环境。比如，为孩子提供读书的小房间，并且保证他不会被打扰，特别是要有适合他阅读的童书，这样更有助于他养成阅读的兴趣和习惯。

人的兴趣不是天生的，而是在客观环境的影响以及在一定需要的基础上，通过社会实践形成与发展起来的。同样，孩子阅读兴趣的产生、发展，与家长的引导、培养是分不开的。

如果家长根据儿童心理的特点，以及阅读形成、发展的规律，采用多种方式有意识地培养和激发孩子的阅读兴趣，那么，再艰巨的阅读任务对孩子来说也会变得轻松愉快起来，他甚至会把"苦读"变成"乐读""趣读"。

当然，培养兴趣很重要，郭沫若也如是说："兴趣能

使我们的注意力高度集中，从而使得人们能够完善地完成自己的工作。有了兴趣，就会去勤学苦练，就会对一个人的成就发生作用。兴趣是可以培养出来的。"

**二、适当地激励孩子**

一开始阅读的时候，孩子很容易建立兴趣，这时，父母要适当地给孩子一些奖励。比如，在孩子坚持阅读之后，奖励给他喜欢的零食，他就会很开心，他会为了再次得到零食而每天坚持去阅读。

你还可以奖励小红花——每当孩子达标之后，就奖励一枚小红花给他。当他积攒一定量的小红花后，你就要满足他的一个小愿望。

## 3. 随时随地爱数数的孩子

5岁的嘟嘟最近变得对数字特别敏感，每天在放学路上，他看到路边的车牌号都要念一念；每次家里吃饭时分筷子、包了饺子后数饺子，这种活儿他总是爱抢着干；每次到一个新的地方，数楼层数也是他最爱干的事。

有一次，妈妈带嘟嘟去小区的广场上玩，别的小朋友都在荡秋千、玩滑梯，只有他坐在石凳上看着对面的楼一动不动。

妈妈纳闷地问："嘟嘟，你在干什么呢？"

"我在数对面的高楼有几个窗户呢！"

看见嘟嘟认真的样子，妈妈一脸的迷惑，她觉得简直太不可思议了：那些窗户怎么可能数得清呢？

柏拉图说："哲学家也要学数学，因为他必须跳出浩如烟海的万变现象而抓住真正的实质。"

伽利略说："给我空间、时间及对数，我就能创造一个宇宙。"

高斯说："数学是科学之王。"

华罗庚说："宇宙之大，粒子之微，火箭之速，化工之巧，地球之变，生物之谜，日用之繁，无处不用数学。"

对孩子的成长来说，在学习数学中获得的思维能力能让他受用一生。你仔细分析一下那些在事业上很成功的人，通常都是思维缜密、逻辑清晰的。

数学对孩子思维能力的锻炼，是学习其他任何学科所不具备的，这也是数学在各国教育体系中地位高的原因。

然而，并不是所有人都喜欢数学，甚至没有拥有学好

数学的能力。心理学上有一种心理障碍叫作"数学恐惧症",这不是玩笑之谈,因为被"数学恐惧症"支配的人,如果让他做数学题,他的神经会做出与经历肉体疼痛一样的反应。

其实,数学恐惧无非来自上学时的恶性循环:害怕数学—学数学就头疼—更加害怕数学。相反,如果孩子在一开始学习数学时就产生了兴趣,而且领悟得很快,他就会进入一个很棒的学习状态。

家长都希望孩子上学后对学习数学有一个好的开始,儿童教育家蒙台梭利指出,2~6岁是儿童一生中最重要的"数学敏感期"。

大量研究表明,孩子在4岁左右时对数字的敏感会达到顶峰状态。在这个阶段,孩子会对数学概念,比如数字、数量关系、排列顺序、数字运算等突然发生极大的兴趣,对数字的种种变化有着强烈的求知欲。

针对数学敏感期,对孩子做好数学启蒙显得至关重要。然而,很多家长对音乐启蒙、美术启蒙更容易理解,对数学启蒙则显得陌生很多,甚至不知从何做起。

其实,数学同样源于生活。那么,家长该怎么做呢?

**一、有耐心,相信孩子的潜能**

妈妈问儿子:"10加1等于多少?"

儿子伸出肉肉的小手指开始数，他相信自己能数对："1、2、3、4、5、6……"

"10 加 1 就是 11 呀！这还用数吗？"妈妈不耐烦地打断了儿子数数。

生活中，这种情况并不少见。我们总是按成年人的逻辑和视角去看待孩子，其实，每个孩子都有巨大的潜能，他对新鲜事物的领悟能力超乎我们的想象。

但是，很多家长没有为孩子提供一个合适的学习条件。比如，想要他运动协调，就要多带他跑跑跳跳；想要他顺利学会说话，就要多跟他交流。

那么，在数学启蒙中，如何为孩子提供一个合适的学习条件，可能大多数家长都没有一个清晰的思路。

在数学启蒙中，最重要的是培养孩子的数学素养，而不是尽可能地灌输知识。数学源于生活，如果让孩子在生活中去体验、感知数学，他在学习时就能很自然地融会贯通。

数学的表达方式是符号化、抽象化的，而孩子能接触到的是具体的东西。比如，孩子能看到、摸到 5 个苹果，但他想不到"5"这个数字。

数量是具体的，符号是抽象的，而启蒙就是让孩子在家长的正确引导下感受数字符号的含义，以及它背后的数

量意义。

在生活中，数数是计算的启蒙，玩积木是立体几何的启蒙，切比萨是分数的启蒙，折纸是平面几何的启蒙，拼图是逻辑思维的启蒙……可以说，数学启蒙无处不在。

**二、以玩游戏的方式进入有趣的数学世界**

有些孩子或许天生就对数学的理解力不敏锐，因此，在学习的启蒙阶段非常容易受挫。

其实，要培养孩子的数学逻辑智能并不难，家长可从周围的人、事、物着手去教导他，让他以玩游戏的方式进入有趣的数学世界。比如：

当带孩子出门时，面对四通八达的道路，可以让他分辨并记忆各条路的特点及不同之处，学会利用参照物来认路。这能够提高他的观察力。

在回家的路上，还可以指导孩子数门牌号码，让他分清哪边是奇数，哪边是偶数，这能强化他的数字概念，对提升他的数学逻辑智能很有帮助。

晚上睡觉前，可以让孩子自己把玩具收拾好，或者跟他一起大声数玩具，数完一件放好一件。他通过模仿能知道数数的顺序，以后就可以让他自己数数和放玩具了，从而培养他的数学智能。

逛商场时，可以跟孩子一起看商品的标签，让他知道每样商品都有标价。然后，再跟他算一算买两件商品要多少钱，或者10元钱能买几件……这能使他对金钱有个最初的概念，也能提升他的数学智能。

心理学家发现，一个人对数学是喜欢还是厌恶，大多在他幼儿阶段的数学敏感期就形成了。

当孩子对数字的种种变化有了强烈的求知欲，标志着他的数学敏感期来了。抓住数学敏感期，让孩子在玩中学习数学，产生对数字的兴趣，进而喜欢说数字、玩数字游戏等，这些都非常重要。

家长要尊重孩子的数学敏感期，并为他提供必要的引导和协助，通过科学、系统的教育理念让他轻松快乐地学数学。

## 4.给予孩子自由表达的机会，培养他的想象力

在周围人的眼里，小飞一直是个非常有想象力的孩子。

走在刚下完雨的路上，看见地上的水泡泡，小飞会说："妈妈，我觉得那些泡泡好像星星啊，我们好像走在太空里。"

走在林荫道里，抬眼看见满眼的绿树，小飞会说："我们好像走在海藻林里，那些树叶好像青蛙的脚印。"

很多教育专家喜欢把创造力和想象力比作专业技术，这就鼓励家长：如果没有能力给孩子金块，那么就教给他"点石成金"的功夫！

的确，创造力和想象力能化腐朽为神奇。未来社会需要创造型人才，要想成为这样的人，就必须具备创新精神和创造性解决问题的能力。

家庭是培养孩子创造力和想象力的摇篮，家长作为孩子的第一任老师，对他创造力和想象力的培养肩负着重要使命。

3～6岁是孩子各类敏感期的爆发期，家长要充分利用这一时期，激发孩子的想象力和创造力。

阅读敏感期是智力发展的关键时期，家长要帮助孩子选择那些有丰富多彩图片的书籍。对孩子来说，文字内容并不重要，要尽可能让他根据图片自己来编故事，有助于激发他的想象力。

根据故事结尾再续编一个新故事，或朗读儿歌做出相应的动作，是创造力的高标准体现。处于语言敏感期的孩子都喜欢听故事，他在听故事的过程中，通过词语的描绘会联想到相应的形象与活动。

发展儿童的创造力、想象力，讲故事时要注意培养他续编故事结尾的习惯，这样就可以经常来一个"且听下回分解"。比如：他怎么样了？后来又发生了什么事？引导孩了展开想象，从多角度进行续编。就如诗人歌德的母亲，自歌德 2 岁起就有意识地对他进行这方面的培养，这对他以后成为一名伟大的诗人、作家有很大的影响。

培养孩子的创造力，还可以通过自编自演的方式进行。例如，邀请邻居的孩子或同学一起举行诗歌朗诵，或是把故事分成若干个角色进行童话剧的演出。

在表演过程中，家长还可以跟孩子一起自制简单的道具和服装，从而激发他的想象力、创造力。

"儿童本性中潜藏着强烈的创造欲望，只要我们在教育中注意引导，并放手让儿童实践探索，就会培养出创造能力，使儿童最终成为出类拔萃符合时代要求的人才。"儿童心理学家如是说。

孩子的创造力与大人不同。当你看到孩子把新买来的玩具拆开来东看看西看看，说要研究一下时；当他揪着一个问题打破砂锅问到底时；当他仰望星空自言自语时……

这些都是孩子创造火花的闪现。

在家庭中，培养孩子的创造性思维要从身边的一些小事做起。比如，在阳台上种植花草或一些简单的蔬菜，家里还可以养只小动物让孩子观察，引导他学会有目的地、多角度地思考问题。

家长要帮助处于人际关系敏感期的孩子自办家庭小宴会，鼓励他邀请邻居家的孩子或同学来家里玩。房间的布置和装饰，都由他自己设计；招待饭菜、水果也由他自己去超市选购；然后他跟妈妈一起下厨，并给妈妈做的菜肴起艺术性名称。

通过家庭小宴会，孩子学会了交际礼仪和生活技能，同时也培养了他的创造性思维能力。

当孩子处于绘画敏感期时，家长要支持他在家里办画廊。还要为他提供"作品墙"，让他把自己的作品展示出来，可以是摄影照片、手工作品，或是收集的汽车、飞机模型等。通过这种方式，可以激发他的创作欲望。

其实，涂鸦的背后是孩子巨大的想象力和艺术天赋，家长不要用像与不像来评价他的作品。对他来讲，想象力要比绘画技巧重要得多。

创造力是建立在丰富的知识、技能、经验基础之上的，一些必须的知识和技能是创造的基础，父母需要教给孩子。

家长要通过各种活动丰富孩子的生活，开阔他的视野。比如，多带他到大自然中观赏各种花草树木，区分它们的异同，了解它们与环境的关系；观察不同的动物，分辨它们的外形特征和生活习性；采集种子，捕捉昆虫，然后制作标本……

总之，要从各种渠道、各个方面充实孩子的日常生活，为他积累知识经验，为他创造力的萌发奠定良好的物质基础。

处于动作敏感期的孩子，要给他动手操作的机会，不管是玩橡皮泥、沙土，还是涂鸦、描色，这些活动都必不可少。同时，还要让他集中精力做事，精力越集中，创造力就越强——不妨让他多做手工活，如搭积木、拼图等。

在家庭中，对儿童进行创造力的培养，有极为丰富的内涵。家长需要给予孩子自由表达的机会，引导他大胆地想象和创作，鼓励他突破模式，充分发挥创造力。

# 第八章
## 社会规范敏感期，让孩子做个自律的人

1. 教孩子遵守社会规范，轻松地和他人交往

2. 遵守规则，从小事做起

3. 从小培养孩子好的行为习惯

4. 以身作则，教孩子学会信守承诺

5. 解析孩子追求完美的"挑剔"

# 1. 教孩子遵守社会规范，轻松地和他人交往

到了 2 岁半左右，孩子就不再像之前那样以自我为中心了，他会开始关注周围的人和事，变得喜欢结交朋友，喜欢去人多的地方凑热闹。

这时，很多孩子开始进入社会规范敏感期，他们会变得喜欢跟小朋友一起玩，就算是不认识的孩子也能很快地融入进去，成为其中的一员。

当孩子有了这样的表现时，家长就要多带他外出，给他提供更多与其他孩子交流的机会，同时教会他一些简单的社交礼仪与行为规范。

进入社会规范敏感期的孩子，会逐渐脱离以自我为中心的心理模式，对群体活动有更为明显的兴趣倾向，与小伙伴之间的关系也会有长足的发展，对一些社会规范更会表现出浓厚的兴趣。

这个年龄段的孩子更喜欢模仿，不管看到别人有什么

样的行为举止，他都会充满激情地去模仿。对此，家长要有意识地融入一些社会行为规范的教育元素，促进孩子在社会化发展进程中全面提升他的社交能力，防止他将来出现自私、依赖性太强等问题，让他成为一个懂规矩、有分寸而又乐于分享的孩子。

那么，针对这个时期的孩子，家长要怎么做呢？

**一、细心捕捉孩子的敏感期，为他创设丰富而适宜的社会性环境**

每个孩子敏感期的出现时间并不完全相同，因此，家长只有细心地观察他的内在需求和个性特质，才能有的放矢地实施相应的教育方法。

对于3岁左右的孩子，家长要特别关注他的社会性行为。以往，孩子对父母的要求可能会不理解、不采纳，但到了3岁以后，他就会逐渐遵循父母的要求去做事。这说明，他在调整自己的行为，以期与周围的环境、规则相适应。

在社交方面也是如此。

孩子1岁时，他的自我中心意识很强。在2岁以后，他会开始关注同伴的行为。当他有模仿行为或是简单的交流、交往愿望时，说明他的社交敏感期真的来到了，家长要给予相应的关注。

家长要知道，孩子对社交知识的获得与社交能力的发展，是他在实践中完成的。但是，很多孩子缺少玩伴，或者说缺乏与其他孩子交往的机会。因此，家长要帮助孩子有意识地创造丰富而适宜的社交环境。比如，带他到社区活动场所玩，或带他去亲戚朋友家与更多的小朋友交往。

满足孩子人际交往的需求，让他在与同龄伙伴的交往中学会谦让、协商、合作等多种社会性技能，这是家教成功的基本点。

家长还要多带孩子参加社会性活动，如聚会、参观、演出等。在这些活动中，帮孩子建立明确的生活规范、日常礼节，这样能让他在日后养成自律的好习惯。

**二、利用偶发事件适时协助孩子，而不是去干预他**

社会能力的形成过程，是孩子的自我心智与社会规范相互作用的过程，也是他根据理解、接纳社会规则而不断进行自我调适的过程。

所以，在社会行为中，孩子之间会有许多矛盾、冲突等事件发生。比如，孩子会与小伙伴争抢玩具，会因为保护一个好朋友而与其他小朋友打架等。

这些偶发事件，说明孩子有社会发展的需求，但由于他的能力尚在发展中，他会因为不能恰当地理解和使用规则而备感困扰。

这时，家长一定不能盲目地替孩子把问题解决掉，要与他共同讨论解决问题要使用的最好策略，帮助他理解、接纳、确立适宜的社会规范，让他学掌握解决社会规范出现了问题的能力，获得移情、利他等社会性技能。

同时，在对具体事件的处理中，家长还要为孩子提供宽松、民主的生活环境，让他自己做事的同时适时地予以协助、指导。

社会性行为需要孩子在具体的社会事件中亲自体验，并自我建构社会性经验。所以，当孩子处于社会规范敏感期时，家长要适时地引导他，而不是盲目地进行干预。

## 2. 遵守规则，从小事做起

4岁的齐齐和好朋友妙妙，一起在小区的广场上玩耍。

齐齐很想要妙妙的美羊羊玩偶，妙妙对她说："如果你能把昨天老师教的诗歌背出来，我就把美羊羊送给你。"

齐齐太想要那个玩偶了，于是她努力回想着那首儿歌，然后正确地背了出来。然而，妙妙没料到齐齐真能做到，于是她紧紧地抓着玩偶，对齐齐说："我不能给你，这是我最喜欢的。"

齐齐很激动地说："可是，刚才你说如果我能背出来那首儿歌，你就送给我的。"

妙妙依然抓着玩偶不放，然后趁齐齐不备转身跑掉了。

齐齐很伤心，她找到在旁边与人闲聊的妈妈，说："妙妙说话不算数，她那样是不对的……"

妈妈除了安慰女儿以外，也想不明白那个玩偶本来就不是她的，她为什么会如此在意呢？

不仅如此，在妈妈眼里，齐齐"较真"的时候也越来越多。

一天，妈妈因为工作上的事心情非常不好，齐齐一不小心又惹到了她。妈妈生气地拽着齐齐进了小房间，然后把她一个人反锁在里面，并且训斥道："给我好好反省一下！"

不一会儿，妈妈把齐齐"放"出来，她却很坚决地对妈妈说："你刚才那么大劲地拽我，拽得我很疼，所以，你得向我道歉。"

妈妈听后，又好气又好笑……

4 岁左右的孩子开始对规则的建立与遵守显得格外在意，这一阶段就是他的社会规则敏感期开始了。

这个阶段的孩子，若是有人不遵守或者是破坏了原来的规则，他就会觉得非常不舒服。所以，在这一时期，家长要宽容地看待孩子对于规则的执拗。

处于社会规则敏感期的孩子，在做事之前都会去建立一些规则，以约束每个参与这件事的人。因为，规则会让处于这个时期的孩子感到安全，而他的自我意识在进一步发展，所以开始要求平等、公正。

这个时期，孩子开始与他的小伙伴交换玩具，或者互相定一些规则来进行游戏。在这个过程中，规则是否公平、是否有人擅自更改规则等问题，都是不可避免会发生的。而在孩子的思想中，规则是不能被打破的，一旦有人违背，他的内心就会产生消极影响。

其实，这些都是孩子在维护自己的权利，是在规则中寻求公平。

所以，当孩子处于这一敏感期的时候，家长要尊重他的权利，不要表现出不屑甚至敷衍，只有这样，他的规则意识才能顺利并快速地建立起来。若是家长能加以正确引导，他就能真正明白哪些权利是他必须维护的。

那么，针对这一时期的孩子，家长要怎么做呢？

### 一、允许孩子玩有输赢规则的游戏

孩子喜欢在游戏中设定一个规则，比如，对分工有一个固定的要求，每个人都要遵守，违背者就会引起他的情绪波动；或者，游戏结果输赢明了，赢的人就要得到奖赏，若是有人不接受这样的规则，他同样会觉得很不舒服；若是有人中途擅自更改了游戏规则，或者使他的权利受到了侵犯，他更是会非常不满，甚至会发脾气。

在这一系列产生问题、解决问题的过程中，孩子就是在学习输赢的承受能力，以此来培养自己良好的心理素质。所以，家长不要介意这样的游戏，这种输赢游戏是孩子成长的需要。

### 二、正确看待孩子所要求的"公平"

正因为有规则的存在，所以孩子才格外要求"公平"，这也是他在维护自己的权利。

比如，孩子与妈妈一起去餐馆吃饭，服务员有可能会因为他是小孩子而不给他点餐的权利，这就会使他感到不公平。他会认为，既然来饭店消费的都是顾客，这就是规则，为什么他就不能点餐呢？

面对这样的情形，妈妈要正确地看待孩子的心理需求，千万不要说他是"无理取闹"，而要主动去维护他的权利。妈妈这样做，同时也是在保护孩子的自尊。

### 三、多向孩子灌输好的规则意识，大人也要遵守

孩子的规则意识，有的是从小形成的固定秩序使他树立了内在的规则意识，有的则是他通过家中长辈的灌输来形成的。

有句话叫"习惯成自然"，家长通过引导使孩子逐步建立并完善良性的规则，这样他就会将执行规则变成他的自身需要。在良性规则的约束下，他也就很难被一些歪风邪气所误导，这也有助于他的健康成长。

同时，家长也要注意，不能一边给孩子定规则，一边自己又破坏规则。比如，家长教育孩子"红灯停，绿灯行"，自己却经常闯红灯。这是对孩子内心规则的不尊重，同时也会对他良性规则意识的形成产生消极影响。

所以，家长自己也要遵守规则，给孩子做一个好榜样。

在社会规则敏感期，家长不要强迫孩子做违背他自身规则的事，而要尊重他的规则意识。同时，还要注意孩子的规则也有正确与错误之分，要能准确地判断。

对于孩子的正确选择，家长要尊重并支持；而错误且偏激的选择，家长要通过引导、教育来帮助他明辨是非。

## 3. 从小培养孩子好的行为习惯

一般情况下，2.5 岁左右的孩子逐渐不再以自我为中心，而对交朋友、群体活动有了明确的倾向，开始进入社会规范敏感期。

这时，家长要培养孩子明确的生活规范、日常礼节，使其日后能遵守社会规范，拥有自律的生活。

从小培养孩子要懂礼貌，是家长义不容辞的责任。那么，怎样利用社会规范敏感期培养孩子成为懂礼貌的人呢？

### 一、懂礼貌，从生活细节做起

飞飞在小区的花园里踢球，邻居家的香香抱着一个小鱼缸来晒太阳。

香香说："飞飞，你可小心点，别碰着我的鱼缸。"

飞飞说："那你离我远点，我可控制不好。"

香香抱着鱼缸走了。飞飞说："真是的，小心眼，说

一句话就跑了。"

晚上，妈妈请香香来做客，教飞飞画画。

飞飞马上说："我不会画画，我也不学。"

香香说："你怎么态度这么差，我也是好心帮你。"

飞飞说："我不需要你的好心。"

香香生气地说："飞飞，我可是到你家做客来了，你怎么这么凶啊，我不招惹你，走了。"说完，她转身就走了。

飞飞也气呼呼地说："妈妈，我的态度就是这样，我又没说什么，看她气成那样。"

妈妈说："看来是我太惯着你了，你刚才很不礼貌地把香香气走了，一点儿也不像主人的样子。"

其实，礼貌表现在一系列细节上，所以只能在生活的点滴中慢慢地积累。家长发现了孩子的不礼貌言行就不能忽略，而要找适当的时机进行指正。

很多时候，孩子并非出于无礼，而是在无意中冒犯了他人，因为他还不清楚怎样的言行才是有礼貌的。比如，案例中的飞飞在待人接物方面并不清楚什么言行是得体的，所以，妈妈就要抓住机会对他进行教育。

小到称谓，大到待人接物，都蕴含着种种礼仪细节。孩子要学会礼仪绝非一日之功，所以，家长要做个细心人，只要发现孩子欠缺什么礼仪，就要及时为他补上这一课。

### 二、通过游戏、故事让孩子熟悉礼仪

乐乐的妈妈买了一本故事书，都是讲小朋友如何学习礼仪的。例如，小猪去海龟家做客，它大声喧哗，还乱翻海龟的抽屉。海龟觉得小猪不礼貌，决定下次不再请它了。

听完故事后，乐乐马上说："妈妈，我要做一个受主人欢迎的客人，我做客时会乖乖的。"

妈妈听后，点头笑了。

妈妈常跟乐乐玩角色互换游戏，妈妈扮演主人，乐乐是客人，一起模仿待客、接客的情景——妈妈请乐乐坐，为他倒茶，还端出了水果。乐乐也礼貌地说"谢谢"，还主动要求帮忙。

乐乐经常学习这些礼仪细节，慢慢地，家里来了客人，他都会做个热情好客的小主人。

礼貌要成为一种习惯，需要不断地重复练习，其中，游戏和故事是深受孩子喜爱的方式。

孩子在玩乐中会慢慢熟悉各种礼貌用语、行为，这是一举多得的活动。年龄小的孩子，不易接受种种关于礼仪的说教，通过故事和游戏能让他学得更快。

### 三、巧妙指正孩子的过错

大壮上小学一年级了，他的学习成绩很好，是班上的尖子生，妈妈因而觉得脸上很有光。因此，大壮在家里时

谁都不想委屈他，总会把最好的东西给他。而大壮也总是大大咧咧的，表现得很自我，妈妈也没放在心上。

这个周末，妈妈带大壮去参加同学的生日晚宴。他一会儿坐着，一会儿又站着，一会儿又到处转悠，整个人特别不安分。

妈妈看到大壮站没站相，坐没坐相，很想说他几句，但一想到现在人多，说了怕他心里不舒服，就忍住了。

等基围虾上来时，大壮的眼睛亮了，马上把一整盘端到了自己面前。妈妈觉得很丢脸，马上去阻止他，大家都忙说"没关系"。妈妈决定，晚上一定要给大壮上上礼貌课，现在先给他留点儿面子。

孩子犯各种礼貌错误是生活中常有的事，当他与他人在交往中有了不礼貌的言行时，家长不要当场训他，而要保护他的自尊心，私下再进行指正。

礼貌是一种从内散发至外的魅力，更多的是一种习惯、一种教养的形成。所以，在很多小事上，父母都要努力帮助孩子，让他把礼貌变成一种好习惯。

## 4. 以身作则，教孩子学会信守承诺

信守承诺，是很多家长都想教给孩子的基本品质和行为准则，因为家长都知道，一个人能否信守承诺对他自身的发展很重要。但又不得不承认，很多时候，家长的教育总是收效甚微。

那么，家长怎么才能培养出孩子信守承诺的好习惯呢？

### 一、家长要言而有信

丁丁最近在学钢琴，他向妈妈提出要求，希望妈妈也一起学。为了给儿子打气，妈妈就一口答应了下来。

没想到陪着丁丁学了一个月后，妈妈发现自己不太喜欢学钢琴，主要是也没有时间去学，就常常爽约。开始她还找借口说工作忙，或是头疼脑热身体不舒服，后来干脆连借口也不找了。

丁丁倒是还在学，不过常常会说："妈妈一点儿也没

耐性，说话不算数！”

妈妈反而回他一句："学琴是你自己的事，干吗把妈妈也扯进来？妈妈要上班又要忙家务，哪有时间学啊！"

家长是每个孩子的启蒙老师，也是对孩子影响最大的人。这样看来，孩子如果说话不算数，可能就是受了家长的负面影响。

有时候，家长无意间给了孩子一个承诺，却没有去履行。可能家长并不是很在意，孩子却牢牢地记住了这件事，并且开始效仿。久而久之，他也会养成说话不算数的坏习惯。

上述案例中的丁丁妈妈，明明知道工作、家务是生活的常态，还是承诺跟儿子一起学琴而导致出现了爽约情况，为什么当初不多想想就那么轻易地答应他呢？这样，一不小心就在孩子心中树立了说话不算数的榜样，以后怎么能再要求孩子说话算数呢？

为了教孩子学会信守承诺，家长要从自身做起，不要随便地给他承诺，特别是那些很难实现的事情，这样能从根本上减少自己在孩子面前失信的可能性。

同时，答应孩子的事，家长都要尽量去实现——不管多么困难，抑或多么微不足道的事，对孩子来说都能产生最直接的影响。

**二、对孩子不守信的惩罚要切合实际**

高高已经是初中生了，这个周末去参加同学的生日派对，但回家时间比答应父母的时间晚了两个小时。可以想象，当他进入家门后，要面对的肯定是父母的一顿数落。

妈妈先是情绪激动地诉说自己是多么提心吊胆、多么焦虑，怕他出什么意外；接着，爸爸指责他是多么不懂事，让父母操心；最后，在气头上的父母放狠话："以后再也不许你出去玩了！"

谁都知道，说出"以后再也不许怎么样"的父母，其实对此完全没有监控和执行力，所以，这几个字是带有恐吓性质的空话。而孩子下次再去参加同学聚会的时候，基本上是隐瞒或撒谎了：

"爸爸，我去同学家做作业，晚点回来。"

"妈妈，我周末跟同学去郊游，要在外面住一晚。"

这样的台词，是与同学串通的"密谋"，从此就会不断上演。

专家建议，父母和孩子可以采取谈判的方式来讨论对承诺的遵守情况，运行模式、奖惩方式要合情合理。以这种方式确立出来的准则，实际操作、监督力是很强的，双方都容易遵守，而父母和孩子之间行为和信任的透明度也会很高。

# 5. 解析孩子追求完美的"挑剔"

诚诚拿了一块饼干要跟妈妈分享，妈妈随手掰了一小块，但她还没放到嘴里就传来儿子撕心裂肺的哭喊声。

妈妈觉得诧异又无辜："明明是你要跟我一起分享的，为什么会出尔反尔？"一番哄劝后，诚诚停止了哭闹，又拿了一块点心给妈妈吃。

妈妈拿起点心咬了一小口，没想到，这次诚诚竟然心满意足地跑去玩了。

妈妈觉得很奇怪："这个孩子心里到底咋想的呢？难道怕自己掰开只吃一块，剩下的不吃会浪费？不可能啊，儿子平时浪费的东西可有不少呢！"

就以诚诚画画来说，平时一张纸上只要画错一点儿就要换一张，有时候一张纸才画了一条线就被换掉了。

她曾经劝过诚诚："空白的地方还可以再画呢，你这样太浪费纸张了啊！"

没想到诚诚却说："画错的纸上，再画就不好看了。"

不仅如此，妈妈觉得诚诚还有很多行为无法理解。比如，吃饭时也是边吃边玩，调皮得很。尤其吃米饭的时候，他会用勺子把米饭压得平平的，没吃几口，再用勺子重新把米饭弄平整……

如同案例中的诚诚妈妈一样，很多家长遇到过同样的情况，对此，他们通常会认为是孩子太调皮、任性、挑剔——一张画了几笔的纸成了废纸，饼干掰开就不想吃了，吃饭要边吃边玩……

可是，家长要知道，孩子之所以这样做，有时是因为完美敏感期在发挥作用。

一般来说，孩子3岁左右会进入完美敏感期。顾名思义，处于完美敏感期的孩子的典型特征就是追求完美，具体表现就是渴望完美的东西，而完整无疑是完美的前提。

事实上，孩子的心思是非常敏感和奇妙的。比如，在诚诚心里，饼干掰下一块会破坏完整性，而咬一口则不会。

许多幼儿园在做幼儿伙食，特别是在做面食的时候会做得非常小，这不仅仅是为了好看，在一定程度上也契合了孩子追求完美的心理发展轨迹。

进入完美敏感期的孩子会表现得很"挑剔"，他喜欢

完整的东西，不喜欢东西被破坏，容不得东西有一点儿瑕疵。比如，特别喜欢玩具汽车的小东，新买不久的玩具汽车坏了一个车灯，他就会将汽车弃之一旁不玩了。再如，喜欢芭比娃娃的倩倩，因为芭比娃娃的衣服破了一个洞，她就坚决要另买一个新的。

在完美敏感期，孩子还有一些特别的表现。比如，端水时洒出几滴就会很难受，吃的苹果不能有斑点，厕所的白色便盆不能有任何黄渍，衣服不能少扣子等。

接着，这样的孩子又会变得对规则有要求——"我遵守规则，人人都要遵守"。比如，香蕉皮必须扔到垃圾筒里，不能乱扔；红灯亮了，即使马路上一辆车、一个人没有，也不能过马路。

同时，孩子还会特别重视别人对自己的看法，以至许多孩子出现"输不起""批评不得"的状况，过分地争强好胜。

追求完美是一种内在的、自律的力量，完美敏感期对孩子的心理发展起着至关重要的作用。这个时期，如果孩子追求完美的心得到了满足，他就会产生"完美自律"。

当孩子上了小学后，"完美自律"对他的影响会更大。比如，做作业、画画时，他都会力求做到让自己满意。

所以，有的孩子对自己要求非常严格，这跟完美敏感期的发展密切相关。在这个时期，如果孩子追求完美的心没有得到满足，他以后也就永远错过了。同样，在这个时期，如果他不但没有得到正确的指导，反而得到了负面强化，那么，他以后有可能往畸形的方向发展。

那么，针对这些情况，家长应该怎么做？

**一、顺应孩子的心理需要**

这个时期，追求完美是孩子心理发展的需要，因此，在大方向上家长要顺应他的这一需要。比如，在做饭菜时应当为孩子考虑，相对要做得小巧一些，给他完整的感觉。

当孩子因为饼干碎了而不想再吃的时候，不要勉强他全部吃掉。他的这一心理能否得到满足，对他的成长很重要。

有的家长看到孩子这样的表现时，会觉得他挑剔、浪费。其实，家长当时没有了解孩子这样做的原因，一遇到他"挑剔"便呵斥他，搬出"谁知盘中餐，粒粒皆辛苦"的大道理数落他。

这样的教育不但收不到好的效果，反而会有负面影响。因为，它会强化孩子的这一行为，并且让他认定自己就是一个"挑剔""浪费"的孩子。

**二、给孩子更多的理解**

当孩子进入完美敏感期后，他会非常在意周围的事物

是否符合自己的审美要求，是否完整得没有缺陷。如果不是，他便会哭闹，或是奋力将其恢复成自己心目中的模样。

家长明智的做法是，不与孩子争论，给孩子更多的理解。如果能够满足他的要求就尽量满足，如果做不到也要理解他，安慰他的情绪，切忌谴责他的行为。

发现孩子正处于完美敏感期时，家长要注意不能破坏他对完美的需求——如果不小心破坏了，还要尽力帮他恢复。

# 第九章
# 自我意识敏感期，发现内在的"我"

# 1. 让孩子懂得"输得起"比"必须赢"更重要

5岁的程程聪明可爱，会画画、识字多，还会讲故事。他不仅在家里经常被父母夸奖，在幼儿园里也经常被老师表扬。因为很少听到批评，有时候他听到有人说自己一点不好就会大发脾气。

有一次，程程和表哥、表弟一起比赛讲故事。游戏经过几轮后，表哥比他高出两分，得了第一名，他排在第二。没想到，一听说这个结果，他就哇哇大哭起来："为什么我不是第一名？难道我表现得不好吗？"

后来，经过妈妈反复解释，程程才停止了哭闹，但他一直对自己没得第一名不能理解。

妈妈疑惑了：为什么这个孩子输不起呢？

如今，越来越多的家长发现孩子非常重视"自我中心"，凡事都要以"我"为先，十分在意输赢或得失——比赛甚至游戏，他都输不起，输了就要赖，不愿再玩。

有些孩子更是经不起一点儿挫折，如果他认为这项活动或任务有困难自己可能做不好，就干脆放弃，根本连尝试的意愿都没有。

为什么孩子会这么在意输赢？这又是如何造成的呢？

这是因为，家长帮助孩子打理好了生活中的一切，让他在无忧无虑中成长，甚至为他规划好了未来的发展。孩子也因过于"万事如意"而无法承担生活中小小的不如意，出现输不起、挫折容忍力差的状况。

处于各类敏感期的孩子，自我意识会增强，开始接触社会的各类规则。从敏感期乃至青少年时期，是一个人性格形成的关键期。

在这个时期，一味地强调、灌输"赢"的概念，并不是正确的做法。好家长会潜移默化地引导孩子适应种种心理情境，锤炼、锻造他的承受心理。

当孩子遭遇失败时，表达出失望和愤怒不是家长该做的，应该做的是如何利用目前的既定事实——用"输"来引导孩子端正人生观、价值观，提高他应对挫折的能力。

那么，家长要怎么做呢？

**一、让孩子坦然面对挫折**

生活中大大小小的逆境，都是磨炼孩子毅力和意志的运动场，是帮助他成长的催化剂。人们对待逆境所产生的反

应能力，决定了其逆商的高低。所以，父母不能错过培养孩子的逆商这一课。

如果孩子受到意想不到的外力冲击时，能迅速地反弹起来，表明他拥有并会使用自身的力量。每一个问题的解决，都会让他感受获得成就的快乐，获得自信和探索的勇气。而正是这种勇气和自信，使他继续提升自己的能力，并能以这种积极的心态应对随时出现的不同问题。

当孩子确认自己已经走入一条死胡同时，尝试另辟蹊径的结果很可能是柳暗花明。因为，屡战屡败之后，他比较容易发现错误，进而纠正自己的错误。经过逆境的打磨，他慢慢地学会控制自己的情绪，学会逆事顺办形成坚持和执着的品性，为人生中的种种困境罩上希望的光环。

**二、引导加鼓励，点燃孩子心中的希望**

眼见幼儿园里很多小朋友都能把"葫芦8"写得很好看，阳阳的感觉简直糟透了。

回到家后，阳阳垂头丧气地告诉妈妈，他永远也写不好"葫芦8"了。

看着阳阳写的歪歪扭扭的"8"，妈妈比儿子有信心："我相信只要多练习，今天晚上阳阳肯定能写出更漂亮的'葫芦8'！"

当孩子在生活中遭遇挫折时，家长要引导他分析原因，从中吸取教训，并想办法克服困难。当他自己克服了困难后，家长要予以鼓励、肯定，这样他就能体验到成功的喜悦，增强克服困难的信心。

如果孩子独自克服不了困难，家长要给予适当的安慰，并提供一定的帮助，以免他过分紧张造成心理负担。

**三、让孩子尝试的同时，别忘了"借力"**

笑笑跳绳从没有超过两下连续跳，是班上跳绳水平最差的孩子。一到跳绳时间，她就找借口不是上厕所就是腿疼，反正总想躲过失败后的尴尬。

听到老师的反映后，妈妈对笑笑说："笑笑画画这么棒，可学画画比跳绳难多了。如果你能花学画画一半的工夫来学跳绳，过不了多久，你跳绳的水平肯定会超过别人。"

孩子有时会主动拒绝尝试新的或他认为困难的事，如果家长帮助他将目标确定成"试一试"，而不是"一定要成功"，他的内心就会轻松许多。

"尝试"是提升孩子逆商的铺路石，他一旦被剥夺了尝试的机会，也就等于被剥夺了犯错误和改正错误的机会，离成功之路就会越来越远。家长的聪明之处在于，即便是一次失败的努力，也要让孩子觉得有所收获。

同时，在某一领域里的充分自信，能帮助孩子更好地

面对来自其他方面的挫败。如果面临挫折，孩子将自己的优点丢在脑后，家长一定别忘了提醒和激励他，他就能借助优势的一面改变弱势的一面。

**四、正视失败，学会欣赏胜利者**

在一些亲子活动比赛中，有的孩子因为失败了站在一旁哭。家长在旁边看着心疼，于是安慰说："妈妈认为你是最好的。"家长原以为孩子会停止哭泣，恰恰相反，他哭得更厉害了。

家长要记住，自己的这种做法不要有第二次。

孩子从因为失败而难过地哭泣，变成了自认为裁判不公而委屈地哭泣。但是，比哭泣更严重的是孩子想法的转变，因为，家长安慰的话语在孩子心里变成："我是最好的，但老师是不公平的，我再也不要参加比赛了！"

这种心理严重扭曲后，孩子就会产生不健康的成长心态。

所以，家长要积极引导孩子正视自己的失败，告诉他："你现在虽然输了，但你已经很努力了。只要你找到失败的原因并继续努力下去，你一定会成功，我们会为你的努力感到自豪！"

同时，学会从容面对战胜了自己的对手，并且去欣赏对方的优点。这是家长在孩子面对挫折后需要去重点引导的问题。

有时为了安慰自己的孩子，家长会贬低其他孩子，或者不经意间流露出对结果的不满。这些细小的行为都会被孩子观察到，从而影响他遭遇挫折后的心态。

作为家长，我们要在引导孩子承认对方的胜利之后，跟他一起对胜利者的成功心态进行分析，一起找对方取胜的原因。最重要的是，家长要让孩子自己找出胜利者获胜的原因。

在这样的引导下，孩子不仅能平静地面对自己的失败，还能更加懂得如何欣赏对方，他的人格也就逐渐完善了。当他长大后遇到各种竞争时，因为他之前已经学会了从容面对竞争并且欣赏对手，此时他的个人魅力就会展现出来。

在一些家长看来，孩子的成绩就是大人的"脸面"——好了脸上有光，不好了就丢人现眼。所以，一旦孩子犯错或遭遇失败，首先面子上挂不住的恰恰是家长自己。

家长都希望孩子在挫折面前能有很好的表现，自己却不能客观地看待他的失误，指责、埋怨甚至挖苦接踵而来，这只能给他的心理蒙上一层阴影，加速他的自暴自弃。

这样看来，正是家长的"坏"榜样造就了孩子的"输不起"，并直接导致了他逆商指数低。家长明智的做法是

教会他"不以成败论英雄",平和、坦然、一分为二地面对失败。

## 2. 建立自我意识，发现内在的"我"

彤彤最近变得有些特立独行，喜欢按照自己的想法行事。比如，下楼玩，她一定要自己决定去哪儿玩、玩什么、跟谁玩。如果大人不配合，她就会哭闹着反抗。

吃饭也是，她一定先用筷子敲碗选最响亮的那一个，要用自己喜欢的勺子，要自己夹菜。如果父母帮她把菜夹到碗里的话，她就会摔勺子发脾气，甚至不肯吃了。

穿衣服也是不管冷热，只要是喜欢的衣服，她就一定要穿在外面。如果热了帮她脱下，或者冷了让她再穿一件在外面，她也会不同意，发脾气。

让家长头疼的是，喜欢说"不"的彤彤还变得爱打人，只要周围的人说话不合她意，或者跟小朋友闹别扭了，她抬手就打。

这可把家长愁坏了，难道女儿要变成"小霸王"了吗？

心理专家认为，孩子的第一个自由宣言是说"我的"。2岁半左右，当孩子的自我意识觉醒时，他首先发现的是："这个东西是我的，那个东西是我的。"他用"是我的"来区别"我跟你是不同的"。

孩子的第二个自由宣言是说"不"。

"吃饭吗？""不！"

"上厕所吗？""不！"

"睡觉吗？""不！"

"把你的小火车给小朋友玩一下好吗？""不！"

孩子通过使用自我意志说"不"，来表明"我和你是有差别的"。当家长发现孩子凡事爱说"不"，这么爱"跟大人作对"的时候，其实，他已经进入了自我意识敏感期——他不过是在通过语言感受"我"与别人的不同。

孩子喜欢说"不"，家长不用刻意去纠正，让他该做什么就去做什么，不必跟他强辩，过一段时间自然就好了。

在不违反规则的情况下，家长要鼓励孩子让他使用"自我"。家长要尽量尊重他的选择，满足他的需要，让他快乐地成长。

在自我意识敏感期，伴随着说"不"，孩子同时还会

出现打人的行为。当他开口说"打"，甚至动手的时候，家长认为这是粗野行为。

实际上，这个"打"并不是真正要打人的意思，只是孩子表达不同意、不喜欢的一种最直接态度，他是在告诉你："我不同意。"他认为他要排除你，你就应该立刻消失；但你还存在，他就要用手来排除你。

家长要制止这种行为，但不要说教、谴责，因为这跟粗野行为是不同的。几个月后，这个敏感期自然就过去了，孩子慢慢知道能用别的方式来表达不同意。

等孩子4岁左右的时候，他已经清楚地知道什么"是我的"、什么"是你的"，能够清晰地了解"我和你"之间的界限在哪里，所有他认为属于自己的东西都不会给别人。

等到孩子接近5岁的时候，他的特性又会发生一次重大变化，那时他会迫不及待地把自己的东西分享给别人，因为他发现分享后能得到别人的东西。

这时，儿童自我的形成又往前迈进了一步。

在自然成长规律的影响下，孩子一刻不停地建构着自我。在以后的几年时间里，他会更为充分地表现自己，从排除他物到勇敢地说"不"，再到坚定不移地坚持自己的想法。

在儿童形成自我的过程中，他会建立和派生出个人优秀的品质，而这也就构成了个人最核心的部分。

　　事实上，我们能够发现具备这种品质的孩子——只要是做自己喜欢的事，都会安静、专注地持续下去，而这种持续性的生活最终会形成孩子的坚强意志，独立性也会随之而来。而一个没有自我的孩子，只会丧失"我"与他人、社会分离的机会和界限，最终他长大时就会出现这样那样的内心冲突。

　　心理专家认为，孩子将来会成为什么样的人，他的力量是否强大，源于自我意识敏感期。所以，保护幼儿时期的自我意识敏感期，就等于保证了孩子未来人格的和谐、强大和在社会上立足的能力。

　　如果儿童顺利度过了自我意识敏感期，他会在 7 岁后走出自我中心的疆域，真正融入到群体生活中来。

## 3. 尊重孩子的选择权，培养他独立的人格

　　每天上幼儿园前，朵朵总要自己挑选衣服并搭配。

　　一开始，妈妈还觉得女儿挺爱美的，任由她自己来做。后来，妈妈觉得太麻烦，不管朵朵说什么，总会按照自己的想法给她打扮。

　　因为一心想把女儿培养成画家，妈妈还给她报了美术培训班。可朵朵对画画不感兴趣，非要去学围棋。

　　妈妈觉得女儿这么小就不听话，长大后就更管不了了，她为此十分发愁。

　　在生活中，很多专制型家长总是喜欢以爱孩子为名，剥夺他自己做主选择生活方式的权利。其实，从某种程度上讲，这也是家长的控制欲在作祟。

　　由于成长环境与先天遗传因素的不同，每个孩子都有自己的兴趣爱好。但是，家长喜欢按照自己的标准去要求孩子，硬要他做自己不喜欢的事，这样就变成了"强扭的瓜不甜"，效果适得其反。

人为地去控制或强行塑造孩子，剥夺他的选择权，不仅不会取得良好的教育效果，还会带给他心理上的伤害。

一般来说，孩子会在 1.5 ～ 3 岁进入自我意识敏感期，这时的孩子自我意识比较强，他喜欢强调"我的"，爱说"不"，第一次真正意识到了自己是一个独立的个体。所以，这一阶段的孩子最想做的就是体验，对自主的意识和自我的物权都非常敏感，通过强调自身的权利来体验作为个体所具有的力量。

自我意识敏感期是孩子构建人格最早期的映射，他未来要成为什么样的人，内心是不是很强大，都源于自我意识敏感期。

身为家长，要学会尊重孩子的自主选择权与物权，因为他终归要离开父母去开拓更广阔的发展空间。如果他从小就没有选择权，从未体验过选择的滋味，长大后可能会难以选择适合自己的发展道路，难以迎接各方面的挑战和竞争。

因此，当孩子进入自我意识敏感期，有了自己的主见，家长一定要给予他积极的支持，并且鼓励他对自己的选择负责。即使他最后失败了，对他来说也是难得的经验积累。

那么，家长要怎样做才能把选择的权利还给孩子呢？

**一、孩子的选择意识需要家长细心培养，不要管得过细**

孩子并不是天生就懂得如何选择，需要家长在日常生活中有意地教育和培养。家长要经常给他制造一些选择的机会，比如让孩子自己选择哪一门兴趣课、自己决定暑假到哪儿去旅游。这样，就会让他渐渐形成自己做主的意识。

家长不要包办孩子的一切事务，他的路是要靠自己去走。

**二、让孩子在体验中成长，不因噎废食**

当孩子面对难题的时候，家长不要给他太多的建议，而是让他自己去体验、比较，在几种结果中确定自己的选择。

当然，孩子在自主选择时，因为社会知识和生活经验不足，难免会出现一些偏差，这时家长切忌"因噎废食"，就此剥夺他选择的权利。

家长要明白这样两个道理：第一，只有经过不断尝试，才能提高判断力和选择能力；第二，选择和责任是相辅相成的，责任感是在自我选择中形成的。

如果家长不给孩子选择的权利，只是让他被动地接受，那么，他也就不会产生任何责任感。缺乏责任感的孩子，显然不会得到更好的发展。

因此，孩子到了自我意识敏感期，家长要尊重他，给他自主选择的权利，让他自己不断地磨炼克服困难、战胜困难的顽强意志，建立遇事冷静、有主见的良好心理素质。这样，他才能学会担当，早日独立。

随着午龄和阅历的增长，孩子会慢慢学会自己思考、选择、决策。当他对某一事物提出自己的见解时，说明他正在用自己的视角审视世界。

世界绝不仅仅是大人看到的样子，简单粗暴地否决孩子的看法，不但会让他失去认识世界的另一种可能，也无疑会伤害他的自尊心和自信心，破坏他独立思考的能力。

培养孩子的独立人格，不妨从尊重他的话语权和选择权开始。

## 4.别让孩子拿哭闹当武器，教他学会换位思考

涛涛马上就要上小学了，可他还是动不动就爱哭。有一次，妈妈带他去超市，他看到了自己最喜爱的变形金刚玩具，就嚷嚷着非要让妈妈给买。

妈妈告诉涛涛，家里的玩具已经有很多，不能再买了，他就坐在地上哇哇大哭起来。

妈妈觉得很没面子，就打了他两巴掌，没想到他越哭越起劲。

看见周围的人都过来看热闹，妈妈想赶紧带涛涛回家，他却在地上打起了滚。

妈妈觉得尴尬极了……

不少家长有同一个烦恼：孩子好像经常会用哭闹来作为"武器"——为了一颗糖或者一个小玩具就哭闹不止，怎么劝说都没用，非要达到诉求才会停止。这种现象一般称为"习惯性哭闹"。

其实，这种现象的形成也是有原因的。

习惯性哭闹的孩子大都尝过哭闹的甜头，只要他有一次以哭闹作为"武器"成功的经历，他就会记在心上，下一次无论是有理的或无理的诉求，他都会以哭闹来争取。

有时候，家长对于孩子的哭闹无法控制自己的情绪，对孩子过于严厉地呵斥，进而强行制止他的行为。这种教育方式过丁粗暴，会伤害他幼小的心灵。此时，他就会学着父母来发脾气，或因为受到惊吓只能以哭闹来表达内心的恐惧。

这时，家长要尝试转移孩子的注意力，让他把兴趣放到别的事物上。比如，孩子想买漂亮的小裙子，妈妈就要对她说："哎呀，外婆做了很多好吃的在等我们呢，现在再试穿裙子就来不及去了。宝宝今天穿得已经很漂亮了，外婆看到肯定会夸你的！"

同时，过分地迁就和宠溺，不只会让孩子变得蛮横无理，更甚者会造成他性格上的缺陷，使他无法学会体谅别人的心态。特别是隔代的宠溺，更是会让孩子肆无忌惮地去挑战父母的威严。

为了避免让孩子拿眼泪当武器，家长一定要注意在最初的时候就不要让他达到目的。如果孩子已经染上了这个坏毛病，想让他乖乖地改正，家长还真需要有点狠心，也

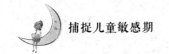
需要有点耐心，最后需要统一教育思想——至少是父母的内部统一。事后还要多跟他沟通，问问他为什么要这样做、这样做对不对等。

当孩子哭闹着要满足他的要求时，家长要么走开，让他独处；要么就直接告诉他，哭也不能答应他的这种无理要求。总之，目的只有一个，就是让他知道眼泪是不能当作武器的。

这样，孩子才会明白自己为什么会被惩罚，为什么会被批评，从而真正地去改正错误，避免以后再用哭闹逃避责备。

朵朵本来是个很乖巧的小女孩，成天都乐呵呵的，不过最近一段时间她突然变得特别爱哭。只要遇到不顺心的事，比如想买一条漂亮的裙子而妈妈不同意，或者爸爸不让她把动画片看完，或者自己不小心摔倒了，她都会大哭大闹。

每当此时，父母不由自主地会心软下来，顺从女儿的诉求。

最近几天，朵朵的哭闹行为有愈演愈烈的趋势，连她自己做错事了也会哭个不停。

妈妈就想了一个办法去试试。有一次，朵朵在超市嚷嚷着要喝饮料的时候，妈妈突然松开她的手，蹲在地上

"哭"了起来。

这可把朵朵吓坏了，她赶紧抚摸着妈妈的后背说："妈妈，你怎么啦？妈妈你快别哭了，我不要喝饮料了！"

妈妈的这个举动引来不少人围观，但她不顾旁人的目光，在朵朵说不要饮料后，抬起头看着朵朵问道："朵朵，妈妈刚才这样丢人不？"

朵朵点点头。

妈妈继续说："那朵朵这样做呢？"

朵朵又点点头。

妈妈趁热打铁地说："那朵朵以后还会不会随便在街上哭啊？"

朵朵这回摇了摇头。

妈妈这个大胆的举动虽然有点"丢人"，却让朵朵换位体验了一回哭闹的难堪，之后她再也不会随便哭闹了。

其实，对孩子而言，哭泣有时候并非表明他真正受到了伤害，更多的是他把眼泪当成了对付父母的武器。通过哭闹，他能引起父母的关怀，能得到自己想要得到的东西，还可以逃避惩罚。

孩子把哭泣当武器的原因，其实是父母造成的。

当孩子第一次无意识地想通过哭泣来达到某个目的，比如得到某个玩具、逃避某种惩罚，或者让父母带他去游

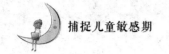

乐场玩耍时，如果父母答应了他的要求，这就等于告诉他：只要哭闹，就一定能实现自己的愿望。

无形中，这也就间接地鼓励了孩子的哭泣行为，使他意识到可以用哭泣作为武器来达到自己的要求。久而久之，哭泣就成了他的"法宝"，他就逐渐学会用哭泣来解决问题。

要使孩子改掉爱哭的坏毛病，家长就不能被他的哭泣所迷惑和软化。家长要善于识破孩子的小聪明，更不要由于他的眼泪而改变决定。

# 5. 帮助孩子建构性别图式

由于爸爸经常在外地出差，冬冬一直由妈妈和奶奶照顾。

平日里，冬冬看到妈妈每天早晨打扮得漂漂亮亮去上班，有时也会有意无意地拿着妈妈的花裙子往身上套，还学着妈妈的样子用水彩笔给自己化妆。

看到冬冬经常把自己涂成大花脸，一开始妈妈并没有在意。可是，有一次冬冬尿尿时也学着女孩子的样子蹲在地上，妈妈看到后就问他："男孩子哪有蹲着尿尿的？"

冬冬一脸懵懂地说："妈妈，我也想当女孩呢！当女孩能穿漂亮的裙子，还能扎小辫。"

妈妈听后，训了冬冬一顿："以后不许胡说啊！男孩就是男孩，女孩就是女孩，哪能随便换过来！"

绝大部分孩子在3岁左右时，会对自己的性别有一定的理解和认同。他的性别意识和角色的发展，来自父母的教养以及自身的认知。

与其他机能的发展一样，孩子对性别的认同及其性别角色的发展也存在一个关键期，这就是性别敏感期。

一般而言，3岁左右出现的性别敏感期，对孩子的性心理包括性别认同和性别角色的健康发展十分重要。他开始能够分辨男女时，观察和模仿就成了性别角色发展的重要途径。

为了帮孩子获得正确的性别认同，家长需要注意以下问题：

## 一、不要跨性别去教养孩子

2岁前是孩子接纳和认同自己性别的关键时期，如果家长对他进行长期的跨性别教养，会导致他出现性别认同

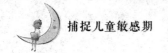 

障碍。

比如，有的家长把男孩当女孩来养，给他穿裙子、梳小辫等，这会干扰他对自己性别的认知，导致他无法将自己的身体结构与性别的其他特征相统一，最终形成性别认同障碍。

孩子对自己性别的认同，对于自我概念的形成非常重要。一些被跨性别教养的孩子，成年后通常会对自己的性别有些不认同。对于有性别认同障碍的孩子，获得帮助越早，效果就会越好。

### 二、真心接纳孩子的性别

家长对孩子性别的真诚接纳，才能够让他认同自己的性别。如果家长不满意孩子的性别，比如在他面前无意地流露出一些重男轻女的想法，会影响他对自己性别的接纳。

最简单的一个方法，就是在孩子开始练习小便的时候，家长要以符合他性别的方式来训练，这有利于他认知自己的性别，也有利于他融入同伴群体。

### 三、给孩子树立性别榜样，帮助他建构性别图式

孩子在 3 岁左右会确认并理解自己的性别，在 4 岁左右会表现出对自己的性别更深入的认同。在此阶段，女孩开始爱美，喜欢挑剔每天穿的衣服，而且要按照自己的意

愿来打扮。比如，有的女孩有时候冬天也要穿纱裙，有的女孩喜欢用妈妈的口红涂嘴唇，还要涂指甲油。

聪明的妈妈会满足女儿的要求，即使在大冬天也会按照她的要求给她穿上纱裙，只是另外在纱裙外面再给她穿上保暖衣。

有的男孩出门喜欢带着机器人、玩具枪等显示雄性气息的物品，甚至在语言上也会说一些很男人的话，比如"妈妈，我来保护你"之类的。这都是男孩在这个年龄阶段性别发展的重要行为。

另外，男孩的女性化倾向存在两个因素，其中，先天因素无法改变，而后天的教养环境能起到重要作用。

比如，男孩的爸爸经常不在家，陪伴他成长的时间就很少，这会使他在性别认同的关键期缺失爸爸的榜样，转而认同妈妈和奶奶这些女性。等女性行为模式慢慢地被他吸收后，最终会导致他的女性化。

当下，很多家庭都存在爸爸"缺位"的状态，他要么是常年离家工作，要么是早出晚归，很少有与孩子在一起的时间。这对男孩来说，缺失了男人榜样的引领；对女孩来说，也缺失了一种学习与异性相处和交流的契机。

家庭成员之间情感的交流和互动，需要每一个家庭成员的配合，这是帮助孩子建构性别图式最好、最直接的

方式。

### 四、满足孩子对异性习性的好奇

如果孩子偶尔跨性别地穿着服装或者扮演角色，这不是性别认同障碍的表现。在 3～6 岁这个年龄段，出于好奇心，孩子会有体验异性打扮的想法，主要是穿异性服装、梳异性发式。

比如，男孩提出来想穿妈妈的裙子，或者像女孩那样留长发、扎蝴蝶结等。女孩也会拒绝穿裙子，希望像男孩那样穿裤子、留短发等。作为父母，要满足孩子在这个年龄段对异性服饰的好奇心。

### 五、给孩子选择玩伴的自由

孩子有选择自己玩伴的权利，一段时间内他喜欢同性玩伴，一段时间后他又喜欢异性玩伴，家长要顺其自然。孩子会按照自己的发展需要选择玩伴，不论是同性玩伴还是异性玩伴，他都能从中获得不同的人际交往能力，家长无须担心。

# 第 十 章
## 帮助孩子辨识、管理自己的情绪

# 1. 别让孩子的情绪左右了他的行为

晚上睡觉前，5岁的童童伤心地对妈妈说："我的小熊玩具弄丢了。"

妈妈回应道："那不过是一只玩具熊而已，丢了没关系。"

童童听后，更加伤心地哭了起来。

妈妈有些不耐烦地说："我们再去买一只新的不就行了？"

童童还是很伤心，说："我不要再买新的，就要原来的那个。"

妈妈训斥道："都丢了，到哪里去找？别再无理取闹了，谁让你自己不小心的，怪谁？"

童童哭得更凶了。

家长觉得孩子在无理取闹，其实，这是因为没有识别他的情绪和需求。大人虽然努力压制住了心中的怒火，但孩子的心中也是不愉快的，作为家长，帮助孩子辨识、管理自己的情绪是一门功课。

培养孩子的高情商，首先就要帮助他辨识自己的情绪，尤其是处于情绪敏感期的孩子，他更需要家长多一份耐心。

如果孩子放学回来告诉你："今天在学校有同学打我。"

作为父母，这时的反应可能会是以下几种：

"这种小事别放在心上。"

"你也要教训他，你有没有打回去？"

"我现在很忙，晚点再说。"

"你还好吗？有同学打你，所以你觉得很委屈？"

重视孩子情商的家长，态度会是最后一种。

情商高的人的基本功，就是能察觉自己的情绪状态，并很快地了解到产生这种情绪的原因。因此，假如在这种情况下，父母要先帮助孩子辨识他的情绪状态。

帮助孩子辨认自己的情绪状态，能让他明白接下来要处理的是自己的情绪，而不是"对方"。也就是说，孩子现在真正要做的，不是因为自己感到委屈而找对方理论，而是要意识到真正的困扰是自己的情绪反应。那么，他随后该努力做的，就是如何调整情绪做出合适的反应。

漫画名作《父与子》中，有组经典的《孩子吵架大人闹》的画面。

漫画里，儿子跟小伙伴打架后，儿子哭着找爸爸诉苦，爸爸就拉着儿子跟对方的家长理论。两位父亲越吵越火，最后打了起来，而两个孩子在一旁静静地观战。后来，大人的战况更加激烈，两个小朋友却已经和好如初，在一起玩游戏了。

这组漫画给了我们一个启示：孩子究竟需要我们帮助解决的问题是什么？

就像电视节目《妈妈是超人》中，一位妈妈看到自己的两个儿子吵架、闹情绪，她淡定地开着车，不管不问。但是，兄弟俩为什么很快就和好了呢？

原来，人和人之间的沟通70%靠情绪，30%靠内容——如果沟通情绪不对，那么内容就会扭曲。所以在沟通之前，情绪层面一定要梳理好，否则误会只会越来越深。

当孩子不被情绪困扰和影响的时候，他才能更好地发展自己的社会化功能，而这样的孩子情商通常都很高。

孩子容易受到大人的情绪影响，我们经常可以看到这样的画面：当孩子摔倒了，旁边的大人一惊一乍地发出惊叫声："哎哟！""啊！""怎么样？"

孩子也许只是一时没走稳摔倒了，原本他并不觉得疼

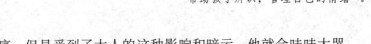

痛，但是受到了大人的这种影响和暗示，他就会哇哇大哭起来，甚至以为发生了什么严重的事。

此时，如果旁边的家长只是微笑着问孩子："摔疼了吗？"孩子看到父母稳稳地站在旁边，他也会感到安全。他无论是否摔疼了，他都会知道自己只是摔了一跤，没什么大不了，也就不会被恐惧的情绪所困扰。

想象一下，上述案例中童童和妈妈关于丢玩具的对话假如是下面这样，效果肯定会很好：

童童："妈妈，我的玩具小熊弄丢了。"

妈妈："我真的替你难过，你一定很伤心，对吗？"

童童："是的，我一直很喜欢它，它对我来说很特别。"

妈妈："我知道，那么多玩具里面你最爱它了。"

童童："它一直跟我在一起。"

妈妈："我知道。所以，你下次一定要小心，那样就不会把心爱的玩具弄丢了。来，让妈妈抱抱你。"

培养一个高情商的孩子，需要家长少介入他的行为，除非他的行为可能会伤害自己或他人。当他跟同伴交往时，家长可以在旁边安静地陪伴，这样，他就不会被不安的情绪影响，他才能更好地发展自己的人际交往功能。

## 2. 延迟满足，培养孩子的忍耐力和自制力

　　曾有心理学家做过这样一个实验：幼儿园老师给每个孩子一块糖，并告诉他们："现在吃，就只给一块；如果能忍一小时后再吃，可以再奖励一块。"

　　调查结果显示，75%的孩子忍了几分钟就开始吃起来，有15%的孩子忍了半个小时就忍不住了，只有10%的孩子忍到一个小时后才吃。

　　继续跟踪调查这些孩子，在以后的升学、工作中，他们得到的所有成绩都跟自己的自制力成正比。这样看来，凡是能忍耐的孩子，他们的成功率大大高于那些不能忍耐的孩子。

　　心理学上把这称为"延迟满足"。

　　一个人的成就有多大，跟他能在多大程度上推迟现有欲望的满足是成正比的。人的天性里都有惰性，但一旦有了目标，就必须节制自己，不能偷懒。能够克服这种天性

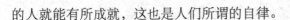

的人就能有所成就，这也是人们所谓的自律。

每个人在成功的路上都会遇到挫折，也会遇到各种诱惑。能够战胜挫折，抵制诱惑，坚持到最后的人，才真正算得上是一个成功的人。

家长要明白，孩子这种自律的能力需要从小就培养。

3岁前是培养孩子自律能力一个非常重要的开始。要培养这种能力，就要从培养孩子的延迟满足开始。能做到延迟满足的孩子，就能慢慢地学会自己做主，控制自己的行为，用理智战胜情感。

延迟满足不是单纯地让孩子学会等待，也不是一味地压制他的欲望，它是一种克服当前困境而力求获得长远利益的能力。

如果孩子的延迟满足能力发展不足，容易造成他性格急躁、缺乏耐心。进入青春期后，他在社交中容易羞怯、固执，遇到挫折容易心烦意乱，遇到压力容易退缩不前或不知所措。

能不能忍耐和长时间的等待，是孩子自制力强与弱的一种表现。对孩子来说，家长有求必应其实是一种"爱的毒药"，因为这剥夺了孩子自我控制能力的锻炼机会。长此以往，他就会养成一种坏习惯——只要认为对自己有利，他就会盲目行动，根本不管是非对错。而延迟满足的

培养能帮孩子提高自我控制能力，学会等待、分享，更能抵抗挫折。

延迟满足能力的培养要循序渐进，要从易控制的事做起。这样，久而久之，孩子就会把它内化为自身的一种素质和能力。

培养孩子的延迟满足能力，离不开父母的鼓励。当年幼的孩子努力按照大人的要求刷新自己的纪录时，家长一定要肯定他，给予他一些小奖励，从而让他获得坚持的动力。

另外，如果孩子坚持要获得及时的满足，家长也不要勉强他刻意地坚持延迟满足。因为，对于年幼的孩子来说，自觉地控制欲望很难。

延迟满足能培养孩子良好的性格，是一项长期的教育工程。其中的关键是，家长平时教育孩子要有正确的认识、端正的教育态度和持之以恒的心。比如，要舍得让孩子吃苦。

这样，孩子从家庭走向学校生活才会从容自如，学习动力会更强；将来踏入社会，不管遇到任何风雨，他都能勇敢地前进。

延迟满足是一种性格，也是一种能力。

学前阶段是各类敏感期集中出现的时期，在这个阶段，给予孩子一定的引导和约束，特别是在一些情境中实现延迟满足，培养他的自我控制能力，让他学会忍耐非常重要。

而有延迟满足能力的孩子，在今后的学习中更易提升成绩，在未来的人生路上也会更有耐性，更易适应社会。因此，家长不要因为爱孩子而一味地满足他，延迟满足能让他将来获得更大的成就。

## 3. 鼓励孩子勇于挑战，培养他的抗挫折能力

5 岁的千千从小就特别敏感，尤其是听不得批评的话。有时候玩玩具，一开始自己玩不好或者不会玩，她就急得哇哇大哭。

有一次，爸爸给千千买了个新的拼插玩具，她拼了半天眼看就要拼好了，可是因为突然用力太大，整个玩具一下子散开了。、

千千生气地把玩具扔到地上，说："爸爸，我是不是

什么都做不好啊？我离开这个家算了！"

爸爸感到非常震惊，这么小的孩子怎么会说出这种话呢？他只好安慰女儿："一件事做不好，并不代表什么事都做不好。再说了，一次做不好可以试第二次、第三次呢。不管你以后做事做得好还是不好，你都不能离开家，爸爸妈妈爱你，一家人都爱你，你怎么能离开呢？"

千千似懂非懂地点点头，擦干了眼泪。

爸爸的心里却轻松不起来，觉得孩子抗挫折的能力有些欠缺，却不知道该怎么做。

追求卓越、勇于挑战是孩子取得成功的良好品质，但这种品质需要很强的抗挫折能力。

因为，挑战困难就意味着要面对可能存在的失败，任何人做事都不可能一帆风顺，如果没有一颗坚韧的心，缺乏承担失败的勇气，就不可能走向成功。

然而在现实生活中，很多孩子受不得挫折，无论是求学还是人际交往等，遇到一点儿挫折就自暴自弃，甚至走向歧途的孩子不在少数。

所以，从小就要培养孩子的抗挫折能力。

3岁左右，孩子渐渐进入了各类敏感期，尤其是处于执拗敏感期、秩序敏感期和人际交往敏感期的孩子，会在生活中经历各种各样的挫折。此时，家长一定要顺势利导，鼓励他勇敢地应对挫折。

那么，鼓励孩子勇于挑战，家长可以这样做：

**一、帮助孩子缓解情绪**

在经历挫折的过程中，如果孩子的负面情绪过于激烈，那么，下次他更可能会本能地逃避，而不是理智地面对。

在"下次怎么办"这个问题上，情绪具有隐性和重大的影响力。简单而言，在经历一件事时，情绪体验的好坏影响着孩子对这件事的判断，以及下次遇到同样的事时孩子的行动倾向。

好心情让孩子本能地倾向于"下次还要"，而坏心情则可能导致"下次不要"。

挫折本身就不会让人喜欢，要想让孩子在将来能够更理智地面对挫折，首先就要降低而不是加重情绪的负面影响力。因为，过于激烈和过于持久的负面情绪，会严重干扰理智的运转，最终导致孩子本能地逃避。

**二、保护孩子的好奇心，鼓励他去探索世界**

孩子从刚出生起就对周围的世界充满了好奇，有着探索的冲动。尤其是进入动作敏感期、感官敏感期的孩子，他希望通过自己的方式感受世界的美妙。

家长不要因为担心孩子会弄脏衣服，弄乱家里的摆

设而限制他的自由。相反，家长要对他的探索行为给予鼓励。

### 三、让孩子在做事中拥有成就感

孩子之所以能坚持不懈，很多时候是做事的成功体验让他着迷——他喜欢完成事情之后受到父母的称赞、同伴的仰慕，甚至是自我欣赏的满足。

所以，孩子的每个进步都需要得到及时的发现和肯定，家长对他的表扬，都是他成就感的来源。

### 四、让孩子自己承担相应的职责

许多孩子敢于面对挑战，就是因为他有承担失败的勇气。也就是说，这种勇气都是在自我承担中获得的。

很多家长对孩子溺爱和事事包办，让他在成功的道路上走得太顺，直至他摔个"大跟头"不肯起来时，家长才知道自己对孩子过度溺爱让他丧失了承担的能力。

所以，家长要在现实生活中让孩子学会自己做事，并学会自我承担。比如，让他自己定闹钟起床，自己处理与小伙伴的矛盾，自己去验证自己的想法，等等。

## 4. 读懂孩子的心

一个周末，妈妈领着 2 岁多的儿子鸣鸣去参加社区的亲子活动，而鸣鸣吵着要自己走。刚巧外面下着雨，楼梯里有他人用过雨伞后洒下的雨水，妈妈怕鸣鸣摔跤，一直把他抱到剩下 5 个台阶的时候才把他放下来。

鸣鸣不干了，一定要回到二楼自己再走下来。妈妈着急地对他说："亲子活动马上要开始了，你这样折腾不是耽误时间吗？赶紧走吧！"

鸣鸣只顾着哭闹，非要重新上楼再走一遍。妈妈看到鸣鸣眼里的委屈，心软了，将他又抱回二楼。

鸣鸣的脸上马上洋溢着笑容，高高兴兴地从二楼一个台阶一个台阶地走下了楼梯……

妈妈牵着鸣鸣的手，一边走，一边小声地问道："鸣鸣，你刚才为什么非得再上二楼重新走呢？"

鸣鸣说："台阶少了，算是下楼梯吗？"

　　原来，鸣鸣执拗地要再上二楼重新走下来，不过是秩序敏感期在"作怪"，妈妈庆幸刚才没有把他的想法强行压下去。

　　孩子任性、不听话、不接受大人讲道理，通常是因为大人不懂"小人"的心。尤其是处于秩序敏感期、人际交往敏感期、社会规则敏感期的孩子，他常常会做出令大人无法理解的举动。

　　如果从孩子的立场出发，用他的眼光看世界，用他的心感受生活，家长才能跟他沟通。家长一旦读懂了孩子的心，在管教他的时候就会顺利多一些，失误少一些。

　　孩子撒泼时，家长先要耐着性子去理解他，用同理心和倾听的技巧接纳他的情绪。当孩子知道父母理解了他的感受，并且是爱他的时候，他的情绪就会慢慢稳定下来。

# 第十一章
# 陪孩子一起走过敏感期

1. 不要以爱的名义控制孩子

2. 还给孩子申辩的机会

3. 千万别把别人家的孩子挂在口头上

4. 不要急于给孩子贴标签

## 1. 不要以爱的名义控制孩子

“妈妈，我想要蓝莓味的酸奶。”

“上次不是喝过蓝莓味的了吗？这次买红枣味的吧。”

“我不想喝红枣味的，我就想喝蓝莓味的。”

“每次都喝蓝莓味的，你不腻吗？换一种口味吧。”

“不要换，我就想喝蓝莓味的。”

“买蓝莓味的每次你都喝不完，换一种口味试试，我是为你好。”

5 岁的球球不开心地噘起了嘴巴。

“你怎么这么不听话呢？”妈妈付款买了一瓶蓝莓酸奶，拽着球球离开了商店。

以上对话，在很多亲子场景中常常出现。家长潜意识里总认为自己的想法是对的，孩子的想法是不够成熟的，他们就喜欢以爱的名义控制孩子，帮孩子做选择，哪怕只是买一瓶酸奶。

实际上，家长这样爱孩子的背后，是不由分说剥夺了他自主选择的机会，尤其当他处于自我意识敏感期时，如果家长经常是这种状态，他的自我意识就会被渐渐压抑。

家长习惯利用"爱孩子"的借口和理由替孩子做选择，这是一种自圆其说的教育逻辑，表面上披着"一切为了孩子好"的外衣，实际上却是在满足自己的需要。

这种以爱的名义爱孩子的行为，变得仿佛不可指责：

"妈妈不让你做这件事，完全是为了你好！"

"妈妈给你准备了这些好吃的，都是为了你的健康着想！"

"妈妈这么做，是因为爱你呀！"

无论什么时候，家长的理由都是"为了你好"。因为是"为了你好"，所以，孩子必须心甘情愿地接受家长的控制，接受他不喜欢做的事。

但是，孩子是有思想的，尽管小时候他辨别是非的能力还不够，但他的心里知道自己喜欢什么、不喜欢什么。如果强行改变他的意志，到最后他可能会变成一个严重缺失自我的人，而且在遇到事情的时候不敢或者不会做决定。

我们在照顾孩子的生活，或者对他进行教育的时候，尽管不能完全放手，但本属于孩子天性中的行为就让他凭

借自己的感觉成长。如果每一件事都要剥夺他的意志替他做决定，让他按照父母的意愿生活，那么，最终他会失去那份原本属于自己的快乐。

所以，家长千万不能以爱的名义对孩子进行控制，而是要尊重他。在做决定之前，花一点儿时间和耐心去弄清楚他的心思，倾听他的心声，然后协助他做选择。这样的爱，才会让孩子顺利度过敏感期，从而健康地成长。

## 2. 还给孩子申辩的机会

王女士的儿子兵兵很懂事，自从姥姥从老家来了以后，他怕姥姥觉得闷就每天带她出去散步。有一次姥姥过生日，他还用自己的零花钱买了一束鲜花送给姥姥。这把姥姥高兴坏了，乐呵呵地说："我活这么大年纪，还是头一次收到别人送的鲜花呢！"

有一天，王女士下班回家，一进门就听到房间里有叽叽叽的叫声，一看，原来是几只活蹦乱跳的小鸡正在房间里乱窜。

看到家里乱七八糟的样子，加上工作了一天的劳累，王女士顿时心烦意乱，张口就训斥孩子："放学后也不知道多写一些生字，玩这些干吗？看你把家弄成什么样子了！"

兵兵张嘴正要向妈妈解释，妈妈不由分说地又呵斥道："你住口！给我把这些小鸡都扔出去，我不想听你说什么，你也不用解释。"说完，她就去抓那几只小鸡。

这时，兵兵的眼泪流了出来，他委屈地看了妈妈几眼，然后转身回到自己的房间把门重重地关上了。

王女士一看更气了，刚想追过去再教训儿子一顿，这时姥姥拦住了她。

姥姥说："你别再骂孩子了，这是他给我买的，他说怕我在家里寂寞，就买了几只小鸡来陪我。他这是出于一片好心，你要是不喜欢送给别人得了，要好好跟他说，干吗骂他啊？"

王女士知道事情的经过后，很后悔，明白自己的行为让儿子受到了委屈，要抓紧去弥补儿子受伤的心灵。

在家庭中，如果孩子经常被喝令"住口""住手"，渐渐地，他就会放弃为自己辩解的权利，他背负的委屈也会越来越多。家长想过没有，孩子总是这样一个人默默地

承受事情，背负沉重的思想负担，有可能造成严重的心理问题。

因此，当孩子犯错时，家长一定要冷静地对待他的过错，因为一件看似非常简单的事，背后往往没那么简单。尤其是处于各项敏感期的孩子，有时他的表现在大人眼里看起来就是"不懂事""没礼貌"，甚至不可理喻。

所以，要尽可能给孩子申辩的机会，以便了解事情的真相。只有这样，他才能心悦诚服地接受家长的教育。

那么，针对处于这一时期的孩子，家长要怎么做呢？

**一、给孩子辩解的机会，这是尊重他的体现**

所谓"真理面前，人人平等"，家长没有理由堵住孩子的嘴巴，不给他辩解的机会。

既然孩子要辩解，说明他对家长的话有不认同的地方，那么让他把想说的话说出来，家长才能了解事实。否则，家长轻易给孩子下结论，只会误解他，使他受委屈。

给孩子辩解的权利，是尊重他最起码的表现。家长要明白，辩解并非强词夺理，而是让孩子把事情讲清楚；给他辩解的权利，他才会更加理解你所讲的道理，使教育收到良好的效果。

**二、在公共场合，要给孩子"台阶"下**

孩子都很爱面子，如果家长在公共场合当着别人的面批评、责罚他，会让他觉得很没面子。这样，他就容易产生对立情绪，即使他知道错了也会强词夺理，甚至跟家长对着干。

所以，家长在公共场合教育孩子要讲究分寸，注意给他台阶下，回家后可以再就事论事。

### 三、坚信"没有调查就没有发言权"

没有经过调查就信口雌黄，是许多父母"家长主义"的思想在作怪，他们想当然地主观臆断，使孩子经常被误解。当孩子准备辩解时，又被家长打压，结果孩子觉得非常冤枉。

家长要秉持"没有调查就没有发言权"的思想，在没有了解事实之前不要对孩子轻易下结论。如果想了解真相，就必须充分地与孩子沟通，再给他解释的机会。

家长这样做，才能避免无端地误解孩子，给他造成不必要的伤害。

## 3. 千万别把别人家的孩子挂在口头上

6 岁的丁丁在小区里是出了名的调皮蛋，他总会带着一帮小男孩爬树、大声嬉闹，一副天不怕地不怕的样子。在幼儿园里，他也活泼好动，学习没耐心。

邻居家的宁宁则恰好相反，他喜欢画画、看书，认字非常多。

每次丁丁在学校里闯了祸，妈妈都会数落他：“你跟宁宁好好学学，你要是有他一半老实，我们就不用操心了。你看人家，又爱学习又爱画画的，怎么你就只知道玩呢？”

后来，只要妈妈一提宁宁，丁丁都特别反感。

有一次，妈妈又拿宁宁来做比较，丁丁脱口而出：“妈妈，你为什么总觉得别人家的孩子好啊？难道我就没有优点吗？是不是在你眼里，我永远比不过别人家的孩子啊？”

很多家长在孩子面前，总会不自觉地说起别人家的孩子，觉得这样可以激励他更努力。但常常事与愿违，没有一个孩子喜欢被自己的父母这样评价：不如别人！

即使孩子本身做得不如别的小朋友好，他也不希望父母做这种对比。因为，这会让他觉得在父母心里自己是最差的，从而导致自我评价降低。

虽然 3 ～ 6 岁的孩子会经历各种敏感期，但因为敏感期的出现会有个体差异，所以，家长不能想当然地"一刀切"——看到其他孩子进入了某项敏感期，自己的孩子没有任何表现就开始焦虑不安，甚至觉得他不如人家。

况且，由于家庭背景、成长经历等众多原因的影响，每个孩子的认知能力、生活经验、学习方式、发展速率等各方面都不相同，因此，孩子即时的、外显的行为并没有优劣之分。

聪明的家长从不拿自家孩子与其他孩子做比较，而是跟孩子的过去做比较。对孩子来说，他的自我意识最初是通过成人的评价来获得，而对年纪大一点儿的孩子来说，家长能够发现他的独特之处并加以引导，会让他在成长过程中对此充满感激。

这世上没有两片完全相同的树叶，但这并不妨碍每一片树叶都能构成独特的风景。自家孩子在某些方面是比不上别人家的孩子，但他的身上一定也有别人家的孩子比不上的优点。

我们与其拿"别人家的孩子"这句口头禅来刺激孩子小小的自尊心，还不如鼓励他在自身的优点上做更多的努力。

## 4. 不要急于给孩子贴标签

很多家长在评价孩子的时候，不是自豪地猛夸，就是恨铁不成钢地说孩子是什么懒鬼、笨蛋，以及认生、小气、内向、害羞、依赖性强、懦弱、爱发脾气、不自信、性格不好、没上进心、做事磨蹭等。

这样的一串消极评价，家长在跟朋友聊天时会脱口而出，甚至当着孩子的面说。

孩子的成长，通常离不开后天环境的影响，在种种影响因素中，社会评价和心理暗示的作用非常大。不可否认，经常给孩子贴上负面标签，是家长非常容易犯的一个错误。

心理学家认为，当一个人被贴上"标签"时，他通常会做出自我印象管理，使自己的行为与所贴的标签内容相一致，这也可以称为"标签效应"或"暗示效应"。

之所以会出现标签效应，主要是因为标签具有定性导向作用，它对一个人的"个性意识的自我认同"有着强烈的影响作用。

给一个人贴标签的结果，通常是使其向标签所喻示的方向发展。同时，这反过来会强化贴标签的人，使其更坚定自己的看法。

有这样一个有趣的心理学实验：

实验者通过化妆，在志愿者脸上分别画了一道血肉模糊、触目惊心的伤痕，先让他们自己看了效果后，借口补妆又悄悄把伤痕擦掉了。然后，带着毫不知情的志愿者去各医院的候诊室，而指派给他们的任务，就是观察人们对他们面部伤痕的反应。

可是，当志愿者返回后出现了惊奇的现象：他们竟无一例外地叙述了相同的感受，觉得人们比以往粗鲁、无理，不友好，而且总是盯着他们的脸部看。

实际上，他们的脸上与往常没什么不同，只是最开始的心理暗示影响了自己。这种结果的确发人深省。

一个人内心怎样看待自己，在外界就能"感受"到怎样的眼光。

所以，当我们从内心给孩子贴标签的时候，就会关注他的标签，并用外界的眼光和期望看他的表现来印证自己的看法。从孩子的角度看，如果家长给他贴了标签，他潜意识里会认为自己是符合标签的人。

处于敏感期的孩子如同一张白纸，正是处于学习、吸收知识的阶段，对外界的评价很在意，也希望表现出自我的价值。

孩子是很容易被暗示的。生活中，很多人都能观察到，当家长真心鼓励孩子的时候，他会精神焕发；而受到惩罚或听了贬斥的评语，他则会垂头丧气。

所以，家长不能随意给孩子贴标签，通过家长的认可、赞赏、鼓励，使他的优点得到强化就很好了。当他的学习成绩有了进步时，家长也千万不能视而不见。

亲子家教艺术全集

# 儿童
# 时间管理
# 训练手册

Shi Jian
Guan Li Shou Ce

考薇
著

文汇出版社

**图书在版编目 (CIP) 数据**

儿童时间管理训练手册 / 考薇著 . — 上海 : 文汇
出版社 , 2020.6
（亲子家教艺术全集）
ISBN 978-7-5496-3181-0

Ⅰ . ①儿… Ⅱ . ①考… Ⅲ . ①时间 - 管理 - 儿童教育
- 家庭教育 Ⅳ . ① C935 ② G782

中国版本图书馆 CIP 数据核字（2020）第 063477 号

**儿童时间管理训练手册**

著　　者 / 考　薇
责任编辑 / 戴　铮
装帧设计 / 天之赋工作室

出版发行 / 文匯出版社
　　　　　上海市威海路 755 号
　　　　　（邮政编码：200041）
经　　销 / 全国新华书店
印　　制 / 三河市龙林印务有限公司
版　　次 / 2020 年 6 月第 1 版
印　　次 / 2020 年 6 月第 1 次印刷
开　　本 / 880×1230　1/32
字　　数 / 100 千字
印　　张 / 6

书　　号 / ISBN 978-7-5496-3181-0
定　　价 / 180 元（全五册）

# 前　言

## 儿童时间管理，越简单往往越有效

我有个朋友买了全套的双语牛津通识读本要学习，漂亮地码了一书架。半年后我去看她，发现那一书架的通识读本拆开包装者寥寥可数。

"读了吗？" "没有。"

"不想读了吗？" "当然想。"

"那怎么……" "太复杂了。先讲背景，再讲理论，然后是各种列举、对比、分析、论证，怎么就不能像微信公众号那么好读呢？"

朋友的话虽然有点糙，却道出了绝大多数人对"知识"的直观感受：太复杂了，太难了，所以干脆就放弃吧。

即使是成年人，面对复杂的事物也会存在强烈的厌学心理，更何况儿童？对于绝大多数儿童来说，太复杂的道理全都是过眼云烟，太难懂的时间管理方法都不过是纸上谈兵。

所以，本书的特点就是——复杂的道理蕴含在简单的操作里，归纳起来只要"三步走"就可以了。

也许会有家长问："管理时间的方法多着呢，道理也有很多，你用'三步'来概括，太草率了吧？"

诚然如此。"三步走"不可能囊括所有高深的理论与方法，也不可能道尽儿童时间管理的所有法门，但是，静下心来想一想："时间管理一百法"和"时间管理三步走"，你觉得孩子会适用于哪一个？他会愿意配合你操练哪一个？

孩子会说："妈妈，一百个……算了吧。三步走那个……我试试吧。"所以，是选择高深复杂却难以操作的理论，还是选择简单易读易上手的小窍门，这是个取舍问题。

有了这三步走，孩子才会有未来的五步走、十步走、百步走，乃至最后的行千里。而孩子最后的千里之行，才是家长最想看到的。

# 目 录
## Contents

### 第 一 步
### 抓住生活的窍门，认识真正的时间

## 第二步

## 明确时间管理的目的，实行表格式管理法

## 第三步

## 时间训练也需要仪式感

# 第 一 步

## 抓住生活的窍门，认识真正的时间

　　无论是会看时钟的孩子，还是已经上学读书的孩子，都不一定认识时间，也不一定能够建立正确的时间观。家长需要耐心观察，才能找到孩子在时间认识上的短板，并适当地加以指导。

# 让你的孩子正确认识时间

　　张爱玲曾经这样比喻一道做得难吃的菜——像没见过鞋子的人做出来的鞋子。任何一个事物，如果没有亲身了解或者体验过，仅凭想象来操作，到最后都会无功而返，最多只能达成"有那么点儿意思，却不是那么回事"的效果。

　　同样，许多家长希望孩子能够管理好时间，却从来没有了解孩子是否认识时间。试问，一个根本就不知道什么是"时间"的孩子，在被迫去管理时间时，不就像没见过鞋子的工匠在做鞋吗？

　　所以，时间管理法第一步的起始，就是要让孩子认识真正的时间。

## 一、时间是一种观念

每个人从呱呱坠地来到这个世界，他对每件事都是从零学起。

回顾我们小时候学习的内容　　爸爸妈妈教我们说话，指认太阳与月亮，如何用筷子和勺子，但在基础学习阶段极少告诉我们："你看，时间飞逝！"

在初期学习阶段，儿童更容易学习易模仿、具象的东西。比如，学习如何用筷子，可以跟着爸爸妈妈做，一次做不好就再试一次，直到模仿到最像的程度为止。但是，时间这种概念并不能模仿，妈妈做事井井有条，爸爸工作分秒必争，这些会给孩子造成积极的影响，但他依旧不知道时间到底是什么。

那么，要让孩子知道什么是时间，就得从具象、可模仿的概念开始。

宝妈李简发现了一个问题，女儿妮妮总是不能按时睡觉，也不能理解为什么要睡觉。当李简拼命地把女儿从一堆玩具前拉开时，妮妮会爆发出大哭声，她觉得自己被剥

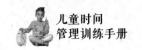

夺了享受快乐生活的权利，她想一直玩。

"到点了要睡觉的。"李简说。

"为什么要睡觉啊？"妮妮哭着问。

你看，这就是一个常见的矛盾：孩子不知道为什么要睡觉；大人觉得睡觉是自然的事，为什么要解释。

有的家长认为，造成这种矛盾的根源仅仅在于大人比孩子更容易疲劳，更需要休息。小孩子精力旺盛，如果发现有好玩的东西，觉得一天不睡觉也没有什么关系。

但这只是表面原因，大人（尤其是老人）即使到了夜晚不觉得困，到了点他们还是会老老实实地进入睡眠状态。可见，促进睡觉的并不全是疲劳，还有一种是观念。

这种观念就是——旧的一天即将结束了，新的一天就要开始了。

原则上讲，从半夜12点过后，新的一天就已经开始了。但是在传统观念里，我们还是将睡醒之后的早晨作为新一天的开端——我们通过睡眠结束过去的一天，然后通过醒来开启新的工作与生活，这是一种带有强烈时间感的世界观。

妮妮之所以不明白为什么要睡觉，是因为她不知道旧的一天要结束了——在她看来，现在只不过是天黑了，依然可以继续玩。

弄清这一点之后，李简就可以培养妮妮的科学睡眠习惯了。她先向妮妮传授关于"一天"的概念：我们的生活是由好多个"一天"组成的，早晨太阳升起就是"一天"的开始，到了夜晚天黑了就是"一天"的结束。而我们为了迎接那些新的"一天"，就要学会有规律地睡觉、起床，再睡觉、再起床。

李简还通过一些漫画童书来指导妮妮认识白天与黑夜，慢慢地，到了晚上妮妮再也不哭着问"为什么要睡觉"了，虽然也有一些不情愿，但她接受了"旧的一天要结束，我得迎接新的一天"这样的现实，然后依依不舍地向自己的玩具告别。

虽然这场告别很艰难，但是妮妮知道：新的一天很快就会来，而这些宝贝还会在原地等着她。

这就是时间观念对孩子人生的第一次塑造。


## 二、让孩子成为家长的时间小助手

李简开始教妮妮认识钟表与时间。作为一个聪明的女孩子，妮妮有非常强大的记忆力，也乐于在认识太阳和月

亮之外学习一些更科学的认识时间的方法。

但令李简泄气的是，即使妮妮学会了认识钟表盘上的时间，她依旧不知道如何去使用时间。对于妮妮来说，所谓的"8点钟要睡觉"，远不如"等爸爸洗完了碗，我可能就要睡觉了"更有效。

"这可怎么办？"李简发出了疑问。

其实，李简的问题具有相当的共性。很多家长都发现，教孩子了解时间，比教会孩子使用筷子要难得多。有的家长归结于"时间这个概念很抽象"，但实际上并没有我们想的那么复杂——很多时候，孩子不习惯采用正确的时间单位，只是因为他缺少练习。

回顾我们高中时候学的那些复杂的数学公式，你现在还记得吗？我想，除了少数从事数学行业的成年人之外，绝大多数人都不记得了。请注意，这并不是当初没有学会，而是因为随着时间的推移，练习得越来越少也就忘记了。

对于孩子来说也是如此。学会了用筷子之后，他每天都在用筷子吃饭，但是时间呢？

由于很多家长都有催促的习惯，在每个时间节点像闹钟一样提醒孩子："要吃饭了""要睡觉了""要上学了"。所以，孩子刚刚学会的或者刚刚在脑海里形成印象的一些观念，因为不能练习而渐渐淡化。

想要改变这一问题，有个好办法可以试一下——让孩子成为你的时间助手。

李简试着让妮妮提醒她去做另外一件事。下班之后，李简对妮妮说："妈妈近期事情多，现在要进屋去处理一些工作，但是你也想和妈妈一起玩，对吗？那么，你能不能在 7 点钟的时候提醒一下妈妈，妈妈就会从书房出来陪你玩了。"

对此，妮妮非常乐意，甚至可以说是很期待。到点了，她立即拍了妈妈的门。事后据李简的先生说，孩子几乎就坐在钟表下等着那个时间的到来，其间，她多次站起来想要拍门，最后还是克制住了自己。

第二天，李简又一次对妮妮提出要求，希望妮妮可以在 7 点 30 分提醒她去炖银耳汤。这次的任务，与上次的任务相比更具有挑战性：一方面，时间的认知比昨天更难了，因为涉及到非整数时间；另一方面，昨天提醒的事项对妮妮本人有利，而今天的事项则对大家有利。

令人兴奋的是，到了 7 点 30 分，妮妮还是拍响了妈妈的门。

李简再一次尝到了甜头，开始加大对妮妮这一方面的培养力度——妮妮不仅每天都会得到一个提醒任务，到了

周末还会有连环任务。比如，提醒妈妈在上午 10 点钟泡木耳，11 点钟的时候提醒妈妈木耳泡发好了。

这些令成年人头疼的小任务，却是孩子的小蜜糖。李简在妮妮身上看到了前所未有的成就感，妮妮对任务也倾注了比玩乐更多的兴趣。

慢慢地，妮妮对时间观念的掌握越来越熟练。随着提醒任务的增多，妮妮不仅可以熟练地使用钟表，还能够模仿妈妈的作息时间来调整自己的作息时间。比如，在泡发木耳的时间里，她决定读完一本童话书；等木耳泡好了，她决定跟着妈妈去厨房帮忙。

孩子健康的时间观念，终于在一次次的任务中完成，而这一切，远比催促孩子要好得多。

总体来说，想让孩子管理好时间，必须要先认识时间。而认识时间，绝不是看看钟表那么简单。

有些家长以为孩子已经上了小学，肯定认识时间，其实并非如此。

无论是会看时钟的孩子，还是已经上学读书的孩子，都不一定认识时间，也不一定能够建立正确的时间观。家长需要耐心观察，才能找到孩子在时间认识上的短板，并适当地加以指导。

### 三、正确看待快与慢

生活中，很多孩子根本不知道什么是快，什么是慢。

听到这句话，许多家长都瞪大了眼睛："怎么可能呢？"

当然可能。其实，不光是孩子，如果问一些家长"什么是快，什么是慢"，恐怕这些貌似"饱读诗书"的大人也只能支吾着说："快，就是……很快呗。慢，就是……很慢呗。"

在东东妈眼里，东东做事就特别慢——一页纸的描红，一共 12 个字，东东可以描一个小时。

每次看到东东一边描红，一边东张西望的样子，东东妈就气不打一处来，心情好的时候嘴上说两句，心情不好的时候就直接大巴掌扇了过去。以至于每次描红本一摊开，除东东妈之外，其他亲友都退避三舍。

但是，东东真的是慢性子吗？东东妈有没有考虑过，东东可能并不觉得自己做得慢呢？

这天，东东妈心情不错，跟东东进行了一次长谈。不

谈不知道，一谈吓一跳——在东东眼里，妈妈发火是不可理解的，因为他觉得自己做得一点儿也不慢。

"一小时描 12 个字，你说慢不慢？"东东妈问。

东东摇摇头："我觉得挺快的，我一直在写呢。"

"你是一直在写吗？你写着写着就走神了，还咬手指头，你看你的手指甲！"

"但我觉得自己挺快的。"

你看，矛盾就出来了。有时候，家长单纯地责怪孩子做事慢，最后归结于孩子是慢性子，却不知道孩子根本就不知道什么才是快。一味地责怪，却不告诉孩子什么是快、什么是慢，只会让矛盾愈演愈烈，与孩子之间的距离越拉越大。

于是，东东妈采取了一个小手段，请东东的好朋友丁丁来家里一起描红。丁丁在半个小时之内描完了所有的字，东东看到丁丁的描红速度超过了自己，开始有点着急了，也加快了速度。

事后，东东妈再向东东说明"你写字太慢"时，东东果然有所理解，因为有参照，有比对。

但不能总让丁丁来家里写字，东东妈就购买了一个音乐柔和的定时器，每次描红都设定一个时间——这个时间控制在一个宽松的时间范围内，让东东可以不费力地完成。之后，再小幅度地缩短时间，东东能够完成后再缩短时间，如此循环。

直到后来，东东可以在 20 分钟内完成描红。这时候，东东妈再向东东解释"以前是不是有点儿慢"时，东东也能够理解了。

孩子真正了解了什么是快、什么是慢，才会放弃慢的，朝着应该快的方向发展。

## 四、时间观念初步形成

然而，不是所有的事情都是越快越好。比如东东的描红，也许有一天东东可以做到 5 分钟之内描完 12 个字，但根本起不到练习的效果。那么，新的问题出现了：到底什么时候应该快，什么时候应该慢呢？

自从提升了描红速度，东东对什么事都求快了，穿衣服求快，洗漱求快，吃饭也求快，写作业更求快。每次求快后，东东都仰起小脸骄傲地说："妈妈你看，我又快了很多，是不是很棒？"

此时，东东妈看着扣错了的纽扣、嘴角还挂着牙膏沫的儿子，真是哭笑不得。

让孩子管理时间，并不是一味求快。让孩子认清快与慢，不是为了让他一路狂奔不知休息、不知松缓。

东东妈遇到了新的难题：如何让孩子知道什么时候应该快，什么时候应该慢。

上班的时候，东东妈和东东爸都是急匆匆的，恨不得多生出几只手来。对此，东东非常赞同。但到了下班，东东妈和东东爸的做事速度明显慢下来，吃完饭也不立即收拾厨房，倒在沙发上看电视，即使倒一杯水也是慢吞吞的。东东就不理解了："妈妈，你看你多慢！"

东东妈意识到，有必要向孩子解释自己的快与慢了。她说："早晨妈妈要做饭，还要上班，动作慢了就会迟到，迟到了要扣奖金。你知道了吗？"

"那晚上呢？"

"晚上妈妈不着急了，在家就是要放松，所以干什么都可以慢点了，知道不？"

东东点点头，貌似知道了。

过了几天，东东的思维又混乱了。有次周末，东东妈带着东东去单位加班，恰好没有什么特别急着要处理的事，东东妈就一边整理资料，一边跟东东聊天。东东急了："妈妈，你不是在上班吗？为什么做事这么慢？"

你看，这要怎么解释？

可见，光有具象的比喻是不够的。在孩子的世界里，事例过于丰富，举例不能够说完所有现象，所以还需要一定的归纳。

思考了一番，东东妈是这样跟东东说的："妈妈做的事情要快还是慢，得看结果。结果急着要，妈妈就得急着去做，结果不急，妈妈就可以慢一些。比如，妈妈起床后，上班打卡时间在一小时以后，妈妈如果不着急就迟到了，这就得快；刚刚妈妈整理这份文件，公司要得不急，妈妈想放松一下，就可以做得慢一些。"

"可我描红没有结果啊，为什么也要快？"你看，孩子总是会问出不好回答的问题。

好在东东妈的反应也快，她想了想说："事情的结果呢，有一些是别人要求你的，有一些是你自己要求自己的。妈妈上班的时间是公司要求的，要快。而你描红呢，虽然没有老师等着要结果，但你是不是应该给自己一个要求呢？你是不是想越写越好，想着快点儿写完可以去玩了？如果有这个需求，你就得快点写，控制自己的速度。"

虽然道理听起来有点儿复杂，但绝不能低估孩子的理解能力。一个定义抛出后，虽然超出了孩子可以接受的范围，他依旧可以在日常的操作学习中体会到这一定义的真

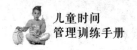

正内涵。

后来，东东妈急匆匆地穿衣洗漱时，东东穿衣洗漱的速度也会加快；东东妈悠闲地散步时，东东也会跟着妈妈慢慢地走。你看，时间观念就是在这种模仿与信任当中慢慢形成了。

# 时间是个具象化的容器

前几天我看过一个故事，故事虽小却意味深长。

小汤和小晋两名同学一同参加考试，考试时间是 60 分钟。平日里，两个孩子的学习能力基本相近，落笔速度也差不多，但在考试中小晋经常出现答不完卷子的情况。

老师对这两名同学进行了观察，发现他们都有在考试中玩一会儿的现象——虽然说出来会让家长伤心，但不得不说的是，孩子对待考试并不像大人那么认真，在考场上答了一半的题，突然玩起橡皮是一件再普通不过的事情。回顾我们的童年时代，这样的情况都有发生过。

在小汤和小晋身上这种区别在于，小汤玩一会儿之后会看看手表，意识到时间不够了就马上继续答题；小晋会在看看手表之后继续玩，直到考试时间快要结束了才开始手忙脚乱的。

为什么会出现这样的问题？他们的班主任，也是我的好友沈老师对此有所疑惑。考试结束后，沈老师特意找小晋谈话，问他为什么不快点儿答题。小晋的回答很真诚："我以为来得及，结果却发现来不及了。"

面对这样的答案，很多家长采取的方法就是拉过孩子来一顿教训："考试是让你玩的时间吗？""橡皮什么时候不能玩，非得考试的时候玩？""你怎么一点儿时间观念都没有呢？"

面对这样粗暴的指责，孩子听进去了还好，听不进去只会对下一次考试产生强烈的抗拒心理。

沈老师采取的方法是，再观察一次。

又一次考试，小汤和小晋重复了上一次的情况，小晋又险些没有答完题。沈老师在经过小晋的桌前才发现，小晋跟小汤相比至少有一点不同——手表。

班里没有配统一的钟表，考试的时候都要求孩子自带手表来控制时间。小汤戴的是指针式石英表，而小晋戴的是显示数字的电子表。

也许，这就是问题的关键所在。

课后，沈老师把小晋叫到办公室，再一次询问了考试的情况。小晋的回答依旧是："我觉得来得及啊。"

沈老师从抽屉里拿出一块石英表，说："下午你试试这个吧。"

下午，小晋戴着沈老师给的指针式石英表考试，令人吃惊的是，他在考试时间内答完了卷子。

诚然，这里有考试题目难易等客观因素的影响，但不能不承认的是，石英表也在其中发挥了巨大的作用。虽然都有手表，但小晋的手表不够具象，不能对小晋产生实质的"刺激"作用——表盘跑一圈，卷子就要答完，这是指针式石英表给孩子的具象体验。

小汤在走神之后发现手表指针已经跑了半圈，立即产生了紧迫感，开始埋头答题。而小晋的手表只是机械地显示数字，并没有起到刺激作用，因此他失去了紧迫感和警惕性，又多玩了一会儿。

从那之后，沈老师鼓励同学们在考试时尽量都戴指针式石英表，并在教室里配备了一个指针式挂钟。上课的时候，孩子抬起头就能看到指针的运动，感觉到时间的飞逝，从而急忙把走神的心收回来，投入到课堂学习中去。

孩子的世界往往就是这么微妙，因为对生命的了解还不够深入，所以一些小的因素就会影响他的决定。他做不到无坚不摧，也做不到坚守不动，能够影响和带动他的，往往就是一些容易理解、具象的东西。

而大人能做的，就是让正面和积极的力量更加凸现。

## 一、具象的力量

正如在第一节文中所述，孩子更容易学习一些易模仿、具象的东西。所以，在初期的"认识时间"环节里，与其让孩子认识"24 小时"，不如先认识"太阳升起来，月亮升起来"等具象的元素。

不过，对于太阳、月亮的认识，家长往往有话要说。在人类文明还不够发达的时候，原始人类只能用太阳和月亮来计时，也就诞生了日晷等计时工具。但是，为什么如今日晷被淘汰了呢？因为不精确！所以，很多家长都不赞成用太阳和月亮作为孩子培养时间观念的辅助工具。

实际上，家长大可不必纠结精确度，有时候"不精确"还能成为一个促进时间感的好帮手。我们都知道，太阳升起和落下的时间是不固定的，夏至时太阳直射北回归线，这天白天最长，夜晚最短；到了冬至，太阳直射南回归线，这天白天最短，夜晚最长。

曾有一个朋友，从元旦那一天起，鼓励他的孩子记录太阳落山的大致时间，记在一个印着太阳公公笑容的红色本子上。虽然孩子不可能做到天天记录——存在着遗漏记录、阴天未出太阳、错过记录时间等诸多问题，但一年下来总体上也记录了近 200 天。

在这 200 天里，孩子深切地意识到了自然的神奇，也加深了对时间的理解。我认为，这是一个非常科学而简单的教育方法，操作起来难度也不大，鼓励大家实践一下。

## 二、时间的想象力很重要

其实，时间不仅是一种节点式的观念，还是一种阶段性的观念。这话有点抽象可能不容易理解，但是举个例子就会明白了——时间不是几点你在等着我，它还包括了你等我的那段时间。

很多孩子认识了钟表，也知道了 24 小时计时法，却不知"光阴"为何物。许多家长都会在孩子的墙上装裱一些"一日难再晨""光阴似箭"等劝勉珍惜时间的话，如果孩子不理解"光阴"的概念，又怎么去珍惜呢？

这就需要一种想象的空白了。

想要孩子对时间形成段落性的概念，一个很好的方法就是利用计时器。诸如沙漏，漏一次是 10 分钟，那就可

以在观察沙漏的过程当中，让孩子切身体会到 10 分钟的概念。

不过，这种体会偏于机械，坐不住的孩子可能会在沙漏下落到一半的时候就跑掉了，那可以换种更有趣的计时器，比如烤箱。准备一盘鸡翅，调定 20 分钟的烘烤时间，让孩子和家长一起等。香味渐渐从烤箱中飘出来，在等待的这段时间里，孩子内心喜悦，也会对 20 分钟更有体会。

想象的空白非常重要，重要到反而令太多人忽略了它。一个对时间没有想象力的孩子，注定无法管理好时间，也无法成为一个有成就的人。

试着在孩子放学的路上给他打电话（有些中学老师允许孩子带手机，但在校时要先交给老师保管），问他走到哪里了。他可能会说："刚下校车，正在往家走。"这时候，你不要估计孩子到家的时间，而是问他："你大约有多久能走到家？"

这个问题看似简单，实际蕴含了孩子对时间想象力的塑造培养。头几次，孩子对时间的估计都会有误差，比如多说了 10 分钟，或者少说了 10 分钟。但这些都不重要，重要的是，他会在一次次的估计里修正自己对时间的想象力，直到有一天他可以精确地说出自己从学校到家的时间。

如果孩子太小还没有上学，那也不用担心，依旧可以培养他的时间想象力。比如，让孩子把地上的玩具收拾到盒子里看看需要多少时间，这都是一种锻炼。

无论怎样做，最重要的是让孩子通过想象加深对时间维度的理解，让他知道时间不是一个点，也不是一条线，而是一个充满包容性、容器式的东西，在这个"容器"里，我们可以做很多事。

这才是管理时间的真正意义。

### 三、过去、现在与未来

很少有家长会与孩子谈论过去、现在与将来，因为孩子还小，他的过去很短暂，且没有留下什么记忆。而他的未来太遥远，又不知如何去谈论。

但是，过去、现在与将来是孩子对时间认知的又一次提高，如果不能了解时间的延续性，时间观将是残缺的。因此，家长平时与孩子聊天时，一定要少讲"你看别人家孩子怎么怎么乖"这类没有意义的话，而多谈一谈"爸爸小时候怎么怎么样""妈妈小时候怎么怎么样"，孩子会在心里产生一种奇特的想法："原来爸爸妈妈也有

小时候。"

　　真的，虽然每个人都有小时候，孩子也知道如此，但是对此产生鲜明的意识却很难。一旦产生了这种鲜明的意识，孩子就会紧接着感觉到时间的奇妙。

　　此外，还要培养孩子对时间变化性的体验。比如，一年前的今天，爸爸给孩子买了一棵茉莉花，今年茉莉花已经长高了。这时候，爸爸一定要把握时间延续性的教育，可以对孩子讲："还记得去年今天吗？咱们有了这棵茉莉花，其间我们精心养它，它开过一次花又谢了，现在又长出花苞了。"此外，还要注意讲未来之类的一些话，比如："明年的这个时候，估计茉莉花会长得更高，那时候你也上三年级了，你也更高了。"

　　有的家长与孩子谈话充满了功利性，认为每天讲的都应该是大道理，比如"及时当勉励，岁月不待人"之类的，却没想过这种教育的有效性。

　　少年的时候，我们也讨厌大段的说教，即使道理再深再对也听不进去。这就是为什么当时的我们宁愿看苏格拉底的书也不想读黑格尔，并非因为苏格拉底特别高明，而是因为苏格拉底爱讲故事，黑格尔爱讲道理。

　　有个当幼师的朋友海燕遇到一件有趣的事。

毛毛进入幼儿园第一天，毛毛妈就拉着海燕的手说：
"我家毛毛吃饭特别费劲，有时候喂都喂不进去。现在要
上幼儿园，我们管不到了，老师您可多费心啊！"

　　当时，刚当幼师没多久的海燕吓得一个激灵，心想，
这个孩子吃饭得有多费劲啊，我能应付过来吗？

　　事实证明，毛毛非常乖，甚至可以说，毛毛根本没出
现过不肯吃饭的现象。每天午饭的时候，毛毛见了什么都
往嘴里扒拉。

　　海燕有点诧异，这跟毛毛妈说的一点儿也不像，并把
情况反映给了毛毛妈。毛毛妈也觉得奇怪："难道幼儿园
的饭特别好吃，所以毛毛爱吃？"

　　直到有一天，毛毛撑得快要吐了，海燕劝道："毛毛，
不用吃那么多，放学回家了还要吃晚饭的。"毛毛说："不
要，我不要在家吃饭。"

　　海燕意识到了问题所在，后来通过了解才知道，毛毛
家有在饭桌上"训话"的习惯——每当毛毛抱起饭碗的时
候，父母就开始讲大道理。他们认为这是让孩子学知识、
了解人生与社会的最好时机，却不知这些大道理讲起来败
坏了毛毛的胃口，让毛毛只能在幼儿园多吃，回家少吃。

　　听到海燕剖析的问题，毛毛妈也认同，但是她补问了
一句："不讲大道理，吃饭的时候我们讲什么呢？"

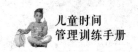
"不如这样讲……"海燕根据自己的切身体会想了一个话题。当天晚上，毛毛爸有点儿害羞地指着桌上的猪蹄，说："毛毛，一看到猪蹄，我就想起小时候那个穷啊，哪能吃得上猪蹄？当时我看着别人家孩子抱着猪蹄啃，我馋得直流口水……"

当天晚上，毛毛吃饭吃得比平时香，尤其是猪蹄连啃了好几块。吃完了饭，毛毛还不忘多问一句："爸爸，你小时候为什么会没有钱买猪蹄呢？"

你看，大人换了话题，孩子也不抵触吃饭了，而且开始有了时间意识。

一名优秀的家长应该多给孩子讲讲过去与未来，而不是干巴巴地讲"你要珍惜时间""你要珍惜现在的生活"。再多的道理都不如放置在时间的容器里，具象的东西才是最易被孩子所接受的。

所以，多给孩子用具象的方法来"证明时间"，多让孩子有空间去"想象时间"，多使孩子有能力去"思考时间"。一系列的工作看似平淡平凡，却能够起到意想不到的作用。

这也是见证一个优秀人格成长的最大魅力。

# 时间管理概念知多少

在开篇处已提到，本书旨在通过"三步"来实现家长对儿童的时间管理。

看到这句话的时候，可能有很多家长拿出一张纸，静静地等着记下这三步，然后照搬照抄。但是，直到看到这里，那些急功近利的家长还没有找到真正的第一步，于是嘀咕道："这不是骗人吗？"

对此，我想说："这不是欺骗，而是解读。"

曾看过这样一个故事：本科生、硕士生、博士生一起写论文，题目是《如何做出红烧肉》。本科生的论文开篇即从放油下锅开始，很快就写成了；硕士生则从"如何去菜市场挑一块适合做红烧肉的五花肉"开始，步骤更加复杂；而博士生的开篇是写中国人对吃猪肉的文化以及红烧

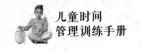

肉的起源。

那么,你觉得哪篇论文会更好看? 哪篇论文会更有效? 哪篇论文能做出更好吃的红烧肉?

显然,本科生的论文最好看。因为它简短生动,易于理解,甚至你不需要怎么思考和准备,照着做就行了——无论结果是否失败。

硕士生的论文最易做出好吃的红烧肉。因为这篇论文顾及到了本科生论文所没有涉及的选料问题——试想,如果你挑了一块边角肉,技术再好也烹饪不出美味的菜肴,所以这篇论文对实际操作更有保障。

而博士生的论文乍一看令人没有读下去的意愿,但是从学者角度来看,这篇论文对所有的理论都追根溯源,挖掘深意,如果想要增长某方面知识,这篇论文最能打下基础。

以往,我们的时间管理法往往停留在"本科生论文"阶段,重视的是操作而不是理解。所以,经常听到家长对孩子说"快快快""好好规划时间"等流于表面的话语,却从来没有想过为什么要"快快快",或者说怎样才是真正的"快快快"。没有这样的认知概念,就像不知道路在何方而拼命奔跑一样,累得筋疲力尽也只能无功而返。

总之,下大力气、费心思认识时间概念非常有必要。

这就像一篇博士论文，看似无味，深挖深究可以发现每一次的讨论都是必然的、有理有据的，能够带给我们力量。就如席勒所说："时间的步伐有三种：未来姗姗来迟，现在像箭一样飞逝，过去永远静止不动。"

### 、时间管理，其实就是习惯的再塑造

李简决定对妮妮进行时间管理的培养，妮妮也非常配合。但是管理了几天，母女俩都感到疲倦。李简说："每天都像在拼命似的，有个严苛的时间表始终在等着我，稍不留神就错过时间了，稍一放松就来不及了，你说这日子过得什么劲啊！"

连妈妈都觉得受不了，更别提妮妮了。几天的时间管理实施下来，妮妮痛苦无比，起初的热情消失殆尽，还出现了逆反情绪。

为什么会这样呢？这是很多家长共同的疑问。时间管理，应该会让孩子更加高效、更加热爱生活，应该会让家长更加解脱、更加轻松，但现在的情况截然相反。

排除掉任务项目安排不合理、节奏过快等原因，时间管理实施困难的一个重要因素在于——没有形成习惯。

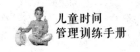

所以，时间管理的本质，其实就是对习惯的再塑造。举例来说，你每天晚上都熬夜到零点过后才睡觉，偶尔有一天需要晚上 10 点就睡觉，那么这个夜晚会非常痛苦——你会翻来覆去睡不着，同时心里惦记着喜欢的电视剧、好玩的手机游戏，越想越难过，最后生生地熬到习惯性睡觉时间，才在"早知道一直睡不着，还不如玩一会儿再睡"的抱怨里迷迷糊糊地睡去。

如果你每天都有早睡的习惯，那么，当得知需要 10 点睡觉时并不会有压力，倒头就睡，非常容易。

这就是习惯的力量。

有时候，做一件事的难与易并不取决于事件本身，而取决于是否有这方面的习惯。早睡不过是诸多习惯中的一例，但足以使一个没有养成良好习惯的人败倒在睡眠线上。


回过头来看李简与妮妮的事例。

虽然李简在培养妮妮的时间管理时综合考虑了很多因素，也得到了妮妮的全身心配合，但是，由于不能够将时间管理的模式与妮妮的习惯结合起来，以至于每一次管理都是强求，每一次时间安排都像是"死命令"，母女二人怎么能不疲倦？

比如，妮妮的时间管理中有这么一条：中午 12 点吃饭，饭后散步一会儿，1 点钟午睡。李简说，这一条实施起来难上加难，每次都以鸡飞狗跳、大人怒孩子哭而告终。后来经过分析发现，妮妮之所以不乐意的原因在于——她中午睡不着，让她放弃窗外明媚的阳光而乖乖地躺在床上睡觉，简直是要了她的命。

对此，我的建议是取消这一条，不要让妮妮午睡了。

李简对此非常不赞成，她说许多权威刊物都提到，午睡对孩子来说非常重要，可以保障孩子一天的精力，最后还埋怨道："你不让孩子午睡，是因为这不是你的孩子。"

对此我哈哈大笑。其实，午睡到底需要还是不需要，妮妮最有发言权。在一个不想睡觉的时间段里逼着孩子睡觉，带来的绝不是好习惯，而是孩子强烈的逆反心理。我说："李简啊，如果妮妮真的需要这段睡眠，那么在取消午睡后的一段时间，她自己就知道了。"

事实是，取消了这条午睡计划后，妮妮很开心，中午的时间表压力也没有那么大了。更令李简惊喜的是，某天中午妮妮自己爬上了床，说："妈妈，我有点困了，想睡一会儿。"

不管怎么样，这至少是一个良好习惯的开端，而且是孩子主动发出的。

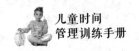
再看李简时间管理当中的另外一条：晚上 8 点上床，背古诗一首，然后睡觉。这是妮妮执行最好的一条。

正如之前我所提到的，妮妮是一个精力特别旺盛的孩子，非到万不得已绝不睡觉，而且一碰着床精力更好。由于有这样的特性，妮妮睡前背古诗的意愿强、效率高，很快就养成了良好的习惯。

有一次，李简带妮妮去芜湖旅游时，躺在宾馆的大床上，妮妮居然喊了一声："妈妈，还没背古诗呢！"那一瞬间，孩子妈妈差点涕泪横流。

说到底，时间管理就是结合实际情况，运用适当的策略和技术，帮助你尽可能有效地利用时间。它看似复杂，但本质却非常简单——就是对习惯的重塑。

所有不良的时间运用，都是由不良习惯导致的，比如拖延症。弄清了时间管理的本质，在习惯的培养上多下功夫，可能对于家长来说，这才是协助孩子养成良好习惯的开端。

## 二、去做，更要明白如何去做

邻居家的明明爸怒吼了一上午，由于墙壁隔音不好且明明爸出身男高音，我和先生都清楚地了解了明明同学被吼的原因——没有完成暑假作业。

提到假期作业，每个家长都有不同的说法，比如我的一个朋友说："我基本上都不看，真的，没有什么看的必要，但我们一定得让孩子写。所以我想说，孩子你可以草草地做，但不能不交。"

这话虽然糙，但理不糙。

想当年我读书的时候，在假期作业上费了不少心血。而我先生则对假期作业更有心得，说："写什么啊，那怎么能写完呢？老师不会仔细看的，顶多就是翻一翻，所以你可以使用'粘页法'——把两到三页粘起来，老师翻的时候就不会发现这几页没写了。"

这个方法简直让我震惊。但我们不难发现，太多的孩子讨厌写假期作业，为什么呢？

我向明明借来他的假期作业，从成年人的角度来看，

假期作业是个挺有意思的习题集，不仅难度适中，而且兼顾了多个学科，不至于始终做一门学科而感到厌烦。所以说到底，孩子不想做假期作业的真正原因不在大本子身上，而在于"如何"去做。

据明明爸说，明明在放假第一天就问爸爸："帮我数数假期有多少天。"

"我算算……42 天。"

"哦……"明明做沉思状。当时明明爸非常高兴，以为明明终于长大了，居然能够在假期的第一天就对写作业做出科学的规划。

明明爸开始考虑，到底是请儿子吃个必胜客还是吃个汉堡王。然而就在这时，明明说："行，假期的最后两天你提醒我一声，我开始写作业。"

明明爸一下子就火了。


很多家长都有这样的体验。当一个假期与许多作业横亘在面前时，成年人往往会选择有计划地安排这些作业，争取既能玩得好，也能按时完成作业。但对于孩子来说，他的安排往往是：先玩再说，等到最后几天再突击。

家长担忧这样"突击"出来的作业质量很差，也担心孩子的时间规划能力，所以一场家庭矛盾在所难免。只不过，在家长执着于"棒子炖肉"式教育的同时，有没有想过：为什么孩子的选择和大人的选择不一样呢？

同样一本作业，如果是明明爸来选，他有两种解决方式：一是利用假期的头一周把作业完成，余下几周就可以开心地玩；二是把作业平均分配到每一周，这样不会太累，也可以玩得高兴。

明明的解决方式是：先玩，最后两天熬夜突击写完。

如果我们把"写作业"等同于"辛苦"，那么，成年人倾向于先经历"辛苦"或者平摊"辛苦"。而儿童倾向于先享乐，直至最终无可奈何的时候再"辛苦"。

导致这种选择偏差的原因非常简单——因为儿童的人生经历少，所以在他看来，"辛苦"能晚点就晚点。但他却不知道，如果把"辛苦"积累在一起达到一定程度之后，会变成比"辛苦"更可怕的"痛苦"。

我对明明爸说："以前也不见得你做得比明明好，也一定有把作业压到最后写的习惯。但是，总有那么几次熬夜写作业让你觉得难过，或者最终没有完成被老师罚，让你觉得难忘，所以你改掉了这个习惯。或者说，随着年纪的增长，责任感不断增强，你觉得把没有做完的工作放在一边，本身就让你觉得痛苦，所以选择先付出劳动来

工作。"

明明爸不停地点头。

"可是，明明缺的就是这种感觉啊，因为他不知道把这些作业积累下来是会痛苦的！"

绝大多数的家长都不知道孩子为什么会拖延，以为打几巴掌，孩子就会改掉。实际上，这种拖延的根源在于——孩子不知道今天的劳动会带来明天的快乐，不知道"明日复明日"之后的积压会造成强烈的伤害。

家长在面对孩子"拖延性"的选择时，要注重灌输这样的概念：做每件事并不是为了眼下，而是为了明天你能体验到更美好的事情。所以，即使今天做的事情并非你最想做的，但是考虑到今后，还是要先付出努力。

至于明明爸的苦恼，我建议他不要干涉明明的突击作业法。明明如今才小学一年级，作业难度系数并不高，是否认真写作业对于成绩的影响也不大，倒不如借这个机会让明明体会一下突击做作业的痛苦，下一次假期时再扭转时间观念，成效会显著很多。

### 三、懂得休息更深层次的意义

说到痛苦，就不得不提一下休息。

一直以来，在时间管理的范畴里，"休息"这个概念最易被忽视。在效率至上的时间管理法当道之时，许多家长忽略了对孩子"休息"能力的培养，而一味地寻求"动起来"。

殊不知，自古以来"动"与"静"就是相对的概念——但凡会"动"的孩子最终都得以"静"作为缓冲，也只有会"静"的孩子才能更好地"动"起来。

那么，到底什么样的休息才是有效的、健康的呢？总体来说，休息分为被动休息、主动休息和仪式性休息三种。

被动休息，说白了就是累了才休息。这是许多儿童面对繁重的时间表时，采取的最不可取的休息方法——写作业直到困得眼皮打架了才睡觉，练钢琴直到双手发麻了才停下，背英语单词直到口干舌燥了才停止……这些都是被动休息的典型表现。

被动休息不仅不利于孩子的身体健康，更不易于他在学习过程中心态的发展。因为一学就不能停下来，非得累

了才能休息，所以孩子看到"学习"二字就想到了疲劳，逐渐对学习产生了厌烦情绪。

主动休息，就是虽然没有太累，但觉得应该休息一下了。与被动休息相比，主动休息是更高一层次的休息模式。与主动休息相类似的模式在生活中很常见，比如我们常听到的说法：不要等渴了才喝水，而是应该喝水的时候就喝水。

身体如此，精神也是如此。在没有累的时候就开始休息，往往比累得不行了才休息所需要的休息时间更少，休息效果也更好，心情好更容易恢复精神。

仪式性休息，这个概念可能较为特殊，但其形式却是人人都遇到过的。从根源上来说，仪式性休息是一种自我激励的方式，真正的意义不在于休息，而在于即将休息的那段工作、学习时间。

在日常写作中，我常用仪式性休息的方法来激励自己。比如，告诉自己："写完这一章，我就去泡一壶上好的大红袍。"那么，在敲打键盘的时候，我的内心充满了兴奋与动力，工作效率越来越高。而且，当我完成了这一章写作的时候，那一壶香喷喷的茶水能够将自我满足感提高到一个新标准，从而影响我下一阶段的写作。

可能会有家长说，虽然主动休息和仪式性休息很好，但是太浪费时间了。真的是这样吗？我们先来进行一个简单的对比。

一名六年级的同学要进行三个小时（180 分钟）的英语学习，有三种休息方式供他选择。

**1. 被动休息式**

高效学习 45 分钟（由于课堂时间通常为 45 分钟，所以儿童的注意力往往形成 45 分钟的惯性周期）

疲劳学习 45 分钟

被动休息 15 分钟（因为极度疲劳，所以需要的休息时间更多）

重新进入学习状态 15 分钟（因为刚才很累，所以，再开始学习后会产生一定的厌学情绪，进入状态需要更多的时间）

高效学习 45 分钟

再度疲劳学习 15 分钟（二次疲劳学习时间会比上一次更短）

孩子崩溃了

## 2. 主动休息式

高效学习 45 分钟

主动休息 10 分钟（此时孩子还能坚持学习，但是采取主动休息法，疲劳状态不深，需要 10 分钟就可以休息好）

重新进入学习状态 5 分钟（因为不算太累，且是主动休息，所以进入状态相对快一些）

高效学习 40 分钟（二次进入学习状态后，可以适当减少学习时间，提前休息）

主动休息 10 分钟

重新进入学习状态 10 分钟（第三次进入学习状态势必要比头几次更慢一些）

高效学习 30 分钟

主动休息 10 分钟

重新进入学习状态 10 分钟

高效学习 10 分钟

孩子虽然也有些疲劳,但总体上这段学习过程很愉快,也并非不可以继续坚持。

## 3. 仪式性休息与主动休息相结合

高效学习 45 分钟

主动休息 10 分钟

重新进入学习状态 5 分钟

高效学习 45 分钟

仪式性休息 20 分钟（这 20 分钟内可以吃一些水果，听几首歌）

高效学习 45 分钟（因为得到了全身心的放松，心情愉快，所以相当于重新学习，可以立即进入高效学习模式）

主动休息 10 分钟

此时，孩子并不感觉到特别疲劳，而且成就感较高。

通过以上三种休息方式，我们不难看出：被动休息模式下，虽然孩子坐在书桌前的时间拉长了，但效率却大大降低，且极易产生不良情绪。相比之下，主动休息模式更积极、健康，也更有可持续性。而仪式性休息虽然可能造成孩子二次学习不专心的情况，但是对激发孩子的自我满足感、自我预期性有更好的帮助。

也许会有家长说，这毕竟是模拟情况，现实与模拟肯定存在出入。诚然如此，但是结合我们自身的学习、工作情况，难道不正是仪式性休息与主动休息相结合，更能给自己带来工作上的身心愉悦吗？

　　没有人是学习、工作的机器，一直埋头苦干得出的绝不是最好的成果。所以，家长在为孩子指导时间管理方法时，不要过多地追求"坐在书桌前"这个形式，而要提高"坐在书桌前真的在做事"的效率。

　　这种效率不仅是通过"动"的元素实现，更是要通过"静"的辅助来巩固。只有这样，才能让孩子真正地认识时间，掌握时间管理的方法，感知管理时间的真谛。

# 时间都去哪儿了

一位读者小晴找到我，说她很想进步，也很想变得优秀，但就是没有充足的时间。我问她从事什么工作，她说是公务员；我问她是否有孩子，她说才刚刚结婚；我又问她是否有兼职，她说没有，就是朝九晚五的上班族……

在我看来，小晴简直就是一个行走的"时间空囊"。她的工作、家庭等客观条件极为优厚，给她带来了大量的富余时间，那为什么她会觉得"时间不够用"呢？

小晴说每天下班后自己都很忙，从来没有闲下来的时候，直到躺在床上的瞬间，才觉得"我终于可以放松一下了"。但被问及都在忙些什么的时候，她干脆答不上来。

这就有点麻烦了。思来想去，我给小晴推荐了一个方法——下班回家后，每过半小时记录一下自己刚刚做了什么，直到睡觉。连着记录几天，可能就知道自己每天晚上

都在做什么了。

事实是，头几天小晴干脆就忘了记录，好几天后终于想起来了这事，当天记下来的事情是这样的：

跟同学视频聊天；聊完之后上淘宝店铺看同学推荐的防晒霜；找明天上班想要穿的衣服，倒腾一阵没找到；发现一件买了还没有剪标签的衣服，拿出来试穿；然后又搭配别的衣服试穿；发现自己没有合适的长筒袜，于是上淘宝购买；发现收藏的店铺上新了，继续购买……

小晴把这份记录拍照给我看的时候，我是欲哭无泪，她说自己也有同感。我们都深切地感觉到：宝贵的时间，在一些无意义的事情上消磨光了。

现在流行一句话：把生命消磨在有趣的事情上。但是，小晴用来消磨时间的事情显然并不放松，也没有太大的意义，且这些小事让她感觉到疲倦，最后什么也不想做，躺在床上回想自己的业余生活，一事无成，内心空虚。

同样的情况，也在孩子身上有所体现，甚至体现得更加强烈。因为孩子是自制力不强的一个群体，且缺少足够的时间甄别力、时间概念性，所以更易把时间全都浪费掉。

同事许江的女儿高颖是高一学生，成绩不错，但是许江却忧心忡忡，因为她发现高颖的学习效率越来越低，成绩下滑了不少。

高颖打小就是自觉、听话、不用父母操心的那种孩子，所以当许江对高颖提出要求的时候，高颖委屈极了："妈，我长这么大没让你管也学得很好，现在你怎么不信任我了呢？"

"不是不信任你，只是我觉得你最近拖拖拉拉的，干什么都慢。"

"你看我放学之后闲着了吗？"高颖提高了嗓门。

你看，"我放学之后闲着了吗？""我下班之后一直都很忙。"这两句话虽然出自两个人之口，却有非常微妙的异曲同工之处。无论是上学还是上班，无论是年轻还是年长，这两个人都遇到了同样的问题：我觉得自己已经很努力地在利用时间了，但时间还是不够用，效率还是提高不起来。我想做的事情永远没有时间做，而我宝贵的时间又在不经意间流走了。

现在，我们要解决的就是这个问题。


## 一、被转移走的时间

我们先来剖析小晴的事例。

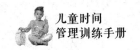

通过小晴寥寥可数的几天记录，不难发现一个问题，她似乎不是很定心。比如，小晴寻找第二天想要穿的衣服，这是个非常好的习惯。与其早起在衣柜前纠结，越纠结越心烦，从而影响了一整天的心情，我觉得不如头一天找好次日要穿的衣物，到时不至于手忙脚乱。

尤其是，如果为第二天准备的衣服很好看的话，在睡觉前会有期待感，次日起床时也有"我要去惊艳同事"的动力。

在小晴的事例里，"找第二天要穿的衣服"这件事却没有那么成功。因为她找了一会儿，在目标还没有达成的情况下，注意力被另外的事件吸引了，也就是：发现一件还没有剪标签的衣服，就拿出来试穿。

试穿一下新衣服，力争不让它被浪费掉，这是一件无可厚非的事情，更何况大家都有这样的经历——买了很多衣服却没有机会穿，放在衣柜里徒然心烦，不如早点儿拿出来试穿或者丢掉。但是，小晴的试穿却不是那么正能量，试穿之后她发现这件衣服需要搭配，然后又搭配别的衣服试穿。

看到这里，可能有读者发现小晴的注意力已经被转移了两次。第一次是发现未剪标签的衣服，第二次是决定搭配别的衣服。但是注意力的转移是一个连锁反应，不会轻易中断，于是在小晴一次次的试穿后，出现了新情况——她发现自己没有合适的长筒袜，于是上淘宝店铺购买。

这一次的注意力转移就有点可怕了。之前，小晴的转移是在同一个领域进行，也就是在试穿衣服的范围里。但是现在，小晴已经从试衣环节转移到了购物环节，而这个环节将会浪费更多的时间，因为在丰富的网购环境里，注意力会被若干次转移。

果然，小晴还没有买到合适的长筒袜，倒是被淘宝网首页的一些打折消息所吸引，并成功地发现自己收藏的店铺上新了，继续购买。

可以想象，那天小晴是在一次次注意力转移后，最终在购物中结束了宝贵的时间。当小晴躺在床上准备睡觉，觉得身心俱疲，第二天困倦得起不了床，长此以往就造成了一种"天啊，我每天都好忙好累"的错觉，然后不肯再为自己多定目标，多做任何努力了。

注意力转移，是我们失去时间的一大杀手，无论对成年人还是孩子来说都是如此。如果是一个自制力强一些的成年人，可能会在第一次转移当中就想起："我一开始想干什么来着？"然后回归到最初的目标。如果是孩子，就

很容易多次被转移。

如何对待这种转移是一个难题，但并非不可克服。总体来说，转移需要秉承一个观点：可以做，但不可以现在做。

如何理解这句话呢？好莱坞著名剧作家悉德·菲尔德在其剧本写作教程中曾提到这样的事例：有些人终于找到了好时机，坐下来准备写剧本。当刚刚动笔到关键部分时，脑海里突然涌出一个新的灵感。这个灵感会撩拨得他心神不宁，好像如果不写，就会与奥斯卡最佳编剧奖失之交臂，于是他就停下正在撰写的这部剧本，转头从新的灵感入手。

然而，新的灵感还没有写多少（毕竟这个灵感的构思还不够成熟），所以他很快被卡住了。这时候，可能会出现另外的灵感，而这个灵感看似跟上一个同样好，于是又停下来了……最终，一个一个的灵感换来换去，什么也没有写成。

悉德·菲尔德要求广大写手对此高度警惕，在下手写一部剧本的时候，即使脑海中的灵感再好，也不要"见异思迁"。如果觉得这个灵感实在好，就动手把它记录下来，然后再次回归到最初的剧本写作中。

悉德·菲尔德的理论绝对适用于绝大多数的工作，也适用于孩子的时间管理。要注意，当你集中做一件事情的时候，无论想到了什么都尽量把这个事情做完，再开始做第二件事。这种做法，可以保证你不会在诸多事务中"兜圈子"，最终浪费了时间却一事无成。

反观悉德·菲尔德提出的这种转移，对比小晴的事例，我们不难发现：转移还分为不同类型，而跨领域式的转移最为可怕。比如，小晴已经从最初的试衣行为，转移到了淘宝购物的行为。

人类都有趋利避害的本能，往往在难做的事情上，经过一系列自觉或不自觉的转移，最终停留在最容易做的、最乐意做的事情上，比如网购。

再比如，小朋友会在写作业的时候突然发现铅笔没有削好，于是转头削铅笔；铅笔削了一半发现笔袋上有一点儿污渍，于是用橡皮来擦；擦着擦着发现新买的橡皮又香又软，于是写作业的时间停留在玩橡皮这个环节上。

所以，为了防止这种转移的发生，一定要让孩子牢记："可以做，但不可以现在做。"

写作业的时候，想起明天要带的课本没有带，不要立即站起来找课本，而是记录下来，一会儿再找，先把手头的作业写好；发现铅笔没有削好，而没有铅笔不能继续完成

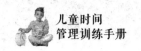

手头的作业，那么可以去削铅笔，在削完的那个时刻告诉自己："快点回归到写作业上来。"凭借这一句简单的话，时间利用的效率就会高很多，许多被转移的时间也会慢慢找回来。

### 二、被娱乐偷走的时间

愉快的时间总是很短暂。这句话在一些联欢会主持词里经常出现，虽然土气，却是事实，因为我们都有过这样的体验。

以前，我每天要坐 45 分钟的地铁上班，如果这 45 分钟里我在读一本很晦涩的书，就会觉得度"时"如年；如果我在看有趣的视频，可能还没等到过瘾就得下车了。所以，时间往往就在我们最放松愉快的时候悄悄溜走了，并给自己造成"时间不够用"的假象。

上面提到的高颖，她以前的学习效率很高，成绩也不错，可为什么到了高中阶段就下降了呢？许江通过观察发现，高颖自从有了智能手机之后，每天放学都要先玩一会儿再开始学习。

许江认为这无可厚非，毕竟孩子的学习压力大，玩一会儿手机不是什么大事，就连自己也要先玩会儿手机再做晚饭。更何况，关于这个问题许江与女儿交流过，高颖明确答复："我心里有数，所以只玩一会儿。"

"我相信女儿的自制力，但是，后来我发现她一玩就是两个小时左右！"许江说这话的时候有些痛心疾首。

我能体会到许江的心情，并劝她不要生气。因为在高颖看来，两个小时就是"一会儿"，这并不是孩子对时间的概念有问题，而是因为玩的时间过去得非常快，往往是："我觉得自己还没怎么玩，怎么时间就到了呢？"

你看，当时下"抖音""快手"等各类娱乐性 APP 大行其道的时候，时间也赶了一个时髦，在你的笑声里"抖"没了。

结合刚才小晴网购至半夜的例子，我们虽不能埋怨技术的发展，却也不得不承认：科技让时间更快地消失了。但是，现在我们要做的就是不能让时间白白走掉。

面对这样的问题，我劝许江不要阻止孩子玩手机——高中孩子的逆反心理很强，强行没收手机可能会造成恶劣的结果。最好的方法是，可以要求高颖每次玩手机之前就设置好闹钟，家长可以问："玩一个小时行不行？"

高颖答："不用那么久，我玩半个小时就行了，我心

里有数。"

"我知道你心里有数，但还是设置一下闹钟吧。"

"好。"高颖痛快地打开手机添加了一个闹钟。

结果让高颖大吃一惊又大失所望，原本让她觉得玩半个小时就够了，时间居然眨眼似的就飞走了。她很不情愿地放下手机，坐到了书桌边，心里还琢磨着时间怎么过得这么快。

第二天，同样的情况再次出现。几次之后，某天下班，许江发现高颖没有玩手机，就问道："今天怎么没有玩？"

"因为我发现玩手机时间过得太快了。"高颖如实回答。

那个瞬间，许江激动得快要哭出来了。女儿还是那个乖巧、有自制力的好孩子，她曾经在时间管理上出现的一点点偏差，就是在于对时间概念的理解出现了问题，忽略了愉快对时间相对性的影响，现在她已经知道改正了。


所有家长都应该对本人和孩子树立这样的观念：你到底想怎样度过自己的时间，是想让它快点儿过去没有任何内容呢？还是想让它四平八稳地装满你的努力与梦想？

如果你的选择是前者，那大可不必管理时间，什么开心就做什么好了。但我想，大部分人的目标是后者。如果有这样的想法，就要尽量避免一些特别容易"刷"时间的活动。比如，抖音会根据你关注的内容不断推送新的，从而让你停不下来。如果一定想要玩一下，放松一下，那就一定要设置闹钟，玩到这个时间立即停下来，防止时间悄悄流走。

说到底，家长在教育孩子进行时间管理时，不仅要明确概念，更要找出孩子的时间都到哪里去了——是不是被默默地转移了？是不是被愉快的活动偷走了？

找到时间流失的原因，才能找到夺回时间的渠道。在这一点上，家长与孩子需要共同努力。甚至可以说，每个人都要为之努力。

# 合理利用隐藏的时间

说到底，我们做的每次试探、每次努力都是为了能够找到更多的时间，合理利用更多的时光与机会，在同样长的时间维度中，或者尽快成长，或者享受生活。

我相信此时大家对时间的概念已经有了新的认识，对时间的理解也有了全新的视角，于是，我们要陪孩子一起找出隐藏的时间。

## 一、你的时间都藏在哪里

什么叫隐藏时间？

这听起来像个游戏，却是一个极为严肃的命题。对于每一个人来说，虽然上天都给予了每天 24 小时的时间，但由于利用的角度和方式不同，很多人把宝贵的时间都藏起来了。

无论是大人还是孩子在缺少时间的情况下，往往想到的都是抱怨："我怎么这么忙，这么累？"然后，被动地减少自己的学习量、活动量及工作量，很少会想到：是不是有些时间被隐藏起来了？如果能找出它们该有多好。

总结来说，时间被隐藏的可能性有如下几种：

### 1.因为太过轻松而隐藏的时间

我上下班要坐 45 分钟左右的地铁，曾有过这样的经历：如果我在地铁上看视频，尤其是搞笑类的视频，则觉得 45 分钟很快就过去了，甚至有时候会出现"这个好看的视频我还没有看完，怎么到站了"的感觉；如果我在地铁上做一些逻辑学或者历史学的科研题目，则会不时地抬起头来看站点，心里默默地想：今天的地铁是不是出问题了，怎么慢成这个样子？

每个人都有这种经历，过于轻松的事情会让你觉得时间过得特别快，从而出现"时间错乱"的幻觉。

曾经有人提出一个很严肃的话题："如果你的生命只剩下了一天，你准备做什么？"有人这样回答："我准备帮儿子做数学题，因为我每次做数学题都觉得度日如年。"

### 2. 因为内容单调而隐藏的时间

如果有三个小时的时间，这绝不算长也不算短，可以分成两种方式来使用。一种是连续三个小时读有趣的书；一种是一小时读有趣的书，一小时看有趣的小短片，半小时做做运动，半小时喝喝香茶静心。

你觉得哪种方式会让人觉得时间更长？显然是后者。

其实，两种方式里的活动都是轻松的，但如果将大把时间只用于一件事，往往会产生疲倦感，会有走神、犯困、发呆等一系列的问题，进而快速地消耗掉时间。

如果能够把时间合理地拆分，在一件事情还没有做累的时候就转向于第二件事情，新鲜感和肢体的运动将会冲淡时间的麻木感，从而达到一种"好像拥有了更多时间"的感受。

### 3. 因为总在等待而失去的时间

关于"等待"这个问题，我那处女座的老公很有发言权。

曾有一段时间，我老公每天下午 5 点到家，负责做晚饭；而我 5 点半才下班，6 点半到家就吃饭。有一次我问他："这一个半小时你都在做什么呢？"他回答说："在做饭啊。"

"那做好饭后的其他时间呢？"

"……没有其他时间啊，有的话也是在等你。"

其实，我替老公计算过，按照他的厨艺，一个小时用于做饭绰绰有余，这样可以多出至少 30 分钟的时间。但是，回家之后他就给自己定了一个"我要用一个半小时做饭"的目标，时间的用法被大大改变了，这样，许多时间都在等待中度过了。

比如，洗好菜之后，我老公看了看手表，心想现在炒菜太早了，再过 15 分钟吧。这 15 分钟就在等待炒菜的过程中溜走了——当然也不是什么都没做，他可能会拿起手机看看新闻，或者在屋里到处走走。但无论哪一种，因为将时间用于"等待"这个主题，所以无法发挥最大的效用。

通过那次谈话后，我老公树立了正确的时间观，每天到家后就会计算自己做菜需要的时间：今晚只需要 30 分钟就可以做好菜，那么余下的时间可以安排其他任务了。他的工程师资格证、读完十几本名著，都是在这种挤下来的时间里完成的。

## 4. 因为一心一用而隐藏的时间

做事要一心一意。

小时候，这是父母经常教育我们的一句话。这句话没有错，但仅适用于我们生活中的部分时刻。比如考试，确实需要一心一意；比如做高端科研项目，绝对需要一心一意。但是生活呢？

有时候，生活中的琐事过于一心一意，失去的将是大把的宝贵时间。举例来说，吃完烤鸭剩下的鸭架是熟制品，所以你要炖一锅鸭架汤仅需 30 分钟。在这期间，你需要在厨房里盯着那口汤锅，这在空间上限制了你的行动；同时，这 30 分钟的时间又不算长，但还是会在这个时间里限制你去做其他事。此时，很多人选择的方法是，干脆举着个手机站在厨房里，等着汤熟。

当汤做好之后，你端着香喷喷的汤碗招呼孩子吃饭。这时候，你感觉到非常充实，因为你只用 30 分钟就做了一锅这么好喝的汤。但是你绝没有想到，这 30 分钟的时间其实大部分被浪费掉了。

关于这锅汤，我们完全可以用别的方式来炖好它。不，我指的并不是换一口锅，而是换一个炖汤的心态。

我曾结识了一个南方姑娘，特别爱喝汤，她每次炖汤的时候都会看着一本有趣的书，然后踮起脚尖站立在厨房里。

她说："这是我能想到的最好的时间利用方法了。这种有趣的书，我觉得在夜深人静时读太过于浪费时间了，但在炖汤需要照看汤锅的时候则特别合适；至于踮起脚尖，可以有效地瘦小腿，如果我愿意更进一步的话，还能够贴墙站着治一治我的颈椎。"

你看，是不是觉得你以前用 30 分钟的炖汤时间就是浪费了？

在我们的生活中，不找不知道，一找吓一跳——许多隐藏的时间就在我们的嬉闹当中跑掉了，且一去不回头。当我们回头看看自己的家庭生活方式，再看看我们的孩子在学习时间管理时，就会发现，找到这些隐藏的时间有多么重要。

你虽然不能改变时间的长度，但你可以增加时间的密度。这绝不是一句矫情的话。

## 二、找对方法，用对时间

这时，有家长问了："我是成年人，你讲的道理我都懂，然后我也能够学着利用隐藏的时间。但孩子还小，如

果我跟他讲：'你虽然不能改变时间的长度，但你可以增加时间的密度。'他只会一脸茫然或者干脆翻一个白眼。"

没错，现在回到主题上来：孩子对时间的理解往往停留在具象阶段，所以，想要让他找到隐藏的时间，就得有具象的方法。

在这里，我建议大家使用一种游戏的形式——寻"时"奇兵。

每个孩子都有寻找和收集的欲望，这种欲望可以反映在小石头、玻璃球、树叶上，为什么不可以反映到时间上呢？在家长的指导下，孩子可以对自己的时间进行寻找和挖掘。

彤彤上小学四年级了，她觉得自己白天要上学，晚上要练琴，时间真的不够用。那么，我们是不是可以指导彤彤找出她隐藏的时间呢？

妈妈给彤彤提供了一包生板栗，希望她利用一天的业余时间，尽最大努力把板栗剥完。不过，剥板栗还有要求：上课时间不可以剥，三餐时间不可以剥，午睡时间不可以剥，练琴时间也不可以剥。

听完了妈妈的要求，彤彤尖叫起来："天哪，除了这些时间，我哪儿还有时间啊！"但是，由于剥板栗只是一个时间游戏，彤彤还是选择接受了。

第一天，彤彤剥得很少，她还跟妈妈说："在上课的时候，我差点儿没有忍住就剥起来了呢。"

随着彤彤带着板栗一起上学的时间越来越长，她剥的板栗也越来越多。这当然有彤彤剥皮更加熟练的原因，同时还有一种时间利用上的原因。

彤彤发现，天里可以利用的时间有很多——在完成了课业的基础上，她发现课间时间大都是跟同学们打打闹闹，这个时间可以利用；放学坐地铁的时间，都是拿妈妈的手机刷抖音、玩游戏，这个时间可以利用；晚上回家的时间也比想象的多，做完作业又练完了琴，平时坐在沙发上乱按遥控器看动画片，这个时间也可以利用起来。

这时候，妈妈终于揭示了这个剥板栗游戏的主题："彤彤，你看，其实你有那么多的时间可以利用。反过来说，这些用来剥板栗的时间，不是可以做很多事情吗？"

这就是我要向大家介绍的游戏——寻"时"奇兵。

寻找时间并不像大家想象的那么难，也不用通过大量的说教来推进，有时候，一个具象的小物件就可以找回我们可利用的时间，比如板栗。如果家长只对孩子说："你看，你利用课间时间也可以做很多事。"这难保孩子不会

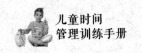

产生逆反心理，但是当他亲手一个一个剥完板栗后，就会对隐藏的时间有了更深层次的体会。

这就是具象时间的力量。

当然了，也会有一些对孩子过于娇惯的家长说："天啊，这个法子不好，我可不能让我家宝贝剥板栗剥好几天，我平时疼他都疼不过来呢。而且天天剥这个，孩子累坏了咋办？"

诚然，这个寻"时"奇兵的游戏，需要几天甚至一周的时间才能让孩子有所收获，其间也要牺牲不少板栗。但我想说的是：我们今天所浪费掉的时间，都是为了节省明天能够使用的时间。现在你就娇惯着孩子，不让他对时间的感悟做任何尝试，只会浪费越来越多的机会。

所以，寻"时"奇兵做起来不怕早，只怕来不及。

# 第 二 步

## 明确时间管理的目的，实行表格式管理法

　　儿童时间管理的重点内容不在于教大家做表格的技术，而是教大家如何安排表格的重点，如何选择适合自己的表格，并在其中加入最佳的任务安排。

# 时间的价值体现

现在，可以先与孩子一起做个小游戏。

空气是不是存在的？当然存在。但我们看不见、摸不到，怎样才能证明它的存在呢？

这时候，小朋友就会想办法了，大多数小朋友会说："如果空气不存在，我们呼吸的是什么呢？我们都没有死掉，说明空气是存在的。"还会有一些小朋友说："有空气啊，刮风的时候，空气就在我们身边飞来飞去的。"也许还会有少数小朋友说："空气是无色透明的，所以无法证明。"

小朋友的这些答案都是对的，但是，我们非要"看一看空气"，怎么办呢？

一个很简单的方法就是：找一个不漏气的塑料袋，抖一下，然后扎住口子。这时候，就会看到塑料袋慢慢地鼓起来了，那里面就是空气。

这样，空气就可以看得见、摸得着了。

这个小游戏算不上十分严谨，却可以给我们一定的启示：时间如空气一样都是无形无色无味的，如何证明它的存在呢？

答案就是：像对待空气一样，把时间用"塑料袋"装起来。而这个"塑料袋"有个新的名字，叫作表格。

## 一、要明白表格的重要性

几乎所有的时间管理法丛书，都会推荐使用表格，这从某种程度上证明了表格的科学性。但是许多人认为：表格是我自己制定的，反正也是我脑子里内容的重现，那我只要随时想着就行了，何必非要做表格呢？

绝非如此。

我们举例来看。比如，今天上午你有几件事情要做：8点送孩子去学校；8点半公司有视频会议，持续到9点半；9点45分左右有邻居家的太太来访，来访期间需要炖上一锅牛肉汤；10点20分左右邻居太太回去了；10点半约好了订课外杂志的人上门送来杂志目录表；看完目录表，确

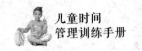
定了要订的杂志；11点再去学校把孩子接回来，11点半开始吃牛肉汤。

对于绝大多数全职、独立带孩子的夫妻来说，这样的时间安排绝不算太满，甚至可以说是家常便饭。看一眼上述的时间安排，似乎没有什么空闲了，所有能用的时间全都用上了，非常完美。

但是，这时候如果有意外情况发生呢？

比如，想起来要给孩子做三明治，这就需要15分钟左右的时间才能做好。比如，邻居家的太太晚来了20分钟，这样她走时也延后了20分钟。比如，课外杂志的种类太多，你不知道选哪个好，于是多纠结了一会儿。

那么，这个时间安排就全都乱了，你不知道延后的事情会与接下来哪件事相冲突，你不知道挤在一起的时间会让你错过哪件事。

这时候，我们就需要一个时间表了。把上述内容都放置在一个简单的表格里（如下图），所有的内容就显得整齐多了，时间的先后和层次也显得更加分明，任何一项提前或者延后都显得一目了然。

| 时间 | 内容 | 其他 |
|---|---|---|
| 8：00—8：30 | 送孩子去学校 | |
| 8：30—9：30 | 视频会议 | |
| 9：45—10：20 | 邻居太太来访 | |
| 10：30—11：00 | 确定要订购的课外杂志 | |
| 11：00—11：30 | 接孩子回来吃午饭 | |

同时，我们还会发现，制定了表格之后，你对全天的工作都会有宏观的把握，有了新的内容也可以加进去，成为一个更有效的时间表（如下图）。

| 时间 | 内容 | 其他 |
|---|---|---|
| 8：00—8：30 | 送孩子去学校 | 路上可以问问孩子想要的课外杂志，中午还想吃什么。 |
| 8：30—9：30 | 视频会议 | 这个阶段专心开会，不能被打扰。 |
| 9：30—10：20 | 邻居太太来访 | 邻居太太迟到了，可能会影响后续的工作。但也没有关系，由于邻里之间很熟，所以可以在厨房里完成交流，聊天之余把牛肉汤炖好，同时制作孩子爱吃的三明治。这期间，还可以向邻居太太请教她的意面酱配方。 |

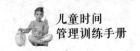
| | | |
|---|---|---|
| 10：30—11：00 | 确定课外杂志目录 | 邻居太太的迟到，导致课外杂志预订的时间变短了。还好提前跟孩子商量好了他想要的杂志，所以仅用 15 分钟就搞定了，订杂志的人也很开心。 |
| 11：00—11：30 | 接孩子回来吃午饭 | 上午好忙，路上经过小花园时，可以一边走一边伸展一下身体，保持良好的状态。 |

通过对比，表格的好处就凸现出来了。

**一是让任务更加清晰。**许多人觉得自己的脑子很灵光，所以时间表再满，也能够应付。但这种应付，往往建立在时间表稳定不动的前提下，一旦出现了变化，就可能会冲乱脑子里的既有印象，从而把所有的事都炖成一锅粥。

**二是可以有宏观把握，做每件事都有大局观。**做事前在脑子里回想，事项都是线状出现在脑子里的；但使用了表格，当天所有的事项可以立体呈现出来，有助于大局观的建立。比如，订课外杂志，如果按照原定的时间表来做，等到杂志工作人员来了再思考订什么杂志，就可能会浪费许多不必要的时间。

**三是可以插入更多事务。**生活中，不是所有的事情都需要专心致志，如果每个时间段只能做一件事，那生活既无趣也无效率。表格的好处在于，可以让你加入更多"同时做也很棒"的工作。比如，一边与邻居太太聊天一边做饭，完全可以实现。

所以，就像空气需要一个塑料袋一样，我们的时间需要表格才能更加具体化，也更加为我们所实用。

## 二、选择适合自己的表格

我们需要的表格到底是什么样子的呢？就像上图一样吗？

显然不是。上图只是一个简单的当日事务表，如果想要真正做好时间管理，这样的方法显然不够。

对于孩子来说，这个表格就更加特殊，因为他的思维更加活跃，死板的、复杂的表格只会让他头疼——这种感受，在我们年底看各种数据报表的时候也会浮现出来。

为了让孩子不那么讨厌表格，我们一定要明确自己需要什么样的表格。

### 1. 以任务为目的

我们还是以刚才的表格为例。这个表格的特点是"流水账"，虽然每件事都记录了，很详细很全面，但是适合大人看不适合儿童——儿童会觉得不知所云："为什么要做这么复杂的事情？"

为了防止这种情况产生，给儿童制定的时间管理表，最好是带有目的性的。比如，莉莉平时要上课，周末要练琴，她本身又不是特别自律，通常情况下，妈妈会制定这样的表格：

|  | 周一 | 周二 | 周三 | 周四 | 周五 | 周六 | 周日 |
|---|---|---|---|---|---|---|---|
| 上午 | 上课 | 上课 | 上课 | 上课 | 上课 | 休息 | 公园 |
| 下午 | 上课 | 上课 | 上课 | 上课 | 上课 | 英语补习 | 功课补习 |
| 晚上 | 练琴 | 练琴 | 数学补习 | 练琴 | 练琴 | 练琴 | 练琴 |

好了，大家想想，这个表格是不是似曾相识？

我们或多或少都给自己或者孩子制定过这样的表格——非常清楚，非常简明，但也……非常无趣。我觉得，莉莉小朋友看到这个表格的时候，内心一定挺崩溃的，因为接下来的一周实在是……不好玩啊！

为什么会出现这样的情况？原因在于：这个表格没有目的。

对于成年人来说，每天的生活有规律，按部就班，实在是很舒服的一件事，甚至是终生追求的一件事。但是对于孩子来说，每天的生活都千篇一律，恐怕就不那么愉快了。

针对这种情况，我更推荐莉莉家长可以给莉莉准备这样一个时间表：

| 钢琴提升月度计划表 目的：让莉莉小朋友的琴技在一个月之内完成提升 | | | |
|---|---|---|---|
| **第一周** | **第二周** | **第三周** | **第四周** |
| 目标：完成旧知识《小步舞曲》 | 目标：再进一步 | 目标：练习喜欢的《献给爱丽丝》 | 目标：大满贯 |
| 攻克左手跟不上节奏的难关，完成左右手旋律的配合 | 熟练完成《小步舞曲》，并适当进行舞台表演的训练 | 完成右手旋律熟练弹奏，并适当加入左手 | 完成左右手旋律配合；温习《小步舞曲》。在本月最后一天，给爸爸妈妈表演《小步舞曲》与《献给爱丽丝》 |

这个表格比上一个表格更加简单，但是却更加有效。原因在于，这个表格有明确的目标——所有任务的排列，都是为了能够在一个月之内攻克原来的曲目，并发展新的曲目，最后达到可以在爸爸妈妈面前表演的目的。

如果莉莉真是一个爱弹琴的小姑娘，那我相信，她更愿意接受这个《钢琴提升月度计划表》，因为这个表格充满挑战，同时让她的每一次练习都显得那么有意义。

### 2. 达到图文并茂

我曾跟出版社的编辑聊天，问为什么在内文排版上下那么大的工夫。

对此，编辑告诉我："内文的版式不好，乍一眼看上去挺不舒服的，谁想要买回去？"

起初我不以为然，觉得内容好就一定有人看。直到我买了几本不同出版社的《大师与玛格丽特》，我才信服了这种说法。同样一本书，内容完全相同，翻译水平也都不相上下，可就有的版本会让人百读不厌。

说到底，就是排版、就是美观、就是看起来舒服不舒服的问题。

对表格也是同理。

不是所有的孩子都听话，愿意挑战一个可能会给自己带来压力的表格。在这种情况下，强迫他去接受一个全都是汉字和数字的表格不现实，但可以从另外的角度来改善这种情况。比如，图文并茂。

我们都有这样的感觉，记日记或者整理工作日志的时候，一个旧本子要用完了即将换一个新本子，这时候就很兴奋，认真地挑选喜欢的本子，然后期待早点开始记录。当在新本子上写下第一个字的时候，内心充满了喜悦，头几次的记录也分外认真。

这就是新鲜感的力量。对于儿童来说，如果表格能够带来这种新鲜感，他是不是会更愿意接受？因此，一个好的表格能够吸引住孩子。

要想表格不空洞，可以用一些图片来代替文字。比如，周末要带孩子去动物园，表格上可以不用写"动物园"这三个字，而是画上猴子；安排钢琴课的练习时间，表格上可以用贝多芬的头像代替。

如果孩子已经超过这种对图片过分依赖的年龄段，可以尝试用好看的纸张、带荧光的彩笔来制作表格。当孩子能够受到吸引而亲手制作表格，效果将会更好。

### 3. 充实多种内容

现在以弹钢琴的莉莉为例。莉莉已经有了一个弹钢琴

的时间表，但她可能还需要一周的整体时间表，那么要怎样制作才好呢？我们来对比一下之前的表格：

|  | 周一 | 周二 | 周三 | 周四 | 周五 | 周六 | 周日 |
|---|---|---|---|---|---|---|---|
| 上午 | 上课 | 上课 | 上课 | 上课 | 上课 | 休息 | 公园 |
| 下午 | 上课 | 上课 | 上课 | 上课 | 上课 | 英语补习 | 功课补习 |
| 晚上 | 练琴 | 练琴 | 数学补习 | 练琴 | 练琴 | 练琴 | 练琴 |

这个无聊的表格再一次出现在我们面前，真是不想再多看一眼。但它又是那么规整严谨，让人没法不接受它。

这个时候，就要想个新办法了——充实内容。同样的时间段，同样的任务量，加入不同的、新鲜的内容，可能感受就完全不同。

|  | 周一 | 周二 | 周三 | 周四 | 周五 | 周六 | 周日 |
|---|---|---|---|---|---|---|---|
| 上午 | 上课 / 午餐带上一盒妈妈卤的牛肉，可以跟好朋友分享 | 上课 | 上课 | 上课 / 今天不用穿校服，可以穿新买的裙子 | 上课 | 休息 | 游公园，可以买一束鲜花回家 |

| 下午 | 上课 | 上课 | 上课/下午有手工课，我要做十字绣 | 上课 | 上课 | 英语补习/午饭去吃必胜客，很顺路 | 功课补习/可以看一会儿喜欢的电视节目 |
|---|---|---|---|---|---|---|---|
| 晚上 | 练琴 | 练琴/妈妈常规例会，不会做饭的老爸可能会叫好吃的外卖 | 数学补习/晚上回家可以顺路到护城河走走 | 练琴 | 练琴 | 练琴/有音乐喷泉表演，先去看回家补足练琴时间 | 练琴/晚上有喜欢的诗词节目，可以看半小时 |

好了，这个表格已经面目全非了——不，确切地说，它已经变得不那么像一个死板的表格了。

实际上，莉莉要做的功课、要参加的活动并没有太大的变化，但是现在这样的表格却与之前完全不同了。原因在于：在上课、补习、练琴之间，还有大量新的内容。这些内容似乎都不是大事，不影响主旋律，但是它们的加入会让莉莉每天都有期待。

有期待的表格，有期待的明天，才会让孩子更有动力。而这三条，就是在常规表格之外再做一个优质表格的重要因素。

# 管理好时间能让人更轻松

通过上文，我们不难发现，虽然人人都知道表格的重要性，但在实际操作中，表格的样式会多种多样化。儿童时间管理的重点内容不在于教大家做表格的技术，而是教大家如何安排表格的重点，如何选择适合自己的表格，并在其中加入最佳的任务安排。

要想做到这一点，首先要明确时间管理的目的。

## 一、时间管理也算是一门心理学

时间管理不是为了让人变得一味忙碌，而是让人更轻松，有时间享受生活。这句话听起来特别鸡汤，但仔细想想却是颠扑不破的真理。

我的闺蜜晓琴一直很忙很累，前几天因为高压生活而患上了乳腺癌，切除之后虽无大恙，但是肉体上元气大伤。

我为什么要强调晓琴是"肉体上"元气大伤呢？因为自从生病之后，她的精神反倒振奋了，找到了生活的意义与目标。

以前，晓琴只会一味地忙，给自己以高压、高效的生活。当时她正在给一家新媒体撰写软文——要把产品的营销内容放进一篇有趣的故事里，这可是个累脑子的活。

一开始，晓琴给自己定下的目标是每天写一篇，不过她很快发现一篇软文的收入很少，只好强迫自己两天写三篇。后来，她写得越来越熟练，也找到了更好的"抓紧一切时间写作"的方法，于是变成了一天两篇，再后来是一天三篇、一天四篇……在查出乳腺癌的前期，她已经发展为每天写三篇长软文、两篇短软文了。

钱，晓琴确实是挣了不少，人也觉得充实了，但是身体却因为长时间的无休息、无放松而受不了。比疲劳更令人受不了的，是她自加的无限压力，我们几个好朋友就曾这样劝过："你得给自己一个目标上限，不能因为身体适应了高强度的工作，就强迫它去做更高强度的工作啊！"

当时晓琴听不进去，直到生病之后身体大不如前了，

她才突然发现：给自己那么多压力干什么啊？写软文，说到底都是为了挣钱，挣钱是为了有时间去过自己想要的生活，给自己所爱的人以幸福。如果一味地写软文，为了写而写不断加压，不是本末倒置了吗？

不仅在成年人的世界里这样，即使在儿童的世界里也是如此。

公司里有一个年轻妈妈，她要求孩子背单词最初是每天 5 个，完成之后就可以吃水果玩一会儿。后来发现孩子背得不错，妈妈就给孩子加到了每天 10 个单词。孩子撇撇嘴巴，也接受了。

妈妈这下子尝到了甜头，又不断地给孩子施加压力：既然每天能够背 10 个单词，那为什么不试试每天背 15 个单词呢？既然每天背 15 个单词也行，索性每天背 20 个单词吧！每天背 20 个单词也没有累死，那 30 个单词肯定没问题！每天背 30 个单词不算多，天才估计能背 50 个单词吧？加油啊，儿子！

妈妈把单词量加到每天背 50 个的时候，孩子彻底崩溃了，干脆一个也不背了，回家就是玩。对此，妈妈气得直跺脚，处处找人诉苦："这孩子怎么回事啊？以前明明坚持得很好，现在前功尽弃了！"

我想说，真正令孩子前功尽弃的，正是这位"贪得无厌"的妈妈。如果没有她的一再加压，孩子可能依旧在每天背5个单词的要求里快乐地成长呢。

时间管理，说到底是为了"不那么累"。

如果孩子能够通过优秀的时间管理，把需要两个小时做完的事缩短至一个小时，那么，请不要盲目地在省下的一个小时里加入更多的工作量。这样一来，孩子会觉得非常腻烦——如果我做得快，就要做很多，那我不如慢一点儿就不会那么辛苦了。

这样的思想，不仅孩子有，大人也是有的吧。

有的家长会说："本来我家的孩子一天学习6个小时，学会了时间管理法之后，每天学习只用了4个小时，那省下的两个小时就让他玩吗？如果不能学更多的知识，何必使用时间管理法呢？"

在我看来，如果让孩子用省下的两个小时来玩耍的话，并没有什么不好。一方面，玩耍也是对身体及大脑的双重锻炼，不见得比做作业低一等。另一方面，如果孩子能够在4个小时的学习中穿插两个小时的放松娱乐，那么，这4个小时的学习质量肯定是大有不同的。

健康的身体对于孩子来说有多重要，这不用我说，每

个家长都知道。只是，家长虽然心疼孩子，却往往不能理性地对待孩子。比如，有的家长确实知道孩子总是学习不休息不利于身心健康，但是为了孩子的出人头地，就是不肯把他从书桌前面放开，让他出去跑跑步、踢踢球。

家长这种功利的社会观，导致孩子的学习一切都向成绩看。

我曾给北京一家非常著名的教育机构制作自主招生材料，当时遇到一名成绩很优秀的学生，想要报名北京某大学的自招。

在涉及到教师点评的时候，这名学生的家长一定要求老师写上："孩子学习非常刻苦用功，甚至有严重的颈椎病也坚持学习到深夜。"在其家长看来，孩子拖着病体学习、忍着病痛看书是值得赞扬的，能够全面展现他的求学精神，也能让招生学校看到孩子的毅力。

但是，以旁观者的角度来看，当我面对这个戴着像酒瓶子底厚的眼镜的孩子，看到他不断地揉自己的双肩、转动着有颈椎病的脖子，我觉得非常悲哀。我想，招生学校恐怕不会要这个孩子。果然，事后我再访时发现，孩子虽然成绩达标，却没有得到招生的资格。

所以，我想说的是，家长在给孩子制定时间表的时候，

一定要放下功利心，好好想想自己到底是为了什么——是
因为自己当初没有考上清华北大，所以希望孩子代替实
现？是因为自己买不起豪车别墅，所以希望孩子长大后走
明星路去赚钱？

如果是这样的话，建议家长一定要调整心态，因为错
误的目的，无法让孩子得到一个健康的、科学的、可持续
的时间安排。

最后，再次重复那句话：时间管理不是为了让人变得
一味忙碌，而是让人更轻松，有时间享受生活。我们要为
孩子做的，就是这样。

## 二、精力管理是时间管理的重要体现

此时此刻，一个哲学系的同学对我说："我想，你写
的这些时间管理方法是一种悖论。因为时间是客观存在
的，不为你的意志而转移，你说你在管理时间，但是你管
理得了时间吗？"

虽然同学只是跟我说着玩，但我却认真思考了这段
话。确实如此，时间的维度、长短以及流逝方式都不是我
们能够决定的，我们说要管理时间，却并不能像管理一群

小绵羊一样，决定它们朝哪里走，走得有多快。

说到底，我们所谓的时间管理，并不是对时间进行管理，而是在时间的维度内对我们的精力进行管理。

有的家长会问："管理时间和管理精力有什么区别？你别绕圈子啊。"

这可不是绕圈子，管理时间和管理精力的区别很大。如果是管理时间，则人人都相同；如果是管理精力，则要因人而异。

家长经常有这样的感受：这孩子真辛苦，都累成这样了还在拼命学习。

有一次在地铁上，我看到一位妈妈逼孩子背古诗。其实，那首古诗并不算难，对于一个小学生来说绝对能够在地铁到站之前背下来。但是，这孩子却一次次地背错，记住第一句就忘掉第二句，妈妈提醒了第二句，第一句又不记得了，气得那个妈妈恨不得打孩子几下。

这时候，我真想对那位妈妈说："你的教育没有错，但你的孩子已经没有精力了。"

孩子是个非常奇怪的生物，有时候看起来非常有精力，好像玩一天也不觉得累；但有时候困意来了挡都挡不住，一下子就睡着了。为什么会这样呢？因为孩子的认知能力与大人不同，无法用全部的自制力来影响精力，所以对有兴趣的东西他就有精力，对没兴趣的东西就极易失去精力。

当时，我记得这个妈妈带着孩子从动物园站上的车，应该是在动物园玩了一天。无论孩子在动物园里有多么快乐，上了地铁之后，身边的一切都变得乏味，势必就没有精力了。这时候与其逼孩子背古诗，不如让他睡一会儿，恢复好了精力回家再学习。

如果孩子在地铁上睡不着，就引导孩子去回忆今天都看到了哪些小动物，跟妈妈讲一下游玩的心得。千万别小看这些回忆和讲述，它都是对孩子逻辑能力和语言组织能力的锻炼。

因此，在我们编制时间管理表格时，如果孩子已经很累了，就不要再加任务。但是，也不能完全不加任务，那可能会使孩子走向懈怠。

我们所需要时间表格能实现的是：争取让孩子在这个时间段内不会这么累，尽量完成这个时间段应该完成的任务，并为下一个时间段的任务完成打好基础。

这里我推荐一下，25分钟冲刺法是一个非常好的方法。

通常情况下，课堂学习时间为45分钟。但研究表明，

人的注意力往往只能集中 15 分钟左右，这个时间还要因人而异。

当孩子进行自主学习时，因为有主观能动性发挥作用，所以可以稍微延长一些注意力集中的时间长度。那么，以通常的 30 分钟作为计量单位，合理利用 30 分钟的最好方法就是：学习 25 分钟，再留 5 分钟休息。

家长不妨给孩子试一下，无论是写作业、看书，还是练琴、画画，都可以采取每 25 分钟休息 5 分钟的方式，效果会比持续学习好很多。

这时候，会有家长问："之前的章节里不是讲过'休息法'了吗？怎么又讲休息？"

不，这次讲的休息与之前的休息出发点不同。之前讲的休息是针对于"奖励"而设——因为孩子为了获得奖励而赶时间学习，所以到了奖励的节点孩子就需要休息，而且休息时的放松手段也多样化，休息地点应该尽量离开学习区。

这次的休息是针对于"精力"，我们要倡导的是孩子"应该在学习多长时间后就休息"这个问题。这需要家长细心观察孩子，找到他的精力点，到底是每过 25 分钟休息就好，还是每过 45 分钟休息才好？在未能确定好这个时间点时，我的建议是 25 分钟为妙。

为什么要这么短的时间呢？也许会有家长说："孩子总是休息怕收不回心来，倒不如一口气学一个小时，再集中休息10分钟好了。"从数字上来看，这似乎可行，但是别忘了我们这一节的关键词——精力。

精力并不是完全按照数字来恢复的。25分钟之后就休息，精力虽然有所损失，但损失不大，很容易恢复。如果学习时间过长，孩子的精力消耗过多，那不是休息10分钟就可以解决的了。

学习一会儿就休息，孩子便不会有那么大的压力。但是，休息也要注意方式，除上文提到的休息时要远离学习区之外，还要注意精神与肉体的双重休息。如果只是呆坐着或者玩手机，而不是活动肢体，那么，这种休息对精力的恢复往往无效。

接下来，请家长和小朋友一起做个小练习：

把一件平时需要两小时左右完成的任务，分解成25分钟冲刺、35分钟冲刺及45分钟冲刺，其间分别休息5分钟、10分钟和15分钟，试试感受精力的变化，找到自己的最佳精力分解点。

# 让表格"动"起来

光说不练是假把式。在学习了关于制作时间表的诸多理论之后，我们需要真正实践，做一个好的表格。

制作表格之前，请先回顾一下我们的学习内容，问问自己：为什么要管理时间？到底准备用什么方式来管理时间？是否决定了为执行表格多花一些时间？当遇到困难与挫折，甚至出现"使用表格比不使用表格麻烦得多"问题时，是否能够和孩子一起坚持下来？

做好心理建设之后，我相信你一定能做得好。那么，我们可以按照如下几个步骤来制作表格。

## 一、制作表格前先列一份清单

表格是一个容器，目的是能够在有限的时间内把完成的工作汇总"装起来"，不仅"装得满"，而且还要"看着科学，用着方便"。在达到目的之前，重要的是知道自己要做什么，也就是需要列一份自己要做的清单。

说到列清单，很多家长可能要跳页了，心想，从小到大我列过无数份清单了，还需要你来教吗？

其实不然。就像每个人从小到大都在用筷子，但是你并不一定采取了正确的用筷姿势——你列过的清单再多，只要不科学、不正确，依旧无法发挥它的重要力量。

那么，到底如何做一份正确的清单呢？我想，这里最关键的问题是，如何避免做一份错误的清单。

朋友家的侄子麦麦正在学习时间管理法，他准备制作一个表格，把自己的时间好好地"框"起来。麦麦听从了我的建议，列制了清单，而且绝对量力而行地把任务都写进了表格里。

事实是，麦麦制作的时间表并不怎么有用。为什么呢？

大家先看看麦麦列出来的任务，非常简明：

1. 吃饭

2. 睡觉

3. 学习

4. 练琴

5. 休息娱乐

然后，麦麦制作了一个"业余时间利用表"：

|  | 周一 | 周二 | 周三 | 周四 | 周五 |
|---|---|---|---|---|---|
| 5点到6点 | 吃饭 | 吃饭 | 吃饭 | 吃饭 | 吃饭 |
| 6点到8点 | 学习 | 学习 | 学习 | 学习 | 学习 |
| 8点到9点 | 练琴 | 练琴 | 练琴 | 练琴 | 练琴 |
| 9点到10点 | 休息娱乐 | 休息娱乐 | 休息娱乐 | 休息娱乐 | 休息娱乐 |

哈哈！有没有觉得麦麦是个超可爱的孩子？因为这个表格充满了一个孩子单纯的向往，还有小小的心机——希望可以多玩一会儿，所以全部采取整点计时法，让爸爸妈妈不会因为学习时长而讨价还价。

无论这个时间表多么有规律，甚至可以说是太有规律了，但麦麦的执行效果不一定会好，原因非常简单：太粗糙。

好多人有过这样的经历：周末准备复习资料考公务员，那么，你这一天无论是不是真的坐在书桌前好好学习，到了睡前回顾这一天，都会觉得空虚无比。因为单一庞大的主题使你的行动变得没有指向性，漫无目的就会拖延时间，最后把原本可以过得非常充实的一天都浪费掉了。

如果你今天的目标是：洗完衣服，整理一下书柜，着手上周未完成的工作，做一套减肥操并给自己洗个舒服的热水澡，复习完公务员考试的申论第三章，采购下周需要的食材，并做一碗好吃的炸酱面。那么，你将能够在一天当中完成所有的工作，复习资料这一主题任务也不会被落下。

所以，清单对于制作表格非常重要，它相当于我们烹饪一道菜肴时的食材。虽然高手可以把平凡的食物做得很好吃，但使用新鲜的、对口的食材依旧是你胜过别人的重要法宝。

所以，当我们给孩子列一份清单，或者说指导孩子自己列一份清单时，一定要坚持一个原则：让清单更容易执行。

什么才叫"容易执行"呢？

**一是，列出足够小的事件。**

比如，麦麦的练琴清单内容可以拆解为：练习巴赫三次、复习上周的《献给爱丽丝》两次；比如麦麦的学习任务，则可以拆解为：完成作业，余下的时间准备好明天要带的书本。

具体的内容当然因人而异，但总体来说，细小的任务比庞大空洞的任务更易完成，也更易给实际操作带来成就感，使自己因为付诸行动而被激励。

**二是，理清事物的思路。**

我有个同学，写论文慢得出奇，而她本人的学习成绩不错，打字速度不慢，平时聊天也口若悬河，绝对是"肚子里有料、舌头上开花"的人，但为什么落实到写论文上就会犯拖延症呢？

后来我发现，当我们都在计划论文时，她的论文任务清单排列有问题。比如，本周她的任务清单是这样的：

周一：写论文，至少 1000 字

周二：写论文，至少 1000 字

周三：写论文，至少 1000 字

周四：写论文，至少 1000 字

周五：写论文，至少 1000 字

周六：写论文，至少 1000 字

周日：写论文，至少 1000 字

我的天啊！看到这份清单我惊呆了，而同学解释说："我这是强行加压啊，如果不规定字数，我肯定就完成不了论文。"

当然，以任务清单来自我加压也算是正确的做法，但并不是简单地通过这样恐怖的数字罗列方式就可以来加强。如果同学能够以另外一种逻辑方式来拆解任务，做起来就会容易很多，比如：

周一：拟定论文大纲并进行一次修订，发给导师过目

周二：根据导师的回复进一步修订大纲，去图书馆和数据库找到相应资料

周三：动笔，先出前言、摘要，定下开头与结尾的基调

周四：完成第一章

周五：完成第二章

周六：完成第三章

周日：对论文进行全面整理与修改，补充文献

首先，这份任务清单比上一种更令人感到轻松，那一片"1000 字"的数字确实太吓人了。更重要的是，这次的任务清单更加有逻辑，理清了处理一个事务的思路，因此

更易操作。

对于孩子来说，清单更需如此。如果单纯给孩子一个"学古文"的任务，孩子对着那些"之乎者也"肯定要翻白眼。家长可以把这项任务拆解成另外一种模式：

1. 通读，读顺读熟

2. 理解每句话的意思，知道每个词的意思

3. 背第一段

4. 背第二段

5. 两段通背，背熟练。

这样的任务清单，显然比单纯的"本周要学习一篇古文"要好得多。

**三是，在不想行动时，先做简单的事。**

列清单时一定要考虑人性，这并不是说清单上要写尽爱恨情仇，而是说，当孩子对即将完成的任务有所抵触时，一定要在清单里有人性的考虑。比如说，麦麦的清单是这样的：

1. 写作业

2. 复习今天的课堂内容

3. 预习明天的内容

4. 练琴，每天把曲子至少弹三次

5. 做一套运动

这份清单对于麦麦来说，一点儿乐趣都没有，完成了清单也没有动力。如果加入这样的内容：

1. 吃饭

2. 饭后散步

3. 散步后吃水果

4. 写作业

5. 复习今天的课堂内容

6. 预习明天的内容

7. 练琴，每天把曲子至少弹三次

8. 做一套运动

9. 休闲娱乐（方式自行选择）

这样的清单显然会让麦麦更易接受。实际上，无论是不是把"吃饭""吃水果"这样的项目写进去，麦麦都要去吃，也都会因为吃饭而占用时间。那么，为了让清单看起来更舒服，为什么不加入一些让孩子乐于做的内容呢？

还要注意，在加入内容时，先后顺序也有讲究。比如某个周末，麦麦要完成一系列的任务，分别是：

1. 写作业

2. 约家教老师学习英语

3. 做树叶粘贴画

4. 练琴

5.出去和小伙伴打球

6.洗澡

按照什么样的顺序来完成这些任务？如果麦麦一起床就发现自己在吃完早饭后的第一件事就是写作业——啊！好难过啊！

麦麦可能会故意放慢吃饭的时间，饭后不想动弹，默默地希望能够以肚子疼为借口来延后写作业的时间，或者心情低落，总发脾气。这样的现象，对于绝大多数家长来说都不陌生。

如果我们把清单的顺序调整一下，情况可能就会大大不同：

1.做树叶粘贴画

2.写作业

3.约家教老师学习英语

4.出去和小伙伴打球

5.洗澡

6.练琴

把并不难做的"树叶粘贴画"放在任务清单的首位，麦麦会觉得这一天的开始没有那么糟糕，从而起床及吃早饭的动力也会更足。人就像一辆汽车，从静止到起步的这段是最慢的，一旦跑起来就会非常顺畅。

当麦麦用半个小时或者一个小时的时间做完粘贴画后，身心已经调整至一个"工作"状态了，这时候再学习、写作业，抵触心就不会那么严重，效率也会提高。

不过，家长需要注意的是，清单顺序的调整还需要科学性。比如，不能把跟小伙伴打球调至第一项任务，因为麦麦打球回来心就"野"了，身体也累了，下一步的学习就很难进行。

## 二、清单和表格区别

我们之所以讲究怎样做好清单，是因为清单将作为表格的基础。

当我们明确了科学制定任务清单的重要性之后，就要在此基础上做表格了。可能有家长会问："清单和表格有什么区别啊？我学了刚才的内容，觉得列清单就够用了啊！"

不，远远不够。表格与清单看似都是工作任务的拆解与安排，实际上却有本质的区别——表格在清单的基础上加入了时间概念，成为一种更加宏观的安排；而清单只是事务的简单罗列，不够立体，也没有可持续性。

这样说可能比较抽象，不易于理解，那也没有关系——当我们开始制作表格时，就能够清楚地感受到表格比清单"更先进"。

要想做一个科学的表格，我认为以下几个重要原则要学习：

**一是，确定最主要的任务。**

如果一生只剩下 5 分钟，你看重的事就会与平时不一样——这种想法人人都能理解。现在给我们的时间很多，对孩子来说尤其如此，所以很难让每一天都活在"来不及"的状态里。

但是，这种思维方式给我们提供了一个全新的思路，正如李开复所说：要依照"重要性"而不是"紧急性"为事情排序。

一个表格，既然能反映我们对时间的管理和利用，那么就一定要有"主题"，即把最重要的事情反映出来。

以我们上文的麦麦同学为例，即使麦麦把"学习""吃饭""休息"这样的内容拆解开来，他所制作的表格也很难被称作是一个成功的表格，因为这个表格里没有主题。

虽然没有主题的表格也可以使用，但我个人认为，有主题性的表格更能够培养孩子的时间管理能力。关于如何制作主题表格，我们接下来会在实操部分通过一个实例来细说。

**二是，展现所有事项，细化行动。**

这一点与我们之前提到的任务清单相关内容接近，也就是说，与其给孩子安排一个庞大的、模糊的任务内容，不如通过逻辑把任务细细地拆解成更易做的小事情。

小时候，爸爸给我买了一个很大的航空母舰模型，希望我能够动手拼装起来。我不擅长动手，这个大模型把我给吓坏了，整整一周都没有碰它，看到它我就想哭。

后来，爸爸把这个组装模型的任务进行拆解，给我下达了这样的目标：今天你把这些小桅杆都粘上，好不好？这样的任务让我觉得不是太难，于是就开开心心地做好。第二天，爸爸又会要求我把甲板固定在船身上，这个任务也不难。第三天，爸爸又希望我拼装一个小小的副舱，再后来……

虽然具体的步骤我已经不记得了，但是把大任务的一再拆解使我知道"我能够做什么"，于是也就能"按照我觉得我能做的来做"——航空母舰的模型最终完成了，而且一点儿也不觉得累。

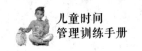

每个孩子都有这样的成长经历，甚至不仅是孩子，成年人也是如此。再宏大的任务也可以拆成细小的工作量，只要能够合理地拆解，再一一完成就好了。

不仅对任务有拆解，对任务的完成时间也可以进行拆解。

前段时间，出版社的编辑向我约稿，当时就敲定了写作大纲。原本我是能够在规定的时间内从从容容地完稿，却因为一些私人事情导致一个多月没有写作。

这下子可惨了，面对仅有不到一个月的交稿期，我急得如热锅上的蚂蚁，而写作这种事又是越急越写不出的。

那时候，我的免疫力开始下降，身体出现各种过敏反应，需要服用一些药物才能入眠。就在生活变得一团糟时，我突然静了下来——吃药没有用，发狂也没有用，稿子还是得写，不如拆分一下，看看余下的时间需要每天写多少字。

把时间拆分后我一算，每天只需要不间断写作 6000 字就可以完成任务，加上构思与灵感的积累需要，余下的时间虽然不充裕，但足够让我优质地完成书稿。

这时我才发现，一个任务往往就像一座黑漆漆的大山横在我们面前，把我们全都吓倒。如果我们能够静下心来找到大山的门，一点点地凿开，那它也就没有那么可怕了。

我上文举的两个例子，分别是从逻辑上和时间上对任务进行拆解，大家通过比较就可以发现两种拆解的不同，无论哪一种都是表格内容拆解必不可少的部分。

所以，表格上的任务一定要细化，这种细化最好由孩子亲手完成。因为细化内容的过程，也是一个锻炼逻辑及深入、全面了解事物的过程。

此外，家长需要注意的是，细化表格内容与细化任务清单不同，不仅要注意步骤上的细化，还要注意时间上的拆解（见上文两个事例）。

**三是，找出每项任务之间的联系，然后再制作表格。**

当我们把清单列出来，找到了重要的任务，又已经拆解好任务之后，如何把这些任务放进表格里呢？

这也是一门学问。总体来说，我们要纳入表格的任务有如下几种逻辑关系。

并列关系：任务与任务之间没有必然的关系，谁先谁后都无所谓。比如语文作业、数学作业，这些功课同样重要，先做哪个都没有本质的区别。

承接关系：任务与任务之间存在时间先后的逻辑，一定要先完成某事才能完成其他事。比如，练琴，然后录制

演奏参赛视频——只有把琴练好了、练熟了、有感情投入了，才能录制视频，所以这两件事的先后顺序不能颠倒。

互斥关系：这种关系可能相对难以理解一些，因为对于绝大多数孩子来说，不存在"做这件事就一定不能做那件事"这样的任务关系，却存在"如果做了这件事，那件事可能就做不好"这样的关系。

比如，我们上文举例的"写作业"与"踢球"，固然二者之间并不矛盾，但如果一大早起来就去踢球，接下来因为疲劳就不能安心写作业了。这种互斥并不是绝对的，却对学习心情、学习效率等会造成影响，还是要注意的。

## 三、好的表格要有整体的时间概念

到底什么才是好的表格？

关于这点，之前我们已经说了很多，相信很多家长已经跃跃欲试想去尝试一下。放心，接下来我们一定有实操的环节，但现在更重要的是进一步明确表格与清单之间的差异——好的表格一定以日历表作为基础，一定要有整体的时间概念。

如果想让孩子在本学期内读完一本名著——以小朋友

都喜欢的《鲁滨孙漂流记》为例，家长会采取什么样的方式来劝导孩子呢？

我想，正确的方法肯定是先引起孩子对此书的注意力。比如，家长可以问孩子这样一个问题："如果咱们俩流落到一个荒岛上，没有其他人，什么吃的也没有，这可怎么办？"当孩子给出解答之后，再引出这本神奇的书。

如果孩子的年龄足够接受文学史的内容，就可以进而讲讲作者的经历、这本书给当时社会带来的冲击等。当孩子确实有了兴趣，家长当然要买一本实体书。

注意，与电子书相比，我更推荐实体书。实体书的具象性更有助于培养孩子的阅读，而且翻阅实体书时那种"一页一页读过去，未读部分越来越少"的感觉，也有助于培养孩子对阅读的兴趣和成就感。

在阅读过程中，家长还可以配合给孩子看一些相关电影的图片、插图。当然了，家长一定也要读过这本书，记得其中一些有趣的细节，比如晒葡萄干、做泥罐子等……我相信，孩子对这段故事都会感兴趣。

好了，非常完满，太棒了！但是，是不是还忽略了一个问题——孩子大约多久会读完这本书呢？

诚然，做家长的最好不要总逼孩子"快快快"，对速度的过分强调，会使孩子对一本好书失去应有的兴趣。但

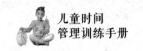

如果不规定一个合理的阅读时间，孩子怀着先天的"喜新厌旧""没有长性"的特质，可能会把书读到一半就置之不理了。请各位家长回顾一下家里的书，我指的是以文字为主的书籍，是不是很多都遭此命运？

这时候，就需要我们给孩子圈定一个合适的时间了。比如告诉他："我想跟你交流一下阅读的心得，你用一个月的时间读完好不好？"孩子可能会痛快地答应下来，但是不是真的能够一个月读完还是一个未知数。

好了，接下来家长就要用上表格了。这时候做的表格，不同于之前的所有表格，它是一个月度的计划，总体的目标是：一个月之内读完《鲁滨孙漂流记》。这本书并不算太厚，可以把一个月拆分成四周，把一本书拆分成四个部分，然后每周读一个部分。如果能读得更快那就更好了，但是不应该比这个速度更慢，因为这绝对是合理的阅读时间，也留下了足够的体验时间。

这就是日历与表格的结合。

面对这样的任务，与其按照课程表式的正规表格每天圈定"8点到9点读书一小时"，倒不如干脆把这个任务放置于一个时间维度里，变成："希望你一个月读完这本书，但至于每天你用多长时间来读、每天用哪个时间段来读，我不干涉。"这样，更易培养孩子的时间观念以及时间管理能力，让孩子尽快把任务与时间这两个概念有机结合起来。

正如我们之前所说：正确的时间观念，就是知道完成一项任务即将花费多长时间，还会余下多少时间，以及如何利用余下的时间。

所以，制作表格绝不是让孩子单纯盯着眼前的那几个框框，机械地完成"今日任务"，再麻木地迎接"明日任务"。这不叫时间管理，这叫作"时间奴役"。

我们希望孩子能够在制表格的过程当中，知道自己现在和未来干什么，甚至能够明白：过去的时间，我有多少浪费掉了，那么未来，我还有多少时间可以追回来。

# 表格的实操练习

当我们讲清了所有制作表格的方法之后，接下来就要动手制作一个表格。为了方便讲述制作方法，我们以晓雨同学为例。

初一年级学生晓雨要进行一次研学，主题是关于"微信应用对学生消费习惯的影响"。这种研学对晓雨的帮助自不用说，但是晓雨平时的课业也很重，业余时间有舞蹈课，还要锻炼身体，这可怎么办呢？

这时候，家长不仅要鼓励，更要为晓雨的时间安排助一把力，而这种助力方式，自然就是制作一个优秀的时间管理表格了。

首先，按照我们刚才提到的方式，让晓雨列出一份任务清单。

晓雨构思了一下，业余时间自己要做的事情基本还是有规律的，于是她列出的清单如下：

1. 写作业

2. 练舞

3. 做研学

4. 跟家教老师学英语

列完这份清单之后，晓雨觉得自己看起来太可怜了，又加入一条"去公园散心"。

看到这样的清单，晓雨妈根据之前学过的清单排列原理，希望晓雨加入一些其他事项——所有能够编排进表格的、占用一定时间才能完成的事项，都可以放进表格里。

晓雨觉得稍有兴趣了，于是清单变成这样：

1. 写作业

2. 练舞

3. 做研学

4. 跟家教老师学英语

5. 吃饭

6. 饭后水果

7. 看电视或者玩手机的休闲时间

8. 读小说时间

9. 去公园散心

　　显然，这份清单比之前要丰满，看起来也不那么"悲惨"了。但是，晓雨妈知道这还不够，现在最重要的是把这些任务框进一个有时间维度和空间维度的表格里。于是，晓雨以一周时间为例，做了一个周计划表：

| | 周一 | 周二 | 周三 | 周四 | 周五 | 周六 | 周日 |
|---|---|---|---|---|---|---|---|
| 上午 | 上课 | 上课 | 上课 | 上课 | 上课 | 跟家教老师学英语 | 去公园散心 |
| 下午 | 上课 | 上课 | 上课 | 上课 | 上课 | 做研学 | 做研学 |
| 晚上 | 吃饭／饭后水果／写作业／做研学／休闲时间 | 吃饭／饭后水果／写作业／做研学 | 吃饭／饭后水果／写作业／练舞 | 吃饭／饭后水果／写作业／做研学 | 吃饭／饭后水果／写作业／做研学 | 休闲时间 | 练舞 |

　　看到这个表格，每个人都会觉得头疼，却又不得不承认，在没有正确指导的情况下，孩子做出来的表格往往都是这样的。

　　总体来说，这个表格有几个突出的问题：

**1.记录了大量没有必要记录的时间。**

　　从周一到周五的白天，晓雨都是在学校中度过的，这段时间不在其可以自由支配的范围内，也没有必要放到表格里来，因为一水儿的"上课"让人感到枯燥乏味。

**2.时间关系不对等，表格的时间维度混乱。**

晓雨妈非常好心地给孩子加入了"吃饭""饭后水果""休闲时间"等令人感觉愉快的部分，但这些内容与周末"跟家教学英语、练舞"等需要利用较长时间的项目完全不对等，会给人一种平时生活特别细化，到了周末却格外粗糙的感觉。

**3.时间分配不合理，研学进度没有被强调。**

晓雨是因为要做研学才起意做这个时间表的，但在这张表里，研学的比重并不大，虽然几乎每一天都被强调了，但到底什么时间学、学多长时间、怎么学，都没有提到。

综上，如果晓雨用这样的时间表来推进学习，看似有"表"，实际上还是没有计划和逻辑。时间一长，这张呆板的时间表将会被晓雨厌弃，丢到一边——与其一起丢到一旁的，还有孩子对学习的热情，以及对时间管理的信心。

现在，让我们一步步对这个表格进行优化。

第一步，我们应该删减掉不必要的部分。

如上图表格，我们看出，周一到周五的白天时间没有必要写在表格里，因此可以删减。但是删减之后，周一到

周五可利用的时间长度与周末不对等。在这种情况下，为
使表格更加一目了然，我觉得可以使用两个表格。

| 晓雨的时间利用表（学习日版） | | | | |
|---|---|---|---|---|
| 晚间时间 | 周一 | 周二 | 周三 | 周四 | 周五 |
| 6：00—7：30 | 晚饭/饭后水果及散步 | 晚饭/饭后水果及散步 | 在外面吃晚饭/步行街闲逛 | 晚饭/饭后水果及散步 | 晚饭/饭后水果及散步 |
| 7：30—9：00 | 写作业 | 写作业 | 练舞 | 写作业 | 写作业 |
| 9：00—10：00 | 研学 | 研学 | 写作业 | 研学 | 研学 |
| 10：00—10：30 | 休闲及整理入睡 | 休闲及整理入睡 | 写作业 | 休闲及整理入睡 | 休闲及整理入睡 |
| 10：30以后 | | | 整理入睡 | | |

| 晓雨的时间利用表（周末版） | | | |
|---|---|---|---|
| | 周六 | 周日 | 备注及其他 |
| 上午 | 跟家教老师学英语 | 练舞 | 休闲时间，可根据家庭安排进行调整 |
| 下午 | 做研学 | 休闲时间 | |
| 晚上 | 完成作业时间 | 休闲时间 | |

区分后的表格会呈现这样一种新面貌，虽然算不上是非常好的表格，却比之前那个胡子眉毛一把抓的状态好多了。

通常情况下，孩子会在这个阶段满足，认为有了非常好的时间表可以高枕无忧了。但我认为，这才是管理时间的第一步，迈过了下面这一步，才能够算得上是一个优秀的时间管理者。

这一步就是：你知道自己为什么做表格吗？

之前，我们用那么多的篇幅讲时间的概念、时间管理的意义等，都是为了这一点的到来。我们都知道，晓雨的目标是要做一份研学报告，这对她来说非常重要，这是她在没有老师监督和带领的条件下第一次独立进行，每一步都需要她自己来安排，每一个时间点都需要她自己来把握，所以……

上述表格，其实通通都不合格！

我们之所以费了这么多口舌来讲上述几个表格的做法，是为了让家长了解做一个常规表格的模式，规避可能出现的风险。但是，每个人的特点都不一样，对时间管理的需求也不同，绝不能"一表用到底"。对于晓雨来说，当务之急不是做一概而论的普通表格，而是针对自己的需

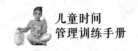
求，做出专属的研学推进表格。

现在的表格里，关于研学任务只有三个字"做研学"，可是到底怎么做、用多长时间做、花多大精力做，这都是学问。这也就涉及到了我们之前提到的清单拆分和表格任务拆分——你看，学过的知识永远都不会浪费。

于是，晓雨对自己的研学任务开始拆分。根据之前的章节我们知道，因为表格任务要丰富于任务清单，所以在拆分时需要分两步：逻辑拆分和时间拆分。

## 一、对任务进行逻辑上的拆分

晓雨的研学主题是"微信对学生消费习惯的影响"，在这里涉及到了两个研究对象，一是微信，二是学生的消费习惯。那么，晓雨就要学习微信的相关知识，了解学生的消费习惯。所以，晓雨把自己的研学任务先拆出两个部分：

学习和了解微信的相关知识：通过网上查找资料、采访微信相关工作人员来达成。

了解学生的消费习惯：通过对身边同学的问卷调查完成。

拆出的这部分内容是素材整理阶段，相当于我们要做一盘菜之前，要先去菜市场把菜买回来，清洗干净再切好。接下来，我们还要对这道菜进行构思：比如做一盘鸡肉，是红烧还是清蒸？是配笋干还是配青椒土豆？

晓雨顺着这样的思路，给研学任务拆出了第二部分：

拟出研学大纲，提交给学校老师审阅。

大纲只是一个草图，自然会在老师及家长的指导下进行修改，待修改完成之后就是撰写工作了。下一步，自然就是按部就班地完成研学撰写，最后还要对研学成果进行润色。如果晓雨希望做得更好，还可以在班里召集部分同学开一个小小的"研学讨论会"，在大家的帮助下共同推进这个项目。

小到准备一个果盘，大到写一篇论文，都是能够进行逻辑拆分的任务。这就是对研学任务的逻辑拆分，其实并不难，每个孩子都可以做到。

## 二、对任务进行时间上的拆分

我们可以把时间看作一条"线段"，头与尾的两个端

点控制了这条线的长度，所以，任务一定要在规定的长度内完成。

切不可把时间看成一条"射线"，因为只有开始那一段，结尾却延长得看不到。许多孩子会演化出非常严重的拖延症，都是因为把时间当成射线来使用了。

对于晓雨的研学任务，就要在"线段"内完成。虽然是利用业余时间研学，但一味把时间拉长只会增加对任务的疲劳感和厌倦度，所以，晓雨决定用一个月的时间来完成这次的研学任务。

晓雨先把任务分成四个部分。

第一部分是素材整理：耗时指数四星

第二部分是大纲拟写及修改：耗时指数三星

第三部分是撰写全文：耗时指数五星

第四部分是修改完善：耗时指数二星。

通过耗时指数以及可能出现的一些意外情况，比如老师拖后了几天才看大纲、大纲需要修改的部分较大、其间出现生病的情况、想召开研学碰头会但同学没有时间等，于是，晓雨把研学时间大致分为四个阶段。

第一部分使用时间：6天（需要利用周末时间进行问卷调查）

第二部分使用时间：5天

第三部分使用时间：12 天

第四部分使用时间：4 天

机动时间：2 ～ 3 天

这样一来，晓雨对整个任务都有了明确的概念，面对繁杂的研学任务也不会觉得无从下手。最后经过整理，晓雨会发现，自己手头将有一个非常漂亮的表格：

| 晓雨的研学进度表 | | | | | | | |
|---|---|---|---|---|---|---|---|
| | 第一阶段：6 天 | | 第二阶段：5 天 | | 第三阶段：12 天 | 第四阶段：4 天 | |
| 目标任务 | 学习和了解微信的相关知识 | 发放问卷，了解学生的消费习惯 | 拟出研学大纲 | 提交老师审阅 | 集中精神撰写研学报告 | 对研学报告进行完善与润色 | 召开研学讨论会 |

细心的家长可能会发现，即使这样一目了然的表格，也还有进一步细化的可能性。仅以第一阶段的 6 天为例，还可以制作成一个小的时间管理表，用来安排如下任务：

| 第一阶段任务分解表（6天时间） | |
| --- | --- |
| 周二 | 课余时间请示老师，框定数据，为下一步拟定研学大纲打下数据基础 |
| 周三 | 列出想要调查的问题<br>根据问题及网上范例，制作一份调查问卷表<br>做好调查表后微信发送好友给出参考意见，定稿 |
| 周四 | 利用放学时间打印完成所有问卷表<br>通过网上学习，了解微信的相关运营知识 |
| 周五 | 在课堂上发送调查问卷表<br>采访邻居（微信员工）<br>整理完成昨天的学习笔记 |
| 周六 | 采购填写问卷表小礼品（之前问卷是发给同校同学，所以不需要小礼品，同学也会配合。周末调查对象是陌生人，赠送一些小礼品会使调查更加顺利）<br>在市中心、图书馆等地段发放调查问卷表<br>回收后整理调查数据 |
| 周日 | 对调查数据、采访笔记进一步整理<br>得出初步的调查结论 |

　　你看，一个看似复杂的任务，经几次拆解就能变成易上手、易操作的小任务集合。这就是时间管理的魅力，它不是让你做事越来越快，而是让你面对任何事情都不再害怕，更不会觉得时间不够用——只要你合理地安排、科学地执行，那么一切问题都能够迎刃而解。

　　经过实操，你会做表格了吗？

# 对时间的正确分配管理

是不是制成了表格，孩子就一定会时间管理了呢？

并非如此。

正如我们可以给孩子买一架品质优良的钢琴，也可以顺利教会孩子弹一支巴赫之曲，但这一切并不代表孩子能够成为一名优秀的钢琴家。甚至说，即使做到这些，孩子离一名钢琴家的标准还很远很远。

这种距离不在于客观条件，而在于参与者的"内化"——即在完成了外化的表格之后，还要有脱离表格之外的、时刻关注时间安排的内心。内心的感受与制作的表格相辅相成，儿童管理时间的习惯才能一步步奠定。

那么，如何实现这种内化呢？让我们来看一个先进的概念，管理学大师史蒂芬·柯维曾就时间管理提出了"时间矩阵"概念，如下图：

| 时间管理矩阵图 | | |
|---|---|---|
| | 紧急 | 不紧急 |
| 重要 | ·危机<br>·急迫的问题<br>·有限期的任务或会议的准备事项 | ·准备及预防工作<br>·计划<br>·关系的建立<br>·培训，授权，创新 |
| 不重要 | ·干扰，一些电话<br>·一些会议<br>·一些紧急事件<br>·凑热闹的活动 | ·细琐的工作<br>·浪费时间的闲聊<br>·无关紧要的信件<br>·看太多的电视 |

在这个矩阵里，史蒂芬·柯维通过象限的方式给所有任务分类，划分的标准就是"紧急"与"重要"。

之前，经常有家长以为"紧急"的事情就重要，或者说一件事之所以称为"重要"，就是因为它"紧急"。其实并非如此，通过时间管理矩阵图就能看出，紧急与重要并不能画等号。

为了能够在脑子里形成一个对时间的正确分配管理，我认为一定要理清如下问题。

## 一、先完成重要而紧急的事情

妈妈发现儿子小峰格外累，虽然才上小学三年级，但是每天他都会因写作业而熬夜至凌晨，早上起床都是顶着两个黑眼圈并且哈欠连连。见儿子如此疲惫，小峰妈心疼却没有办法。过后，她问过别人家的妈妈，人家的孩子并没有这么累。

难道是小峰太笨了？作为母亲，很难相信自己的儿子不如他人，她更愿意相信孩子是个完美主义者，因为太认真了才会如此辛苦。因此，等到第二天小峰再一次熬夜时，小峰妈说："别写了，咱们睡觉吧！"

"不行，这张卷子必须做完，老师明天要讲的！"小峰喊道。

小峰妈只能看着儿子半睡半醒之间把卷子做完，她相信这张卷子的质量一定不会高，因为写到最后，小峰实在是太困了，笔迹都飞到格子外面去了。

第三天晚上，小峰又一次熬夜，小峰妈心疼地说："今晚就别熬夜了吧？昨天都已经那么晚了，今天要好好休息。"

"不行啊，这篇课文一定要背的，明天要考试！"

于是，小峰妈只能看着孩子口齿含糊地背着课文，那咿咿呀呀的声音就像老和尚念经，听得小峰妈都打起瞌睡来了。

难道孩子就这样一直累下去吗？小学三年级已经如此，那初中三年级、高中三年级还不得累瘫了？小峰妈决定"跟踪"一下小峰的学习轨迹，看看问题到底出在哪里。

不看不知道，一看吓一跳。小峰妈发现，儿子身上确实存在着很大的时间管理问题。

每天回家之后，小峰会在诸多作业当中挑选最不重要的先做，而把非常重要而紧急的——比如必须要完成的卷子、明天考试的必背内容等放在最后。

因为先做的内容并不重要也不紧急，所以小峰一边做一边玩，效率非常低。等到9点多了已经困得难受时，恰好轮到了必须做的重要作业，小峰又不能放弃不做，内心惶恐，身体疲惫，效率也就不会高。

你看，就是一个简单的顺序问题，使小峰每天都生活在作业压身的疲惫当中。

这个事例中，有一个易被忽视却极为重要的事实：为什么小峰会先选择不重要又不紧急的事情来做呢？

因为，这样做事情往往更易入手。每个人都知道自己手头有哪些重要及紧急事项，但越是重要和紧急就越是不想触碰，这是畏难情绪在作祟。因此，要想让孩子心甘情愿地先做最重要、最紧急的事情，不仅要明确这种做事顺序的重要性，还要学着拆解任务，让孩子知道从哪里入手。

具体拆解方法之前已经细讲过，在此不赘述。

提到小峰的事例，是希望家长都能够重新审视孩子处理事件的顺序，找到其中不合理之处，将重要难做的任务进行拆解，最终形成良好的时间管理与处事习惯。

### 二、别让杂事拖了后腿

成年人往往觉得生活很累，可到底累些什么又说不清。这时候，如果能够以第三者的视角来观察生活，就会发现：填满我们生活的往往不是什么惊天动地的大事，而是一些显不出成果的杂事。

在儿童时间管理的初期，对杂事的处理是非常重要却又极易被忽视的环节。因为很多家长认为，孩子现阶段主要的任务就是开心地玩乐和认真地学习，其他的一概不用管，所以，从来没有教过孩子如何处理杂事。

实际上，每个人的生活都会被杂事包围。孩子同样如此，比如，刚上一年级的毛毛，觉得每天都生活得"很烦"，于是这孩子动不动就发脾气，甚至还会摔东西，跟没上小学之前判若两人。

这时候，如果毛毛的父母一味地教训、打骂，只会起到适得其反的作用。家长正确的做法是，看看毛毛到底为什么而烦——如果这种"烦"仅来自于毛毛躁动的内心与不安的性格，那就要严厉地加以改正。

如果不是这样呢？毛毛只是因为一些客观条件而"烦"呢？

事实证明，毛毛的"烦"确实来自于后者。每天早晨起床后，毛毛要做的事情特别多：找发夹，挑衣服，翻看书包里的作业本是否带齐，以及给水壶装满水。这些杂事让毛毛觉得心烦意乱。到了晚上，杂事也没有因此而减少，毛毛的书包里有很多废纸片需要整理，需要打电话给同学问作业，还要洗头发、洗脸、洗脚……

毛毛妈没想到这些看似很平常的事情，在孩子心目中却成了"烦"的来源。

成年人因为日积月累地处理这些事务，就将处理杂事当成了习惯的一部分，并拥有了一定的杂事处理经验。但对于儿童来说，他不具备处理大量杂事的能力，而且还会占用更多的时间，牵涉更多的精力。

这时候，家长就需要教孩子正确地处理杂事。首先是要把杂事收集起来——毛毛之所以会觉得整个晚上都在做杂事，是因为没有把杂事集中起来做。举例来说，如果毛毛晚上写作业和自由活动时间是两个小时，毛毛按照自己的方式来分配这段时间：

1. 杂事1：15分钟

2. 写作业：25分钟

3. 想起还有杂事2：10分钟

4. 想起还有杂事3：5分钟

5. 写作业：15分钟

6. 忘了作业内容，打电话问同学：5分钟

7. 玩了一会儿：10分钟

8. 写作业：15分钟

9. 想起还有杂事要处理4：5分钟

10. 写作业：15分钟

毛毛真正有效利用的学习时间只有70分钟，也就是一个小时多一点儿，而且这个时间阶段被不停地打断，导致学习注意力不足，学习效率降低。如果毛毛把这些杂事集

中处理起来，会变成：

1.杂事：30分钟全部完成

2.学习：40分钟

3.中间休息10分钟

4.学习：40分钟

这样，毛毛会觉得这两个小时得到了完美的利用，也不会总为杂事而烦心。

在生活中，我们常有这样的感觉：杂事做起来并不见得有多难，但如果将杂事置于原处碰也不碰，那么想起来就会觉得心烦。因为杂事有一种"表面膨胀感"，表面上的难度要比实际的内容要夸张得多。

比如，我们洗好了很多衣服要收纳进柜子里，在没有做之前，你会觉得这一床的衣服简直多得吓人，不知道要花多长时间才能处理完，因此迸发畏难情绪，一再拖延。如果能够积极地开始收纳就会发现，用不了多久这些衣服能全部收好。

这也就解释了为什么要把杂事收集以备集中处理。杂事被搁置所产生的危害远远大于我们的想象，所以应以"一口气做完"为原则，切忌一会儿做一点儿，给自己造成一种"杂事怎么这么多"的感觉。尤其是儿童，因为涉世不深，会因此而产生极端的厌烦心理。

如果孩子心烦，就尽量减少孩子可能会做的杂事，这可不可行呢？毛毛妈想过：既然孩子不喜欢自己梳头找发夹，也不喜欢自己收拾餐具，那妈妈都代劳了，宝贝不就不烦了吗？

这种想法更不可取。要知道，孩子总是要长大的，而我们今天的所有努力都是为了孩子明天的长大所做的准备。无论什么时候开始做杂事，孩子都要经历这样一个杂乱的周期，越早经历，对孩子时间管理的能力越有利。

所以，毛毛还是要自己做杂事，慢慢地，她学会了先把杂事集中起来。比如，晚上睡觉之前，她会先把明天要带的水果洗好放进书包里，先挑好明天要穿的衣服和要戴的发夹放在床头……至于总要在中途打电话问同学作业的事，她开始使用"烂笔头"方式，强迫自己把每天要写的作业记在小本子上。再因为妈妈加入了家长微信群，也可以知晓每天要写的作业从而起到一定的辅助作用。

概括起来说，杂事并不可怕，可怕的是不会处理杂事。学着收集杂事，将杂事加工成行动集中起来处理，再适当写下来增加一下成就感，无论大人还是孩子，都会爱上这些构成我们生活大部分的杂事。

### 三、教孩子用正确的方法处理事情

上文提到了毛毛给同学打电话问作业的事，这就不得不提·提孩子的沟通问题。

毛毛的同学朵朵也喜欢找同学聊天，但是相比打电话，朵朵更喜欢用微信，所以就出现了这样的情况：朵朵因为问一道数学题，与同学聊天长达一小时之久！

朵朵妈偷偷地翻看女儿的聊天记录，发现女儿真的只是聊数学题，并没有闲扯别的。但朵朵妈又敏感地察觉到，这样下去，大量宝贵的时间都被浪费了。

这里就涉及一个"渠道"问题。

生活中，每件事都有多种解决渠道，可以用到多种实施工具，只有选用了最佳渠道和最佳工具的人，才能够走在时间的前列。

**一是，微信式沟通。**

如今微信普及，几乎每个人每天都要与微信打交道。但使用时间久了，大家会发现微信明明是方便沟通的，可为什么使用微信沟通浪费的时间更长了呢？这不仅是因为微信聊天的环境愉快、交流易得，所以聊得比平时多，还因为微信在无形中增加了聊天的"等待成本"。

比如，甲发出一段消息后，乙要先听这段对话再做出回应。在这段时间里，甲往往无心做其他事，专心等待着乙的答复。等到乙的答复到来时，甲要先听或者先看，然后再回复。在此期间，乙也处在等待过程中……

微信沟通使"说"与"听"的时间错位了，与面对面的聊天及打电话等即时沟通不同，微信沟通增加了近一倍的时间成本，这也就是为什么朵朵需要一个小时的时间来问一道题目的重要原因。

因此，要让孩子在恰当的时候选择恰当的沟通工具。如果是找同学闲聊，发视频和图片，微信当然是很好的工具。如果想在有限的时间内解决学习问题，或者讨论重要事宜，一定要选择电话沟通或者面对面沟通等更加直接高效的方式。选对了方式，时间也就节省了一大半。

**二是，在沟通中还要注意一个问题：到底找几个人沟通？**

朵朵虽然问问题耽误了大量的时间，但她只集中问一个同学。毛毛则会给一个同学打了电话之后，再找另外一个同学，虽然人多力量大，但有时候多人讨论往往会造成

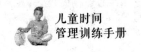

分歧，也浪费了时间成本。

比如说，班里要讨论"元旦布置教室要使用什么材质的拉花"这个问题，可以采取班委集中讨论及全班统一讨论这两种方式。两种方式得出来的结论也许一致，但花费的时间成本绝不一致，甚至可以夸张地说，如果全班同学都发表对于拉花的意见，可能整整一天都要用在讨论上。显然，班委集中讨论更高效。

这时候，就会有家长问了：全班讨论虽然浪费时间，但很有必要啊，因为每个人的意见都应该听，所以还是全班讨论更好！

没错，每个人的意见都应在考虑的范围内，但是在涉及时间利用时，许多复杂事情可以采取更好的渠道来解决。如果选择间接渠道来解决这个"人人意见都要听"的方式，可能对时间节省更加有利。

比如，请每个同学写一个小纸条（5分钟即可），上交给班长（5分钟即可）。班长与生活委员对意见进行统计分类（20分钟即可），挑选最集中的5～7种意见（10分钟即可），然后班委再对这几种意见就可行性、性价比等方面进行讨论决定（30分钟即可）。这样，整个事件就可以通过较短的时间达到较好的目的。

你看，这就是渠道选择的魅力。

## 四、与其没完没了地去想，不如动手去做

老师通知了班级春游的时间，于是，春游的前一天晚上，大部分的小朋友都不能安心睡觉，因为春游这件令人兴奋的事总在脑子里徘徊，从一点点散发至无限大，从而占据了整个脑海。

面对孩子的这种兴奋，许多家长都采取了包容的态度，毕竟谁都年少过，都能理解那种激动的心情。但是，如果占据脑海的不仅是春游这样的好事呢？如果还有其他负能量的事呢？

记得三年前，我选好了心仪的影楼，即使一个月后才拍摄婚纱照，但对于一个摄影控，拍婚纱照这件事不亚于小时候春游令人激动不已。我几乎每天都在思考："到哪里出外景更好看？""我应该选择什么款式的婚纱？""我应该选择什么颜色的鞋子？"最后又增加了这样的问题："如果拍外景那天下雨了怎么办？""如果拍照那天脸上长了痘痘怎么办？"

我所思考的问题可以分为三类：

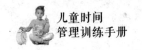

**一是，有效思考类。**去哪里拍外景，这确实可以通过思考和比较找到最好的选择，有助于我拍摄出一套漂亮的婚礼照片。

**二是，无效思考类。**我应该选择什么款式的婚纱、穿什么颜色的鞋子。因为我并非专业人士，除了个人喜好之外没有更好的选择依据。这就像去饭店吃饭之前一直思考自己应该点"麻婆豆腐还是水煮肉片"，结果最后去的是必胜客，无论哪种菜品都没有，之前的思考都是白费。

**三是，无能为力类。**拍照当天会不会下雨，这事只有老天爷才能决定，无论我怎么努力地去思考也不能改变当天的天气。而我在这类问题上花费的思考时间最多，也最牵涉精力，甚至因为过度担心（拍摄时间恰好在江南梅雨天前夕）而上火导致喉咙发炎。

拍摄当天，我听取造型师的意见，选了非常满意的婚纱；当天并没有下雨，还拍到了漂亮的夕阳；至于脸上长痘痘之类的意外也没有发生，一切都顺利得令人满意。

然而回顾这一个月，我因为过度思虑而浪费的时间却再也回不来了，这难道不是一个巨大的损失吗？

同理，孩子对春游的兴奋点中，也会包含成年人思考维度中的不良元素——无效思考类和无能为力类。比如，孩子会想："期末考试那天我会不会感冒？如果感冒了，我就答不好试卷。"或者想："运动会那天我会不会跌倒啊？如果跌倒了多没面子。"

家长的这种无效思考过多存在于脑海，就会导致大量有效时间被浪费，从而变成："我觉得孩子一直坐在书桌前，但不知道为什么，好像他什么也没有干。"通常情况下，这样的思考就是主谋。

因此，在教育孩子进行时间利用时，虽然家长不能够控制孩子的思想，却要对思想进行适当引导——鼓励孩子去思考那些"通过思考可以找出更好解决办法"的事，而不是思考那些"无论你怎么想，你也改变不了"的事。

### 五、找关键人物去解决问题

如果你进入景区游玩后去上厕所，发现洗手间没有厕纸，这时候你应该找谁解决这个问题？是找景区的管理员？还是直接找负责卫生的保洁人员？

成年人对这个问题往往有两种答案。如果想要抱怨与投诉，那自然是找管理人员，问问他为什么不按照文明城市标准的要求给洗手间供应厕纸。如果你真的很急，顾不

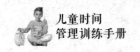
上投诉，只想要几张厕纸，那显然是找负责卫生的保洁人员来得更快一些。

对于成年人来说是非常自然的一种习惯，却时时刻刻困扰着儿童的时间管理。许多孩子都在犯这样的错误，遇到问题需要找人解决，并不能第一时间锁定最关键的人，也不会根据自己的目的来筛选人选，导致时间在一次次的寻找过程中浪费了。

花花同学把作业本落在了学校里，她需要立即拿回作业本完成作业，这时候应该怎么办？

花花先是哭闹了一下，就去找最疼自己的外婆诉苦。外婆身体不好，去不了学校，只能陪着花花发愁。然后，花花又打电话给好朋友苗苗，抱怨明天交不上作业一定会挨批评的。再然后，花花找了正在加班的妈妈，妈妈听完花花的讲述非常心疼，但是又走不开，就建议花花找爸爸来解决这个问题，花花才不情不愿地找到了家中最严厉的爸爸。

爸爸听完花花的讲述（注意，这时花花已经把同一件事讲了四次）后，开车带花花去学校。此时有些晚了，学校已经关门，爸爸又花费了一点时间才找到门卫师傅，颇费周折地取回了作业本。

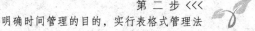

　　拿到作业本回家后，已经是晚上 10 点了，花花不仅又累又困，还要在身心俱疲的情况下写完作业。

　　回头想想，如果花花发现作业本未带回时，第一时间锁定最关键的人——爸爸。家里只有爸爸能够帮助她，那么，就可以在很短的时间内取回作业本。

　　所以，教会孩子在事件中锁定最重要的人，是利用时间的有效步骤。不要让孩子把宝贵的时间浪费在"找了又找、说了又说"当中，一步到位永远是最省时间的做法。

# 第三步

## 时间训练也需要仪式感

　　在培养孩子对时间的管理时，作为家长不要一味地看到难度，还应看到提升的空间和可把握的细节。

# 允许自己有一点儿不完美

小语摊开作业本，突然哭了。

小语妈有些措手不及，抱着女儿询问了好久才知道原委。

原来，昨天妈妈加班，就带着小语去单位写作业，小语正写着，一位叔叔走过来说："小语啊，你写字的笔顺不对，应该先写这一笔，再写那一笔。"

叔叔说完之后就离开了，而小语越想越委屈，觉得自己写作业本来应该在妈妈同事那里得到认可，却招来了批评，不再是"优秀的好孩子"。所以，今天一摊开作业本，小语就觉得难过，于是哭起来了。

次日，当小语妈把这事讲给我们听时，我们都沉默了。

小语妈说："有的家长担心孩子不要强，而我担心的就是孩子太要强了。小语总是这样，一旦什么事情没有做

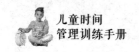

好就会哭闹，就像无可挽回了似的，这孩子的完美主义真
要命啊！"

## 一、静下来，一起都会好

孩子的心灵比我们想象的更加脆弱，因为人生阅历
少，所以在他心目当中很多事都是这样想的："一旦错了，
就再也没有办法了。"他对失去的东西更加惋惜，对犯过
的错误更加在意。

如果对正在读书的小学生进行一次采访，就会发现，
有相当大比例的孩子会因为考试成绩不好而觉得"死了
算了"。

很多家长会被这种"死了算了"的言论吓坏，其实大
可不必，这是人生必经的一个阶段。回想我们年少时，难
道没有因为被老师批评、某次考试不及格等问题搞得生无
可恋吗？所以，对这种心态只需要良好的引导，就能够克
服掉其中的弊端。

告诉孩子，要做一个心境如水的人。当然，这做起来
绝不像说起来那么容易，但可以从许多小事上磨炼这种心
态。比如电脑死机了，你对着电脑发飙也无济于事，正确

的做法就是重启——只要硬件没有问题，卡得再厉害的电脑也会在重启之后焕发新的活力。

人也是如此。每天不要纠结于没有做好的事情上，要学会"重启"——昨天被批评了，真糟糕啊，但是今天再想也没有用，过多的纠结只会拖住前进的脚步，给身心带来负能量。

所以，无论孩子有多介怀曾经发生的事情，家长都要做好前进的引路人，告诉他："人的一生很长，过去的就让它过去，人生的轨迹不会因为一个小小的失误就会翻天覆地。"

同时，家长也要做好榜样，别总提起孩子曾经犯下的错误，把对孩子的教育浪费在"你看你以前就经常怎么怎么样""前几天你还犯了什么什么样的错，你现在是不是要再犯"之类没有意义的说辞上。

## 二、物质奖励＋情感奖励

孩子到底想要什么？这是很多家长不了解，也没有认真去了解的地方。

前段时间，我向一些家长倡导对孩子的"奖励"问题，

便有家长提出来："我们一直给孩子奖励，他考试好，我们就给买玩具；如果表现乖，就有好东西可以吃，我们还能做什么？"

我想说的是，你们能做的还有很多，所谓的奖励，并非指一味地给物质奖励。

诚然，物质对孩子来说是一种非常单纯的刺激——没有孩子不爱美食、不喜欢玩乐，但是如果让孩子将时间管理的乐趣与物质挂上钩，未来的教育之路会越来越难走。

当孩子一次次因为时间管理有了成就，而从家长手中接过物质奖励后，会有一个根深蒂固的想法刻进孩子的心里：我做这些都是为了你们，否则，你们为什么总在奖励我？

说到底，物质奖励是一种"他者的奖励"，快感来自于他者对孩子的施予，而不是孩子自身取得的满足。如果没有时间管理后自我的成就与满足感，那么，只要家长一放松，孩子就会立即泄气。所以，最好的奖励方法是让孩子有自我满足与成就感——成就感清单，就是一个不错的方法。

举个例子来说，今天你赋闲在家，有一堆的家务要做。早晨起来，你拖延着不想做，心里还惦记着想追的电视剧或者看了一半的推理小说。这时候，你要怎样做才能让自己爬起来去做家务呢?

我想，无外乎几个做法。一是给自己一点儿物质奖励，告诉自己，如果今天把家务做完了就可以出去吃好吃的；二是给自己一点儿心理奖励，把要做的家务都列出来，做完一项就划去一项，当所有的任务都被划去之后，这一天的心里都是满足感。

成年人尚且需要这样的奖励，更何况自制力略差的孩子呢? 所以，应该培养孩子建立一个"成就感清单"，也就是在之前表格的基础上，进行一些可以增加成就感的添加。

### 1. 划去法

简单地一划，可以起到非常重要的作用。这是许多家长和孩子都忽略掉的。

当我们按照前文所述的方法做好任务表之后，日子一天天地过去，终有对任务表感到疲倦的时候。这时，与其让任务表挂在墙壁上落满灰尘，不如每过一天、每完成一项任务就划掉。

不要小看这一"划"，现在网络上流行这样的说法：中国人平均预期寿命是 75.3 岁，大概是 900 个月。如果将这 900 个月画成一个 30×30 的表格，一个格子就等于一个

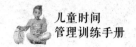

月，每过一个月就把一个格子给涂满。

当人生被量化后，你将会看到——30 岁的你，过去的岁月与余下的岁月就是这样的。

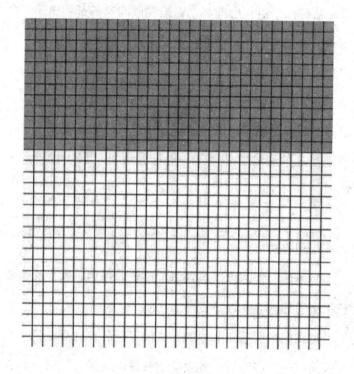

是不是感到触目惊心？同样一个格子，划去和未划去，用掉与未用掉，经过量化之后有质的改变，也造成了感官上的强烈刺激。

尤其是孩子往往都有一定的"强迫症"，这是年少对事物完美性追求的一种体现。家长注意观察孩子就会发现，给孩子一块干净的橡皮，他往往不舍得用；如果给孩子一块脏兮兮的橡皮，因为其本身就不太完美，他对这块橡皮也不太珍惜。

孩子每完成一项任务、每充实地过完一天能够把这一切圆满地划去，对孩子的激励就会大大增强。"一天不落地划去"，就是使我们所制定的时间表成为一块完美的橡皮，孩子完美地坚持下来，看到每一天都有漂亮的划线，就不舍得放弃现有的坚持。

## 2.检视法

除了每完成一项任务就一丝不苟地划去外，还要对排列出来的任务进行检视。比如，给孩子制定了合理的时间表，孩子也确实坚持了一段时间——以两个月为例，孩子每周都会有一张时间表，每天完成任务之后按时划去，那么，孩子就会有8张完美的时间表。

这时候，不应该把用过的时间表随便丢掉，而应该好好地保存起来，过一段时间就给孩子回顾一下。那些小格子及填写在格子中简短的语句，就是对孩子每一天生活的记录，家长应该对格子中的内容适当地加以引导，比如说：

"花花，你看，4月初的时候你还不会背这篇古文呢，现在咱们俩每天晚上都可以一起背古文了，多棒啊！"

"莉莉，你看，半个月之前你还在练《小步舞曲》，现在已经可以练《献给爱丽丝》了，继续努力！"

"乐乐啊，3月底你的任务表没有完成，那次是因为感冒耽误了，对不对？以后你应该避免这种情况出现，你看那个时间表都空白了一大块，多难看啊！"

回顾既是对已得内容的珍视，也是对未来生活的激励。所以，检视法非常重要，总体上可以进行：每日检视——检视后对完成的内容划去；每周检视——查漏补缺，看看是否有没完成的任务，或者视任务的完成情况对时间表进行调整；每月或者每两个月检视——不看细节，只看成长，只看激励与未来。

### 3. 外貌协会法

为了让这份成就清单（既有可能是清单，也有可能是时间表）起到更好的激励作用，我建议家长使用更漂亮的载体。

每个孩子都是"外貌协会"——对美好的东西更爱惜，也更有兴趣。如果在载体上一味省钱，比如有的家长从单位拿回一些废弃的打印纸，反面装订后给孩子当时间管理表。这虽然也能起到作用，但孩子多少会觉得泄气，对这个表格也不那么重视。

要想增强表格的仪式感，可以到超市里挑选非常漂亮的彩纸和彩笔，让孩子亲手写下名字，之后用彩笔配图、钢笔记录等。仪式感会让孩子对即将开始的时间管理有心理上的重视，而这种重视会促使他尽全力做好，尽全力坚持得更久。

说到底，每个人都需要胡萝卜。胡萝卜虽然代表了欲望，却并非坏事。当我们有了一个执着前进的念头时，我们往往会将事情做得更好——这个"更好"，一直就是我们努力追求的。

# 营造客观的时间环境

　　随着时代的发展，各种书籍给思想的流动与传播提供了有利的载体。所以，无论是否爱读书的人，都能随时说出几句"鸡汤"名句，比如："拼搏到无能为力，努力到感动自己""别在吃苦的年纪选择安逸""别让你的努力配不上你的野心"等。

　　诚然，这些句子给了我们许多激励，让我们在艰辛的生活中找到了色彩与光明。但在大量使用这些句子为自己加油、给他人勉励的时候，你是否想过：它真的适合自己吗？

　　前几年，我出版了几本励志书籍，内容也就是大家常说的"鸡汤"文，身边许多朋友读后都深以为然，好评连连。但有个朋友对我说："你倡导的思想不对。"

"怎么不对了？"

"你在一本书里说：吃亏是福，总吃亏就是傻。我觉得特别有理，就照着这个思想做了，结果我跟单位的同事闹得很僵。"

你看，这就出现了一个"传播"与"接受"之间的差异。

当时，我想倡导的思想是：做人不能一味忍让，一再退后、模糊底线只能让别人看轻你。但是，我的这位朋友把"总吃亏就是傻"理解成了"事事争先"，所以单位评优他要争，出国交流他要争，就连平安夜发苹果他也要挑大个儿的。这样一来，同事间的关系能处理好才怪呢。

可见，每句"鸡汤"文都有其正确之处，但这种正确未必人人都能理解。以时间管理为例，许多家长把对成年人的时间管理条例用在孩子身上，一味给孩子灌"鸡汤"，并对成果津津乐道，自认为是标杆家长。

"鸡汤"是好，但很多家长不能让孩子求得甚解，于是越用越糟糕。这里就挑几则常见的时间管理类"鸡汤"给大家细细分析，希望能使一些走上歧路的孩子找到新的方向。

## 一、不能绝对地把时间浪费在"美好的事情上"

现在特别流行一句话：把时间浪费在美好的事情上。这种观点真的很美好，我本人就经常以此句作为时间合理利用的座右铭。它所倡导的是：美好的人生是顺从本心，跟随自己的感觉做想做的事、爱想爱的人，不要每天都像追公交车一样奔跑个不停。

是不是非常有理？是的。

是不是人人都适用？显然不是。

比如，一个正沉迷于打游戏的孩子，恰好听到了这句"把时间浪费在美好的事物上"，他顿时觉得要"顺心而为"，一下子找到了继续打游戏的理论依据。在他看来，最美好的事物无非是约上几个好友一起打游戏，没日没夜地玩耍，在虚拟的世界里称王称霸。

本来，这个孩子还对自己的生活方式略有愧疚之心，但在灌进了这碗"鸡汤"之后，他立即觉得理直气壮，斗志昂扬。

如果是一个天天奔波于工作一线，累得饭也没空吃、头也没空洗、妆也没空化的女白领，这碗"鸡汤"就着实灌对了。

对于女白领来说，太多的工作任务使她失去了享受生活的时间和心情，即使她终于有时间给自己做一餐清爽可口的饭菜，内心深处也会有一个莫名的声音在逼迫自己："做饭、吃饭、洗碗，这需要一个多小时呢！有这时间，我不如多联系几个客户。至于晚饭嘛，叫外卖就行，速度快也不难吃。"

过于适应忙碌的人，不仅是因为没有时间休息，更是没有能力休息、没有心情休息。这时候，如果有人能够安抚她，告诉她"要把时间浪费在美好的事物上"，让她知道：在这个春意盎然的季节里，买上一把香椿头，来一盘金黄的鸡蛋炒香椿，多吃一些香喷喷的米饭。饭后倚在窗前晒晒太阳，喝一杯清茶，多惬意。

其实，无论是多吃几碗饭，还是多谈几单生意，都是为了美好的生活。你这样想，这碗"鸡汤"一定就是灌对了。所以，当家长和孩子都想要顺心而为的时候，一定要考虑一点：我是不是适用于这个理论，我的孩子是不是适用于这个理论。

更重要的是，一定要明确什么才是"美好的事物"——

并不是带来短暂快乐的都是美好事物，也并非人活一世事事都能美好快活。在给孩子科普这样的时间管理理念时，一定要理清这个观点，避免孩子在时间利用方面成为一个享乐主义者。

## 二、不能把今天当成此生的最后一天来过

近年来，我身边的朋友、同事中非常流行一种"末日世界观"，也就是把每一天都当成此生的最后一天来过。

比如，我的同事萨拉本来不敢玩蹦极，但是很多人劝她："你再不来一次蹦极就来不及了，以后越来越老，身体也就越来越不行了。"又说，"如果今天是你一生中的最后一天，你那么想蹦极，你舍得不让自己去吗？"

类似这样的话，刺激性非常强，让人难以抗拒。于是，一向胆小的萨拉真的去蹦极了，并加钱购买了摄影服务，拍下了"壮烈"的全过程。当我们坐在办公室看着镜头前的萨拉勇敢一跃时，内心深处都为她高兴，并激起了尘封已久的少年之情，甚至也想拍着胸脯告诉自己："我也要这么活！"

不过，当我冷静下来后不免意识到：这次蹦极虽然很

"燃"，却是一件极为冒险的事情。萨拉是重度近视患者，蹦极对她的眼角膜存在一定的安全威胁。虽然这一次萨拉是安全归来，但那天毕竟并非萨拉此生的最后一天，如果眼睛真的出了问题，她要如何度过未来的每一天？

所以，"末日世界观"说到底是一种假定条件下的行为诱导，一切都假定在"如果今天是此生的最后一天"。在这种极端条件下，很多原本不想做的事情也会突然出现在脑海里，并在冲动之下完成。

但今天毕竟不是最后一天，未来的日子还得过下去，"拼一把"的态度不是不积极，却不能以此为条件狂拼生活的每一天。

前段时间，同事小米对其正在备考初中的女儿芳芳灌输这样的思想："如果今天就是你考前的最后一天，你应该用怎样的态度来学习呢？"

芳芳是个非常乖巧上进的孩子，全盘接受了妈妈的这番"洗脑"，每天熬夜学习。正当小米向我们炫耀她教育孩子有方的时候，芳芳的身体出了问题——头疼。

有过相关经历的人都知道，所谓"病人一头疼，医生就头疼"，因为诱发头疼的原因太多了，有可能是器官上的，有可能是神经上的，还有可能是精神上的；有可能

问题出在头部，有可能问题出在颈部，还有可能问题出在血管……

总之，小米把头疼欲裂的女儿带去医院，全套检查下来并没有明确病因，最后只得到了一个医嘱："回去好好休息，早点睡觉不要熬夜，多喝热水，压力不要太大。"

由此可见，所谓的"最后一天"固然很有激励性，却完全不符合可持续发展的战略。如果我们把每一天都当作人生当中的最后一天，或是某个重要事件结束前的最后一天，往往可能会不顾后果地使用自己的身体、动用自己的关系，进而做了一些未来无法收场的怪异事情。

健康的人生观，应是把人生看成一个有长度、有广度也有深度的复杂时间综合体，每做一件事情都有计划，要与未来相连，不与过去割断，这样才能够实现持续稳定的进步。

如果小米没有一味给孩子打"最后一天"的鸡血，而是客观冷静地告诉她：离考试还有多少天，你整理一下自己还有哪些薄弱的环节，是不是应该有计划地排个时间表，逐一攻破？

你看，这一切又回归到上一章所说的安排任务清单、制作科学的时间表格领域里。通过实践证明，这样的方法才是最有利于孩子成长的，也是最健康、易操作的时间管理方法。

　　说到底，这一节我们要讨论的就是：营造客观的时间环境。鱼在水中可以不知水，但人在世间一定要知时间，要知道自己处于一个何样的时间位置上。

　　我要知道自己到底想要的是什么？我想要的是不是值得去做？过去为了这件事曾用掉多少时间？未来到底还有多长时间可以使用？

　　客观地认识自己的时间维度，既不轻易陷入"今朝有酒今朝醉"的享乐主义陷阱，也不轻易被"如果今天是此生最后一天"而疯狂洗脑。

　　作为家长，要告诉孩子：时间就在那里，它平静地流过，安稳地等你。而你所需要做的就是适应它、了解它并掌握它，最终使时间成为你人生的背景音乐，你在其中翩然起舞。

# 贵在坚持，对干扰说"不"

凡事贵在坚持，但凡事最难的也在坚持。

以我自身的经历为例。2019 年起，我特意买了一本每天可以记事的漂亮日历，希望能坚持锻炼身体并把锻炼的内容记下来，给自己以鼓励。

起初，这一习惯坚持得非常好，每一页日历上都能看到我画着笑脸的运动记录。但是，很快我就坚持不下来了，归纳起来，导致计划中断有这样几个因素：一是突发性事件时有发生，破坏了原有的规律生活；二是身体不适造成了计划中断；三是计划没有习惯性，经常会忘掉；四是记录方式不便捷，有时候想起来了也懒得记录。

以这次不良习惯造成的失败教训衍生开来，我发现了"干扰"的力量。

很多时候，孩子也希望能够培养一个长期的时间管理习惯，按照时间表的安排方法稳稳当当地推进学习计划。但是，太多的不安定因素冲击着这个计划，恰逢计划脆弱易碎，那更加不堪一击。

因此，当我们建立起一个行之有效的计划后，还要抱着"成功容易守功难，守功容易终功难"的心态，大胆地对所有干扰说"不"。

## 一、"人情牌"会毁了时间习惯的养成

晓雨同学终于开始推行时间计划表了，按照研学要求以及个人任务安排推进计划。本周末，应该由晓雨本人定点发放制作的调查问卷表格，然而在这个节骨眼上爷爷奶奶来了。

晓雨与父母常住北京，长年看不到爷爷奶奶，此时相见自然是分外喜悦。到了周五晚上，爷爷奶奶在家中坐定吃饭，共享天伦之乐。晓雨兴奋地说："太好了，周末我要带爷爷奶奶去天坛、地坛、日坛和月坛游玩！"

"哟！北京有这么多坛啊，我们家晓雨知道得可真多。"爷爷奶奶见孙女有孝心，笑得眯起了眼睛。这时候，妈妈插话道："晓雨，按照计划，这个周末你得去发

调查问卷啊。"

"哦……"晓雨的热情顿时被熄灭，脸色也不那么好看了。其实，挂在她脸上的潜台词是："爷爷奶奶都来了，研学计划就不能延后一下吗？"

爷爷奶奶知道晓雨有学习任务，急忙道："我们不想出去玩，让孩子该怎么学习就怎么学习，别管我们。"

老人家此话一出，更令人过意不去，晓雨的小嘴一瘪："妈妈，爷爷奶奶好不容易来一次，而且我也想去玩一下呢。奶奶，你们就当是陪我了，行不行？"爷爷奶奶最是心疼晓雨，急忙替孙女求情："要不这个周末就破例一次，下周可就要好好学习了。"

晓雨妈还能说什么，叹了一口气，答应了。

研学计划因为爷爷奶奶的到来延后了一周。结果，到了下个周末正好下大雨，一大早，晓雨蜷在被窝里，说什么也不想出去。晓雨妈拿着时间表冲进晓雨的卧室，要她对自己的计划负责。

按照以往，晓雨肯定在妈妈的要求下乖乖地爬起来，哪怕刮风下雨也会跑出去发问卷。但是现在不同，爷爷奶奶就在家里，"隔辈亲"的强烈情感唤起了晓雨的叛逆之心，她少见地对着妈妈大喊："今天不去了，行吗？"

"不行!"妈妈不吃晓雨这一套。

晓雨也来了精神,想出了非常充足的理由来反对:"可是,填写问卷需要很多人,今天这个天气,哪有人出来嘛!出来的人估计也都是行色匆匆的,把问卷给他们填写,拿来的数据也是白费。"

这套歪理把晓雨妈气个半死,站在一旁的奶奶却听出了端倪。奶奶坐在晓雨的床边,替孙女把被子盖好,惊讶地说:"天啊!你是让晓雨出去发问卷,不是去学习啊?发那东西干什么?家里又不指望她勤工俭学的。"

"妈,你不懂,这是她研学的一部分。"晓雨妈不知如何跟婆婆解释这个问题。

"我不懂,但我知道,学习就应该坐在家里好好学,让她冒着雨出去算怎么一回事啊?如果你们非要发这个问卷,那我出去发,我一把老骨头了不怕风吹雨打的,让晓雨好好在家待着!"

晓雨妈意识到,如果再坚持下去恐怕会引起婆媳矛盾,只能单方面服软,放任晓雨继续赖床。这样一来,晓雨的研学计划就延后两周了。

现在回顾一下晓雨的研学任务。

晓雨的素质不可谓不好,计划不可谓不科学,晓雨妈

作为监督者也是很负责，之所以被打断了甚至有中断的危险，就是因为计划中凭空出现的"人情牌"。儿童时间管理的难处就在于：儿童处在家庭的复杂地位当中，既是被管理者，又受到管理者的高度爱护。

儿童不同于公司里的员工，没有严谨的制约方式，没有严格的奖惩机制，所有的行为导向靠的都是家风——凭借亲情与约定俗成维系起来的情感。所以，儿童的时间管理计划极易被中断，比如累了困了，就会有爷爷奶奶说情；家中来了亲戚，就可能有游玩活动替代原有计划；学习任务重了，就会有爸爸妈妈或者兄弟姐妹愿意为他承担任务……

时间长了，孩子对现有的计划缺少敬畏感，并存有"其实，不执行也没什么关系"这样的侥幸心理。一旦这种心理在他心里扎根发芽，未来的人生中无论制定了多么重要的计划，也难以推行下去。

所以，对孩子的时间管理既要"变通"，也要"固执"。变通指的是，可以根据孩子的实际接受能力和家庭生活情况，对时间表进行与时俱进地调整，以求达到最契合、最有效的任务安排。固执指的是，一旦时间表经调整后确定下来，那就应严格执行，成为铁打不动的规定。

聪明的家长一眼就看出了二者之间的关键联系：时间

表。无论是变通还是固执，对象都应该是时间表，而不是孩子的行为。

这样说可能难以理解，让我们继续回归到例子上来。

遇到晓雨这样的"人情牌"情况，如果不及时进行调整，研学计划就会变成一盘散沙。即使晓雨能够在爷爷奶奶离开后再次投身于研学，但她是否能保持对时间表的信任之心呢？这是一个未知数。所以，晓雨妈对这项任务进行了新的调整。

当天，吃完晚饭之后，妈妈和晓雨开了一个家庭会议，内容并不是针对晓雨这两周的散漫表现，而是讨论如何对时间表进行调整。妈妈表示：爷爷奶奶来了，你想要多一些休息的时间，多陪伴一下爷爷奶奶，这没有问题。但现在咱们毕竟还有时间表上的任务需要完成，那么，是不是应该结合实际情况来调整一下时间表呢？

晓雨欣然接受，并表示：希望把发放调查问卷任务放在爷爷奶奶走后。妈妈随即提出了问题："如果爷爷奶奶半年之内不走呢？研学是不是就不做了？"

晓雨不想放弃研学任务，但又不愿意立即开始。经过讨论，妈妈与晓雨敲定了新的时间表，即下周末开始发放问卷。

这一切确定之后，妈妈对晓雨提出了新的要求："爷爷奶奶的到来属于特殊情况，这种情况我们已经进行特殊考虑了，所以才有今天的时间表调整。调整后的时间表，不能再因为这种特殊情况而进行再调整了，你能接受吗？"

晓雨感受到了妈妈的让步，同时商议后重新制定了时间表——这一有仪式感的行为，使晓雨再次燃起了对研学任务的热情，于是欣然接受。

当然，晓雨的事件属于理想情况的一种，因为孩子有强烈的愿学意愿，也较为听话。生活中，并非事事都能处理得这么容易，所以，关键不是掌握具体的技巧，而是解决问题的思路。

很多家长都愁于管教孩子时突然出现的各种"人情牌"——孩子的时间管理习惯好不容易建立起来，却因为七大姑八大姨，尤其是爷爷奶奶、外公外婆这一辈人的干涉而全盘毁掉。家庭矛盾毕竟不是敌我战争，只能通过两个原则来进行调整。

**一是，呼吁家人尽量不要打亲情牌**。当家庭中有亲人对孩子的学习进行干涉时，先与亲人交流，说清事件的重要性，表明培养孩子长期习惯的益处。

**二是，适当进行调整，但调整的一定是时间表而不是孩子的行为。**在交流无果的情况下，可以视具体情况对原有计划进行调整。

正如我再三强调的，所调整的一定是时间表，而不是孩子的行为。无论怎么调整，都要坚持"行为符合时间表"这一原则，可以对时间表进行更改，但更改后的时间表依旧是权威的，严格要求孩子服从。只有这样，才能让孩子始终坚持对时间表的敬畏，不会对时间管理掉以轻心。

说到底，要让孩子知道：时间表就是要执行的。如果遇到特殊情况，可以坐下来商谈，对时间表进行适当调整，绝不能因为行为散漫而忽视时间表的作用。

建立起对时间表的权威，是抵制孩子"人情牌"的有效手段。

## 二、注意小细节，让习惯快速养成

好多家长都会有这样的感受：给孩子养成一种优秀的习惯很难，但是想让某种习惯崩塌却轻而易举。

比如，孩子沉迷于网络游戏，想让孩子建立起一个"平时不许玩，只有周末才能玩两个小时"的习惯非常困难，

需要全家的监督及孩子的自觉。但是遇到五一、国庆、春节等长假，孩子就立即恢复到没日没夜打游戏的状态里，对之前健康的生活习惯抛之脑后。

再比如，孩子特别爱吃油炸食品，好不容易苦口婆心劝服孩子多吃蔬菜水果，一旦同学请客吃肯德基，孩子就会把少吃油炸食品的告诫忘得一干二净，抱着"全家桶"大吃特吃。

现在，我们唯一能做到的，不是让坏习惯变得不易接受，而是让好习惯变得更易接受。

以我自身为例，自从每天"以日历记大事"这种习惯中断之后，我好好地反思了一下，发现除了自己主观定力不强等原因之外，还有一个突出的客观原因——记录方式有问题。

我把日历放在了卧室窗台上，那是我平时很少去的地方。而且下班之后，我极少在卧室活动，唯一进卧室的机会就是睡觉，那时已经困得不行了，哪还有精力记录今天的大事。

偶尔有几次想起"今日大事未记"，给自己的回应也是："算了吧，今天太困了，明天再记。"明天还是一样的困倦，所以，一天一天的空账就积累起来了。

如果我把日历换一个位置放，情况是不是就不一样了呢？

后来，我把日历转移到了单位的办公桌上，这样，每天上班第一时间就会看到它。这时候，我全身心都充满了工作的激情，身心也比较轻松愉快，于是回顾一下昨天发生的大事，拿起笔来记录下来不算什么难事。而且，回顾昨日发生的大事，对我开展未来一天的工作很有好处，对心情也颇有助益。

同事 A 一直奉行"好记性不如烂笔头"，所以包里总是带着一个很漂亮的小本子，随时准备记录。但是，因为现代人用笔记录的时间不多，遇到事情往往不记得翻出本子。有时候开会没有带提包，想要记录时却发现本子不在身边，等到本子在身边了又忘掉要记录的事，所以，本子一直没有发挥应有的作用。

后来，同事 A 转变思路，改为用手机里的"备忘录"来记录注意事项，这下子效率大大增加了——她本来就是一个手机控，闲下来经常玩手机。现在，遇到什么事她随手掏出手机记录一下，玩手机的时候顺便打开看看，这就起到了良好的提醒作用，实在是轻松又愉快。

你看，好习惯之所以难以养成，是因为我们没有注意细节。一些小细节的调整，就可能让我们成为一个好习惯

的快速养成者。

　　我的一个初中同学，非常喜欢在周末的早晨看书，其父母惊喜不已，因为他们从未有意帮助孩子养成这样的习惯。经了解后知道，孩子之所以喜欢在周末的早晨看书，是因为读了金受申先生关于茶的散文，也学着在早晨泡一杯清茶坐着看书，便觉内心沉静，身体舒畅。

　　虽然孩子看书之意不在书，而在那一杯清茶，但毕竟一个良好的读书习惯在日积月累中就养成了。

　　所以，在培养孩子对时间的管理时，作为家长不要一味地看到难度，还应看到提升的空间和可把握的细节。

　　如果孩子不能每天坚持练琴，那么，家长要检查一下是不是练琴的时间选择得不太好？如果孩子不能每天坚持跑步，家长要观察一下是不是跑步的环境不太好？给孩子提供一个漂亮的耳机，让他听着音乐跑步是不是会更好？

　　一个小小的细节，可使一件原本无味的事变得轻松愉快、充满期待，而这其中的法门，则需要家长和孩子好好摸索。

# 时间重合利用法

接下来，我们要学习一项进阶内容：时间重合利用法。

时间对于每个人来说是公平的吗？表面上看是这样，但实际上又不是这样。因为有的人可以在同一时间内做多件事情，对于他来说，时间被重复使用，同一时间内完成任务的密度就增加了——虽然使用时间时的愉悦感并不一定因此而增加，但效率显然不同。

我们都不想在时间的公平性前低头，孩子也不想。所以，适当应用时间重合利用法，对时间管理和提升效率大有助益。

到底什么才是时间重合利用法呢？

简单来说，就是在同一时间内做两件甚至两件以上的事情。从字面上来看，这非常容易理解，实际上却不那么浅显易懂。比如下列几项行为，请甄别哪种才是时间重合

利用法：

　　1. 小兵一定要听着流行歌曲才能做数学题

　　2. 小秋一边洗衣服，一边和妈妈聊天

　　3. 米莉守着汤锅的同时读小说

　　4. 大宝一边听妹妹唠叨，一边想心事

　　上述四种行为，初看都是"一心二用"，实际分析后却有很大的不同，真正符合时间重合利用法的只有第三条。

　　为什么这样呢？让我们来逐个分析：

　　1. 小兵一定要听着流行歌曲才能做数学题：这句话的意思是，小兵如果不听流行歌曲，就不能或者不想做数学题。这说明，小兵并非主动选择既听歌又做题，而是因为个人条件限制而不得不这样做。时间重合利用法要求的是——主动选择同时做多件事情。所以，这一条并不符合我们的要求。

　　2. 小秋一边洗衣服，一边和妈妈聊天：小秋既洗了衣服，又跟妈妈聊天，是不是符合同时做两件事的要求呢？请注意，小秋洗衣服和跟妈妈聊天这两个行为所占用的是不同部分的精力——洗衣服用的是手，以手动为主进行这项工作，对其他方面的要求不多；聊天用的是听觉系统和思维，不需要用手。而我们所倡导的时间重合利用法需要一定的难度，需要训练所习得，所以小秋的行为也不属于时间重合利用法。

4. 大宝一边听妹妹唠叨，一边想心事：很显然，大宝并不想听妹妹唠叨，所以"开了小差"。表面上看起来大宝做了两件事，但归根结底只做了一件事：想心事，妹妹的唠叨未必听到心里去，因此也不符合时间重合利用法的要求。

最后我们来看唯一符合条件的第三条——米莉守着汤锅的同时读小说。显然，米莉有效地利用了时间，在单位时间内既照看了汤锅，又阅读了小说。这两种行为都需要一定的思考，同时占用了脑部精力——如果米莉只顾看着汤锅，则无法读小说；如果一心读小说过于入迷，就会把沸腾的汤锅忘在一边。米莉之所以能够顺利地利用照看汤锅的时间读小说，也需要一定的练习，从而达到了"一心二用"的效果。

因此，我们通过以上四个事例，可以归结出时间重合利用法几个条件：时间重合利用法要求我们采取一种积极主动的行为，自觉地将两件及两件以上的事情整合在一个时间段内完成。这两件事需要占用的是相同领域的精力，所以有一定的难度，需要我们努力锻炼或者后天习得才能

够顺利完成。

那么，到底如何习得这种能力呢？我们应该分三步来完成这种学习。

## 一、适用于时间重合利用法的行为

不是世上所有的事都适合一心二用，也不是所有的行为整合到一起都会提高效率。举例来说，我每天用大量的时间去写作，我也曾想过，如果能在写作时再做点别的事，效率不就大大提高了吗？

于是，我曾在写作时尝试听昆曲，幻想着自己能够既写了小说也学会了昆曲。然而事实是，那几天我写出来的文章惨不忍睹，而昆曲在我的脑海里一遍遍回放，不仅没有美感，反倒打扰到了写作，我至今也没有学会唱那一段。

可见，一心二用不是不可取，但在分配这"一心"时需要有所权衡。因为写作占用了大量的记忆力、语言逻辑力、思考幻想能力，学昆曲同样也需要占用上述精力，二者形成了强烈的冲撞，导致哪个也没有做好。

再反观我们之前提到的"米莉守着汤锅的同时读小说"这一事例，读小说占用了大量的脑力，而照看汤锅只需要稍加留心就可以了，脑力得到了适当的分配，一主一次，所以进展顺利。

由此我们可知，如果把所有想做的事情都重合在一起，在自己的时间表里乱塞一通，起到的将是相反的效果。那么，到底哪些事孩子可以同时进行呢？这就需要家长具备一定的甄别能力了，我们来看以下几项行为：

| 做口算 | 写作文 | 做奥数题 | 练琴 | 游泳 | 背诵古文 |
|---|---|---|---|---|---|
| 压腿 | 听轻音乐 | 煮面条 | 洗澡 | 打电话 | 吃饭 |
| 躺下放松 | 慢跑 | 做眼保健操 | 看电影 | 听相声 | 散步 |

上表所列举的都是孩子经常会做到的事情，到底哪些事情适用于时间重合利用法，而哪些不适用呢？

我相信细心的家长已经发现：通常情况下，第一行的各项内容都不适用于时间重合利用法，因为这些内容都占用了相当大的精力，需要全身心投入，胡乱加入其他内容将会起到破坏性作用。第二行、第三行的内容相对轻松一些，可以进行新的组合。比如，可以一边听音乐一边慢跑，可以一边压腿一边看电影，可以一边躺下放松一边做眼保健操，一边洗澡一边听相声等。

家长和孩子可以利用空余时间将常做的事项列举出来，然后分门别类，刨除不适用于时间重合利用法的事件后，对其他事件进行整合，以达到高效利用时间的目的。

## 二、什么样的孩子适用于时间重合利用法

尽管我们已经筛选出了适用于时间重合利用法的行为，但不幸的是，并非所有的孩子都适用于这一方法。有些孩子能够一心二用甚至多用，但对于有些孩子来说，只能一心一用，在同一时刻多做一些其他事情便会令他手足无措。这与智力关联不大，主要还是思维模式的差异。

那么，如何知道孩子是否适用于时间重合利用法呢？我建议家长对孩子进行一次"全面观察法"的实验。

找一个晴朗的日子，挑一个孩子心情不错的时机，全家人到一个从未去过的公园里。这个公园的元素最好丰富一些，比如西湖就是不错的选择，这里有自然风光，有古老的建筑，有许多游人，还有一些小动物（如西湖边上的小松鼠之类）。

当孩子融入这一环境并彻底放松下来后，有目的性地

进入一个元素丰富的地点，家长可以问孩子："你刚才看到什么了？"

这时候，你会发现每个孩子看到的东西绝不一样：

有的孩子看到了古老的房子，很漂亮，很有历史感。

有的孩子看到了松鼠在树上奔跑，他想靠近一点儿，松鼠却跑掉了。

有的孩子看到刚才经过的小姑娘穿的裙子超好看，她也想要一条。

有的孩子发现梨花已经开了，像一片白色的云。

孩子的每种视角都很好，家长需要关注的是：你的孩子到底看到了几方面内容？

如果孩子既看到古建筑，又看到了自然风光，甚至还看到了跑动着的小动物，那么恭喜你，你的孩子具备全面观察的能力和素质，非常适用于时间重合利用法。这样的孩子往往活泼好动，性格外向，对新鲜感强的东西更有兴趣。

如果你的孩子只看到了一样东西，比如他只看到了湖边有一朵花，花开得很美，其他的一切都不在他眼里。那么，你也不要生气，你的孩子具备与他人不同的视角，可能更深刻、更内敛，不过他不太适用于时间重合利用法——

同一时刻需要他做许多事情，他便会觉得无所适从。

通过这种全面观察的方法，我们能够很快地找出孩子的特性——到底是专一式的，还是全面式的。

如果孩子是专一式的，那么很好，建议对孩子进行某方面的突击式培训。比如，孩子喜欢花，那么可以试着用诗句去描绘它，用画笔去勾勒它，单一式的培养可能更适合这一类孩子的思维方式。

如果孩子看到了树、看到了花、看到了人，能看到的都看到了，但是每一项看得都不太仔细，那么，最好能够加强时间重合利用法的培训，使孩子成为一个高效利用时间的人。

### 三、培训孩子使用时间重合利用法

现在，我们已经找到了合适的培训对象，也明确了可以用于时间重合利用法的行为，接下来就是对孩子进行强化培训了。

在面对一个事物茫然不知所措时，表格再一次拯救了我们，我们可以通过表格对即将进行的培训进行具象化分析。

比如，周末到了，游游同学有了一个空闲的下午，她可以随意挑选想做的事情，于是她做了如下几件事：

1. 洗头发

2. 吹头发

3. 第 N 遍重温《甄嬛传》

4. 试穿网购的新裙子

5. 听评弹

6. 打电话和好朋友聊天

7. 读一本小说

8. 煮银耳汤

9. 原地踢腿 60 次

10. 给多肉植物浇水

这些事足够填满一个下午的时间，游游觉得无比充实。但是，仅此而已了吗？在妈妈的指导下，游游把这些事放进了表格里，然后发现，许多事情是可以同时进行的：

| 第一组行为 | 第二组行为 | 第三组行为 |
|---|---|---|
| 洗头发 | | 听评弹 |
| 吹头发 | | |
| 试穿网购的裙子 | 第 N 遍重温《甄嬛传》 | 原地踢腿 60 次 |
| 读一本小说 | 给多肉植物浇水 | 煮银耳汤 |
| 打电话给好朋友聊天 | | |

除了读小说这一行为之外，其他行为都可以同时进行两到三项，而且并不会对首要行为（即表格中的第一组行为）产生太大的干扰。

如果游游采取这样的方式来利用下午的时间，可能会觉得更加充实，省下来的时间也会更多。

但是，一下子让游游变得这么"多动"，对其个人的发展并不是好事，适应起来也很困难。所以，游游如果真的想培养这方面的技能，不妨从最简单的开始做。比如"原地踢腿 60 次"，每次踢腿的时候可以"听评弹"，这并不是什么难事，游游可以很快地接受。接受之后，可以再加入"煮银耳"这个行为，因为有大量时间可以照看着煮着银耳的小锅，所以也很容易接受。

如果这一组"三项行为同时进行"的练习已经做得很

熟练了，则可以把"听评弹"这项单一的听觉行为替换为"第N遍重温《甄嬛传》"（请注意，这里我格外提到第N遍重温《甄嬛传》这部电视剧，如果是第一次的话，易占用很多的脑力，从而无法实现多项并行），形成了视与听的相结合锻炼。这一组集视、听、肢体运动和脑力运动的行为可以圆满达成的话，游游的时间重合利用能力就差不多达标了。

所以，时间重合利用法并没有多难，重要的是理清思路，按照思路进行。先明确何谓时间重合利用法，按照其标准和要求筛选适合这项训练的对象和行为，之后对即将进行的事件进行分组排练，依次加入到培训中，最后达到各种能力的综合发挥。

时间，就是在一次次的锻炼中省下来的。好孩子，也在一次次的锻炼中发展得越来越全面，并越来越爱上时间管理的多彩多样。

# 花费时间是为了更好地管理时间

有一句话说得好："你必须很努力，才能看上去毫不费力。"纵观我们身边那些游刃于时间内的人，看似轻松，其实都经过了一个磨炼自我时间管理能力，在无数次时间管理失败的挫折中寻找借鉴的经历。

这就像煲汤，如果你想喝到一锅真正美味醇厚的汤，那么需要的不仅是食材、技巧，更需要时间。没有时间的炖煮，就没有真正的美味，急功近利的人只能得到一碗用化学原料勾兑出来的"假汤"。

所以，当我们学习了这么多时间管理的法门之后，一定要记得一件事：学会了技巧并不见得就会省时间，一切省时间的功效都要从花费时间开始。

朋友丽丽报名参加学习古典舞，挑选了一名非常负责任的老师，并遇到了很多舞技出众的同学。但是丽丽工作繁忙，既想跳舞，又不想花费太多的时间练习基本功，于是多次找老师沟通，希望能有"速成之法"。

老师起初不肯教，但在丽丽的再三恳求下，同意给她加私教课学"速成"。旁人都是从练习身法，从大胯、小胯、胸腰等各个关节练起，力求练好身体的柔软度和控制力，但丽丽为了"能够在年会上跳一支像样的舞"，直接从各类技巧下手。

头一个月，丽丽的进度确实比其他学员快，当别人还扶着栏杆默默踢腿、压腿时，她已经能够转上几个漂亮的点步翻身了。

但是，半年之后的一次学员会演，丽丽看着视频中的自己欲哭无泪——跳的都是同样一支舞，不知为什么自己的肢体没有神韵，做起动作来总不稳定，看起来像是广场舞大妈的舞姿，而不是一个专业舞者。

"因为你没有花费时间，所以身体不给力。"老师告诉她。

这时候，丽丽才意识到：有些时间真的省不得，想要后期快速进步，前期的时间花费必不可少。如果想要把最花费时间的阶段跳过去，那也是暂时可以，只不过人生总会给你开一个小小的玩笑，让你把前期省下的时间默默地

补上去。

所以，当我们带领着孩子一同进行时间管理时，一定要摒弃急功近利的心，忘掉那个"学完这个，我就能事事做得快了"的错误观点。

用时间的积累养成良好的习惯，最终会成为一个优秀的时间管理者。

## 一、工欲善其事，必先利其器

俗话讲："临阵磨枪，不快也光。"此话虽有些粗，道理却真。自古以来，器物都是我们开展工作、进行学习的好帮手，如果不能够先"利其器"，往往"善其事"就有很大的阻碍。

丁丁同学正在阅读一本英语原版书，虽然这本书的内容不是很难理解，但着实让他费了好大周章。为什么呢？因为书中好多词汇丁丁都不认识。

关于这个问题，老师早就讲过了，说正是要借这些原版名著让大家多学习一些词汇。每一天晚上，丁丁会腾出一个小时的时间阅读，桌上放着原版名著以及一本厚厚的

《牛津大词典》，每读几行遇到一个生词，然后就抛下原著开始翻词典。

那本红蓝相间的大词典，相信很多人都不陌生，其中的小字密密麻麻，成年人看起来都要头晕，更何况是刚刚开始学习英语的丁丁。有时候，丁丁为了查一个词需要花费 5～10 分钟，查到这个词义之后，已经忘记刚才读到哪儿了。

所以，丁丁爸每天最害怕的事就是听丁丁读书，那种读了一句突然卡住，然后半天不出声的感觉，让丁丁爸感到无比着急。

私下里，丁丁爸向其他家长了解，发现丁丁的同桌嘉嘉同学只花了两周时间就读完了那本书。让丁丁爸感到意外的是，嘉嘉的英语词汇量并不比丁丁多，为什么她那么快呢？难道是丁丁不用心？

这样的怀疑真是冤枉了丁丁。其实，嘉嘉快速读完一本英文原版书的秘诀在于工具——嘉嘉并未购买实体的英文书，而是购买了热门电子书将要读的英文书下载下来。

这种电子书的好处就在于，当你遇到不认识的词汇时，只需要轻轻点击一下，电子书就会自动联网查找到词义。嘉嘉在查找生词方面少花费了很多时间，阅读的流畅性也有所提高，当然早丁丁一步完成任务。

这就是工具的力量。

但是，丁丁爸有些不服气，说："电子书自动查词毕竟是旁门左道，我觉得丁丁查纸质的《牛津大词典》才是学习英语的正道。"

诚然如此，丁丁利用字典查找词义虽然速度慢了一些，但培养了使用字典的能力，原则上是应该提倡的。不过需要注意的是：由于丁丁处于初级学习阶段，字典中大量的词汇根本就用不上，他是否有必要抱着那么厚、那么难查的词典咬文嚼字？

如果给丁丁一本更适合于现阶段词汇量的字典，查词的范围减少了，是不是会更好一些？所以，当孩子即将开始一项行为之前，应该有一个"利其器"的时间。

在这段时间里，孩子应该思考三个问题：

**一是，我是不是需要借助工具？**

**二是，我需要借助什么样的工具？**

**三是，我如何能更好地利用这项工具？**

当一项任务提出之后，家长可能会习惯性地催着孩子"快去做"。这样的催促，往往将孩子"利其器"的宝贵时间斩断了，不利于时间的管理。比如，丁丁现在要去洗校服，应该给丁丁足够的时间去思考：是手洗还是机洗？衣领太脏，如果手洗的话，哪一种洗衣液更好用一些？

这样的思考存在于孩子生活的各个方面，并渐渐地筑成孩子的基本思维。无论是洗衣服这样的小事，还是写一篇作文、填写一个志愿这样的大事，都应该建立这种"花费该花的时间来思考"的思维方式——接到指令就去做，那是莽汉；三思而后行，才是一个智慧的人应有的行为模式。

此外，不仅要有好的工具，还应该有好的"存放方式"。

丁丁爸发现，丁丁虽然很勤快，但总是在做一些无用功——丁丁每次写作业前都找不到笔，于是花费在找笔上的时间积少成多，令人心疼。如果丁丁每次都能把笔好好地存放在桌面上，就可以省下找笔的时间，用这段时间做一些更有意义的事情。

存物尚且如此，更何况是存下知识呢？现在很多孩子学得快，忘得也快，学后不容易留下痕迹，事后想起来空空如也，只能重新再学。这样的行为是对时间极大的浪费，所以在时间管理的范畴内，一定要学会优秀的储存

方式。

无论是有形的知识——记录在笔记本上，用网盘存下课件；还是无形的知识——在脑海里回顾老师讲过的内容，重读一下今天刚学的古诗，都将对未来的进一步学习产生有益的影响。

## 二、优秀的搭档是成功的一半

正如之前提到，当我们遇到一件突发事件时，是否能够第一时间锁定最关键的人，从而拿出最简明有效的解决方法，是决定效率的重要条件。对于孩子来说，找到最关键的人确实有难度，而找到优秀的搭档却不是一件难事。

人是社会动物，必然会与身边的人产生千丝万缕的联系。遇到困难、解决不了问题时，找一个合适的人帮忙是很重要的。

丁丁爸发现，丁丁不太喜欢找小伙伴帮忙，即使是找了小伙伴，也往往没有找到最合适的那个。

美术老师让大家做"植物画"，要求在画面上画出底图，将收集来的叶子粘贴上去，可以选择单人完成或者两人完成。在老师宣布完这个作业时，嘉嘉就向丁丁伸出了橄榄枝，说："丁丁，你画画好，你来画底图，我来收集叶子、粘叶子，好不好？"

这本来是一个很友好的提议，但是丁丁出于害羞拒绝了。于是，丁丁选择了单人完成作业的模式，他很快完成了底图，到了粘贴叶子的时候却傻眼了。

一是丁丁忘记了粘叶子的环节，昨天放学后没有及时地摘取叶子，所以没有原材料；二是丁丁缺少搭配和想象的能力，在画面上粘什么种类的叶子，这种选择挺让他为难；三是当丁丁凑齐了所有的材料后，因为手笨，弄得画面上全都是胶水，叶子粘得东倒西歪。

不用想也知道，丁丁的作业没有得到老师的好评。而嘉嘉因为和另外一名同学合作，又好又快地完成了作业，成为全班的优秀样本。

诚然，丁丁同学的行为不是不可取，这是一种"知难而进、磨炼短板"的行为。但是，如果丁丁选择独立完成作业的动机并非磨炼自己，而是缺少一种"通过搭配而减少时间损耗"的理念，那就要引起家长的注意了。

家长一定要让孩子知道，人生中会遇到很多事，不是所有事都能通过一个人完成——寻找一个愿意帮助你的

人，寻找一个能够更好帮助你的人，是成为人生赢家的重要条件之一。

所以，时间管理不是一个人的事，也不是一个人坐在家里随便想想就能够完成的。这就需要你用足够的时间投入到人际关系的视野中去，找到可以帮你节省时间的那个人，用最少的精力取得最大的效益，并在这种合作当中逐渐摸索到这个世界的成功法门。

### 三、生活需要断舍离

面对时间管理，家长常有这样的误区：之所以这么努力地学习时间管理，就是为了做更多的事情。

我们努力地管理时间，确实是为了能够最大化地利用时间，不浪费时间，但这并不等于我们要在有限的时间内塞进无限要做的事情。凡事"有舍才有得"，无论采用多么优秀的时间管理方法，只要你不能够适当取舍，最终可能会走向失败。

我曾度过一个"黑色十二月"。那个月，单位年终汇报已经临近，某专栏要开新的栏目，但我连接了两部书稿和两本杂志的年终约稿，这些全都是文字工作，也全都是我乐于接受的工作。

当时，我怀着一种"人有多大胆，地有多大产"的激进心理，一股脑儿地承接了所有的工作。结果呢？即使我动用了自己所掌握的所有时间管理方法，也无法把所有的文字工作高质量地完成——不仅自己累得半死，杂志社编辑也对新交上来的文稿质量不满意。

对此，我非常抱歉，也充分意识到，并不是你努力了就可以做完所有事情，再好的时间管理也不能让你成为一个无限容纳的大海。所以，家长一定要教会孩子懂得舍弃，虽然这非常困难。

孩子处在一个探索阶段，对于世界上所有新鲜事物都有强烈的占有欲。比如，看到了两个不同款式的布娃娃，孩子往往更希望全都买回家，而不是根据自己的实际情况挑选一个。这是人性使然，无可厚非，但是面对人生要完成的那么多事，孩子一定要学会选择。

丁丁就面临这样的选择。最近的业余时间，他不仅要读课外读物，还要去学游泳、学击剑，而且丁丁爸还担心丁丁遗传了自己的五音不全，就报了一个声乐班，希望以后天之力补先天不足。这几门课学下来，丁丁吃不消，累

感冒了。

这时候，丁丁爸才意识到：自己对孩子的要求太高了，无论制作多么漂亮的时间表，无论帮丁丁如何规划时间重合利用法，做不完就是做不完。

怎么办呢？这时候就得学会取舍。

经过全家充分的讨论，又参考了丁丁的意见，大家同意把丁丁不是太喜欢的声乐课由原来的一周一次改为两周一次。而游泳和击剑都属于体力运动，丁丁决定坚持游泳，放弃击剑。

经过调整之后，丁丁的时间表看起来健康多了。由于任务量适中，每周丁丁都能够圆满地完成学习任务。原来还担心"是不是遇到挫折就太容易妥协"的丁丁爸，也觉得这次取舍是有益的，毕竟，很多事不急在一时，丁丁需要幸福的生活。

## 四、有些时间无法替代

前几天，我的写作效率极低，熬夜后一上班就哈欠连天。同事问我："晚上你去搬砖还是扛麻袋去了，怎么累成这个样子？"其实，我犯的是当下年轻人最容易犯的错误——晚上不想睡，早晨起不来。

现代人的生活压力很大，半夜那段安静时分弥足珍贵。于是，当下很多人都秉承着"熬夜一时爽，一直熬夜一直爽"的理念，即使困得半死不活，也要坚持着。

关于熬夜，我真的对其深恶痛绝——每个爬不起来的早晨，都恨不得抽自己几个耳光，发誓今晚一定要早睡。但当夜晚来临，我的誓言就随着太阳飘到地球的另外一边去了，又选择"继续熬夜继续爽"的生活方式。

但是，有些时间是不可替代的，当你错过了就没有办法再弥补，花多长时间也没有用。就像我，晚上经常在12点以后睡觉，那么次日必然没有精神，午睡也帮不了多大忙，整个人处在一种不能高效工作的萎靡状态里，一天都会被毁掉。

也许会有人说："工作日我不熬夜，那我可以周末熬夜，因为第二天可以补觉。"

啊哈，你太天真了！

科学研究表明，绝大多数"次日补觉"族都不能真正给身体和大脑以休息，你觉得白天总是在补觉，但在环境与生物钟的综合影响下，有效的睡眠时间只有66分钟。而这66分钟，依旧无法弥补整夜不睡对身体带来的损耗及对生物钟造成的不良影响。

讲这么多，其实想要告诉大家的是：如果孩子没能在白天时段完成相应的任务，是不是可以熬夜做呢？我要告诉大家的是，坚决不可以！

早在第一章时我就提出，让孩子意识到每一天都是新的开始，跟前一天既有承接关系，也有新的发展。如果头一天的任务未完成而进行了破坏性的熬夜，那么将直接影响到第二天的所有学习效率，从而使两个时间单位粘在一起，无法斩断。

丁丁昨晚熬夜了，早晨起来就困困的。

到了晚上，丁丁说："爸爸，今天的英语我就不读了，昨天我熬夜现在太困了，注意力集中不了，明天再做吧。"

你看，在这段话里，丁丁因为昨天熬夜的影响，直接缩水今天的任务，两天混成了一天，时间单位的粘接使更多的精力被占用了。

所以，有些时间不可替代，这是必须要给孩子明确的一种观念。

正如赶火车，火车马上要开了，这时候丁丁想要吃一个水果，怎么办？只能选择先上火车，再吃水果。因为上了火车还可以吃到水果，如果丁丁坐在候车室里静静地吃水果，那火车不会等人，错过了只能等下一班。

时间没有想象中的那么公平，也不是一成不变的，总有一些时间格外宝贵，有些时间相对包容性更强。正如睡觉这件事，不可替代，关系身心，无论头一天的时间表完成得如何，早睡早起一定要坚持。这是我们保持良好的时间管理的基础条件。